巴黎评论
诗人访谈

美国《巴黎评论》编辑部 编　明迪 等 译

人民文学出版社
PEOPLE'S LITERATURE PUBLISHING HOUSE

著作权合同登记号　图字 01-2019-5250

PARIS REVIEW INTERVIEW ANTHOLOGY Vol.9-The Art of Poetry

图书在版编目(CIP)数据

巴黎评论·诗人访谈/美国《巴黎评论》编辑部编；
明迪等译.—北京：人民文学出版社，2019(2022.8 重印)
ISBN 978-7-02-015733-4

Ⅰ.①巴⋯　Ⅱ.①美⋯ ②明⋯　Ⅲ.①作家-访问记
-世界-现代　Ⅳ.①K815.6

中国版本图书馆 CIP 数据核字(2019)第 192914 号

责任编辑　朱卫净　何炜宏
装帧设计　高静芳

出版发行　人民文学出版社
社　　址　北京市朝内大街 166 号
邮　　编　100705

印　　刷　上海盛通时代印刷有限公司
经　　销　全国新华书店等

字　　数　420 千字
开　　本　890 毫米×1240 毫米　1/32
印　　张　14.75
插　　页　2
版　　次　2019 年 11 月北京第 1 版
印　　次　2022 年 8 月第 4 次印刷

书　　号　978-7-02-015733-4
定　　价　85.00 元

如有印装质量问题,请与本社图书销售中心调换。电话:010-65233595

The PARIS REVIEW
THE ART OF POETRY

By the editors of *The Paris Review*

目　录

玛丽安·摩尔

明迪 / 译

作为伟大的文学，美国诗歌仅仅在过去七十年里才走向成熟；上个世纪的沃尔特·惠特曼和艾米莉·狄金森是恶劣环境中罕见的天才。一个十年就给美国带来了现代诗歌的主要人物：华莱士·史蒂文斯出生于一八七九年，T.S. 艾略特出生于一八八八年。这两个时间点所涵盖的十年属于以下诗人：II.D.，罗宾逊·杰弗斯（Robinson Jeffers），约翰·克罗·兰瑟姆（John Crowe Ransom），威廉·卡洛斯·威廉斯，埃兹拉·庞德，以及玛丽安·摩尔。

玛丽安·摩尔在第一次世界大战期间开始发表作品。她得到移居欧洲的 T.S. 艾略特和埃兹拉·庞德的发表和赏识。哈莉特·梦罗（Harriet Monroe）创办于芝加哥的《诗刊》为新诗提供了持久的展示机会，也发表了摩尔的作品。但摩尔主要是一位纽约诗人，属于格林威治村那个群体，他们创办了《其他人》(*Others*) 和《扫帚》(*Broom*) 杂志。

去玛丽安·摩尔位于布鲁克林的家中拜访她，必须跨过布鲁克林大桥，在默特尔大道左转，沿着高架走一两英里，然后右转进入她那条街。沿街有几棵树，非常令人愉悦，摩尔小姐的公寓离一家杂货店和她常去的长老会教堂很近，非常方便。

访谈是在一九六〇年十一月，总统大选前一天进行的。摩尔小姐的公寓大门通向一条狭长的走道，右侧有几个房间，走道的尽头是一间可以俯瞰街道的大客厅。与走道一样长的书架的顶部，有一枚尼克松徽章。

摩尔小姐和访谈者在客厅里坐下，俩人之间放一个麦克风。到处都是一摞摞的书籍。墙上挂着各种各样的油画，有一幅是墨西哥画，梅宝尔·道吉（Mabel Dodge）赠送的礼物；其他都是美国人在一九一四年之前悬挂的深茶色的油画。家具老式，暗色。

摩尔小姐说话有一种习惯性的谨慎态度，以及她的读者可以辨识的幽默。当她用一个特别具有说服力甚至尖酸的短语结束一句话时，她会迅速看一眼访谈者，看他是否被逗乐了，然后轻轻地偷笑。后来摩尔小姐带访谈者在附近一家餐馆吃了一顿令人称羡的午餐。她决定不戴尼克松徽章，因为与她穿的外套和帽子不搭。

——唐纳德·霍尔（Donald Hall），一九六一年

《巴黎评论》：摩尔小姐，我知道你出生于圣路易斯，仅比 T.S. 艾略特早大约十个月。你们两家彼此认识吗？

玛丽安·摩尔：不认识，我们那时候不认识艾略特家。我们住在密苏里州的柯克伍德市，我祖父是第一长老教会的牧师。T.S. 艾略特的祖父——威廉·艾略特博士——是一位独一神论者。在我大约七岁时我们离开了，我祖父于一八九四年二月二十日去世。我祖父和艾略特博士一样，都曾在圣路易斯参加过教会负责人会议。此外，按照规定的时间间隔，教会之间有午餐会晤。在一次午餐之后，我祖父说："威廉·艾略特博士请求祝福并且说到'我们以主耶稣基督的名义提出这个问题'，对我来说他这个时候已足够称得上三一神论者了。"玛丽女子学院是他捐赠的，以纪念他去世的女儿玛丽。

《巴黎评论》：你什么时候开始写诗的？

摩尔：嗯，我想想，上布林茅尔学院的时候。我想我是十八岁入学的，我出生于一八八七年，一九〇六年上大学。那么，我当时多大了？你

可以推断出我可能的年龄？

《巴黎评论》：十八或者十九岁。

摩尔：我没有文学计划，但我对大学的月刊很感兴趣，令我惊讶的是，（我给杂志写了一两篇小东西之后）编辑们选我加入董事会。那是我大二的那一年——我敢肯定是那一年——而且我记得我就留在那里了。然后当我离开大学时，我向校友杂志《灯笼》提供了捐款（我们是没有报酬的）。但我并不认为我的作品能够震撼世界。

《巴黎评论》：在什么节点上诗歌对你而言变得震撼世界了？

摩尔：从来没有过！我相信我那时对绘画感兴趣。至少我是这么说的。我记得奥蒂斯·斯金纳（Otis Skinner）夫人在我毕业那一年的毕业典礼上问我："你想成为什么？"

"画家。"我说。

"好吧，我并不感到惊讶。"斯金纳夫人回答。我穿了一件她喜欢的衣服，某种夏季款式的裙装。她称赞道："我一点也不感到惊讶。"

我喜欢故事。喜欢小说。而且——听起来很可悲，甚至奇怪——我想诗歌对我来说是追而不得退而求其次的最好的东西。我不是曾经写过一样东西吗？"一部分诗，一部分小说，一部分戏剧"。我想我是太过于真实了。我可以想象场景，并对亨利·詹姆斯从未受到挑战而感到遗憾。现在，如果我不能写小说的话，我想写剧本。在我看来戏剧是最令人愉快的，实际上是我最喜欢的消遣形式。

《巴黎评论》：你经常看戏吗？

摩尔：从来不。除非有人邀请我。莉莲·赫尔曼（Lillian Hellman）邀请我去看她创作的《阁楼玩具》，我很高兴她邀请了我。如果没看这部剧，我就不会对这种形式的生命力有所了解，也会忘记她作为一个作家的才能；我还想再看一次。地方语言的准确性！这就是我感兴趣的东西，我总是记下一点当地的表达方式和口音。我想我应该参加一些语言学机构或企业，我对方言和语调非常感兴趣。我几乎没有考虑过什么东西可以进入我所谓的诗歌。

《巴黎评论》：我很好奇布林茅尔学院对你作为一个诗人意味着什么。你写到你的大部分时间都花在生物实验室里。你是否更喜欢将生物学而不是文学来作为研究目标？你受过的专业训练有可能影响到你的诗歌吗？

摩尔：我曾希望将法语和英语作为我的主要学科，并且修两年的英语必修课——每周五小时——但直到我大三的时候才选修了一门课。在那一年之前，我没有达到八十小时的学术规定。然后我选修了十七世纪模拟写作——富勒（Fuller）、胡克（Hooker）、培根、安德鲁斯主教（Bishop Andrewes）以及其他作家。法语课是用法语讲授的，而我不会法语口语。

实验室研究是否会影响到我的诗歌？我相信一定影响到了。我发现生物学课程——副修的，主修的，以及组织学——都非常令人为之一振。实际上我想学医。精准，陈述上的经济性，用于做出无私利性结论的逻辑，描绘和识别，释放——至少对想象力有一些影响，在我看来。

《巴黎评论》：你到纽约之前认识文学界的什么人？你认识布莱尔（Bryher）和H.D.吗？

摩尔：很难将这些事情连续化。我一九二一年在纽约遇到了布莱尔。H.D.是我在布林茅尔女子学院的同学。我想她在那里只待了两年。她是外州居民，我没有意识到她对写作感兴趣。

《巴黎评论》：你是通过她认识的埃兹拉·庞德和威廉·卡洛斯·威廉斯？她不是在宾夕法尼亚大学认识他们的吗？

摩尔：是的。她确实如此。我没见到他们。直到一九一六年我参观纽约时才见到作家，当时有一位来自我故乡卡莱尔的朋友要我陪她去。

《巴黎评论》：所以直到一九一六年之前你的确是孤立于现代诗之外的？

摩尔：是的。

《巴黎评论》：那是你第一次去纽约？你去那里六天就决定长住那里？

摩尔：噢，不是的。我母亲好几次带我哥哥和我一起去那里观光购物，在去波士顿或者缅因州的途中，或者去华盛顿和佛罗里达的路上。一九〇九年我读大四的时候，在圣诞节期间拜访了住在纽约的查尔斯·斯普拉格斯史密斯博士的女儿希尔达（H.D.）。路易斯·安斯帕切（Louis Anspacher）在库伯联盟学院做了一场非常华丽的演讲。卡内基音乐厅有很多音乐会，我对纽约发生了一些什么事情有了些了解。

《巴黎评论》：而那些发生的事情使你想返回纽约？

摩尔：可能是这样吧，那次是来自卡莱尔的考德丽小姐邀请我跟她一起去度一周。一九一六年的访问使我想住在那里。我也不知道她脑子里想些什么使得她会邀请我，或者为什么没有我她就不会玩得更好。她对我冒险前往波希米亚聚会持怀疑态度。但我无所畏惧。首先我不认为任何人会试图伤害我，即便他们想伤害我，我也不觉得自己会受到伤害。我从未想过有人陪伴很重要。

《巴黎评论》：你是否认为搬到纽约，以及你在那里发现的作家所带给你的刺激，使你写出比原来更多的诗？

摩尔：我想这是肯定的——看见别人写的东西，就会喜欢这个或者那个。对我而言，总是会有一些偶然的东西让我掉入陷阱。我绝对是从来没有打算要写诗的。这念头从来没进入我脑子。现在也如此，每次写诗我都认为这是最后一次；然后我被某些东西迷住，似乎不得不说些什么。我所写的一切都是阅读的结果，或者是对人们感兴趣的结果，我对此非常确定。我没有当作家的野心。

《巴黎评论》：我看看啊。从布林茅尔女子学院毕业后，你在卡莱尔的印第安学校教书。然后，一九一八年搬到纽约之后，你在一所私立学校任教，并在图书馆工作。这些职业对你作为一名作家有什么关系吗？

摩尔：我认为这些工作使我的肌肉更坚硬了一些，也使我接近事物时精神层面上更冷峻一些。做图书管理员，对我写作有很大的帮助，可以说是巨大的帮助。我们家对面的纽约公共图书馆哈德逊公园分馆的伦纳德小姐有一天来看我。我不在，她问我母亲是否认为我会愿意做全职职员，在图书馆工作，因为我非常喜欢书籍，喜欢和人们谈论书籍。我母亲说不，她不那么认为；鞋匠的孩子从来没有鞋子，如果我做全职职员，我可能会觉得我就没有时间阅读了。我回家之后，她告诉我，我说："为什么这么说呀，我会告诉她这当然很理想啊。只是我不能工作超过半天。"如果我整天工作，也许晚上，或加班，就像机械师一样，肯定不会是很理想的。

作为一项免费服务，我们写书评，每人被分配了一些书，这个我是很喜欢的。没有报酬，但我们有机会对书作诊断。我非常喜欢做这件事。我相信我还有那种"卡片式的"图书摘要副本放在什么地方。就是把最好最坏的部分找出来。我一直好奇他们为什么不分配给我艺术书籍或医学书籍，甚或历史或批评类。但没有，总是虚构类的，无声电影小说。

《巴黎评论》：那段时间你旅行了吗？去欧洲没有？

摩尔：一九一一的时候，我母亲和我去过英国，大约两个月，可能是七月和八月。我们去了巴黎，我们住在左岸，在瓦莱特大街的一个寄宿公寓里，加尔文在那里写下《基督教原理》，我记得。离圣贤词和卢森堡公园不远。我一直对西尔维亚·毕奇的书很感兴趣，可以读到埃兹拉·庞德，以及他在巴黎的日子。我在哪里？我在做什么？我想我是带着那样的目的在晚上漫步。那是世界所知的最炎热的夏天之一，一九一一年——我们一直走到奥岱翁大街十二号，去看西尔维亚·毕奇的书店。我不会想到说："我来了，我是个作家，你能和我聊一会儿吗？"我一点也没有那样的感觉。我想观察事物。我想我们去了巴黎所有的博物馆，除了两个之外。

《巴黎评论》：那之后你有没有回去过？

摩尔：没有再去巴黎。只是一九三五或一九三六年回到英格兰。我喜欢英格兰。

《巴黎评论》：自一九二九年搬到这里以来，你大部分时间都住在布鲁克林？

摩尔：除了四次西部之行：洛杉矶，旧金山，普吉特海湾，不列颠哥伦比亚省。我母亲和我先前经过运河去旧金山，乘坐火车去过西雅图。

《巴黎评论》：道奇棒球队去了西部之后，你有没有怀念过？

摩尔：非常怀念，而且我听说球队也怀念我们。

《巴黎评论》：我仍然对早期的纽约很感兴趣。威廉·卡洛斯·威廉斯在他的自传里谈到格林威治村作家群的时候说，你是"撑起我们未完成建设的上层建筑的顶梁柱"。我猜想这些人就是《其他人》杂志的作者群。

摩尔：我从来不是撑起任何人的顶梁柱！我有他的自传，他对罗伯特·麦克艾蒙（Robert McAlmon）和布莱尔（Bryher）的错误陈述，我很狠狠批评过。在我的愤慨中，我错过了一些我应该看到的东西。

《巴黎评论》：在多大程度上《其他人》的作者们形成了一个群体？

摩尔：我们确实有一些聚会，阿尔弗雷德·克里姆伯格（Alfred Kreymborg）是主编，那时和格特鲁德女勋爵结婚了①，那是你能见到的最可爱的人之一。他们在格林威治村某个地方有间小公寓。这个群体有相当

---

① 原注：摩尔可能是指朵萝西·布鲁姆（Dorothy Bloom）。——（本书注释除注明"原注"外，其余均为该篇访谈的译者所注）

一致的爱好。

《巴黎评论》：有人说阿尔弗雷德·克里姆伯格是美国范围内发现你的人。你认为是这样吗？

摩尔：也许可以这样说；他竭尽全力推举过我。一九一五年，梦罗小姐和艾丁顿（Aldingtons）同时让我给《诗刊》和《自我主义者》投稿。阿尔弗雷德·克里姆伯格不太拘谨。我和其他人有点不同。我猜他认为我可能会给人一种新鲜感。

《巴黎评论》：一九二一年，当H.D.和布莱尔在你不知情的情况下出版你的第一本诗集时，（她们命名为《诗》），你是什么反应？你自己为什么拖着不出版呢？

摩尔：出版我的轻量级产品——显然是一种尝试——在我看来为时过早。除了乔叟或莎士比亚或但丁之外，我不喜欢称任何人的东西为"诗"。我现在感觉不到我当时对这个词的敌意了，因为它只是一个方便的、几乎不可避免的词，但在我看来这些还称不上"诗"——我的观察，对韵律的实验，或者是写作练习。正如我以前说过，我写的东西只能被称为诗是因为没有其他类别可以将它们归类进去。一九二一年为我出诗集的这种骑士精神——当然是形式上的选择，并非内容——我非常感激。一九三五年也是，费伯出版社和麦克米伦公司同时提出为我出版诗选集，在我看来也是非常不自私的。断断续续偶尔在杂志上发表，对我来说似乎已经足够，已经够引人注目了。

《巴黎评论》：《自我主义者》发表你第一首诗之前，你是否给其他杂志寄过诗？

摩尔：我一定寄过。我有一个小小的古玩，一本大约两英寸宽三英寸长，或两个半英寸宽三英寸长的小本子，我系统地输入了所有发出去的东西，什么时候退回，是否发表，我得到多少稿酬。这样持续了大约一年，我想。我不可能比这样做更在意了。我不知道我是否寄出过不是从我自己这里勒索去的东西。

我目前有三个繁重的任务，互相干扰，我不知道我如何写出任何东西。如果我有一个不错的想法，我记下来，它就会停留在那里。我不会强迫自己为它做什么。我在《纽约客》上发了几篇东西。我告诉他们，"我可能再也不会写了"，别指望我再写。我从不知道有任何人像我这样热爱词语却难于用词语说出事物，我很少以自己喜爱的方式说出来。如果我做到了，那是因为我不知道我在努力。我为《纽约客》写过几篇东西——我确实想写那些东西。

《巴黎评论》：你上一次什么时候写的诗？

摩尔：八月份。关于什么的呢？噢……卡内基音乐厅。你看，任何能够真正唤醒我的东西……

《巴黎评论》：对你而言，一首诗是如何开始的？

摩尔：一个恰当的短语跳入脑海——比如，一两个词——通常是具有同样吸引力的想法或物体同时出现："它的跳跃应该固定 / 在这粒黄豆上"；"蚂蚱—翅膀被太阳切分 / 直到网线成为一支军团。"我喜欢轻韵，不显眼的韵，显眼但不张扬的韵：吉尔伯特和萨拉文式的：

> 然而，当有人接近时，
> 我们设法浮出，
> 同这里的任何人一样
> 抵抗恐惧。

我对节奏和重音充满热情，如此冒失地写分行。把段落作为一个单位，我发现句尾的连字符很危险，读者会因为连字符而分散了对内容的关注，所以我尽量不使用。我对拉封丹（La Fontaine）的兴趣来源，完全独立于内容。然后我成为他那种外科手术般礼节的牺牲品：

> 我担心整个法国会崇拜外表，
> 而卓越的优势
> 仅仅意味着一个人善于推动。
> 我喜欢非重音音节和重音半韵：
> 让爱人们说出来，
> 以爱和盲目就可以完成
> 一件事。孤独的人没有标准。

《巴黎评论》：在你的阅读范围内或背景中，是什么引导了你的写作方式？意象派对你有帮助吗？

摩尔：没有。我很好奇为什么有人会采用这个词。

《巴黎评论》：你认为你的诗歌里的描述性与他们无关？

摩尔：我真的不认为有关。我很遗憾我是低贱之辈，或者至少我与任何事都没有联系。但我确实感谢《其他人》诗刊。

《巴黎评论》：你认为你的写作风格来自哪里？是你的性格逐渐积累的吗？还是有文学前辈？

摩尔：就我所知没有。埃兹拉·庞德说："有人一直在读拉福格（Laforgue），以及法国作家。"嗯，可悲的是，直到最近我还没有读过其中任何一人。回头看，我认为弗朗西斯·耶麦（Francis Jammes）的标题和处理方式与我自己的非常一致。我看上去几乎是个抄袭者。

《巴黎评论》：那么广泛使用引言呢？

摩尔：我只是想表示尊重而不是偷人家东西。我一直觉得，如果一件事已经以最好的方式说出来了，你怎么可能说得更好呢？如果我想说些什么，而有人已经说得很理想了，那么我就会拿过来并给予出处。就这么回事。如果你被一位作家迷住，假如不渴望分享的话，我认为是一种非常奇怪而且无效的想象力。别人也应该读到，你不认为吗？

《巴黎评论》：有没有写散文的文体家帮助你找到自己的诗歌风格？伊丽莎白·毕晓普在谈到你的写作时提到过爱伦·坡的散文，而且你总是让人们想起亨利·詹姆斯。

摩尔：散文文体家，可不是嘛。约翰逊博士（Dr. Johnson）这样谈到理查德·萨维奇（Richard Savage）：“他两个月之内就被议会给非法化了，被母亲否认，注定贫穷和默默无闻，被抛在生命的海洋上，只是他很可能被流沙吞噬，或者被冲撞在岩石上……正是他独特的幸福，使他几乎从没有发现一个分手时会成为朋友的陌生人；但同样必须补充的是，他也没有和任何一个朋友相处长了之后不得不迫使对方成为一个陌生人。”或者看一下埃德蒙·伯克（Edmund Burke）怎么谈论殖民地：“你可以剪一只狼的毛；但它会驯服吗？”或者看托马斯·布朗（Thomas Browne）爵士怎样说的：“国家不受食物中毒者的统治。”他称蜜蜂为“勤劳的家伙”，而他的家是“蜂窝”。他的举止是一种博学渗不透的甜蜜。再看看弗朗西斯·培根爵士怎样写的：“内战就像发烧的热度；外国战争就像运动的热度。”或者看看塞利尼：“我有一只狗，黑如桑葚……我像愤怒一样冒烟，像小爬虫一样膨胀。”看看恺撒的《札记》，以及色诺芬的《论狩猎》：对每一个细节的兴趣和热情！亨利·詹姆斯的著作，特别影响到我的是散文和书信。埃兹拉·庞德的《罗曼斯精神》文集：他的明确性，无误的本土口音。查尔斯·诺曼（Charles Norman）在他的传记中提到庞德对一位诗人说：“没有任何事物、绝对没有任何事物是你在某种情形下、某种情绪的压力下无法说出来的。”而埃兹拉·庞德这样评价莎士比亚和但丁，“在这里，我们与大师在一起；对其中任何一位我们都不能说，‘他更伟大’；对其中任何一位我们都必须说：‘他是无法超越的。’”

《巴黎评论》：你自己的作品中有没有你喜欢的和不喜欢的？

摩尔：当然有。我认为对我来说最困难的事情就是清醒到令自己满意的程度，同时在其中又有足够的适合于自己的启示。这是个难题。我不赞成我像"谜"一样难懂，或者如有人所说的那样，"并非不绿的草。"我曾对我母亲说过一次："你怎么允许我把这样的东西印出来？"她说："你没有问我的意见啊。"

《巴黎评论》：有一次我听你朗诵，我想你说过你不喜欢《对优点的不信任》，而这是你最受欢迎的诗之一。

摩尔：我喜欢这首；它很真诚，但我不会称之为诗。它是真实的；它证明了战争是不可容忍的，也是不公正的。

《巴黎评论》：你怎么称它为非诗，根据什么？

摩尔：偶然性；作为形式，它具有什么呢？这只是一种抗议——脱节的，感叹的。情绪压倒了我。先是这个想法，然后是那个想法。

《巴黎评论》：你母亲说你没有征求她的建议。你从来没有？你是否向家人或朋友征询批评意见？

摩尔：嗯，不会问朋友，有机会的话会问我哥哥。我母亲说"你没问我的意见"，肯定是几年前的事，因为我写《一张面孔》时，我先写了《蛇与抱着一碗粥的孩子》，她说："这个写不成。""好吧，"我说，"但我必须写点东西出来。"西里尔·康诺利（Cyril Connolly）要我给《地平线》杂志写点什么。所以我写了《一张面孔》。这是少数我下笔之后没给我带来任何麻烦的东西之一。她说："我喜欢。"我记得这件事。

而在那之前，我写过《水牛》。我以为它可能会激怒一些人，因为那对我来说是一种令人愉快的抽筋式进步。我想："好吧，如果看起来很糟糕，我哥哥会告诉我，如果有一点点意义，他会发现。"他带着相当的热情说："这个很吸引我啊。"我从来没有那么高兴过。

《巴黎评论》：你有没有因为家庭反对而抑制什么？

摩尔：有过，《蛇与抱着一碗粥的孩子》。我甚至从没有想过要修改它。你知道，森茨伯里（Saintsbury）先生说安德鲁·朗（Andrew Lang）要他写写爱伦·坡，他写了，而安德鲁·朗退了稿。森茨伯里先生说："一件东西一旦被退回来，我不会再投给哪怕最不相同的编辑。"我非常震惊。我曾经一稿投了三十五次。当然不是同一时间。

《巴黎评论》：一首诗？

摩尔：对。我很顽强。

《巴黎评论》：有人要你为他们写诗吗？

摩尔：不断地有。从死了一条狗到专辑里的一个小玩意，什么都有。

《巴黎评论》：你有没有写呢？

摩尔：噢，也许吧；通常引用一些东西。有一次，我在图书馆时，我们为伦纳德小姐举办了一个聚会，我写了一两行关于我们给她一束紫罗兰的打油诗。那诗既没有生命力也没有观点。用心良好但没有任何意义。然后在大学里，我写了一首商赖体，是布置的任务。弱点的缩影。

《巴黎评论》：我很有兴趣问一下你写作方式的原则和方法。音节诗背后的理由是什么？它与自由诗有什么不同？其中诗行的长度在视觉上而不是算术上受到控制？

摩尔：我从来没有想到我写的东西是要被定义的。我受句子的引力支配，就像纺织物受地心力支配。我喜欢在行末结束句子，不喜欢颠倒的句法；我喜欢对称。

《巴黎评论》：你如何规划一节诗的形状？我正在想那种诗，通常是音节，采用重复的节式。你在写诗之前是否在纸上画线条来试验诗的形状？

摩尔：从来没有，我从不"规划"诗节。单词像染色体一样聚集，决定程序。我可能会调整一下或给它们减肥，然后尝试让后续的诗节与第一节相同。自发的初始创意——比如说，原动力——似乎很难在以后有意识地再现。正如斯特拉文斯基所说的那样，关于音调，"如果我因某种原因转移它，我就有可能失去第一次接触的新鲜感，并且很难重新获得它的吸引力。"

不，我从来不"画线条"。我用红色、蓝色或其他颜色的铅笔在韵下面画线，这样对我来说一眼就能看出显著的押韵——我尽可能用更多的颜色来区分韵律。但是，如果这些短语反复出现形成很不规则的结构——如同印刷物——我就会注意到这些词语作为一个曲调听起来不对。我可能会开始一件作品，发现它有阻碍，缺乏出路，那么我会一年或几年内都不去完成，我很节俭。我挽救任何有希望的东西，记录在一个小笔记本里。

《巴黎评论》：我很好奇翻译拉封丹的《寓言》是否对你作为一个作家有帮助？

摩尔：确实有帮助。这是我得到的最好帮助。我曾受过沮丧的折磨。我如此天真，如此温顺，我倾向于接受任何人对任何事所说的话，即使在艺术方面也是如此。委托我翻译寓言的出版商去世了。我没有出版商。好吧，我挣扎了一段时间，很不顺利。我想，我最好问问他们是不是想终止合同；然后我可以给其他地方。我认为对我感兴趣的麦克米伦公司也许会喜欢。也许。负责翻译的编辑说："嗯，我在康奈尔学过法语，攻读了法语的学位，我喜欢法语，而且……嗯，我想你最好放一段时间。""多久呢？"我问。"大约十年吧；此外，这会伤害你自己的写作。之后你不会写得这么好。"

"噢，"我说，"这是我做这件事的一个原因；我以为这样会训练我，给我动力。"我非常丧气地问："出什么状况了吗？我耳力不好吗？意思不对吗？"

"嗯，有冲突。"编辑重申，在我看来似乎说了无数次。我仍然不知道有什么冲突。（一点点"编辑意见"吧。）

我说："请不要给我写信多解释，只需将材料放回我原来的信封里退回来即可。"我是一月份提交的，那时已经是五月。我一直抱有一种不安的希望，以为一切都会好起来的；同时还有几大卷、几小时、几年的工作尚待完成，不妨继续做下去，我曾这样想过。最后通牒是毁灭性的。

与此同时，海盗出版社的蒙罗·恩格尔（Monroe Engel）写信给我，说他曾以为我翻译的《寓言》已另有承诺，但如果没有的话，我愿意给海盗出版社看一下吗？我对他永远感激。

然而，我说："我不能把别人认为不合适印出来的东西给你。必须有人来稳固一下，保证意思是合理的。"

恩格尔先生说："你认为谁能做到这一点？你想要谁来做？"

我说哈利·列文（Harry Levin），因为他写过一篇非常有说服力、非常精确的评论，有关艾德娜·圣文森·米蕾和乔治·迪伦（George Dillon）的波德莱尔翻译。我很钦佩其中的技巧。

恩格尔先生说："我会请他的。但你会很长时间听不到回音。他非常忙。你认为我们应该付他多少报酬呢？"

"嗯，"我说，"一本书不低于十美元；如果没有二十美元的话，就没有动力来承担这个麻烦。"

他说："这样就会大大减少你的版税预付。"

我说："我不要预付，甚至不考虑这个。"

然后哈利·列文很快就说，他很乐意做这件事，就当作是复习，以"反对这个条款的琐碎"，他当然不会接受任何报酬。这是一个很可疑的复习，我告诉你。（他很精准，而不是无理，并且没有"辞职"。）

《巴黎评论》：我一直在问有关你诗歌的问题，这当然是我最感兴趣的。但你曾经也是《日晷》（The Dial）的编辑，我想问你几件相关的事情。我想你从一九二五年直到一九二九年刊物结束时都是编辑。你一开始是如何与它发生联系的？

摩尔：让我想想看。我想是我主动的。我给编辑寄了几篇东西，他们退回来了。罗拉·瑞奇（Lola Ridge）办了一个聚会——她在某个一层楼有一间大公寓——去的人有约翰·里德（John Reed），对画笔很自信的马斯顿·哈特利（Marsden Hartley），以及《日晷》的编辑斯科菲尔德·塞耶（Scofield Thayer）。令我厌恶的是，我们每人都被诱导读了自己写的东西。斯科菲尔德·塞耶谈到我的作品时说："你愿意把它寄给我们《日晷》吗？"

"我已经寄了。"我说。

他说："好吧，再寄一次。"我想，就是这么开始的。然后有一次他说，"我想请你见我的合伙人斯伯里·沃森（Sibley Watson）。"并邀请我去西第十三街152号喝茶。令我印象深刻。沃森博士很罕见。他没说什么，但他说出的话很引人注意，其意义纠结你很久，因为太意外了。他们让我加入了《日晷》的团队。

《巴黎评论》：我刚刚看过那本杂志，你编辑它的那几年的。这是一本令人难以置信的杂志。

摩尔：《日晷》吗？里面有好东西，不是吗？

《巴黎评论》：是的。它把乔治·森茨伯里和埃兹拉·庞德放在同一期。你怎么解释这个？什么原因使这份杂志如此好？

摩尔：无所畏惧，这是起码一点。我们不在乎别人怎么说。我从来不知道有任何一本杂志如此自我精进。每个人都喜欢正在做的事，当我们犯下严重错误时，我们遗憾，但我们一笑置之。

《巴黎评论》：路易斯·博根（Louise Bogan）说，：《日晷》明确标出"美国前卫与美国传统写作之间的明显分歧。"你认为这种界限还在继续或者已经持续了？这是否某种刻意的政策？

摩尔：我认为个性是伟大的。我们不屈从任何事。我们当然没有政策，只是我记得经常听到"强度"这个词。一个东西必须有"强度"。这似乎就是标准。

我认为适用于它的东西应该适用于你自己的写作。正如乔治·格罗斯（George Grosz）在参加国家研究所最后一次会议上所说："我是如何成为一名艺术家的？无尽的好奇心、观察、研究——以及对事物的巨大喜悦。"这是一个是否喜欢事物的问题。符合你口味的东西。我想就是这样。我们并不关心它们可能看起来似乎多么不匀称。亚里士多德不是说过吗？一个诗人的标志，就是看见明显不协调的东西之间的相似之处。它所具有的任何程度的吸引力。

《巴黎评论》：如果《日晷》今天还在同样的编辑手下存在的话，你认为美国文学生活中是否会有些变化而不一样？二十年代是否有特殊状况使美国的文学生活与今天不同？

摩尔：我觉得一直差不多。

《巴黎评论》：我很好奇，如果它能够存活到三十年代，它是否可能使那个相当枯燥的文学十年稍好一点。

摩尔：我想是吧。因为我们那个时候没有被任何东西所束缚。

《巴黎评论》：仅仅是资金原因使它停刊了吗？

摩尔：不，不是因为经济萧条。状况改变了。斯科菲尔德·塞耶神经衰弱，他没有参加会议。沃森博士对摄影感兴趣——又正在研究医学，他是医学博士，住在罗切斯特。我一个人。我不知道罗切斯特只有一个晚上的旅程之远，我对沃森博士说："难道你不能来补开一次会，或者把稿件寄给我们，说出你对它们的看法？"我可能像往常一样夸大了我的奴役状况和我对工作的专注——写信和阅读稿件。最初我说过如果我不必写信也不必见投稿者，我就会加入。目前我两样都做。我认为这主要是骑士精神——决定停刊——因为我没有时间做自己的事了。

《巴黎评论》：我想知道你是如何做编辑的。哈特·克兰（Hart Crane）在他的一封信中抱怨说，你重新布局了《葡萄酒动物园》更改了标题。你认为你有理由这样做吗？你有没有要求许多诗人做修改？

摩尔：不是这样的。我们有一条不灵活的规则：不要求改逗号那样的太多修改。要么接受要么拒绝。但在那种情况下，我觉得出于同情我应该无视这条规则。哈特·克兰抱怨我？那么，我抱怨他。他喜欢《日晷》，我们喜欢他——是朋友，并且有某些共同的品位。他急需资金。如果不问一下他是否愿意找零钱（打引号的"愿意"），他似乎很粗心。他的感激之情是热切的，与他后来对它的拒绝相称——他可能在两种情况下都处于我不熟悉的病状。（惩罚我们的同情心？）我说"我们"，应该说"我"。真的，我不习惯让人处于困惑状态。他非常渴望让我们接受那东西，而且非常高兴。"好吧，如果你稍微修改一下，"我说，"我们会更喜欢。"我从未参加过"他们的"狂野聚会，如拉雪兹（Lachaise）曾说过的那样。建议别人修改对我来说是无法无天的；我没有服从。

《巴黎评论》：有没有编辑建议你修改？我的意思是修改你自己的诗。

摩尔：没有，但我求助的热情是真诚的，我有时会招引帮助：《时代周刊》、《先驱论坛报》、《纽约客》，有很多次不得不做修补并把我踢出来。如果你有一个天才的编辑，那么你很幸运：譬如，T.S. 艾略特和埃兹拉·庞德，哈利·列文和其他人；依瑞塔·范·多伦（Irita Van Doren）和贝拉·罗森堡（Belle Rosenbaum）小姐。

我发现"帮助"有帮助？当然有。而且在我参与《日晷》的三个例子中，我冒险提了一些建议，其结果对我来说真是戏剧化。我向赫尔曼·乔治·谢弗尔（Herman George Scheffauer）建议在他翻译的托马斯·曼的《无序及早期悲哀》中修改一两处，遭到他痛斥，我一定是在来不及收回的情况下发出了这些建议。不管怎么说，他后来欢快地收回了谩骂，以及说话方式令人愉悦，并不是不受欢迎的。吉尔伯特·塞尔德斯（Gilbert Seldes）强烈赞扬我对他（给《日晷》）的《乔纳森·爱德华兹》提出的分割建议；马克·范·多伦（Mark Van Doren）想删除最后几行而我建议（在一个间歇之后）保留这几行，他大力夸奖编辑良心，而我从未停止对他的高估感到高兴。（诗！而不是商赖体。）

我们在判断别人的作品时，不应该按照我们自己的作品来衡量，而应该尽可能地以别人的最大层面，如果做不到最小层面的话，最弱小的也要考虑到。我觉得我还不如一颗按钮，如果我不感激能够保全自己的东西，并被告知我所写的内容不得要点。如果被问到的话，我想我们应该像拉封丹的挑剔评论家那样自由地说："你的短语太长，而且内容不够好。打破这个类型，放于字体中。"正如肯尼斯·伯克（Kenneth Burke）在《反声明》中所说的那样："别人认为是威胁，（伟大的）艺术家感觉是机会。我相信这种能力并非来自特殊的力量，它可能纯粹源于艺术家可能对面临的困难所采取的专业兴趣。"

路易·萨拉特（Lew Sarett）在《诗歌社会公报》上说，我们问一位诗人：这意味着什么？这位诗人是否以他自己的方式说出他要说的话？是否会激起读者的兴趣？

如罗伯特·弗罗斯特建议的那样，我们不应该用诚实取代虚荣心吗？烦恼处处皆是。我们不应该觉得它们是致命的——比如，一个令人困惑的打印机的修正案，听起来就像是我一丝不苟的拙劣模仿（我的"青蛙色皮肤大象"而不是"雾色皮肤"，"无形的力量是无形的"，而非"有形的力量是无形的"）；一只"玻璃蚱蜢"而不是一只"草蚱蜢"。

《巴黎评论》：编辑《日晷》一定是使你认识了你以前不认识的作家。你早先认识哈特·克兰吗？

摩尔：对。你记得布鲁姆吗？一九二一年，那本杂志刚开始的时候，萝拉·瑞吉（Lola Ridge）非常好客，我去《日晷》工作之前，她邀请大家去聚会——凯·博伊尔（Kay Boyle）和她丈夫，一个法国军人，以及哈特·克兰，埃莉诺·怀利（Elinor Wylie）和其他一些人。我非常喜欢哈特·克兰。我们谈到了法国人的约束力，他很怯懦，谦虚，似乎有如此多的直觉，对事物和书籍的感觉——确实是个爱书人——所以我对他特别感兴趣。沃森博士和斯科菲尔德·塞耶也都喜欢他——觉得他是我们的天才之一，无法适应IBM电脑公司的职位以寻求生计；我们应该尽可能地接受他寄给我们的任何东西。

我认识他的表兄乔·诺瓦克（Joe Nowak），他为哈特感到骄傲。他住在布鲁克林这里，在干船坞储蓄银行工作①，还曾在古董店工作过。乔非常相信哈特的诚意以及他对我所指定的那些事物的内在热爱。不管怎么说，布鲁克林桥是一个宏大的主题。我觉得他在这一处或者那一处可以更坚实一些。一个作家无法对自己严要求时，对他自己是不公平的。

《巴黎评论》：哈特·克兰与《其他人》杂志有关吗？

摩尔：《其他人》早于布鲁姆。《其他人》是阿尔弗雷德·克里姆伯格、斯基普韦思·坎奈尔（Skipwith Cannéll）、华莱士·史蒂文斯、威廉·卡洛斯·威廉斯。华莱士·史蒂文斯——非常奇怪的是，我几乎有十多次机会见他，但直到1943年才与他见面，那是在曼荷莲（Mount Holyoke）学院由古斯塔瓦·科恩（Gustave Cohen）教授担任主席的庞提尼文艺沙龙上。华莱士·史蒂文斯是亨利·杰奇（Henry Church）最喜欢的美国诗人。杰奇先生在巴黎的《斟酌》(Mésure)杂志上发表过史蒂文斯、其他一些人以及我的作品。雷蒙·格诺（Raymond Queneau）翻译了我们的作品。

一天下午，曼荷莲学院的法国节目里有华莱士·史蒂文斯演讲，有关歌德穿着黑色羊毛长袜在小船上跳舞。我母亲和我都去了；我做了朗诵和评论。亨利·杰奇戴着一顶令人惊艳的巴拿马帽子——宽边，像一块猪肉饼，有点像伯纳德·贝伦森（Bernard Berenson）款式的帽子。我从来没有见过如此精细的编织，他有一条胡椒和盐的披肩围在身上。这个讲座在草

---

① 原注：曾经在那里工作；遇害；1961年4月他的车被一名鲁莽的司机撞到。——玛丽安·摩尔

坪上进行。

华莱士·史蒂文斯非常友好。那个场合我们应该有一台录音机就好了，午餐时他们把我们全都安排在一张食堂餐桌旁，一个女孩不停地问他问题，"史蒂文斯先生，你读过《四个四重奏》吗？"

"当然读过，但我不能读艾略特太多了，否则我不可能有自己的个性。"

《巴黎评论》：你读现在的新诗吗？你试着跟上吗？

摩尔：我总是看到——我每天都会收到一些。有些不错。但确实干扰了我的工作。我无法完成更多。但如果我把所有东西扔掉，不看，我就会成为一个怪物。我在一小时内写更多的便条、信件、卡片，不失去理智。

虽然每个人都受累于被不恰当的引用，但我好奇是否有还活着的人的言论经常被解释为我的——按照原文印出来。这可真是殉难。在《埃兹拉·庞德》这本书里，查尔斯·诺曼非常谨慎。他有些事情写得很准确。我第一次见到埃兹拉·庞德，是他来这里看我母亲和我，我说亨利·艾略特（Henry Eliot）对我来说比我见过的任何人都更接近艺术家。"看啦，看啦，"埃兹拉说，"小心。"也许这不完全准确，但他按照我说的方式引用了。

《巴黎评论》：你是指亨利·维尔·艾略特（Henry Ware Eliot），T.S.艾略特的兄弟？

摩尔：对。亨利·艾略特家从芝加哥搬到纽约后——是纽约的六十八街吧？就是亨特学院所在的街道——在那里的一间公寓里，他们邀请我去吃饭，我得按照T.S.艾略特的建议去思考，我立刻就喜欢上他们了。我觉得我好像很了解他们。这是在我对T.S.艾略特有这种感觉之前。

关于不准确——我去圣伊丽莎白医院看埃兹拉·庞德时，我第三次去的时候，护送我到病房的官员说："你太好了，还来看他。"我说，"好？你不知道他为我和其他人做了多少。"这是早期而非最后一次访问。

我不习惯让专家或其他人帮我处理我正在做的事，除非是图书管理员或者专门帮助申请者的人，或者是老师。但麦克米伦公司拒绝我翻译的

《寓言》时，我很绝望。我曾经花了大约四年时间，并且给埃兹拉·庞德寄过几次——虽然我犹豫不决。我不想打扰他。他的烦恼已经够多了，但我最后说："你有时间告诉我这些节奏打搅你吗？我的耳力不好吗？"

《巴黎评论》：他回答了？
摩尔：是的，他说："最不值一提的优点都会使笨蛋困扰。"

《巴黎评论》：你一九一六年首次阅读庞德时，你是否认为他是一位伟大作家？
摩尔：当然啦。《罗曼斯精神》文集。我想任何人都不可能阅读那本书而认为是一个笨手笨脚的人在写作。

《巴黎评论》：早期诗歌呢？
摩尔：是的，似乎有点说教，但我喜欢。

《巴黎评论》：我想问你几个关于诗歌的问题。你曾经在什么地方说过，原创是真诚的副产品。你经常在批评中使用道德术语。必要的道德是专门为文学的呢，对文字的道德使用，还是有更大意义？如果要写出好诗的话，一个人必须怎样才出色？
摩尔：如果情绪足够强大，词语就是明确的。有人问罗伯特·弗罗斯特（对吧？）他是否有选择性。他说："称之为热情的偏好。"一个人必须善良才写得出好诗吗？莎士比亚剧中的恶棍不是文盲，对吗？但我会说，正直有一个含蓄的循环。没有诚信，一个人不可能写出我读的那一类书。

《巴黎评论》：艾略特在为你的《诗选》写的前言里，谈到了你作为诗人在他所称之为生活语言方面的功能。你是否同意这是诗人的功能？诗歌如何影响生活语言？它的机制是什么？
摩尔：你接受某种谈论事物的方式。或强烈否认事物。你可以自己做一些事情，修改，发明一种变体或恢复根本意义。对此有何疑问？

《巴黎评论》：我想问你一个关于你与福特汽车公司通信的问题，那些发表在《纽约客》杂志上的信件。他们为车寻找一个名字，最终命名为埃德塞尔（Edsel）。他们请你想出一个让人们欣赏这车的名字——

摩尔：优雅，优美，他们说应该有——

《巴黎评论》："……一些内在的优雅，快速，先进的功能和设计的感觉。简而言之，这个名字在人们的脑海中闪现出一幅令人印象深刻的画面。"

摩尔：是吗？

《巴黎评论》：这是他们在给你的第一封信中所说的。我正在考虑这个与语言有关联的问题。你还记得庞德关于表达和意义的谈话吗？他说，当表达和意义相距甚远时，文化就会变得糟糕。我想知道福特公司的请求是否不要求你让表达离意义更远。

摩尔：不，我想没有。至少，要揭示汽车的不可抗拒性。我深入研究了电机、涡轮机和嵌入式轮毂。不，在我看来这是一个非常有价值的探索。我对机械学更感兴趣。我对机制，通常意义上的机制都感兴趣。而且我很喜欢这项任务，因为最后失败了。马凯特大学的皮克博士促成了一位年轻的埃德塞尔示范者，开着一辆黑色的车来说服我去大礼堂。那辆埃德塞尔没任何毛病！我以为是一辆很帅的车。它产生在错误的一年罢了。

《巴黎评论》：另一件事：你做批评时经常在诗人和科学家之间进行类比。你觉得这个类比对现代诗人有帮助吗？大多数人会认为这个比较是一个悖论，会认为诗人和科学家是对立的。

摩尔：诗人和科学家的工作不是类似的吗？两者都愿意浪费精力。两者的优点之一都是对自己严要求，都对线索细心观察，都必须缩小选择范围，都必须力求精准。正如乔治·格罗兹所说："艺术中没有八卦的地方，而有一小块地方属于讽刺作家。"目标就是使程序丰富起来。不是吗？雅各布·布伦诺斯基（Jacob Bronowski）在《星期六晚报》上说，科学不仅仅是一系列发现，而是发现的过程。无论如何它并非一旦建立就一劳永逸；它是不断发展的。

《巴黎评论》：最后一个问题。当你写下"美国在华莱士·史蒂文斯身上至少有一位专业精神永不磨灭的艺术家"时，引起我很大的好奇。你脑子里想到的是什么样的文学专业精神？你觉得这仍然是美国的一个特征吗？

摩尔：是。我认为作家有时会失去热情和好斗精神，永远不会说"参考框架"或者"我不知道"。我经常被问到的一个问题是："我能找到一份什么样的工作才能使我将所有时间用于写作？"作曲家查尔斯·艾夫斯（Charles Ives）说："你不能把艺术放在一个角落里，希望它有生命力，有现实感，有实质。布料自己编织整个自我。我的音乐工作帮助了我的事业，我的商业工作帮助了我的音乐。"我就像查尔斯·艾夫斯。我猜想劳伦斯·达雷尔（Lawrence Durrell）和亨利·米勒（Henry Miller）不同意我的看法。

《巴黎评论》：但是专业精神如何使一位作家失去热情和好斗精神呢？

摩尔：金钱也许与此有关，华莱士·史蒂文斯被视为一个专家，他非常恼火被编目、分类，对正在做的事情被迫进行科学化——给出满意的结果，回答老师。他不会这样做。我想威廉·卡洛斯·威廉斯也是如此。我想如果他看起来合情合理，易于归类，他就不会创造那么多了不起的美国语言了。这就是其中的美丽之处；他宁可恣意妄为；如果不能那样，整个事情还有什么意义呢？

（原载《巴黎评论》第二十六期，一九六一年夏秋号）

叶夫根尼·叶夫图申科

骆家 / 译　刘与伦 / 校

一九六〇年，我为《巴黎评论》采访鲍里斯·帕斯捷尔纳克时，莫斯科充满了对俄罗斯文学复兴的期待。但期待还未能实现，赫鲁晓夫针对一九六二年底在莫斯科马涅什举行的先锋派美术展的谴责之后发生的一些事件标志了这一期待的破灭。[①] 在一九六五年俄罗斯知识分子界的普遍情绪是一种缺乏耐心与疲惫的混合体，但这是一种极其不宜公开的情绪。由于当时压抑（但并非高压）的官方手段，文学圈子中表现出一种表面的平静。但在表面的平静下，许多赋有才华与充满热情的人写出一些未能公开出版的作品，但幸运的是并非无人阅读。

一九六五年，叶夫图申科告诉我，他依然相信文学创作的健全性可以与崭新的马克思主义和解，现有的体制并非不允许人性和艺术的发展。他的观点在以社会主义现实主义为唯一认可的审美取向的莫斯科并不合拍。要想坚持己见，英雄主义精神是必要的，这已成为叶夫图申科的标志。他需要这样的英雄主义精神，因为在即将开始的后赫鲁晓夫时代，他不仅要面对来自官方的压力，还有来自年轻的追随者对他这个几年前还是他们领袖的人过于保守的批评。

——奥丽嘉·卡尔里斯（Olga Carlisle），一九六五年

---

① 原注：尼科诺夫（Nikhonov）和涅伊兹维斯特尼（Neizvestny）为 1962 年 12 月马涅什展览馆举行的先锋派美术展后官方批判的两位主要对象。

一

　　我初次见到叶夫根尼·叶夫图申科是在一九六○年的冬天，那时的莫斯科有许多新鲜的声音从诗歌界传出。当时斯大林还未受到当局的批判。人们时不时地还能看到他的雕像。但无论是斯大林的雕像、肖像，甚至名字，人们都会尽力避免。只有在亲友小圈子的闭门谈话中，人们才会提到斯大林时期的集中营，但可以感知到的是，似乎每个人都在私下里打探消息，以求从虚假中抽丝剥茧，择取真相。

　　知识分子愈发意识到空洞的氛围，因为他们在此氛围中已经生活了很长时间。在与我的会面中，我的这些新朋友有时好像是首次打破长久以来笼罩在他们身上的恐惧：与一个陌生人来往，回溯过去并坦诚相见。当时的气氛非常好，同时也充满了一种不确定的模糊希望。

　　那时候叶夫根尼·叶夫图申科在莫斯科文学圈已非常著名，但无论是西方还是苏联的普通民众对他的面孔与性格依然一无所知。在我的这次旅程之前，我在文学杂志上读过他的一些诗歌。这些诗非常大胆，摆脱了年少轻狂的那种特殊味道——像一种荡来荡去、欢快的诗歌纪实，完全摒弃了苏维埃生活的俗套。

　　在我到达莫斯科之后，我很快利用我父亲与他的熟识，和他通了电话。我邀请诗人某天下午来喝茶，并提到我父亲想要一本有他签名的诗集。叶夫图申科在电话中非常友善，并接受了我的邀请。但是我听得出来，他认为我父亲的愿望很天真。"奥丽嘉·瓦吉莫芙娜[①]，"他说，"很明显您是刚到莫斯科吧。在我们国家，诗集从来都是一上市就被哄抢一空。比如我最近的一本诗选，两天内两万本诗集就卖完了，一本都没剩下。但是，我会背诵几节我最新的诗给您听。"他暖心地说。

---

①　即采访者奥丽嘉·卡尔里斯，瓦吉莫芙娜为其父称，卡尔里斯是夫姓，此处名字加父称，表示尊敬、礼貌。

我当时住的酒店在莫斯科市中心，四周被厚厚的积雪覆盖。在灰暗而又硕大无比的"大都会酒店"，我住的是一套维多利亚风格的套房。房间里的墙壁镶嵌着装饰板，窗帘好几层，完美地印证了一个传播很久的传闻：外国人和他们的客人在大都会酒店会面时会受到服务人员特别注意，甚至被监听。但是当叶夫图申科下午一到达，脱下外衣，掸下他灰色的阿斯特拉罕皮帽上的雪，并向我展示了他给我的礼物———大束温室丁香花的时候，我昏暗的套房立刻就变得明亮起来。

叶夫图申科是一位个子很高、长着一头浅金色头发的年轻人，与他修长健硕的身材相比，头部显得略小，一双淡蓝色、带着笑意的眼睛，挺拔的鼻子在圆脸上很显眼，他展现的一种开放气质在莫斯科当时的氛围下令人吃惊。周围压抑的环境完全没有影响他，落座后便开门见山地与我聊起了俄罗斯诗歌。他谈了他自己，谈了二十年代的伟大诗人马雅可夫斯基，还有大量的时间花在了讨论近现代的苏联诗人。我很快意识到他对同辈诗人不吝溢美之词；他提了许多诗人的名字，赞美他们的诗，甚至整段朗诵了一些作品。"沃兹涅辛斯基（Voznesenky）和阿赫玛杜琳娜（Akhmadulina）是我们中最有潜力的诗人，"他说，"阿赫玛杜琳娜继承了俄罗斯女性诗人最好的传统，即以阿赫玛托娃和茨维塔耶娃为代表的高雅、纯粹的抒情诗传统。她是我的夫人，"他笑着说，"您一定要见见她。唉，我自己则属于另一类没什么贵族气的诗歌传统。我的文字一般都与时事相关，带有强烈的情感色彩——这就是我的本事，当我有感而发时，我能在纸上立刻鲜活地重现我的情感。"说话的时候，叶夫图申科站了起来，在房间里来回走动，房间内各式各样的软垫扶手椅被他轮番换着坐，最终坐在了一把深蓝色的天鹅绒长椅上，他的一双长腿交叉着向房间的中央伸开去。但很快，他又站了起来，背诵起他自己献给马雅可夫斯基众多诗歌中的一节：

> 是什么摧毁了马雅可夫斯基，
> 并将一把左轮手枪放到他手里？

对他以及他洪亮的声音与高贵品质而言，

倘若生前能享受些许宽厚就好了，

——活着的人真是一种累赘

宽厚只留给安然死去的那些人

在这间宽敞的客厅里，一盏台灯是唯一的光源，他的每个微小动作都被放大成为墙上巨大阴影的舞蹈，呈现出一种怪异的景象。他朗诵时，圆形的脸和高高的颧骨与他尖锐的侧影形成了令人好奇的反差，他修长的手，时而大开大合比划出如同标点的节奏。他的朗诵有着表演的色彩，他响亮的声音为诗歌带来生命，情感又掩饰了它们偶尔的纤弱。他的目光越过我的头顶投向远方，给我造成一种错觉，仿佛我是礼堂里一排又一排全神贯注听众中的一员。

他背诵了一首他特别喜欢的老诗人扎博洛茨基（Zabolotsky）的《一个丑女孩》诗中的一长段，与叶夫图申科献给马雅可夫斯基的诗有着类似的主题：在日常生活中恳求更大的同情与慈悲。他坐下，沉默了一会儿，然后又热情洋溢、滔滔不绝地讲起来："我们最重要的任务是让人们的生活恢复温暖。只要做到这一点就可以拯救我们和整个地球。俄罗斯人已经经历了太多苦难。现在是我们对此应该做点什么的时候了。创造一种善意的社会氛围，让人们打开心扉并绽放自我。如果我们不开始做这些，怎么能补偿过去的不公、愚蠢与鲜血？我们的共产主义社会并不会阻止这样的百花齐放，恰恰相反；但我们确实要战胜内心的恐惧。有许多诗人已经迈出了这一步：他们的灵感已经不受阻碍了：这个时代的所有伟大主题都是他们的。小说家的境遇要更困难些。俄国小说经历了多年令人窒息的严格审查，诗歌因为可以更简单地通过口头传播，受到的影响小一些。但是我们这一辈还是涌现出了一些有前途的小说家：杜金采夫（Dudintsev）的《新年故事》代表着他已经同其《不是单靠面包》的那个年代相比，更加成熟了。还有尤里·卡扎科夫（Yury Kazakov），他的作品您应该马上去读。我认为他是年轻一代作家中最好的。他让自安东·契诃夫以来的同情与悲悯的传统俄国主题焕然一新。"

叶夫图申科期望我能理解，或者对他的信念感同身受，但他又不屑于在他滔滔不绝充满老旧式暗喻的论述里做更多细节上的解释。他的雄辩之才并没有让他在对话礼仪的繁文缛节上浪费时间。他身上有着一种追求真理的冲动，在这一点上，他让我想到了纽约的"垮掉一代"。"我们现在进入了一个新时代。我们以共产主义的名义，从我们自己身上，从他人身上在追寻真理。我们通常在单纯的人身上更容易找到真理。"他又补充讲到一个传统的俄罗斯信念，"真理如纤弱的植物。它熬过了一个严冬，现在是生长的时候了。"

叶夫图申科对老一代俄罗斯知识分子的学识广博感到着迷。"这种博学的精神，世界要想延续，一定要有这种精神。"他提到新一代知识分子在苏联的诞生："这就像用手掌去抓水流，"他说，"大部分的水都流失了，总会有一小部分留在手心里。这样的事情现在就在发生。我们和我们的孩子们总归会保住一点点与主流不同的水，但日渐汹涌的主流是我们主要的担心。苏联政府已有能力将众多好作品向广大人民开放，这也给了我们对俄罗斯未来的信心……"

在我看来，我们的交谈有时像某种道德剧，而整个交谈过程中，叶夫图申科为一个有活力、净化过的苏联代言，而我则代表西方的立场。他希望回到可以探寻统一观点的问题上，以便确保俄罗斯以及世界上其他国家的幸福和平。我有种感觉，他是想通过我把他的这种声音传达给西方的知识分子。他对西方知识分子的生活表现出极大的好奇，比如在绘画与写作上的最新潮流与运动，问了许多有关"垮掉派"诗人和纽约的"行动派"画家的问题。

茶水上来的时候，我们的话题转到了诗歌在现代俄罗斯生活中扮演的特殊角色。叶夫图申科绘声绘色地描述了庞大的人群在那里着迷一般聆听年轻诗人朗诵的情景，还有五万本诗集在一天之内售罄（在计划而不是需求下来之前不得重印）的情景。我在这次共同品茶之前从未听说如此健谈的叶夫图申科。在政治环境正在解冻的这个时刻，叶夫图申科也在努力扩大诗歌，准确来说是带有他个人色彩的诗歌的影响力。在当时而言，用文字表达一群人长期封闭感情的能力对他来说是一种新鲜的发现。随着叶夫图申科和其他年轻诗人的公开朗诵活动越来越多，诗歌刚刚开始成为全俄罗斯诚实守信的载体：就像一枚嵌入老套想法与行动铁板体系中的楔子。

叶夫图申科正在成为一个全国性的象征：斯大林主义在诗歌层面开始消解的象征。在我和他的谈话尾声，我明白，我听到了一种很有说服力的声音，一位能代表那整整一辈的代言人。这是一位比生活本身更高大、更闪光但又符合传统浪漫主义定义的英雄：叶夫图申科效仿了马雅可夫斯基，或者只是在表面上模仿了马雅可夫斯基，一位耀眼、无产阶级的年轻革命诗人。他风格中显著的直截了当让他的声音有了额外的分量，哪怕那种夺人眼球的特质有故意和做秀的味道。叶夫图申科具有在现实生活中即兴表演的才能，就像他具有即兴创作诗歌的能力；当他愿意的时候，他可以在一个下午的时间完成一首指定主题的诗歌创作。

我记得我接下来与他的多次碰面，他的想象力之丰富令我印象深刻。经常处于众人注意焦点的位置让他能够本能地意识到不同情境和具有刺激性的现代主题中的戏剧性，并热情地抓住它们，以一个诗人，或是一个演员来进行带有他个人色彩的表达，为稍纵即逝的主题打上印象深刻的印记。叶夫图申科承认热衷于表演，还认为与"高贵地演绎出了他的人生"（引自帕斯捷尔纳克翻译的《哈姆雷特》）的帕斯捷尔纳克热衷表演有关，只不过他的表演比帕斯捷尔纳克的表演更加清醒与考究。那个冬天的晚些时候，我们访问了列宁格勒，普希金的城市，在朋友们的香槟酒会上，叶夫图申科为伟大、光辉的普希金献上了祝酒词："向有着和雪与香槟一样美好的普希金致意……"一年后，我在纽约的一个学术招待会上又见到了他，听到了他在朗诵自己那首轻松又乐观的诗《自行车上》之后，见证了他回答许多尖锐的政治问题，并成功地用他文雅的机巧让一群坚定的反苏听众哑了火。在"无忧无虑"的一九六二年的春天莫斯科的一辆出租车上，叶夫图申科朗诵了他的《"垮掉"独白》，我们一行四人在前往莫斯科艺术家工会的路上，得益于当时放松的政治气氛，叶夫图申科的朋友、画家尤里·瓦西里耶夫（Yury Vasiliev）将做一个关于艺术实验的讲演。《"垮掉"独白》如电击般触动了它的五位听众，包括出租车司机。"我必须在保证我的乘客安全的情况下才能享受艺术"，他说着把车暂时停在了人行道旁。并非特别复杂的俄语韵脚被他演绎得精彩绝伦：

> ……二十世纪让我们惊愕不已
> 谎言像税赋一样沉重
> 仿佛蒲公英的种子
> 思想轻轻一吹就散开
> 我们的手欢笑般鼓掌
> 我们的脚乐滋滋舞蹈

二

一九六二年的春天，我和叶夫图申科经常在莫斯科见面。莫斯科和我第一次造访它时相比已经大不一样了。它曾是一个更欢快、更忙碌的城市，现在出门却很不方便。因为出租车费降低，莫斯科人都抢着打出租车，人们的生活质量跟一九五九到一九六〇年的那个冬天相比有了提高。那年的五一节和东正教的复活节之间只隔了几天，于是城中的那几周都充满了节日气氛。天气很暖和。莫斯科城里拥来许许多多进城扫货的人们。乡下女人背着满得快要掉出来的购物袋，里面全是从莫斯科货物充足的商店买来、为制作传统的复活节甜糕和面包而准备的物料。那些女人仿佛都戴着方巾、穿着宽裙和有着一张圆脸，一下子从四面八方一起拥来。在许多称得上的政治场合也是如此：在以往的五一节期间的莫斯科，列宁的肖像随处可见，城市悬挂着无数红旗和（东正教的）浅蓝色旗帜。这两个节日虽说风马牛不相及，但也并非不可兼容：大多数莫斯科人只想好好享受他们的假期周末，不管以哪个节日的名义。

叶夫图申科的友善和开放一如既往。他现在更多了一层成功的光环：

现在他是半官方的自由派青年代表。他访问了美国和欧洲，还作为《真理报》驻古巴的记者成为了菲德尔·卡斯特罗的朋友；当时有传闻他即将被发展入党。他已经和出色但善变的女诗人贝拉·阿赫玛杜琳娜离婚并与蓝眼睛的加利娅结合。加利娅比叶夫图申科稍年长一些，她是一位沉稳智慧的黑发女性，她在莫斯科享有一流文学品位的好名声。

叶夫图申科和加利娅当时刚搬进为作协会员特别规划的一栋崭新、巨大建筑物中的一套公寓房。那里离市中心很远，在基辅高速公路边上，作为一个发展快速的新区，大量的耐火砖砌筑的楼房在小木屋旁拔地而起。但整个社区暂时还缺乏园林景观，建筑外道路尚未命名，建筑物内连公寓的门牌号也还未编号。

叶夫图申科家里的装潢有着特别的莫斯科时尚：斯堪的纳维亚半岛的现代风格与（苏联）民俗特点混搭在一起：可爱的乌克兰陶制玩具和仿佛是二十年代的老家具，与角度毫无功能性并带有复杂几何图形的扶手椅共处一室。总的来说，屋内给人的效果欢快和好客。

对于叶夫图申科夫妇来说，那是一段忙碌的时间：他们即将前往伦敦进行官方巡回访问。公寓内跟演电影一样人来人往：加利娅在收拾行李，刚接通的电话响个不停。叶夫图申科的朋友们时不时来登门向他们告别。还有的访客是为了欣赏叶夫图申科引以为傲的藏画，它们如同公寓中的其他东西一样，才刚刚挂好。藏画与屋内装修的风格类似，有着二十年代的印记，大部分是略显粗糙的莫斯科画家的超现实主义作品。藏品中亦不乏精品，比如尼科诺夫（Nikhonov）那幅不朽的油画，画的是打纸牌的人，还有一组雕塑家恩斯特·涅伊兹维斯特尼（Ernst Neizvestny）的画作，强壮而又富有表现力，还有几幅叶夫图申科从古巴带回的原创抽象画。

尽管很忙，叶夫图申科仍接受了《巴黎评论》的采访。在采访的当晚我就在他家里共进晚餐。当时太阳还未落山，晚餐是牛排配小西红柿，后者是叶夫图申科的最爱。放在大浅盘里的小西红柿和屋内出自尤里·瓦西里耶夫之手的明亮装潢正相匹配，他还曾用彩绘木勺和乌克兰流行的图案为传统厨房增添光彩。稠李的味道穿过窗户进了厨房（在俄罗斯诗歌中经常出现描写稠李花儿的诗句，在那个春天之前，我对它强烈的气味一无所知），在蓬松的树冠和巨大的工程起重机后面，是缓缓落下的夕阳。

叶夫图申科一家的兴致很高，我们用香槟庆祝这次会面。因此，同许多叶夫图申科参与的事情一样，这次采访就像一次迷人的即兴创作。在欢快的对话过程中掺有大量的祝酒词和碰杯，这是俄罗斯节日晚餐重要的一部分。晚餐结束后，加利娅到隔壁房间继续收拾行李，我和叶夫图申科移步到客厅。那里有他的书桌，那是一张有着丰富圆形线条的斯堪的纳维亚风格的桌子，上面有一张中年海明威的照片和一幅卡斯特罗的肖像，他们仿佛两位大胡子的神明见证了我们的对话。我们一边聊，一边喝着甜软的苏联香槟。

叶夫图申科拒绝回答那些我特别好奇的问题，比如国际文学的一些趋势或者某些苏联诗人同美国年轻一代作家可能的相似性。但对于其他的一些问题，尤其是关于艺术的问题，他很乐于回答。鉴于我们被瓦西里耶夫和涅伊兹维斯特尼的作品所围绕，所以叶夫图申科首先说的就是他们。然后他坐到书桌前并用打字机将他对于采访问题的回答打印出来，时不时地辅以朗诵诗歌，来强调他要表达的重点。他的状态很放松，愉快，会不时站起来在屋内踱步，眺望窗外，浑身散发着自我第一次见到他就有的旺盛精力。

"对我来说，恩斯特·涅伊兹维斯特尼是现在苏联还在创作的雕塑家中最有才华的。他和亨利·摩尔（Henry Moore）属于同一级别的雕塑家。恩斯特今年只有三十八岁，而他是在一个完全俄罗斯艺术气氛中成长起来的。他的作品是向内集中和向外发散两种艺术道路完美平衡的示例。这恐怕对西方读者来说有点陌生：你们对一种表面的、平滑的集合式风格过誉了，涅伊兹维斯特尼是一个最宏观意义上的现实主义者。在艺术中，我认为现实主义就是直接受现实生活专横主导。但就算涅伊兹维斯特尼最写实的作品，也总含有幻想的元素，深一层的维度，只是他想象的结果被现实制约。我喜欢毕加索也是基于一样的原因：他外向的折中主义其实是最高程度集中的显现。毕加索就像是火，他的光芒可达四方，但他的核心只有一个。"

"瓦西里耶夫呢，他有着和毕加索类似的冲动，他什么都想尝试，譬如油、陶、金属、马赛克、石头等等，他均勇于尝试，不惧失败；就算是模仿，他也能保持自我。他的精力惊人。现代艺术如果是一根绳子的话，虽然他可能并不属于最主要的，但他就像一个绳结，在'个人崇拜'的时期，在其他绳子被剪时，他这个结让绳子不散。虽然是一个粗糙的绳结，但您难道不认为就是这个绳结的最大价值吗？可以鼓足勇气去尝试把绳子断的地方再结起来。"（叶夫图申科说这个的时候注意到我对充满明显超现实主义象征的苏联前卫绘画的热情不高。）我知道他对于绘画的欣赏是基于一种奇怪的、把绘画视为从属于文学的某种延伸而非独立的艺术门类的俄罗斯艺术风尚，而我和他在这一话题上的分歧由来已久，为了避免争执，话题于是转向了苏联诗歌的未来。

"我们的生活正发生可喜的变化，"他回答，"它们在生活的诸多方面都可以感觉到。在文学领域里，诗歌的改变最为明显。俄罗斯现在有许多新的诗歌潮流，像群马竞逐一般，完全和过去如同长了青苔的鹅卵石似的顽固思想不同……"

"保有原来鹅卵石思想的人当然现在也有，但在我看来如果到今天还在以讽刺和怀疑的态度来看待俄罗斯诗歌的话，那简直就是犯罪。世界上还有哪个地方像苏联一样让诗歌拥有如此大的影响力？还有哪个国家的诗人会用诗的语言来表达这个国家最深的期望？"

叶夫图申科然后同我说起了"苏联诗歌节"，这个一年一度的诗歌盛会规模越来越大，现在它每年会为参加的诗人出版一部诗集。

"当诗人弗拉基米尔·卢格夫斯科伊（Vladimir Lugovskoy）提议在每年秋天举行一次公开的诗歌朗诵会时，并不是所有人对它的成功抱有希望。但诗歌节现在已经成为俄罗斯人人生活的一部分，一个机构，一个公共欢庆的机会。在这一天，诗人们爬上书店的柜台，卖他们亲笔签名的书，朗诵他们自己的诗，和自己的读者见面。这样的事儿在全俄罗斯都在进行，但以莫斯科为甚。那天晚上，莫斯科的诗人们会在马雅可夫斯基的雕塑前集会并再次进行朗诵，（今年）这次的听众会有八千到一万人之多。

听众会顶着莫斯科的十月寒风站几个小时。有几年的诗歌节那一天都下了雪，但是人们顶着风雪听诗歌朗诵，无人离开。"

我大胆地说，是否因为大众娱乐的选择太少，所以才会出现诗人们拥有大量拥趸的情况。

"不是，不是，"叶夫图申科反驳道，"这些诗朗诵会并不是有组织、轻浮的娱乐活动，像诗歌这样深奥的文艺活动如果没有深刻内容的话，不会有这样庞大的追随者。您可以去莫斯科的一家书店，向店员询问阿赫玛托娃的诗作，或者贝拉·阿赫玛杜琳娜的、鲍里斯·斯卢茨基（Boris Slutsky）的，抑或安德烈·沃兹涅辛斯基的，店员只会向您耸耸肩……

"在我看来，有两个因素促成了这样的现象。首先，我刚刚提到的那些诗人都是真正的诗人，那个谄媚者靠文字来吹捧自己的主人并自命为诗人的时代已经结束。还有就是在苏联我们有着非常出色的读者，他们细心而有鉴别力。这并不是说我刚提到的诗人（还有其他许多不为西方读者所知的杰出诗人）要迎合读者的口味，不论这口味培养得有多好。正相反，这些诗人都是公共品位的磨刀石，他们形成并拓宽品位，这是他们最重要的功能。顺便提一下，我刚刚提到的诗人互相之间都不完全一样。沃兹涅辛斯基有着'原子般的风格'，诗里充满令人屏息的音韵旋转。阿赫玛杜琳娜是一位严谨的语言珠宝匠，但她写的抒情诗与我们时代的抒情也同样吻合。鲍里斯·斯卢茨基，相比而言，是一位像石匠般阳刚的诗人，完全没有细小的东西。马尔基诺夫（Martynov）像是一位神秘的谜题发明家。宏大的哲学性主题总能被他用优雅的音律隐藏起来。"

"在老一代诗人中，亚历山大·特瓦多夫斯基（Alexander Tvardovsky）[①] 很突出，但他现在不如过去那般能打动我们了。在我看来，他是位非常棒的诗人，但他的文字少了点魔法——但总的来说，他还是很有诗的天赋。在我们眼前的景象，正像是马雅可夫斯基曾经梦到的那样：

---

① 原注：亚历山大·特瓦多夫斯基是偏向自由派的《诺维·米尔》文学杂志的主编之一，并在 1963 年作了--首反斯大林的讽刺诗《焦尔金在另一个世界》。

对我来说，只有一件事最重要：

诗人永在

许多优秀的、不同的诗人！

"传统上来说，俄罗斯诗歌总是提出那些最能打动我们的问题，从繁复的政治情势到精妙的心理学论点等等。俄罗斯诗歌从不单单只是描述性、心理学性、学究性的，或只是音律性的（我说的是那些有代表性的优秀诗人）。俄罗斯诗歌是由以上提到的所有元素组成的，但经常含有一定、严肃的政治思想。

"毫无例外，我们今天更优秀的一些诗人都继承了这一传统。这也是他们被热爱的原因。这就是为什么在诗歌朗诵会举办的地方，窗户都会被挤爆。保安想要维护群众秩序也很困难。他们热烈，反应积极，通常都充满热情。他们的朗诵没有破坏性也没有诽谤性，不像有时候传闻的那样……假如喜欢诗歌对有些人来说是含沙射影的诽谤，我们就不会与他们纠缠。这样的'诽谤'是否属实，人们自有选择。

"我们的听众并不是一群歇斯底里的边缘人。他们中有工人、学生和科学家。他们对我们诗人的兴趣与信任在于我们对未来道路的某种代表，我们应尽力不让他们失望。"

我问他眼中的文学大师都有谁。

"我总是想，在保持自我的前提下，能把别人身上引起我兴趣的那些东西化为己用。您看，我还是想回到我对于折中主义艺术的表述——内核是固态的，由一个人的性格与自身所决定。但是，要让我说，普希金是我在俄罗斯文学史上最喜欢的人。我也热爱勃洛克、马雅可夫斯基、帕斯捷尔纳克等，叶塞宁对我也有影响。他们都在不同方面对我帮助很大。如果我知道我能有一句诗在未来能影响某个诗人，那就太好了。事实上，这也是我文学志向的起点：我一定要写下这样的一句。同样的，我热爱沃尔特·惠特曼。我也对保尔·魏尔伦的语言音律有偏爱。您现在恐怕感觉难以置信，但我曾在他的《秋之歌》直接影响下写过一首诗。"

那对您有影响的西方同代人有哪些呢？我问他。

"在我看来，海明威对我影响最大。"叶夫图申科说，"雷马克的早期作品有着广泛的读者。圣埃克苏佩里的作品直到最近才被我们所知，近代的苏联作品中可以找到他若隐若现的影子。《麦田里的守望者》是一个巨大的成功。我们对西方的作者很开放，我们也会时不时借用他们的技法。这些借用只是偶尔的成功；他们经常只是没营养的。另一方面，这些技法有时会引向一些有生气的地方，他们帮助我们成长。

"比如，曾经有一位深受雅克·普雷维尔诗歌语调影响的俄罗斯诗人，就借用此种语调并将它改造成了全新的、带有俄罗斯特色的语言。再比如沃兹涅辛斯基，他是阿蒂尔·兰波《醉舟》和艾伦·金斯堡的冲突与不和谐的混合体，但沃兹涅辛斯基是一位完全原创性的诗人。"

门铃响了，又是来祝福叶夫图申科旅途顺利的朋友们，他们带了礼物和几瓶香槟。这标志着我这次采访的结束，虽然我们在一九六二年还有多次访谈，而后又在一九六五年也是一样，叶夫图申科阐述的观点大体上与这次"正式"采访的观点一致。

我们又继续聊了下去，直到这个春天的深夜，窗户开着，外面是芬芳的莫斯科。这场对话是有关西方与俄罗斯，是有关诗歌与绘画。叶夫图申科的访客是诗人和艺术家，他们都受到叶夫图申科这次出访的鼓舞，并祝他好运。对于某些俄罗斯年轻人来说，他们对加强与西方交流的渴望之深让我震惊。现在，三年过去了，苏联当局并没有让才华出众的苏联画家或艺术家的海外出访更方便；反而，文化交流的名额多被官方腔调的缺乏想象力的作家占去了。

三

曾经试图努力克服苏联文化狭隘主义的叶夫图申科，一次又一次地对外展示了他对于那种全世界的人不分政治派别和国家阵营都能组成一个

"好人的共同体"的信心。在一九六二年到一九六三年的那个冬天，苏联官方曾出面压制这种与共产主义立场相悖的观点。为了抹黑他在年轻人支持者中的形象，另一个年轻人被推到了台前：宇航员尤里·加加林成为了官方认可的年轻模范。加加林谴责叶夫图申科未经作协审查直接在海外出版自传是否爱国。毫无疑问，这位宇航员的立场没有强大到可以扼杀叶夫图申科的声音。全苏联都听到了由叶夫图申科所领导的年轻人的声音；这个声音曾经震动了苏联公众，而且这样的震动现在依然在这个国家回响。这位年轻的诗人已经蜚声国际，苏联的文化孤立主义围墙昭示了一个时代的错误。

叶夫图申科也展示了另外一种可能性：出乎不只是苏联也是全世界意料之外的是，一位帅气年轻的诗人，为自由发声的诗人，能拥有像浪漫主义时期拜伦勋爵或是维克多·雨果那样庞大的受众群体。像这两位诗人一样，叶夫图申科的能量不止于他的文学成就，还有他整体的个人魅力。

叶夫图申科为他本人和同辈的其他许多人赢得了生存的可能性。如果不是他多年来机智而又慷慨的公开表演，他本人和那些他称赞过的人很有可能都已在一九六二到一九六三年间反对苏联艺术异见者的运动中被碾碎了。

但是，今天由于俄罗斯固执的意识形态的教条主义和叶夫图申科自身艺术上的局限性，他没能完全满足苏联公众对于言论自由这一由他发起的目标的追求。这也是许多创新者的宿命。一九六五年，在新的一代读者看来，他的主题显得不够深刻，过于爱惜自己的羽毛，在编者压力下过于轻易地改稿。

但在文学圈里，叶夫图申科依然无人取代，安德烈·沃兹涅辛斯基，同时代的另一位出色的诗人，叶夫图申科的朋友和对手，也不行。但叶夫图申科的领头羊地位，确实有褪色的迹象。在当今莫斯科充满不确定性的氛围下，大众对于真理的渴求看起来越发急迫。而对于那些掌管文学事务的人来说，对这种渴求的恐惧也正在增长。

（原载《巴黎评论》第三十四期，一九六五年春夏号）

布莱兹·桑德拉尔

周杨 / 译

　　布莱兹·桑德拉尔（本名弗雷德里克·索瑟）于一八八七年出生于瑞士拉绍德封。他的父亲是瑞士人，从事发明与商业；他的母亲是苏格兰人。桑德拉尔跟随父亲，童年时代在许多不同的地方度过；他辗转于亚历山大港、那不勒斯、布林迪西、纳沙泰尔等地。他的父亲不断地开展不同的商业计划，却从未获得过他所追求的成功。

　　十五岁时，桑德拉尔受雇于一个珠宝商人，离家开始了旅行。他去过俄罗斯、波斯和中国，并造访了这三个国度之间的地区。多年之后，在长诗《西伯利亚大铁路》中，他写到了自己的这段珠宝商学徒生涯。一九一〇年之前，桑德拉尔在巴黎结识了当时在文学艺术界掀起汹涌浪潮的先锋派领袖纪尧姆·阿波利奈尔。之后，桑德拉尔前往美国并在那里写下了他的第一首长诗《纽约的复活节》。一年后，他又发表了《西伯利亚大铁路》（全名：《西伯利亚大铁路和法国小让娜的散文》）。这两首诗对塑造"现代精神（modern spirit）"都有一定影响，在"现代精神"的催化过程中，桑德拉尔的第三首也是最后一首长诗也产生了与前两首相似的影响——《我七位叔舅的巴拿马冒险》（1918）由约翰·多斯帕索斯翻译，于一九三一年在美国发表。

　　在第一次世界大战中，桑德拉尔在法国外籍兵团担任下士。他在战争中失去了右臂却拒绝安装义肢。在那之后，他以自己能够单手射击、高速驾驶、打字甚至打架的高超技术为荣。战后他进入了电影行业，先是写剧本、做助理导演；后来，他成为了独立的电影人。他的事业偶有成功，让他坐拥百万财产，但大部分的时间他依旧贫困潦倒。

二十世纪二十年代，桑德拉尔发表了两篇长篇小说：《莫拉瓦金》（1926）和《丹·亚克的自白》（1929）；三十年代，他发表了一系列"小说化"的传记，或者说是一系列辞藻华丽的报告文学，如基于约翰·奥古斯特·苏特尔生平的《黄金》（1925）和记录并评价了让·加勒蒙（尽管相较而言他的功绩差强人意，他仍被称为圭亚那的塞西尔·罗兹）一生的《伤风》（1930）。

"美好年代"是文学艺术大发现的伟大时代。桑德拉尔也属于这一时代：卡鲁索（Caruso）为他画过素描，雷翁·巴克斯特（Léon Bakst）、莱热（Léger）、莫迪利亚尼和夏加尔都曾为他画像；他自己则在发现黑人艺术、爵士乐和"六人团"的现代音乐中做出了贡献。一九二一年，时任塞壬出版社主编的桑德拉尔发表了《黑人选集》：这是他计划发表的三卷非洲、南美洲游记中的第一卷；第二、三卷的手稿在二战中被德军摧毁。在塞壬出版社工作期间，桑德拉尔重版了洛特雷亚蒙的作品，送这位于一八七〇年去世、终年二十四岁的诗人进入刚刚兴起的超现实主义的神殿。在拍摄电影《车轮》（1921）期间，桑德拉尔作为阿贝尔·冈斯（Abel Gance）的助手制作了疾驰火车的蒙太奇影像，并提议让阿蒂尔·奥涅格（Arthur Hönegger）负责背景音乐的作曲。奥涅格为这段影像所作的音乐之后成为了他著名的交响诗作品《太平洋231号》。

一九三五年，桑德拉尔发现了亨利·米勒。他发表了法国第一篇关于《北回归线》的文章（发表于评论杂志《行星》），这也很可能是世界第一篇对《北回归线》的文学重要性提出认可的评论：这篇文章标注的写作日期是当年的元旦。在文章的开头，作者用在平安夜宣告"属于我们的救世主已诞生"的宗教礼拜式口吻写道："属于我们的美国作家已诞生：亨利·米勒。他刚在巴黎完成了第一本书。这是一本庄严伟大的书，也是一本穷凶极恶的书，正是我最爱的那种书……"关于书的作者，桑德拉尔写到，他是个百分之百纯正的美国作家，也是一个坚定的现实主义者，但是"……他发现着巴黎、呼吸着巴黎、咀嚼着巴黎；他愤怒地大口吞下；他吃的是巴黎；吐出来的、尿出来的，也是巴黎。他爱这个城市，也诅咒这个城市……"桑德拉尔发现的文学艺术作品中，有很多都没有得到重视：比如葡萄牙裔巴西作家费雷拉·德·卡斯特罗（Ferreira de Castro），桑德拉尔在一九三〇年翻译了他的代表作《原始森林》；比如他从南美洲带回的一系列文学艺术作品；又比如南美洲本身——它没能成功激发巴黎的热情。桑德拉尔在一九二四年到一九三五年间不断地回到南美洲（他常常带上他的阿尔法·罗密欧赛车，车身由乔治·布拉克设计），他甚至谎称经过他在特朗布莱的住宅门口的 10 号国道能够直达巴拉圭首都亚松森。

对桑德拉尔来说，他的家一直以来都在巴黎。他在萨瓦大街住了几年，之后又在蒙田大道住了许多年。桑德拉尔把他的乡间小屋安在特朗布莱（塞纳—瓦兹省），尽管之后他依旧不停地离开法国去环球旅行。一九三六年，在拍摄《苏特尔的黄金》期间，他在好莱坞工作了一小段时间。

在第二次世界大战刚爆发不久的几个月里，桑德拉尔成了英军的战地随军记者。但在一九四〇年法国沦陷后，他回到了普罗旺斯地区艾克斯（当时他在特朗布莱的住宅已被德军洗掠一空）。一九四四年，他停止了小说和诗歌的创作，开始写作一系列自我反思的回忆录：《被截肢的人》（1945）、《断了的手臂》（1946）、《四处漫游》（1948）、《天空的区划》（1949）。这些回忆录是他最出色、最重要的文学作品。他最后的重要作品出版于一九五七年，题为《适可而止吧！》。在那之后，他很快由于疾病丧失了行动能力，并于一九六一年一月在巴黎去世。

在下文的访谈中，桑德拉尔不仅回顾了自己的作品，也对他所了解的其他作家和艺术家的作品做出了评价。访谈内容节选自米歇尔·马诺对桑德拉尔的一系列广播访谈，播放于一九五〇年十月至十二月。访谈内容之后由德诺埃出版社以《布莱兹·桑德拉尔对您说》为书名出版。在此对德诺埃出版社给予的引用许可表示感谢。

——米歇尔·马诺（Michel Manoll），一九六六年

《巴黎评论》：作家们都在抱怨他们工作中所受到的限制和写作的困难。

布莱兹·桑德拉尔：他们的抱怨只是为了让自己听起来更加有趣，他们都在夸大其词。他们应该更多聊一聊自己的特权，聊一聊他们有多么幸运，能够通过自身艺术的创作来获取收益。我个人非常厌恶这种创作，真的。但无论如何，与大多数人相比，他们拥有的是一种与贵族相当的特权。大多数人像机器零件一样生活，他们活着只为确保社会的齿轮保持它毫无意义的转动。我发自内心地同情他们。自从我回到巴黎，我感受到了前所未有的悲伤。这种悲伤来自那些我从窗口看到的无名的人群：在固定的时间里，他们不是自发地被卷入地铁口，就是从被地铁口给倒出来。真的，这不是生活。这不是人类的生活。这一切必须停止。这是奴隶社会才有的……被奴役的不仅仅是卑微的穷人，这一切都是生活的荒谬。

一个简单的人，像我这样，我们相信现代生活，我们欣赏这些漂亮的工厂、这些灵巧的机器。当这样一个简单的人停下来思考这一切将会带来的后果时，他将不由自主地谴责这一切。因为这真的不能说是什么好事。

《巴黎评论》：那你自己的工作习惯呢？你之前在某处提到，你在拂晓就起床，然后工作几个小时。

桑德拉尔：我从来都没有忘记，工作是一种诅咒——这也是为什么我从来没有养成一个工作习惯。当然了，为了和其他人一样，最近我开始想要有规律地工作，从一个特定的时间开始到另一个特定的时间结束；我已经过了五十五岁，但我想要连续完成四本书。要完成这个，我已经够忙的了。我没有什么工作方法。我试过一种，是有效果，但是我找不到任何理由让它成为我剩下人生中固定的一部分。除了写书，人总有其他的事情要做。

无论景象有多么壮观，作家都绝不应该在拥有全景视角的环境里写作。作家应该像圣杰罗姆那样在他的陋室中工作。他应当转过身背对这个世界。写作是对精神的观照。"世界是我的表象"，而人类存在于它的虚构之中。这就是为什么每一个征服者都想把世界的表象转变为他自己的形象。现在的我甚至会把镜子全都遮起来。

雷米·德·古尔蒙的工作室在巴黎的圣佩尔大街71号的一个小区公寓楼里。纪尧姆·阿波利奈尔在圣日耳曼大道202号有一间大公寓，里面有宽敞的房间、位于屋顶的观景台和阳台。但他最喜欢的是在厨房里一张小小的牌桌前非常不舒服地写作。当初为了把这个牌桌从复折式屋顶的老虎窗里塞进屋，他还不得不把它折叠得更小些。那也是在一个小区公寓楼里。爱德华·培松（Edouard Peisson）在普罗旺斯地区艾克斯附近的山中有一间漂亮的小房子。但他从不在前厅里那些能够欣赏山谷美丽的风景和远处光影游戏的房间里写作。他在房子的后面建了一间小型图书室。透过图书室的窗户，他只能看见边缘上有紫罗兰开放的土堤。我自己嘛，我在乡间写作，在我特朗布莱的房子里。我从来不在能看见果园风景的二楼写作。我在楼下的房间里写；那儿的窗户一面对着马厩后面的死胡同，另一面对着挡住我花园的外墙。

在那些为数不多的、我常见面的作家里，只有一位以对拿破仑的狂热崇拜而闻名的文人会在拥有全景视角的环境里写作。他面对的是一个历史性的景观——透过他书房的窗户能看见凯旋门的全景。但这扇窗几乎总是关上的。因为那幅壮观的景象代表了他所崇拜的伟大人物的丰功伟绩，却完全不能给他灵感；它只会折断他文思的翅膀。人们常常听见他像福楼拜在他的"尖叫屋"里一样在书房进进出出、捶打墙壁、咆哮他想出的词句、试炼他想出的词组和韵脚；他还会低吼、啜泣、不断地折磨自己直到病态。他的妻子当时对仆人们说："别管他。老爷不过是在苛责自己的文风罢了。"

《巴黎评论》：你一生中阅读颇丰吧？

桑德拉尔：大量地阅读。这是我的激情所在。无论地点、无论情况、无论书的种类。我会大口吞下落在我手中的一切。

《巴黎评论》：你曾说过，阅读对你来说并不是在时间或空间中旅行的手段，阅读是不需要太多努力就能渗透人物皮肤、洞穿人性的方法。

桑德拉尔：不，阅读对我来说是上瘾的毒品——我沉醉在打印机的油墨中！

《巴黎评论》：能不能说一些你阅读过的、不那么寻常的作品？

桑德拉尔：拉克洛瓦上尉，他是个老水手，读他的书就像赴一场盛宴。我没那么幸运，从来都没见过他。我在南特和圣纳泽尔寻找过他。我听说他已经八十多岁了，但他始终不愿放弃海洋。当他无法再操纵船舶航海时，他就转行做了海上保险人。他会毫不犹豫地戴上深海潜水索，只为亲眼检查船身状况。在他这个年纪这么干，真的令人赞叹。在我的想象中，当来自海上的风倾泻进他在卢瓦尔—大西洋省的村庄、吹拂着他的烟囱时，枯坐在壁炉前的冬夜对他来说一定很漫长；我猜测对他这样的一个男人，一个航行遍及七海、登上过一切人间可能存在、人类可能想象的船舰的男人来说，写作可能只是他消磨时间的方法。他的书都很厚；内容坚实，充满了翔实的记录。这些书有时候可能有点太沉重了，但它们的内容几乎永远是新鲜的，绝不会冗长无聊。让这些书更加有趣的是，这位老水手甚至搜寻了那些呼应着他欢乐的青春时代的港口绘图明信片和照片的翻版，并且如数家珍地回顾着他人生中的事件：他的经验、他所有的所学、他所有的见闻；从合恩角到中国海、从塔斯马尼亚到韦桑岛；他谈及一切，灯塔、海流、海风、珊瑚礁、暴风雨、船员、海上交通、沉船、鱼和鸟、天文现象和海上飓风、历史、习俗、民族、海上民族；他会串联起几千个奇闻异事，或私密或充满戏剧张力；他的一生就是一个诚实的水手随海洋的流动而流动的故事，他的一生也为他对船舶无与伦比的爱所支配。啊，当然他的书不仅仅是"文学作品"。他的笔就好像航海用的马林斯派克挂钩，他笔下的每一页会为你带来一些新的东西，而这些书卷都是那样的厚实！他的作品能够最大程度地打动人，但又简单得好似一个晴朗的上午。总结的话就是一个词：奇迹。他的读者可以仅用一只手指触及整个地球。

还有诺查丹玛斯的四行诗体预言，尽管其中有些信息难以破译，但对我而言，阅读他那华丽的辞藻就是一种愉悦的享受。我已经读了四十年了；我用这些词句漱口，我咀嚼它们如同赴一场盛宴，我享受它们，但我无法理解它们。我从未寻找过解密的钥匙；我读过几乎所有已出版的解密，但它们都是虚假的，毫无意义。每过两三年都会有人提出一种新的解密机制，但从未有人能撼动诺查丹玛斯的锁半分。但是，在伟大的法国诗人中，诺查丹玛斯与最伟大的那些为伍。如果我要编制《法国诗选集》的话，我一定会把他放进去。他所有的即兴发挥都来源于一个传统的语言——至今为止这个语言受到了各种挑战：达达主义的疯狂、超现实主义的自动写作和阿波利奈尔在《图像诗》中使用的贴花语言。

《巴黎评论》：从那以来你又发现了什么新的东西？你现在在阅读什么？

桑德拉尔：我最近发现的是一套关务大辞典。感谢财政部长梵尚·奥利奥尔的命令让它得以出版。这套书在一九三七年出版，书名是《关税总务》，两个四开本，有五十公斤重。我去哪儿都带着它们，因为很快我就能用得上——我就要开始写《良驹》了，这本书写的是抹大拉的马利亚神秘的一生，她是唯一一个让耶稣哭泣的女人。

《巴黎评论》：写这本书需要了解关税？

桑德拉尔：亲爱的先生，这是语言的问题。很多年来，每次我准备写一本书的时候，我首先整理的就是我要使用的词汇。因此，写作《被截肢的人》时，我提前列出了三千个词汇，最终每一个都用在了书里。这为我节省了很多的时间，也让我在工作中感到了一定的轻松。这是我第一次利用这个工作法。我不知道我是怎么发现它的……这就是语言的问题。语言诱惑着我。语言让我扭曲。语言为我定性。语言又让我变形。这就是为什么我是一个诗人，可能就是因为我对语言非常敏感——无论是正确还是错误的理解，我就假装你没听到这句吧。我忽视语法、轻视语法。语法近乎于死亡。但我还是很喜欢读词典；如果我的单词拼写让读者感到不太确定的话，那就是因为我太过关注读音了，读音才是一门活着的语言的特质。起初没有单词，只有词句来调制语言。不信的话，你可以听听鸟类的歌声！

《巴黎评论》：所以你觉得语言并不是死的、凝固的，而是不断运动和泄出的，语言总是与生命和现实相连。

桑德拉尔：这正是关务大辞典吸引我的地方。就拿 ribbon 这个词来举例吧。我非常惊讶地发现 ribbon 竟然有那么多的意指，特别是它还有超现代的工业用法；这个词条占了二十一页纸！

《巴黎评论》：你对民间文学的兴趣是何时开始的？

桑德拉尔：我的一生都受到了热拉尔·德·奈瓦尔作品深刻的影响。我对歌曲和通俗诗歌的热爱都是因他而起。我努力去听、注意和阅读这个世界上所有国家属于人民的音乐、诗歌和文学，尤其是俄罗斯、中国和巴西的。大仲马的作品为世人所熟读；那些刀光剑影的小说是打字员们最爱的那种爱情故事——其实很大程度上来说全世界的速记员的心理都是一样的。但每一个国家都有"专门"留给大众的文学作品，比如《梦的钥匙》、《花的语言》，还有一千多个其他的例子。如果说这种贩夫走卒喜爱的文学在巴黎有些过时的话，那么在巴西这样的国家（一个年轻的国家，一切对它来说都是那么新鲜），整体的人口都还没完全学会识字，他们正在发现着那些关于巫术、狼人、无头骡子、白衣女鬼、幽灵、黑色幽默和浪漫爱情的故事；他们发现着童话故事、骑士小说、孩童的睡前故事、绿林强盗的冒险、举世闻名的情杀案件；就是一系列的惊奇故事，他们同样陈旧过时、同样是低劣的垃圾，和更发达的国家一样：英国的侦探小说、美国的黑帮故事、地球上所有电影院都在播放的壮丽的爱情电影都一样。而这一切自身也与构成民间故事和大众文学的古老基础并无不同。

《巴黎评论》：但巴西的民间故事难道不是完全来源于黑人吗？

桑德拉尔：完全不是。他们的民间文学故事源于葡萄牙。贩夫走卒喜爱的文学来自葡萄牙；另外，比起巴西的学者们所作的文学，民间文学更多基于巴西本民族的文学，前者直到近几年还是多多少少受到法国文学的影响。现在最新一代的年轻巴西作家都受到来自两次世界大战之间的北美小说家的影响，这些小说家多数都居住在巴黎，尤其是在这附近的圣日耳曼德佩区和蒙帕纳斯：海明威、约翰·多斯帕索斯、亨利·米勒他们。

《巴黎评论》：那些移民的黑人，他们自身有写作吗？

桑德拉尔：移民的黑人——也就是黑奴——没有写作。他们是被禁止写作的，而且他们之中总的来说很少有人能够学会识字和写字。不只如此，当时在巴西是禁止印刷书籍的，所有的书都来自葡萄牙。一直到一八〇八年，葡萄牙帝国治下的巴西才在里约热内卢成立了第一家出版社。因此，乔治奥·马托斯（Gregório de Matos，1636？—1696）的《诗歌全集》（他被称为巴西的维庸是很恰当的；他对殖民社会的讽刺是那样的暴烈，同时代的人给他起了"地狱之口"的外号）直到一八八二年才在里约出版。在那一天之前，他的作品都是通过口头传述和手抄本流传的，并且在一个特定的社会阶层中流通：巴伊亚的波希米亚人。

《巴黎评论》：他是黑人吗？

桑德拉尔：不是，他最多也只是黑人的混血儿，在他们那儿被叫做帕度人。他的父母拥有一个甘蔗种植园和一百三十个黑奴。他很幸运，被送去葡萄牙著名的科英布拉大学学习。回到巴伊亚后，他那带来毁灭的口舌和仿佛来自地狱的辱骂让他被流放到安哥拉。他回来之后在伯南布哥住下，并受到软禁，他变得比过去更加愤怒。他完全没有去修正自己的过去，而是沉溺于酒色，与港口的黑人女孩厮混。他所有的情歌，其中不乏一些非常美丽的作品，都赞颂着黑维纳斯的美丽。他死于贫困。按照传统，他像穷苦人中最穷苦的那些人一样被土葬，陪他下葬的是他的吉他，也是他唯一的财产。

《巴黎评论》：你十五岁离家出走的时候有没有自己的逃跑计划？你当时有没有目标，或者说有没有回家的期望？

桑德拉尔：你知道吗？我往东边去，只是因为经停火车站的第一辆火车正好带着我向东去了。如果那班火车是往西的，可能我就去里斯本了，我访问的可能就不是亚洲，而是美洲了。

《巴黎评论》：那一天对你的一生来说都至关重要。因为那天之后，你的人生被分成了两条道路：在东方冒险和在西方探索。自那之后，你的人生再也没有天花板了。

桑德拉尔：这些话都是人们想要说自己的人生故事时才会讲的，用来给他们的人生赋予一些秩序。但我的人生从来没有被一分为二。那也太轻松了：任何人都能把人生一分为二、四、八、十二或者十六。

《巴黎评论》：我想问你为什么没有继续你在《纽约的复活节》《西伯利亚大铁路》和《巴拿马冒险》中进行的实验。在这些诗里，尤其是《十九首弹性诗》，你使用了一种新的诗歌技巧让诗节创新地移动。但你后来抛弃了这种写法。

桑德拉尔：一九一七年我刚写好一首诗，那首诗让我自己都为它的圆满、现代性和我放进诗中的一切感到惊叹：它是一首反诗学的诗！我很高兴。当时我决定不发表它，让现代诗歌不受我干预地对付着发展下去。我想看看最终会发生什么。我把这首未发表的诗用钉子钉在一个箱子里；我把那个箱子放在乡间的阁楼里，然后给自己下了一个十年的期限，在这之前我决不把它拿出来发表。这事已经过去超过三十年了，但我还是觉得发表这首诗的时机未到。

《巴黎评论》：是《在世界的中心》那首诗吗？

桑德拉尔：是的。尽管还没发表，它已经很有名了。前几天有位编辑出价一百万法郎（相当于两千美元）让我发表它，我可没上钩。

我之前告诉过你，我已经不再写诗了。我只作我对自己朗诵的诗，我品尝它们，和它们游戏。我不觉得有需要向任何人沟通这些诗，即便是那些我很喜欢的人也没有必要。我也不把诗写下来。做白日梦真的很好，可以结结巴巴地对自己一个人念叨些只属于自己的秘密。这是我的贪食之罪。

写作……是一个知恩不报的职业；诚实地说，做这个职业几乎得不到什么满足感。我很难得会对自己说："不错了布莱兹；这甚至可以说得上是写得好了。"这种满足感只有在非常、非常、非常少的情况下会出现。因为在已经出版作品的情况下，作者只会想到他写得不好的地方、没能写进书里的内容、想要加入的内容和那些如果放进书里就能让作品更完整的东西。因为通过写作来组织事物和观点、用词句来表达一切，实在是太困难了。即便书已经写成，作者还是只会感到致命的失望。

《巴黎评论》：你的《纽约的复活节》《西伯利亚大铁路》《巴拿马冒险》和——

桑德拉尔：请你告诉我，上一次有人提到它们是什么时候？

《巴黎评论》：还有《十九首弹性诗》。它们会被谈及、会被引用，正是因为这些诗是现代诗歌的基础，是现代抒情诗的源泉。

桑德拉尔：不，不，绝不是这样。我可不是任何东西的基础。现代世界本身才是一切的基础，就像中世纪那样"巨大又脆弱"。你说的源泉，那是维庸。如果马克斯·雅各布（Max Jacob）的书信被发表出来的话，你也在其中找到源泉和基础，还有一切的起点和终点。他就像第一个吃螃蟹的人那样带来无序，让一切倾泻而出：庸才与天才、纯洁与污浊！他还有一条罪恶的三寸不烂之舌，就是你最想要的那种，让他覆雨翻云，比魔鬼玷污圣水还可怕。

现在的诗人好像再也不快活了。现在，让我最不安的就是看见他们对待任何事物时都采用的那种严肃的态度。

《巴黎评论》：你能感到快活，是不是因为你现在的生活比过去好得多了？

桑德拉尔：我亲爱的先生，美好年代的作家为报纸写作，一行文字会得到一苏的报酬。阿波利奈尔等了多少年月才得以在他所写的文章后署名。他非常依赖有稳定报酬的工作。这就是为什么他也发表摄影作品：为了赚钱糊口啊。你无法想象当时我们面对着多少紧闭的大门。我觉得现在写作的职业能获得的报酬要好得多了。现在到处都能看到年轻作家和他们的作品；报纸啊，电台啊，制片公司啊。在一九一四年之前，你要是想找工作，就得在门外排队等待，或者等着一个工作机会，但那个机会也许永远都不会出现。也有人笑看这一切、做一个混世魔王就很满足了。去他妈的工作，去他妈的体面人生。我们嘲笑这一切。只要有漂亮的巴黎姑娘我们就满足了。

《巴黎评论》：现在这一代的年轻人也挺会笑看一切的。

桑德拉尔：人人都喜欢幽默，每个年轻世代都有笑看一切的权利。幸运的是直到今天还有混世魔王存在，他们没有像被做成牛肉罐头出口的野牛那样丧失野性和尊严地消失。我有一个建议：当你看到一扇门对你打开，让你有机会去报社、电台、电影院、银行或者任何公司去工作，千万别进那扇门。不然等你到了三十岁，你会发疯的，因为你把自己欢笑的权利丢在了那扇门外。这就是我的经验。诗歌只能在街头生存。它与欢笑为伍。从根本上来说，诗歌和欢笑的关系就像那种会一起出门去附近的酒馆里喝酒的哥们儿。那里人们的欢声多么的有滋味儿，他们唇间溢出的笑语多么的甜美。"没人能像巴黎女人那样鼓噪。"

《巴黎评论》：一九一二年你在纽约。

桑德拉尔：一九一二年的复活节，我在纽约差点饿死，而且已经好几个月是那种状态了。我过一段时间会找一个工作，都是被迫的，但不会工作超过一个星期的时间；如果薪水给得早，我也会提前辞职，因为我实在忍不住，太想去中央公共图书馆继续看书了。我当时穷得不行了，每一天我整个人看起来都比前一天更差：胡子拉碴，裤子用开瓶器拴着，鞋子都是破的，头发很长，大衣上全是脏兮兮的斑点，褪了色还掉了扣子，不戴帽子也不打领带；有一天我把全部的行头都贱卖了，就为了买一捆这个世界上味道最差的嚼烟。时光匆匆。复活节转眼就到了。图书馆在复活节星期天是关门的。晚上我去了长老会教堂，那里在演出海顿的清唱剧《创世纪》——反正教堂尖顶上挂着的灯光牌是这么说的。教堂里有稀稀拉拉的几个听众，台上打扮时髦的年轻女孩弹奏着古老的乐器，她们的歌声圣洁优美。但是，一个病歪歪的主教每五分钟就要打断清唱剧的演出，他道貌岸然、用虚伪的虔诚布道些谁知道是什么玩意儿的东西，还呼吁以善心侍奉虔诚。清唱剧接着演，又有一个和第一个主教一样叫人厌烦、叽叽歪歪的牧师走到我所在的座位。他说着一些故弄玄虚的箴言想度我入教；他把收捐款的皮制盘子戳到我鼻子底下晃着、敲打着我的钱袋，一直想从中骗出一两块美元。我真是可怜啊！演出没结束我就走了。我往我住的西六十七街走着，我实在是感觉太恶心了，那就是一群无赖。当时可能已经凌晨两点或者三点了。我啃了块干面包又喝了一大杯水。然后我就上床去了。我立刻就睡着了。我醒来的时候就有灵感给文章开头了。我开始写作，写作。然后我回去睡觉。我第二次醒来又有了新的灵感。我一直写作到天亮，然后我又回床上一直睡。那天晚上五点我才醒过来。我回头看了自己写的东西。我写的就是《纽约的复活节》。

《巴黎评论》：一整首诗都写了？

桑德拉尔：和发表出来的一样。有三处删节。

《巴黎评论》：那手稿现在在哪里？

桑德拉尔：原稿我就不知道了，应该是在一个下雨天被我卖掉了。但是诗人之友、出版商皮埃尔·西格尔（1948年在他的系列专题《今日诗人》中有一辑是以我为主题的）对我提起了手稿的一个副本。如果我没有记错的话，这个副本现在属于保尔·艾吕雅。我记得我一到巴黎就把这个副本存在了纪尧姆·阿波利奈尔那儿。他当时住在帕西的格罗大街，就在煤气厂对面。谁把这副本卖了？保尔·艾吕雅从谁那儿买的？什么时候买的？我不知道，我也从来没问过他。因为我不认识艾吕雅。但是西格尔手里也有过这个副本，他细细地问过我手稿的样子，我的答案和他注意到的好像一样：写在美国纸上、字是右撇子写的等等。

《巴黎评论》：这首诗是在写成后多久才发表的？

桑德拉尔：写完之后我只有一个愿望，那就是离开纽约，于是我一个星期内就出发回到了巴黎。我花了五美元，差不多是二十五法郎。你能想象吗？那个时候花二十五法郎就能从纽约回巴黎！传言是真的，我就是坐运牛船回来的。我一回到巴黎就发表了这首诗。

《巴黎评论》：是在什么情况下发表的？你找到了愿意发表的出版社吗？

桑德拉尔：那怎么可能！我找个印刷员，他是个无政府主义者，他在博埃别墅博扎里斯街的肖蒙小丘那儿有一个小小的地下出版社，就在一个运送钢琴的木箱里。我和他一起工作，赚点钱来抵出版我的诗的费用。因此我也算做了一段时间的排版印刷学徒工。出版这首诗的时候，一半都是我自己排版印刷的。那是一本小书，里面有一张丑陋的我的照片。这事儿花了我大概一百法郎。一共只出版了一百二十五本。我按一本二十苏的价格出售。一本都没卖出去。

《巴黎评论》：一本都没卖出去吗？

桑德拉尔：对。

《巴黎评论》：那这些书怎么处理？

桑德拉尔：旧报纸都怎么处理？这首诗的初版我自己都没留一本。

《巴黎评论》：这件事让你在诗人中成名了吗？

桑德拉尔：我已经够有名了，因为我嘲笑这些诗人，还打扰他们在丁香园、花神咖啡馆和普罗可布咖啡馆的聚会。因此我不需要靠发表什么东西来让诗人们认识我。但是一九一二年十月《纽约的复活节》的出版倒是招来了一些卫道士的怨憎。到了第二年，一九一三年六月，我发表《西伯利亚大铁路》（"第一本同发性的书"）时，他们接着指责我，说我剽窃抄袭。代表着印象派旧日荣光的这些人都把自己当做神圣的吟唱诗人。我这样一个脚踏实地的年轻人在他们的包围下举步维艰。我也嘲笑过他们，除了胡子以外和吟唱诗人没有一点儿像的。那个时候阿波利奈尔是唯一一个我会去见的诗人。他总是对我很和善，还给我找了工作，让我能挣几个苏的钱。千万别听恶魔的闲言碎语！现在人们说阿波利奈尔是受我的影响而创作的，对此我想说，我压根不在乎。我歌颂埃菲尔铁塔，他也歌颂埃菲尔铁塔。自那以来，还有很多其他人也这么歌颂呢。

《巴黎评论》：但是阿波利奈尔在认识你之后做出的诗学上的转变，到现在还是一个巨大的谜题。

桑德拉尔：儒勒·罗曼是第一个发现这个诗学方向转变的。我完全没有注意。这也不关我的事，只有批评家才会发表这种言论。这不是我的工作，我也没有做这种工作的能力。我想的话，我就写诗歌颂埃菲尔铁塔。

《巴黎评论》：这和埃菲尔铁塔没关系，这是……

桑德拉尔：这是关于我可能在纪尧姆·阿波利奈尔的创作中施加的影响。罗贝尔·高芬（Robert Goffin）把关于这件事的讨论像警钟一样高高挂起后，不知道有多少人过来敲了这同一口钟，搞得好像身上有其他人的影响是犯罪一样。我有的时候觉得，这口警钟带来的问题不是要我去面对批评家、诗歌专业的学生或是历史学家，而是让我去面对一群时刻测量、标记、取指纹的业余侦探。

《巴黎评论》：你是不是常常在事实上的冒险结束后等待很长的时间，十年左右，才把它写出来？就像《巴拿马冒险》那样？

桑德拉尔：写作是要进行很长时间的孵化。让真实经历达到一个需要写作的时间点，这是一套完整的、无意识的工作。一般来说我先从标题开始，我首先要找到标题。我一般是能找到很好的标题的——很多人为此而嫉妒我，而且不仅止步于嫉妒，有好些作家来找我，要我给他们想标题。找到好的标题之后我会开始思考。这个时候灵感就会开始堆积。围绕着标题，灵感会产生有意和无意识的结晶。在我完全了解我笔下的人物之前我是不会写作任何有内容的东西的。我必须全盘了解人物，从他们的出生开始直到死亡。我笔下的人物也一定只会根据他们虚构或真实的处境发生可能的、可想象的变化。这种工作可能会持续很多年。我也会做记录。这样我就可以建立自己的文档库，在里面塞满笔记和素描。这些都是基于想象的成果，并不是事实。基于事实的文档让我很不舒服。

《巴黎评论》：你之前提起过你的下一本小说，是一本"真实的小说"。

桑德拉尔：是的，不是真实的小说的话我就不写了。

《巴黎评论》：所以里面是不是会包含一些你生活中特定的元素？

桑德拉尔：不，不，不，不，不是这样的。你在书里找不到我。我会写一本像小说的小说，但是我个人不会出现在里面。因为读者在我的书里只能看到一个角色：那就是桑德拉尔！《黄金》是桑德拉尔，《莫拉瓦金》是桑德拉尔，《丹·亚克》也是桑德拉尔——我都烦了这个桑德拉尔了！不管怎么说，人们不该认为小说家托生于他们笔下人物的身上——福楼拜也不是包法利夫人。在描写爱玛中毒的时候，如果他自己也不舒服，对他也没什么好处——他依然不是包法利夫人，尽管他深深坚信着这一点，并说过："包法利夫人，就是我！"那个古板的诺曼人怎么可能是个老阿姨？作家面对的最大危险就是成为他自身成就的受害者，作茧自缚。

《巴黎评论》： 你宣布接下来要写三十三本书。为什么是三十三本？

桑德拉尔： 我宣布接下来四十年出三十三本书这件事并不是一个独一无二、充满限制的计划；三十三是一个关键数字，是我活动、生活的关键。因此，它不是一个完全定下来的计划。它可以是一个索引，但不是一切的总索引。它并不包括我永远都不会写出来的小说的标题——前几天我还惊讶地发现我一九四六年发表的《断了的手臂》，早在一九一九年就放进这个计划了。我完全忘了这回事！这个计划中包括我会回头继续写的书和未来会出的书。计划中还有十卷已经写好的《我们的每日面包》，但是我把稿子留在了南美洲银行的保险箱里。也许有一天上帝会示意我重新找回它们吧——这些稿子都还没署名，我留的是个假名字。我还规划了一系列我看得比自己的眼珠子还重的诗歌，但是我还没想好要不要发表——我不是胆怯或者自傲，我这样做是出于爱。然后呢，还有几本已经写好了、待发表的书，但是我把它们给烧了；这对我的出版商来说真是一大损失：《无辜士兵的生与死》（五卷）。

最后呢还有我写作的私生子、幼虫和流产儿；我应该不会再去写它们了。

《巴黎评论》： 约翰·多斯帕索斯在他的《东方快车》里为你写了一篇文章，他称你为西伯利亚大铁路上的荷马。

桑德拉尔： 约翰结婚的时候我在佩里戈尔。我当时在写那本关于加勒蒙（Galmot）的书。他度蜜月直接从纽约去了蒙帕济耶，那里也是加勒蒙的故乡。蒙帕济耶是一个充满历史的小城。它是个固若金汤的村镇，由英格兰国王于一二八四年建立。它很小，只有不超过六百二十五个居民。它的规划就像美国的城市那样，有两条主动脉大街，所有的街道都直角穿过这两条大街。如果按美国的方法给街道排序号的话，我想那儿一共有二十一条路。我当时住在附近最好的酒店，伦敦大酒店，那儿的食物就像给神仙吃的那么好。酒店的主人是卡萨戈诺尔夫人，她的丈夫就是本地的卓别林。卡萨戈诺尔夫人是一家之主，很有男子气概。约翰·多斯帕索斯告诉我他要来这里时，我对卡萨戈诺尔夫人说我有几个朋友要直接从纽约过来，住在你的酒店；你可得做得好些，展现你杰出的能力。我就没再去想给他们吃什么东西、喝什么酒的事儿了。在一个星期的时间里，卡萨戈诺尔夫人给我们准备了绝佳的佩里戈尔菜；她亲手计划菜单，循序渐进，每一天都给我们惊喜：松露、加了蒜好吃得让人舔盘子的法式牛肉汤（配上一点酒，乡村风味儿）、小龙虾拼盘、奶油菌菇、波尔多牛肝菌、炸鱼（鱼来自多尔多涅和加龙河）、串烤小鸟、白兰地丘鹬、天上飞的地下跑的野味、隔壁村神父偷猎来的鹿肉、烤肉、鹅肝、野莴苣、农夫奶酪、蜂蜜碎果仁佐无花果、蜜馅李子、酒烧可丽饼、各种你能喝下的最烈的红酒、俩人一瓶的蒙巴兹雅克酒、咖啡、烈酒……一共只要十二个半法郎，最后一天的惊喜额外加五十生丁。最后一天，也就是约翰和他的夫人要离开的那天，我们吃了一只野天鹅。我之前都不知道法国还有野天鹅，也不知道是不是迁徙过来的。黑色的佩里戈尔，多么神奇的国度！

我常常和约翰见面，但总是在巴黎。这很有意思，尽管我常去美国，但是我从来、从来、从来都没有和我的美国作家朋友在美国见面。就好像凑巧了一样，每次我见我的美国朋友，他们都不在自己的故乡；就算我坚持要在美国见他们，打电话过去，对方总是说我要找的人在度假、在旅游或者在欧洲。我每每去他们工作的报社、喜欢去的俱乐部或者他们的出版商那里去寻找他们，最终都是徒劳。哪儿的回复都是一样：他不在！我曾经挂了电话，感觉特别奇怪。我不想用我的结论来贬低任何人，但是最终我承认，美国作家在他们自己的国家感觉不到自由；那些从欧洲归来的美国作家良心上不太过得去，他们会责怪自己，无法回忆起任何欢乐。他们惧怕民意，和英国人相反，他们也没有融入生活点滴中的礼节。这是一个典型的美国难题。

《巴黎评论》：你认识的美国作家中有亨利·米勒。他是你最好的朋友之一吗？

桑德拉尔：亨利·米勒，我在巴黎见过他，而且只在巴黎见过他。和他在一起很开心愉快。

《巴黎评论》：你还认识其他美国作家吗？

桑德拉尔：当然，一群诗人，他们来了又走了；我已经忘记他们的名字了，他们人太多了，在上一场战争的前夕来了巴黎。

《巴黎评论》：据称对他们来说你就是一个模范作家，也对一些美国小说家产生了巨大的影响。

桑德拉尔：这绝对是假的。如果在双方都不知情的情况下，这群诗人中有几个在我的影响下创作，那我就算不上一个模范作家了。对那些第一次世界大战后来到巴黎发展的作家来说，真正的模范作家是维克多·雨果，是莫泊桑。他们来法国的时候没有什么规划，有的是随军的士兵，有的是救护车驾驶员，有的是外交人员。战争结束后，他们在巴黎旅居，时间有长有短。其中有一些在一战和二战之间的时间里一直留在巴黎。他们常常在蒙帕纳斯和圣日耳曼德佩区出没。就算他们受到了法国的影响，那也仅仅是一种氛围的影响；是巴黎的空气和法国生活方式带来的影响，而不是受一两个法国作家的影响。约翰·多斯帕索斯有一天对我宣告："你们法国有一个在美国还不存在的文学流派：维克多·雨果的大纪实文学。"

《巴黎评论》：这真是个惊人的宣言。

桑德拉尔：我像你一样感到惊讶。因为我也一直以为纪实文学绝对是一个属于美国的文学流派。但是你看，好像不是这回事。从纪实文学的角度来看的话，我们确实深深地影响了年轻的美国小说家。在小说家还没能够为一流的杂志撰写文章时，他们往往把自己关在象牙塔里，把自己献给文学，献给美文。这段时间过去后，他们真正地超越了自我；因此我们有必要去阅读这些最新的战争纪事或是其他的纪实文学，可以是锡布鲁克（Seabrook）、海明威或者是约翰·多斯帕索斯他自己的作品。这些作品都带有我们的印记，精彩绝伦。他们重塑了这个文学流派。锡布鲁克的《疯人院》称得上是纪实文学的杰作，可以比肩维克多·雨果的《巴尔扎克之死》；后者是开启了这一文学流派的首部代表作。多斯帕索斯说得没错。

《巴黎评论》：那福克纳呢？你认识他吗？

桑德拉尔：我不认识福克纳，我从来没有见过他。马尔罗（Malraux）曾让我为《八月之光》的译本作序；我觉得这本书太局限于它自身的地区了，而且文学性太强；那种过于完美的写作方式也过时了，所以我不想做。

《巴黎评论》：你是在纽约结识海明威的吗？

桑德拉尔：不，我是在巴黎的丁香园见到他的。我当时在喝酒；他在我隔壁桌喝。当时他和一个休假的水手在一块儿。他穿着制服——可能是一件给非战斗的救护人员穿的，除非我记错了。那是二战末期的事儿了，"最后的大战"。我们隔着桌子聊天；醉汉最喜欢聊天了。我们聊天，我们喝酒，我们接着喝。在蒙马特的安德烈·都彭（这位诗人死在凡尔登）的遗孀家里有约。我每个星期五都去那儿和萨蒂（Satie）、乔治·奥里克（Georges Auric）、保尔·朗伯德（Paul Lombard）一起吃马赛鱼汤，有时还有马克斯·雅各布。那天我把我那喝得醉醺醺的美国朋友带上了，想着要给他点我们的家乡菜尝尝。但是美国人对美食没什么兴趣；他们那儿就没什么好吃的，所以他们也不懂美食是什么。海明威和他的水手朋友根本没听我在说什么——他们比较喜欢喝酒，一直喝到他们再也不觉得口渴为止。所以我把他们留在了殉道者路上的一家酒吧里，然后我自己跑去我朋友的遗孀家吃顿好的。

《巴黎评论》：你还认识辛克莱·刘易斯（Sinclair Lewis）？

桑德拉尔：是的，但那是另一个故事了。是一九三〇年在罗马认识的。那时在意大利已经有很多人在谈论他的事，因为他和一群可爱的纽约姑娘厮混，成了一桩丑闻。他在一个晴天到了罗马，当时我在那里拍电影。他让人告知我，他非常焦急地想和我见面。我请他来制片厂，但是他回答说他感冒了，他也不喜欢电影，总之他没时间来，因为他第二天就要去斯德哥尔摩领诺贝尔奖。我当时也没时间，我工作很忙。但是那天十点左右的时候制片厂出了点故障，所以我就去了他的酒店。在那儿，我看到了半打美国姑娘，个个都醉得不行，还在用一个装满了鲜奶油的汤锅做大量的鸡尾酒。她们一边吵着要倒多少，一边把两三升的味美思酒倒进汤锅里。我觉得自己无法立刻融入这群疯女人之中——她们中有一个拿出把剪刀对着我，让我给她剪头发——所以我打算去散会儿步。但是我改了主意，决定去寻找那位我还没看见的、造成这降神仪式般场景的主人。洗手间的门半掩着，有开水从里面流出来。我走了进去。浴缸已经被水装满了，水龙头还大开着。两只穿着锃亮的舞鞋的脚搭在浴缸的边缘，在浴缸的底部，一个穿着燕尾服的男人快被淹死了。那就是辛克莱·刘易斯。我把他从他那不幸的姿势中拉了起来。我救了他一命，让他能够第二天早上坐火车去斯德哥尔摩领奖。

第二天我送他去坐火车——他连杯酒都没请我喝。他当天确实宿醉得挺厉害的，也很可能因此不想再喝了吧；好像他还发誓说这辈子再也不喝酒了。但是醉鬼发的誓是信不得的，你知道的。

《巴黎评论》：你一九一二年从美国回到巴黎后住在哪里？

桑德拉尔：蒙田大道。那是一个很好的街区，我也很熟悉。我在 12 号、60 号、51 号、33 号、5 号都住过；最后我又搬回了 12 号。我可以为这个区写一本书。这个街区这么宁静，甚至称得上舒适；这个街区有那么多、那么多的新鲜事！我连书名都想好了：《阿尔玛桥周边之旅》。但是我很可能永远都不会去写它，就好像那些我多年来一直白日做梦要写的书一样。

《巴黎评论》：你在那附近留下的最好的回忆是什么？

桑德拉尔：我不知道，美好的回忆太多了。那里是我那些为巴黎市政府工作的下水道工人朋友训练捕鼠梗犬的场地，在一个地下"赛狗场"里。那里还有一个环卫工人——他就是个情圣，睡了整条大道上所有的女佣，还曾经把自己和她们关在广告橱窗里面，他在里面放了个红色天鹅绒的沙发凳。我会在巴西大使馆前结束我的夜晚：喝巴西超浓咖啡、抽雪茄、像疯子一样和我亲爱的老朋友苏萨·丹塔斯（Souza Dantas）聊天。因为他连张床都没有，所以被称为波希米亚大使——睡觉的时候他就把领子立起来，把帽子扣在脸上，在一张俄罗斯皮革沙发床上伸展开他的身体，闭上眼睛像婴儿那样熟睡；他可不管你人还在不在那里。

为了香舍丽榭大剧院开幕和彼得鲁什卡的首演之夜，我在一九一三年甚至写了一本关于俄罗斯音乐的小书。首演的时候，一个全身戴满了钻石的女人被斯特拉文斯基的音乐搞疯了，她硬生生拽开一个崭新的剧院座椅，把它砸在我的头上。她太会砸人了，我那天晚上和斯特拉文斯基、达基列夫（Diaghilev）还有几个俄罗斯芭蕾的舞者在一起在蒙马特喝香槟，一整夜那个座椅就像个领子一样戴在我的脖子上，我满脸都是血和抓痕。我见证了这个街区的变迁：那些来到这里居住和工作的时装大师——从玛德琳·薇欧奈（Madeleine Vionnet）到博埃德（Boyd）……出租车取代了四轮马车……茹韦（Jouvet）成立法兰西喜剧院；巴贝达（Batbedat）的雕塑工作室；埃尔贝多（Hébertot）将佩雷厅——在瓦格纳的歌剧进入公众视野并在拜罗伊特大获成功后，为歌剧《帕西法尔》的演出而建，舞台下方安装了喷发蒸汽的机械装置，花费百万却从未被使用过——改建为富丽辉煌的音乐厅，吸引着每一个品位高雅的巴黎人。更不用说罗尔夫·德·马雷（Rolf de Maré）带领的瑞典芭蕾舞团，他们演出了我的黑人芭蕾作品《创世纪》，由达律斯·米约（Darius Milhaud）作曲，费尔南·莱热（Fernand Léger）担任舞台设计；考克多的《埃菲尔铁塔前的新人》；萨蒂的《松弛》。我为《松弛》写了一篇文章，因为老朋友萨蒂和弗朗西斯·毕卡比亚（Francis Picabia）是从我这儿得到的灵感，让勒内·克莱尔（René Clair）凭借《幕间节目》这一原本在《松弛》芭蕾舞剧的幕间表演的作品，以导演身份出世。当时我去了巴西，所以功劳就全给了毕卡比亚。你看，那确实是一个传奇的年代。

《巴黎评论》：你喜欢的那帮奇人里，有哪些是在巴黎结交的？

桑德拉尔：我在蒙田大道认识的最奇怪的生物是一个疯女人。让·季洛杜就是以她为灵感而创作了《沙伊奥的疯女人》。她不是当时报纸拍到的蒙马特那个"戴满钻石的疯婆子"。她叫乐芙蕾夫人（Madame Leffray），是个英国寡妇，她的亡夫是个伦敦考克尼区来的车夫。她住在劳里冬街，我常常会跟着她：每天她都会从沙伊奥来蒙田大道；她会坐在一条长凳上，正对着雅典娜广场酒店。她欣喜若狂地坐在那儿，活像女演员莫瑞诺（Moreno），但比她瘦多了；她头戴着一顶装饰着污浊的鸵鸟毛的天鹅绒帽子、脏兮兮的廉价首饰，穿着一件上面全是破洞和蕾丝的长裙，脖子上是一条肮脏的、除了一条黑色小尾巴什么都没留下的貂毛围巾，脚上穿着一双大码的高跟鞋，手上戴着手套、丑陋的珠宝，还随身带着长柄眼镜和拖在地上的手包。附近所有的人都认识她、取笑她。她是真的精神不正常；她从没和任何人说过话或回答任何问题。但她仍保留着自己的尊严，骄矜又自给自足。她就坐在那条现在已经不存在的长凳上。因为季洛杜几乎每天都会来那附近，所以和我一样，他也时常能看见她。

《巴黎评论》：你旅行的时候会做些什么？你会在船舱里写作吗？还是等到回来才开始写？

桑德拉尔：我很喜欢长途的海上旅行。我喜欢海洋里独特的生命，在海上我充满了乐趣，做梦都不会想起工作的事。这是游手好闲的最高境界，是一场凯旋——甲板起起伏伏，船舶航行，发动机轰鸣，海洋卷起波浪,海风呼啸,地球在天空与星辰之下不断地转动,整个宇宙迫不及待地对你敞开,期待着你的路过。我从来都不急于到达目的地。我好多次尝试着引诱船长把船开去别的地方,而不是去到既定路线的港口。一个老荷兰人告诉我:"这不可能!哼!"我在鹿特丹和布宜诺斯艾利斯之间穿梭了三十年的时间,就像一个火车工程师一样。想改变这个行程是不可能的,路径都是提前确定好的,时间表也是固定的。我必须在特定的时间、特定的日子抵达目的地。这一切都是提前由公司定下的,他们是仅次于上帝的世界主宰。但其中最让我讨厌的是,每次登船的乘客都是同一群人,和我同桌吃饭的也几乎是一样的人——同一个代办,同一批外交官,同一批在东印度发家的英国富人,同一批大银行家。一起航行了三十年,我太熟悉他们了!要是我更有勇气就好了,我就能把船舵转向,指向另一个目的地,往东也好,往西也好……我要驶过好望角,直冲进南部海洋。

我说了这么多就是想回答你的问题:我在旅途中不写作。

《巴黎评论》:你是不是说过,你用爱和孤独武装自己?

桑德拉尔:事实上,生命与人性,艺术家与它们为伍,生活在它们的边缘;这就是为什么艺术家非常伟大或非常渺小。

《巴黎评论》:人性的边缘?所以你不把自己当做一个艺术家?

桑德拉尔:不,我已经有三十六种职业了。我已经准备好,明天早上就开始做截然不同的事。

《巴黎评论》:养活自己对你来说从来都不是难事。德军占领期间,你还在普罗旺斯地区艾克斯以出售你自家花园里的草药和植物为生呢。

桑德拉尔:有些种的是绿蔬,有些是草药。

《巴黎评论》:你还有兴趣养蜂?

桑德拉尔:我对蜜蜂感兴趣是因为它们能替我赚很多钱。我可没有梅特林克那么有热情——他学习蜜蜂的习性，还从中总结出道德标准用于人类。在这个世上，一个人有数以千计的与其相似的同伴，却兴致勃勃地去学习蜜蜂、蚂蚁的生活，拿它们的社会结构做例子；我认为这完全是错误的，因为昆虫没有道德标准，也没有对正义的认识。我养蜂采蜜是因为这个活儿很简单，又挣得不少。只要有好客户就没问题。

《巴黎评论》：你说过你和其他作家不同，你上战场不是为了写作；当兵的时候你拿的是枪，不是笔。

桑德拉尔：这就是为什么我从来不与那些军旅作家为伍。我是斗士，他们只是写字的。写作的时候没办法开枪，开枪的时候也不会写作；写作得在开枪之后才能做。更好的还是开枪前就写作，这样后面的一切都可以避免发生。

《巴黎评论》：你怎么看让-保尔·萨特？

桑德拉尔：我对他没有看法，萨特从来没给我寄过他的书。存在主义？从哲学理论来看，叔本华告诫我们要提防那些在做出哲学宣言之前先得通过正式的学习、冥想、写作和思考的哲学系教授——萨特就是个教授。剧院里的哲学性戏剧很无聊，萨特就喜欢把他的论文放到舞台上演。学院派小说有的写得好，有的写得差，而萨特写得却不能被归于任何一类。现在的年轻作家——自从我回了巴黎，见过了很多——我问我自己，他们到底在哪些地方、哪些方面具备存在主义？是不是就是因为他们每晚都精心打扮、去圣日耳曼德佩区，就像他们的父亲每晚精心打扮去参加他们的社团和俱乐部活动那样？时尚总会过去，也已经过去了。我可不会随波逐流。但这个世界会为它自身而感到无趣。电影、广播、电视……事实上，很少有人、也没有足够的人真正知道如何生活；而那些能接受生活本来面目的人更是少之又少。

《巴黎评论》：我不知道如何评价学院派的教授们对文学的入侵，但是有一点是肯定的：让-保尔·萨特的运动中还没有产生诗人。存在主义运动不是由诗人组成的。没有诗人因存在主义运动而脱颖而出。

桑德拉尔：你很可能是对的。超现实主义者里有一个例外：罗贝尔·德斯诺斯（Robert Desnos）。罗贝尔是个好人，他也算得上很尖锐。我和他常常在一个酒吧里一起畅饮、开怀大笑。我们常在那个酒吧碰头，我为它受洗、给它起名为"巴黎之眼"，因为它位于里沃利街的拱廊下，离协和广场就几步路。在那里，你不用从桌前挪动，就能看见这个巴黎在面前路过。罗贝尔不怀好意地叫这个酒吧"瞪眼夫人餐厅"，因为女士们会在这里下楼用洗手间，出来的时候都瞪着双眼直视前方，好像这样就能保证她们的尊严、假装她们刚才没有去尿上一泡似的。

《巴黎评论》：你说过你嫉妒马雅可夫斯基，因为他能在莫斯科的红场拥有一块灯光牌。

桑德拉尔：我不认识第二个能有幸利用灯光报纸来在街头发表——其实应该说是张贴——诗作的诗人。这么做并不是政治宣传，只是打广告而已。可能其中有一部分，是的，是给一个党员做的政治宣传。但是马雅可夫斯基对人民和诗歌的爱远胜于此。想一想俄罗斯数百万不识字的人。要想打动这么多人，非马雅可夫斯基那样的天才不可。这就是我嫉妒马雅可夫斯基的地方——他的诗不是说出来的、不是写出来的，而是设计出来的。不识字的人也能看得懂画。只有华特·迪士尼能和他相提并论：他是个绝佳的发明家，虽然可能不是那么纯粹，也被商业化了，但他还是美国最伟大的诗人。我很确定，马雅可夫斯基要是活到现在，他一定会在红场用扩音器大声呐喊他的诗篇，他每天晚上都会在广播节目里即兴写诗，为了让全世界的每个角落都能听见他的声音——他会写越来越多的诗，每一首都是形式和精神上的革命。

《巴黎评论》：你说过人生除了写书还有别的事情要做。但是无论怎么说，你写书这个工作做得超凡绝伦地好。

桑德拉尔：超凡绝伦的是别人，是你们这些人！你们都希望我们永远不要停止写书。这会带来什么？告诉我……去国家图书馆散个步吧，你会看到这一切的结果。这条路通向墓地，通向沉没的大陆，通向百万册仅供蠹虫啃噬的书。人们再也不知道书的作者是谁，也没人再问起。未知之域。真让人高兴不起来。

不，我不是一个超凡绝伦的作家，我只是一个超凡绝伦的白日梦家。做梦的时候，我超越我所有的想象——包括我对写作的想象。

威廉·布兰登（William Brandon）英译

（原载《巴黎评论》第三十七期，一九六六年春季号）

乔治·塞菲里斯

凌越　梁嘉莹 / 译

　　在接受这个采访时，塞菲里斯对美国最长的一次访问已近尾声，采访做于一九六八年十二月。他刚刚作为普林斯顿高级研究院的研究员完成了为期三个月的学习，心情特别好，因为他觉得他的访问起到了一种复兴的作用：这是一个不受雅典几个月来日益加剧的政治紧张局势影响的插曲，同时也是反思和表现的机会。后者包括一系列朗诵会——在哈佛、普林斯顿、罗格斯、匹兹堡、华盛顿特区，以及在纽约的青年希伯来诗歌协会——塞菲里斯用希腊语朗读而参与的听众用英语，每一次露面都有其独特的兴奋和回应。例如在匹兹堡，听众（主要由希腊裔美国人组成）在阅读时似乎对诗歌感到困惑，但在随后的招待会上，他们对这位诗人就像他们对待希腊流亡国王一样。纽约朗诵会从参议院尤金·麦卡锡（Eugene McCarthy）的介绍开始，在讨论时，听众提出了几个问题，具体涉及希腊的政治局势。塞菲里斯拒绝回答，被一些听众认为是在逃避，但他坚持自己的立场，在朗诵之后的晚宴上，他私下给出理由：他认为安全地处于政府不满的边界之外，在外国领土上作为客人批评他的政府是不恰当的，他把自己的回答留到返回希腊的时候——不顾戒严令，冒着明显的个人风险，向当地和外国记者发表了一份反对独裁的不妥协的声明（1969 年 3 月 29 日《纽约时报》）。

　　外交手腕和高尚的良知的结合，定义了塞菲里斯的政治性格，也令他的风度和个人风格增色。他是一个体格健壮的男人，在空闲的时候他的声音温和、动作缓慢，有时无精打采，但他有个习惯，在激动的时候会抓住你的手臂，这种握法虽然具有老派欧洲人的和蔼可亲，但依然年轻有力，足以让你感受到他内心的力量。当他感觉到一些有误导性的或者轻率的质疑时候，那声音瞬间锋利尖锐起来，转而又用起外交手段，又出现了一种幽默感：爱胡言乱语，爱讲低俗笑话，爱拿自己和别人开玩笑，爱在椭圆形的脸上出人意料地露出一丝苦笑——尤其是他用"你为什么笑？"这个问题让他的听众陷入疑惑之后？一位美国诗人曾在一首关于他几年前第一次在纽约朗诵的诗中称他为"中东穴居人"。当采访者终于鼓起勇气向他展示这首诗时，塞菲里斯用一种毫不妥协的犀利目光盯着它。"中东穴居人。荒唐而不准确。我曾经称自己为卡帕多西亚（Cappadocian）穴居人，这是我打算保留的名号。你笑什么？"然后是微笑。

采访是在高级研究院塞菲里斯临时住所进行的，这是一套朴实的二层公寓，有三个房间，有一扇大窗户可以俯瞰地面，书架几乎空无一物，没有一幅现代希腊绘画和古典珍宝，而那些东西设定了塞菲里斯雅典的家的风格，然而诗人还是对这个地方很满意，因为这里让他接触到许多异国情调的事物：会变化的树木、松鼠，以及从学校出来跨越草地的孩子们。他的妻子玛罗——头发依然金色，编着女孩子般的发辫——自始至终出现在采访里，有时候带着明显的快乐倾听着，有时候在背景处准备着食物和饮料。有三次录音。塞菲里斯需要一段时间和从咖啡桌那边注视着他的麦克风热身，但每当他开始回忆起战争年代的朋友——亨利·米勒、达雷尔（Durrell）、卡辛巴利斯（Katsimbalis）——或者童年的岁月，他会放松进入自然状态，说话轻松自如，直到录音带用完。

——埃德蒙·基利（Edmund Keeley），一九七〇年

《巴黎评论》：首先我想问你有关高级研究院的情况，你最近刚从外交部门退休，作为一名学生开始新的职业生涯，对此有何感受。

乔治·塞菲里斯：我亲爱的朋友，那个让我困惑的问题是：什么是高级研究？一个人应该努力尝试去忘记，还是去学更多，当这个人处于我进修的这个阶段？现在我必须说，在一个更平淡的层面上，我非常享受这儿的整个状况，因为这里有非常好的人、非常好的朋友，我很享受——我该怎么说呢？他们的视野。我周围有许多视野：科学，历史，考古学，神学，哲学……

《巴黎评论》：但是你不觉得和这么多科学家格格不入吗？这么多的历史学家？

塞菲里斯：不会，因为我会被兴趣不在我的领域的人吸引。

《巴黎评论》：你会认为和历史学家对话——像我认为卡瓦菲斯（Cavafy）可能会想的——会有什么好处吗？换句话说，你觉得历史有什么特别的东西要对诗人说吗？

塞菲里斯：如果你还记得，卡瓦菲斯为自己有历史感而自豪。他常常说："我是一个有历史的人"——诸如此类的话，我不记得确切的出处了。我不是那种方式；但是，我仍然感到历史的压力。以另一种方式，也许：更神话，更抽象，或更具体……我不知道。

《巴黎评论》：希腊诗人与他独特的历史传统的关系如何？你曾说过在希腊没有古希腊。你的意思具体是指什么？

塞菲里斯：我的意思是希腊是一个持续的过程。英语表述"古希腊"包括了"已终结"的意思。然而对于我们，希腊继续活着，更好了或更坏了；它在生命之中，尚未过期。这是事实。一个人可以提出同样的争论，当他讨论古希腊的发音的时候，你们在美国、英国或在法国的学者或许采取伊拉斯米克（Erasmic）发音：对于他们希腊语是一门死亡的语言；但对于我们这是另一个故事。事实是，你们认为古希腊在某一点终结了它的运行，并且这使你们不能去拼读它——我很遗憾——用一种武断的方式。

《巴黎评论》：你在语言中很明显地看到希腊的传统，就像在其他领域也一样，这就是一个持续的过程。而这个国家的一些古典学者和拜占庭学者并不这么相信——而且，我想在别的国家也是如此。

塞菲里斯：你知道为什么会发生？因为希腊的主题，希腊的历史是如此庞大以致每个学者都把自己限制在一个特定时期或分支里，而没有任何东西存在于此之外。例如，吉本（Gibbon）认为生命的一千年是一种衰落。一个人怎么会在一千年的衰落里呢？毕竟，从荷马史诗到基督诞生之间，八百年过去了——或者类似的事情——然后大概有了一千年的衰落。

《巴黎评论》：关于希腊诗人与其传统的关系，我一直认为希腊诗人比盎格鲁-撒克逊诗人更有优势，后者利用希腊神话，有时甚至利用希腊的景观。我记得几年前，我在写一篇论文，我在想英语对卡瓦菲斯和塞菲里斯的诗歌产生了怎样的影响，我问你在你风景中突然出现的某些图像，例如你作品中雕像的象征意义，你转过身对我说："但那些都是真正的雕像，他们存在于我见过的风景中。"我想你的意思是，你总是从一个活生生的、真实的环境开始，然后从那儿转移到任何可能包含了它的普遍意义中去。

塞菲里斯：前几天，一位古典雕塑专家给我们举了一个例子。他是一位英国学者，正在讲授帕台农神庙的雕像。在他讲完后我上前去祝贺他，然后他对我说，我记得是这样的："但你有一行诗表达了我想说的，你说的是：'那些雕像不是废墟，我们才是废墟。'"我的意思是，我很惊讶，像他这样水准的学者竟然用我的一行诗来说明一个观点。

《巴黎评论》：之前我们讨论过，诗人从他的童年获得意象。你曾把自己和普通的英国人区分开来，你说驴子对于你或许就像足球和汽车对于他们的意义一样。我记得你还谈到大海和你家乡斯麦纳附近村庄的水手。

塞菲里斯：你知道，意象的奇怪之处在于它很大程度上是潜意识的，有时候它出现在一首诗中，没人知道它是从何而来的。但我确信它植根于诗人的潜意识生命，通常是关于他的童年的，这就是为什么它对于诗人来说是决定性的：他所经历的童年。

我认为有两种不同的功能：有意识的记忆和潜意识的记忆。我认为诗歌的方式是从潜意识中汲取灵感。这不是你写回忆录的方式，也不是你试图回忆你的过去和早年生活的方式。我记得很多童年时的事情，它们给我留下深刻印象。比如当我还是个孩子的时候，我在祖母的花园——那是我们过去避暑的地方——里的一间平房的角落里发现一枚指南针。那个奇怪的仪器——我想我通过检查又检查，拆开又组装，最后搞坏了它——对我来说变得有点神秘了。再一次，当秋天来临，当刮起一阵很大的风，渔船不得不穿过恶劣的天气去航行，当他们最终抛锚的时候我们总是很高兴，我母亲会对着某个走出来的渔民说："啊，太好了，你经受住了恶劣的天气。"而他会回答："夫人，你知道，我们总是和卡戎 ① 一起航行。"这让我很感动。也许当我在你评论的那首早期的诗（《论一首外国诗》）里写尤利西斯的时候——也许我想到了像那个渔夫一样的人，那些会背诵《埃罗托克里托斯》（*Erotokritos*）的"我童年时代的某些老水手"。无论如何，我认为把潜意识想象变成有意识的，把它们带到光线中来总是有点危险，因为你知道它们会立即干涸。

《巴黎评论》：这么多年来，你一直为为数不多的读者写作，你感到有什么负担吗？在你写作生涯的早期读者很少，以至于你不得不自费出版你的作品，每本的发行量都在三百册以下？这是一个已成名的美国诗人所不熟悉的情况。

塞菲里斯：我给你举个例子。当我出版我的第一本诗集《转折点》时，发行了一百五十册，那是一九三一年。我记得到一九三九年的时候，书店里还有这本书，我把它们收回来，以便在一九四〇年出版新版。但我

---

① 希腊神话里将亡魂渡送到阴界去的冥府摆渡人。

必须说在那之后不久，情况开始发生了一些改变。当希腊在对德国的战争中溃败后我去了埃及，我留下了三本工作日志——《日志第一卷》《神话和历史》《习作集》——除了早期的《水池》和《转折点》之外都是崭新的，在我和流亡的希腊政府驶向克里特岛和开罗之前，一本也没有卖出去，如你所知的那样。我不在时，所有的东西都卖光了。当我回来的时候，一本不剩。外国占领——敌人的占领——给了希腊公众集中注意力和阅读的机会。我想当我在占领结束后回到希腊，我在希腊的知名度比以前高得多。

《巴黎评论》：这是一个非常奇怪的现象，在希腊被占领期间，人们对诗歌的兴趣又恢复了。我从其他诗人那里听说过这件事，比如加索斯（Gatsos）和埃利蒂斯。诗歌成为雅典知识分子聚集在一起进行阅读和讨论的活动，因此在某种程度上它成为三十年代以来本世纪诗歌最丰富的时期。

塞菲里斯：埃利蒂斯在被占领期间出版了他的书，而加索斯——我的意思是他著名的《阿莫尔戈斯》也是在被占领期间推出的！

《巴黎评论》：占领结束之后发生了什么？为什么那些主要诗人会沉默如此之久？

塞菲里斯：这不是沉默，时代变了，视野开阔了，每个人都想多看看国外的生活，他们试图寻找新的表达方式。

《巴黎评论》：我想通过向这个国家广大公众读者朗诵，你是否感受到什么新鲜有趣的东西。我那些对希腊语一窍不通的朋友们的证据是，从你们的希腊语朗诵中，他们获得从我的英语朗诵中不同的诗歌节奏感。

塞菲里斯：这非常重要。但我可以多谈一点在美国朗诵的事情。有一天，另一位诗人给了我一首关于我朗诵的诗作为回应。这是一种新的回应，但重要的始终是要看到回应，而不是鼓掌或不鼓掌。

《巴黎评论》：今年秋天，你在罗格斯大学朗诵后，听众中有人问你怎么看你的诗歌的英译，而你对你的英语译者做出了有雅量的姿态，但之后你补充道："当然了，我诗歌的最好翻译是中文翻译，一种我根本不懂的语言。"

塞菲里斯：要详细说明这一点并不难，你知道的，我感觉在我懂的语言里，也许因为我太熟悉它们（不是英语，比如我真的很熟悉的法语），在翻译中还有其他可能性。对于中文则没有其他可能性了。但是翻译——我稍稍改变一下问题——总是有趣的，因为它是一种控制你自己语言的方法。当然英语现在是比我们的语言更稳定，譬如说，我们必须在写作的所有时间里创造我们自己的语言。

《巴黎评论》：庞德说翻译是作家不断提高对自己语言意识的一种手段，他建议年轻诗人要尽其所能地去翻译。

塞菲里斯：只要你不做过头，我想这总是有效的。

《巴黎评论》：你是一个诗人，用希腊以外很少人懂的语言写作。我想知道你是否会感到不满，对于你在国外诗坛的名气，因为你的名气主要是靠翻译获得的。

塞菲里斯：有补偿的。例如大约一年前，我收到一封寄自美国的信："我为了读塞菲里斯而学了现代希腊语。"那是一个很棒的恭维，我想。这比一个在学校学外语的人更个人化，不是吗？我曾听别人说："嗯，你知道，我们从你的诗中学到希腊语。"一个了不起的报偿。然后我应该补充一点，也许这种没有很多听众的情况也有好处，我的意思是，它以某种方式教育你：不要以为海量听众就是这个世界上最重要的奖赏。我认为甚至只有三个人阅读我，我的意思是真正的阅读，也就够了。

这让我想起从前的一次谈话，那是我唯一一次匆促地见到亨利·米肖。我想是在他从埃及到雅典中途停留的时候。当他的船停靠比雷埃夫斯港的时候他上了岸，只是为了看看雅典卫城。当时他对我说："你知道，我亲爱的朋友，只有一个读者的人不是作家。只有两个读者的人也不是作家。但一个有三个读者——他把'三个读者'说得就像三百万——那人是一个真正的作家。"

《巴黎评论》：你之前说过，希腊语中有一个建立语言的问题。那是大部分美国读者天然无法理解的。我们有自己的语言，我们的问题总是要扩展我们的语言，使它以某种方式显示出新的活力。当你说建立或者创造一种语言，你指的是完全不同的东西。

塞菲里斯：我们经历了学术干预的灾难。注意，我的意思是左翼和右翼都有。在最初的时候，我们受到教授的干预，他们想把我们活生生的语言变得抽象，以达到某种纯粹语言的"理念"。另一方面，我们捍卫"通俗希腊语"，我们称之为流行的口语。但这个传统——教授传统——是如此强烈，以至于有一种学术思想在积极地为纯粹的和地方的语言而斗争。进步的最好方法就是忘掉所有学术干预。比如，我非常欣赏克里特岛的文艺复兴。在那个时期你会发现完整的诗歌——上万行诗句，庞大的诗歌——没有任何紧张，没有任何努力，语言功能非常自然，没有任何明显的学术上的倾向。

《巴黎评论》：有趣的是，你把一首轻松诗作为典范，因为我记得在另一个场合，你把风格描述为一个人在表达自己时遇到的困难。

塞菲里斯：我在讲马克里雅尼斯（Makriyannis）的时候说过，你知道的，他直到三十五岁才学会写字和阅读。当你看他的手稿，它就像一堵墙——一堵石头砌成的墙，一块放在另一块上面。这很奇怪，例如他从未使用标点符号。没有段落。什么都没有。它就是这样。你看，每一个词都加在另一个词上就像一块石头堆在另一块石头上面。我的意思是，在任何情况下，当你真的感觉到了某件事情，你面临表达它的困难。而后，最终形成你的风格。

《巴黎评论》：你在确立你自己的风格中遇到了什么困难？

塞菲里斯：那是另一个故事。在我年轻时我非常努力地学习希腊语。词汇表，古老文献，中世纪文献等等。但困难不仅在于研究它们；困难在于如何忘记它们，变得自然。或许我有神佑，关于变得自然这事，我不知道。都是别人这么说……

《巴黎评论》：我知道你一向认为对于一个诗人而言，首要任务是在风格上力求精炼。这看起来和你的前辈们的主导模式形成对照——至少对于帕拉马斯（Palamas）和西凯里阿诺斯（Sikelianos）的模式而言。

塞菲里斯：这也许是当地的特点，在我早期努力的时候，我觉得在希腊，他们太浮夸了，而我是反对这样的。那是我的感觉。我在很多方面都反对它。例如，在形容词的使用上，尤其是复合形容词，我避免使用。你知道。我是故意避免某些东西。我对表达的兴趣不在于语言的色彩，希腊语已经有足够多的色彩，但最重要的是准确；而且为了做到准确，你必须节约使用你的材料。你记得瓦雷里曾说抒情诗终究是感叹词的发展，是"啊"的发展。对我来说，"啊"就足够了，我从未想过要详细解释这个感叹号。

《巴黎评论》：让我把风格的问题作为节约使用语言的过程来探讨。你是否同意在你自己的作品中，在《转折点》和所有之后的作品中存在着一种发展，一种进一步的精炼手段？

塞菲里斯：当然。与其说这是一种文体风格的发展，不如说是一种进化。所有事物的进化。我的意思是，一个人必须进化——必须看到新事物。一个人必须看到其他方面，并表达这些方面。当然这是一种进化，但我不认为它是用引号表示的"发展"。如果我还有更多时间，我也许会用另一种方式写作，甚至用另一种风格。我也许使用严格的诗句或者押韵诗，可能。在诗歌中，为了有一个新鲜的表达，你会不时改变事物的基础。你在诗歌中寻求的最主要的东西是避免陈词滥调的表达。这是个非常大的问题。

《巴黎评论》：散文风格的发展问题呢？你是希腊为数不多的诗人之一，你对散文批评的语言的影响几乎和你对诗歌语言的影响一样强烈。从一开始，培养一种生动又严谨的散文风格一定是你奋斗的一部分。

塞菲里斯：是的，但是你知道，我一直在为精确而奋斗。那是它的基础。当然在散文中，它表现得更明显——我指的是精炼的问题。

《巴黎评论》：这台录音机好像停止录音了，说点什么，让我们看看它还能否正常运转。

塞菲里斯：华莱士·史蒂文斯在一家保险公司工作。

《巴黎评论》：希望这种情况能持续一会儿。你的一个观点引起我的兴趣，那就是诗歌和公共服务的关系问题；我想你说过，重要的是不要有一份与成为一名诗人直接相关的工作。

塞菲里斯：我没说"重要"的事情。我不知道，真的，因为我不能代表别人说话；但至少对于我，我认为这是一种帮助——不是做一份必须在我的笔记本上或者诗歌本上写作的工作。比如，我不是教授或教师，甚至不是新闻记者。我宁愿有另一种职业。

《巴黎评论》：在你的职业生涯中有什么东西——那是你作为一个外交官的经历——在某种程度上可能影响了你诗歌的意象或选择去表达的特定主题？

塞菲里斯：我不相信我的工作创造了任何主题或者意象，尽管我可以提一下——你是怎么翻译的？——《最后一站》中的诗行："灵魂因公众的罪恶而萎缩，每个人坚守岗位像笼中之鸟。"我的意思是，这是我直接从我的公共服务中描画的为数不多的意象之一。但即使我不在外交部门工作，我也能感觉到这一点。但重要的是，我有一份与我的创造性工作无关的工作。另一件事是我没有——我该怎么说呢？——没有义务去处理属于文学的范式。当然，这个职业也有一些麻烦，我最大的痛苦是没有足够的时间。虽然其他人也许会告诉你，最好不要有时间，因为这是潜意识在做诗的工作。这是艾略特的观点。我曾记得，当我从伦敦调到贝鲁特（当时我在伦敦只工作了一年半），我告诉他："我亲爱的艾略特先生，我觉得我受够了我的职业，我要放弃这一切。"我记得他的话："小心，小心你要那样做。"然后他提到潜意识——为诗歌工作的潜意识。我告诉他："是的，但是如果我有一份工作，一份干扰我潜意识的正式工作，那么我宁愿不要工作。我的意思是我宁愿成为一名木匠，我的潜意识可以自由做它喜欢的任何事情，跳舞或者不跳舞。"并且我补充说："你知道，我可以告诉你，我的公众生活什么时候开始干扰我的潜意识。那是与意大利战争的前夜——一九四〇年九月——我开始有了政治梦想。然后我清楚意识到我的潜意识正蒙受我的正式工作的冲击。'在梦中责任开始了。'"

《巴黎评论》：你曾经评论过诗歌和政治之间的关系……

塞菲里斯：你的意思是我所说的关于鼓动宣传写作，或"介入"写作，或任何你在我们这个时代所称的那种写作。我相信那些真实的东西，就感觉而言，应该被阐述为感觉。

我不认为埃斯库罗斯把受苦受难的波斯人，或者走投无路的薛西斯，或者大流士的鬼魂放在舞台上是在做宣传。相反这其中有人类的同情心，即便对于他的敌人。并不是说他不高兴希腊人赢得萨拉米斯战役。但即便如此他也表明薛西斯的失败是一种神的惩罚：惩罚薛西斯在凌辱大海时所犯的狂妄自大。由于他的狂妄妄为是要鞭笞大海，所以在萨拉米斯之战中他受到了大海的惩罚。

《巴黎评论》：有可能跨越国界比较诗歌吗？还是我们总是必须在一个单一的传统中进行严格的质的比较？

塞菲里斯：我不愿意拿诗人做比较，这是非常困难的——即使是在相同的传统中。试着比较但丁和阿尔弗雷德·丁尼生勋爵，比如：那会导致什么后果呢？我不知道。或者在法国传统中，你能去比较拉辛和维克多·雨果吗？你必须深入到传统的底层，才能找到一些共同点，让比较能够公平地进行。另一方面，我自己在斯德哥尔摩获奖演讲中提到叶芝，因为我在斯德哥尔摩之行的几个月前读过《瑞典的奖赏》，在其中叶芝详细叙述了他获得诺贝尔奖的全部经过：他到斯德哥尔摩的旅行、颁奖仪式等所有一切。在那里我感觉到他作为一个人——不是作为一个诗人，而是作为一个人——与我有某种关系。因为叶芝属于一个有着伟大民间传说传统的小国，这个国家毕竟有政治动荡。顺便提一下，还有一个不写宣传鼓动诗的公众诗人的例子，例如，他写了一首关于爱尔兰飞行员的诗，这首诗完全不是宣传。"我不恨那些与我战斗的人——"等等。他也写了《第二次降临》，那也不是宣传："中心不能持续"等等，毕竟这些都是从爱尔兰政治生活的某个地方开始的；但它更深入，我认为这才是重点。

《巴黎评论》：你在朗诵时在谈论《亚辛之王》时提到过，你花了两年时间才找到一种方法来描述这段特殊的经历，然后，在某个时刻，当你把那首诗的笔记给了一个朋友之后，你在某个漫长的晚上完成了最终的草稿。艾略特曾准确暗示你完成了这首诗（从晚上十点到凌晨三点），因为你面前没有笔记。

塞菲里斯：我没有笔记。他可能是对的，我不知道。在我雅典的家里，我有我所有的文件和书。我在想这是一件有益的事，如果有一张空白写字台，没有任何文件和书籍，你可以每天定时坐在那里，是不是更好。

《巴黎评论》：你通常会在写一首诗之前对这首诗的素材做笔记吗？

塞菲里斯：噢，有很多方法。有时我做笔记，有时我不做。有些东西你必须记住，我必须把它们记录下来，所以我当然会做笔记。举个例子，有一首诗我引用了编年史家马克哈伊拉斯的话，在这首诗中，我不可避免提到那个通奸恶魔的故事。

《巴黎评论》：我指的不是诗在你脑海中形成之后的笔记，而是关于经历的笔记，而实际上它变成了这首诗。

塞菲里斯：不，我不那样做。当我说笔记的时候，我指的是在材料上有一些笔记，这些笔记是需要的，因为它们是描述性的。还有一些笔记是关于想法的，诗意的想法，比如诗意的表达、诗意的话语，这就是我所说的笔记。如果我要写一首关于你的诗，我可能会记下来"迈克已戒烟多年"。我的意思是说，如果用希腊语写的东西听起来不错，我就会写下来。这就是对别人而言漠不关心的一切事物，我把这些称做诗歌笔记。有时我完全不理会它们，有时我会看看它们。有时当它们快被忘掉了，只要瞥一眼它们，我就会说："噢，那首诗相当有趣。"虽然它们根本没有对普通人说任何东西。尽管如此，它们还是把我带回到某种氛围，这种气氛一直在工作，在我脑海中详细阐述着一种形式。

《巴黎评论》：你会保存这些笔记还是会销毁它们？

塞菲里斯：噢，我销毁了很多。几个月前在雅典——有个希腊文化研究者对拍摄笔记很有兴趣。我有印象保存了《水池》的笔记。我在我所有文件档案中翻找，后来我发现我已经把它们给销毁了。我唯一找到的是最近出版的《一周笔记》——已经在最近出版——也就是那组诗中丢失的两首。

《巴黎评论》：我感到遗憾，在某种程度上，我认为《水池》是一首我们所有人都在某些地方感到晦涩难懂的诗，而这些笔记或许有所帮助——无论如何，可能会对我有所帮助。

塞菲里斯：不要抱怨，你知道，它们可能会让这首诗变得更晦涩难懂，例如，关于我在诗歌方面的发展，普遍的看法是："啊，你看，塞菲里斯从规整的诗句、押韵、严格的诗律开始，然后转向自由诗。"当我看到我的笔记时，我看到《转折点》里的主要诗歌，那首《情欲标志》显然用了非常严格的诗律；但我的笔记向我显示这首诗也是用自由诗体写作的，我找到了一些初稿。

《巴黎评论》：你会考虑出版它们吗？

塞菲里斯：上帝啊，不。

《巴黎评论》：你会认为这就是艾略特对于重新找到《荒原》遗失部分如此谨慎的原因吗？那些部分现在已经被重新发现。

塞菲里斯：当他给我讲《荒原》的故事时，他似乎对手稿的丢失感到绝望。另一方面，他也告诉我——他强调这一点——庞德的干预是多么有用。

《巴黎评论》：你会同意出版丢掉的东西吗？

塞菲里斯：我不知道，视情况而定。这需要很多机缘。不取决于诗人本人而取决于他的编辑。如果他们发表了这些发现，他们往往都会强调这些都是重要的发现，而我认为这很糟糕，被夸大了。我认为编辑和文献学家总是做得过头。

《巴黎评论》：我从我和妻子翻译的你日记的一段知道，你与艾略特的关系在你生活的各个方面都很重要。我不知道在西方是否还有其他知名的文学人物对你来说也很重要。我特别想到了亨利·米勒和劳伦斯·达雷尔，也许还有其他我不知道的。我也想到你的同胞：例如西奥多卡斯（Theotokas）和卡辛巴利斯。

塞菲里斯：你知道，达雷尔比我小得多。当我遇见他时，他是一个非常有趣的年轻人，二十五六岁。我和亨利·米勒一起遇到他。他们来雅典看卡辛巴利斯的《玛洛西的大石像》。如果我没记错的话，是在宣战的那一天。

《巴黎评论》：当然，卡辛巴利斯当时并不是巨人。

塞菲里斯：没有，但是米勒威胁要给他做一些非常巨大的东西。

《巴黎评论》：好吧，他做到了。

塞菲里斯：很高兴见到他们，让我这样说，他们是第一个读者——或者不是确切的第一个，那么是第二个或者第三个——了解我在做什么。比如他们中的一个，米勒或者拉里，读我的诗后告诉我："你知道我喜欢你的地方是，你把内里的事物翻出来，我的意思是用好的感觉。"对我来说这是非常好的赞誉。

《巴黎评论》：他们怎么知道你的诗歌？

塞菲里斯：怎么？嗯，当时只有卡辛巴利斯翻译的英文版。我是指翻译手稿。

《巴黎评论》：当他们来到雅典的时候，为什么他们直接去找卡辛巴利斯？为什么他是他们接洽的那个人？他是希腊在国外的著名文学人物吗？

塞菲里斯：我不知道，也许只是普通朋友间的事。在完成《玛洛西的大石像》之后，他变成了一个重要的文学人物。当时，他和英美文坛的联系比我多。那时雅典有一种国际化的波希米亚风格，我是说在战争前夕。我必须补充一点，卡辛巴利斯有极好的品格，他的内心没有邪恶的企图。他或许会批评某人，但是以善意的方式。他相信我们的国家，我们的小国家，有能力去做某些事情。他有这种信念。

《巴黎评论》：亨利·米勒如何？你怎么回应他？

塞菲里斯：我喜欢米勒因为他是一个非常好心的人，我认为——请原谅我这么说，但这不是批评：说一个作家是好人是很大的赞美——米勒极其慷慨。例如，当他回到美国的时候（美国领事建议他这样做；作为美国人他必须回家，因为战争已经迫近），一天他对我说："亲爱的乔治，你一直对我很好，我想送你一些东西。"他拿出一本笔记，那是他在希腊逗留期间一直保存着的。我说："注意，亨利，但毕竟，我知道你在计划写一本书，而你不能写那本书——我的意思是你或许需要那本笔记。"他说："不。所有的东西都在这儿。"指着他的脑袋。我主动提出给他打一份打字稿。"不，"他说，"礼物必须是完整的。"嗯，我认为那是一种很棒的行为方式。我永远不会忘记这一点。那本日记是《卡洛西》的第一稿。但是带有更多个人的火暴脾气，当然还有更多笑话。

《巴黎评论》：那本书里也有不少玩笑。

塞菲里斯：九头蛇和波罗斯海峡之旅是精彩之极的。记得吗？我对米勒的感觉是这样的：当然了解古代作家是一件很棒的事情；但是我钦佩的第一个去希腊却没有做任何传统准备的人是米勒。他身上有清新的气质。

《巴黎评论》：你的意思是第一次准备好接受一切的新鲜感？

塞菲里斯：当他决定去迈锡尼的时候，我想我是第一个送他埃斯库罗斯作品的人。但当然了，他从埃斯库罗斯那里没有看到任何东西；在阿耳戈斯平原上，当他听到爵士小号手的声音时，他看见了印第安人。那是自发的行为，我很欣赏。

《巴黎评论》：爵士小号声？

塞菲里斯：我猜那爵士小号手是受路易斯·阿姆斯特朗的影响。因为他曾在我雅典家里的一个相当简陋的小唱机上听过阿姆斯特朗。我自己早在八年或十年前就发现了爵士乐……

《巴黎评论》：在米勒到希腊之前。所以你教了他爵士？

塞菲里斯：那时我三十二岁或者三十三岁，我成了爵士乐迷。我对自己说，你同时发现了巴赫的重要性——伟大的巴赫——以及爵士乐的重要性。我记得有一次我对米特罗普洛斯（Mitropoulos）说："对于我，我亲爱的米特罗，爵士是仅有的几种不带尴尬地表达情感的方式之一。"那是在一九三五年。不，一九三四年。

《巴黎评论》：在国外或希腊有没有其他作家和你有特别密切的关系？

塞菲里斯：这取决于你指的是哪个时期。例如，我曾经和西凯里阿诺斯关系很亲密。我第一次遇到他是在一九二九年，不过直到他病了，一九四四年我回到希腊，我们才成为亲密的朋友。在他生病的时候，西凯里阿诺斯真了不起，当他的健康出现危机的时候。当我在国外工作的时候，我会趁出差雅典的机会去看他。一次我听说他刚刚经历了一次脑出血。我发现他在剧院里戴着墨镜——一场在国家剧院的首映式。

我说："噢，安杰洛，我很高兴你在这里，因为我听说你身体不太好。""我亲爱的，"他说，"这事太精彩了，在我的大脑顶部镶了一颗小小的红宝石。"他是指脑出血。我对他说："你能这样说真是太好了，我很高兴。"他说："乔治，看这儿。我该告诉你一个故事，在下一次幕间休息时。"幕间休息时，我走近他，他说："你读过《罗坎博尔》吗？"这是一个法国惊险故事。西凯里阿诺斯继续："从前有一次，一个女人对着罗坎博尔的脸泼了硫酸，罗坎博尔当时有失去视力的危险；因此他的亲信带他去看巴黎最好的专家，专家给他做了很仔细的检查，当罗坎博尔的朋友坐在候诊室无意间听到医生对话的时候。医生的结论是：'先生，你必须在两件事之间做出选择：失明或者毁容。'一阵沉重的寂静；接着从候诊室传来一个声音，是罗坎博尔朋友的声音，'罗坎博尔不需要他的视力。'"

《巴黎评论》：告诉我更多有关西凯里阿诺斯的事。除了希腊，外界对他知之甚少。

塞菲里斯：还有一件事，是我在他死的时候写的。他在雅典遇到严重的危机，我急忙去看他；我非常焦虑；他曾在一个朋友家晕倒。又一次，同样精彩的反应。我对他说："我亲爱的安杰洛，你还好吗？"他说："我还好。但我有了一个辉煌的经历。我看见了绝对的黑暗，如此美丽。"

《巴黎评论》：你认识帕拉马斯吗？他是什么样的人？

塞菲里斯：你知道，我对别人的记忆很奇怪。例如，有些人因为他们自己特殊的原因而欣赏西凯里阿诺斯；我自己，我是被西凯里阿诺斯最后岁月的那些悲剧性和辉煌的时刻所吸引。帕拉马斯，我对他最后的记忆之一是，我去和他道别，因为我马上就要走了。在我们的谈话中，他提到他诗歌中写到的各种疯子，并补充说："你知道，我的家族有很多疯子。很久以前，我想写一本书，书名叫《致吉纳斯·顿·洛克森》。"我们该怎么把它翻译成英语呢？"种类关于……"

《巴黎评论》：疯子的。

塞菲里斯：不完全是疯子。关于"倾斜的"人。

《巴黎评论》：倾斜的人？

塞菲里斯：我正尝试找到一个关于这个词的精确翻译。

《巴黎评论》：不平衡的人，也许。

塞菲里斯：我对他说："帕拉马斯先生，你没写这么一本书是一个遗憾。"因为我想这会是一本好书。他有一种有趣的幽默感。

《巴黎评论》：你认为帕拉马斯对于希腊文学最重要的贡献是什么？

塞菲里斯：嗯，我认为他的贡献在《多克麦斯》里，但我会重申：他对希腊语有非常重要的贡献。我的意思是，和他相比，卡瓦菲斯的表达似乎相当弱，尽管在某些时刻更真实。

《巴黎评论》：但你说"虽然更真实"那一刻……

塞菲里斯：再一次说，我非常欣赏卡瓦菲斯的地方是，他从极其不真实的诗歌开始，然后，通过坚持和努力，他最终找到了自己的声音。直到三十四岁，他写的诗都很糟糕。这些诗歌的失败无法翻译或者传达给外国读者，因为翻译的语言总是要提高它们。要忠实地翻译那种东西是不可能的。你知道我欣赏的——让我用我自己的方式来说——我欣赏的是：他是在一定年龄开始创作的人，所有迹象都表明他无法创作出任何重要作品。然后，通过不断拒绝别人试图对他施加的影响，他最终找到，看到，正如他们说的那样：他确信找到了他自己的表达方式。这是一个很好的例子，一个人通过他的拒绝找到自己的路。

《巴黎评论》：他究竟拒绝了什么？

塞菲里斯：表达方式，轻易的东西，冗赘——诸如此类。以他那首关于古代悲剧的诗为例。真是糟糕，难以置信。抛开这些东西，卡瓦菲斯改进了他的表达方式，直到他生命的尽头，甚至直到他在安提阿郊外写的最后一首诗：基督徒和朱利安之间的故事。我很钦佩他能坚持到最后。他是很好的例子。他有勇气，一直到他生命的最后，不向某些事情屈服，拒绝它们。这就是我为什么对那些人心存疑虑，他们试图发行卡瓦菲斯所有被拒绝的作品，除非有人非常仔细地阅读他的作品。你知道，那需要非常棒的洞察力。

《巴黎评论》：现在我们来看看老一辈的另一位著名作家，卡赞扎基斯（Kazantzakis）怎么样？在美国，卡瓦菲斯受到诗人们的尊敬——比如奥登，以及许多重要的年轻美国诗人。他们大多数知道卡瓦菲斯，并且对他抱有同情的态度。但在学生和刚开始学习文学的人中，卡赞扎基斯是目前最受欢迎的希腊作家，无论作为诗人还是小说家。我的工作越来越多地讨论卡赞扎基斯的作品——不管是诗歌还是小说——不是在贬低他。

塞菲里斯：我不知道。问题是一个人必须要有和一个作家接触的可能性，而我不能在卡赞扎基斯的例子中做到这一点——这对我来说是一件糟糕的事情，你知道的。我必须给你一个有关卡赞扎基斯的警告。一方面，这有他的诗——所谓的诗歌——当然就是《奥德赛》的续集和他的诗剧；

另一方面，还有他的散文小说。现在就小说而言，我没有能力判断。我不知道如何去评价那些小说，我没有全部读完它们。我从我信任的人那儿听说它们都非常好，它们很可能很好。但《奥德赛》续集是另一回事。虽然其中有有趣的段落，但恐怕当中并没有诗。我说的有趣的段落——提供了有关卡赞扎基斯的信息，但我不相信那是诗歌，至少不是我信任的诗歌。

《巴黎评论》：除了诗学考虑之外，那么"理念"呢？诸如哲学或宗教立场方面的陈述。

塞菲里斯：我不知道。关于哲学立场和世界观我没有概念。你知道的，无论何时世界观都会妨碍写作——我不知道。我更喜欢那种枯燥、令人反感和（我不知道怎么去说）平淡无奇的世界观。我不喜欢在写诗的时候尝试去表达世界观的人。我记得有一次我在塞萨洛尼基古城有一场朗诵会，然后一个哲学家站起来问："但塞菲里斯先生，究竟什么是你的世界观？"我回答："我亲爱的朋友，我很抱歉我没有世界观。我必须向你做这个公开的坦白，我写作时并未带任何世界观。我不知道，也许你觉得这骇人听闻，先生，请容许我请求你告诉我荷马的世界观是什么？"而我没有得到回复。

《巴黎评论》：转到一个更普通的话题，你在我们雅典的一次谈话中说，本世纪希腊作家有一个值得关注的情况是，他们中有许多人都在希腊王国之外。你提到你自己就是一个例子，你在斯麦纳① 长大。你可以评价一下你的斯麦纳出身是如何影响你的作品或你作为一个文字工作者的角色？

塞菲里斯：我想说的是，我对希腊语言和希腊土地上表现出来的一切都感兴趣——我的意思是，把希腊大地作为一个整体。比如，我曾经对十七世纪克里特岛的情况非常感兴趣。另一方面，罗马尼亚人，比如摩尔

---

① 今称伊兹密尔，土耳其西部的港口城市。

达维亚和瓦拉契亚的公国，令我非常感兴趣——甚至是像恺撒里奥斯·达彭提斯（Kaisarios Dapontes）这样的小人物，如果你知道他是谁的话。我想他来自北方的某个岛屿，斯波拉提群岛的斯科派洛斯岛，他在君士坦丁堡度过了很长一段时间，最后他以恺撒里奥斯的名字隐居到希腊亚度斯山。我并不是说他是个伟大诗人，只是说他表达自己的方式引起了我的兴趣，我不是说他写了伟大的诗歌，但毕竟，人们觉得在十八世纪的那些国家里，希腊文学非常繁荣。另一个在亚度斯山的僧人——我试着想起他的名字——是的，他叫潘保利斯（Pamberis），写了一首诗，不是很长，因为在他决定使用的系统之下，写长诗是不可能的。他称之为《珀伊玛卡奇尼康》，也就是"癌变的诗"。它被设计成可以从左到右读或从右到左读，并且仍然试图有意义——但那是如此稀薄的意义，以至于他写下备注来解释每行诗的含义。你知道，这些小细节让我很开心。我认为它们增加了我们对希腊文学过于专业的印象。又或者是另一篇文章：《没有胡子的男人的弥撒》。它是以模拟弥撒的形式写成的一篇文章，以一种令人相当震惊的方式对弥撒进行了戏仿。这让我很开心，尤其是因为我没有在我们的文学作品中看到足够多的轻喜剧文本。要么人们克制自己不写这样的文字，要么这些文字被思想严肃的学者淘汰。

《巴黎评论》：这是个有趣的言论。你在另一个场合说过，你发现盎格鲁–撒克逊传统有一种其他传统没有的东西，那就是无意义元素——这种元素在我们的文学中是相当连续的，而且似乎总是以某种形式存在。

塞菲里斯：盎格鲁–撒克逊人的传统在这方面当然与我们不同；我相信没有大陆国家可以像爱德华·李尔（Edward Lear）和刘易斯·卡罗尔（Lewis Carroll）那样胡说八道。

《巴黎评论》：你曾在英格兰工作过三段时期，分布在你文学生涯的最好时期。你觉得那里的气氛特别适宜工作吗？

塞菲里斯：不完全是。对我来说，写作的好地方是在阿尔巴尼亚，因为我在那里默默无闻，与世隔绝；同时我离希腊很近，我的意思是，从语言的角度来看，我可以利用我的空闲时间，没有令人筋疲力尽的社交活动。

《巴黎评论》：早年你在英国结识的英国文学家怎么样？当然，你见过艾略特。

塞菲里斯：不，我有一封给艾略特的介绍信，然后我致电他的办公室，但他秘书告诉我艾略特在美国。当时他是哈佛大学诺顿讲座教授。一开始我从未见过艾略特也没见过其他任何作家。首先，作为一个人我很害羞；我正摸索着寻找自己进一步表达的方式。相比之下，二战后我来到英国的时候，我在中东时期结交了许多英国朋友，当我作为大使馆的参赞回到英国时，我一点也不觉得困难，因为那时我在英国很有名。那是一九四八年，正好在我的第一本英译诗集《阿西尼王及其他诗歌》出版之后。

《巴黎评论》：在你第一次正式出访英格兰期间，我想知道你是否与英美文学有过接触？与艾略特作品一样特别令人兴奋。

塞菲里斯：后来我发现叶芝对我很有启发，但我说的是早期叶芝。毕竟，你知道，我曾像叶芝一样努力发掘民间传说。

《巴黎评论》：美国文学怎么样？在你的风格形成期你有喜欢的美国作家吗？

塞菲里斯：这对我们来说是一件奇怪的事情——我想发生在国外的每个人身上——我的意思是，一个人偶然进入文学和艺术领域。例如，我不记得是什么时候认识阿奇博尔德·麦克利什（Archibald MacLeish）的。事实上，我翻译过他。我想我是希腊第一个翻译他的人。然后是玛丽安·摩尔，战前我也翻译过玛丽安·摩尔的作品《猴子》和《致一条蛇》。

《巴黎评论》：你说你是意外遇见他们。那意外怎么发生的？

塞菲里斯：噢，我不知道。有些人议论我是在哪里看到这些诗的，我不记得是哪一首了。还有埃兹拉·庞德。战前我已经翻译了三篇《诗章》。

《巴黎评论》：当我提到美国文学的时候，我真正想到的是美国老一辈诗人：比如沃尔特·惠特曼和艾米莉·狄金森。

塞菲里斯：我知道沃尔特·惠特曼。因为我从法国文学开始，沃尔特·惠特曼很早就被翻译成法语，自然我能读到。然后亨利·米勒对于惠特曼有一种崇敬之情。他给了我许多关于他的提示。当然那时已非常接近大战爆发了，但我一直阅读惠特曼，如同我在青年时期，一直读埃德加·爱伦·坡。

《巴黎评论》：现在你即将回到希腊去，你有任何想说的东西吗？关于这次对美国的特别访问——这是你的第三次访问，如果我没弄错——任何你对这个国家的印象？

塞菲里斯：我第三次访问美国是最重要的一次，这次访问比另两次访问更充实。我认为参观纽约并不能帮助你了解美国。奇怪的是，我现在身处普林斯顿这个偏僻之地的树林中，然而从这个偏僻的地方，我能看到和了解更多的美国，比身处一个伟大的中心还要多。

《巴黎评论》：当然普林斯顿人并不认为普林斯顿有多偏僻。

塞菲里斯：嗯，我的意思是，对于那些在旅行中试图看到国际都市中心的人来说，它可能显得有点偏僻。毕竟我们旅行者不用在大学上课。

《巴黎评论》：在这次访问中，你看到了哪些特别令你印象深刻的东西？

塞菲里斯：我不想提起令我印象深刻的东西，你知道的。没有人当场知道什么会使他印象深刻。我的意思是，通过记忆的方式来阐述是需要时间的。

《巴黎评论》：你完成了一些作品吗？

塞菲里斯：是的，我想是的。我不能说。我不知道如何谈论已完成的工作。我的印象是，一个人只能在作品结束后才能谈论所做的工作。我不想谈论还在详细阐述期间的工作。但在任何情况下都有一种内在的感觉，即你没有浪费你的时间，这是有意义的。这是一些，我的意思是我想和你说实话，我不能提任何真的已完成的作品。我能对你提及的只有这件事——并且我打算提及这件事的本质——我写了一首两行诗。

《巴黎评论》：你刚刚收到尤金·麦卡锡的诗集。我发现它相当动人：事实上他明显是在去年竞选期间写了那本诗集。

塞菲里斯：是的，为什么不？我的意思是我能很好地理解这一点。如果有一段欢欣快乐的时期，没有理由不让它发生在诗歌中，就像发生在政论中一样。我的一首诗《"画眉鸟"号》，是在我生命中非常活跃的时期之后写的——我是说政治上很活跃，因为我在去波罗斯之前，是希腊摄政王的首席私人秘书。当然，诗歌不像火山喷发，它们需要准备。我回想起《"画眉鸟"号》，我可以很好地标示笔记、诗行，那是我在前一年开始写的，那是最活跃的一年。尽管如此，我还得记那些工作累死人的日子，因为我不是一个政治家，我只是一个仆人，一个公务员，我记得我在早上八点左右去我的办公室，第二天早上五点回家的时候，我没有吃过饭，也没有睡过觉。当然，我提到这一点并不是为了感动你，而是为了向你表明，时间是紧迫的，而我还在写作。当然，当时还有一些其他事情影响了我的工作，在其他因素中，我要提到一个事实是，在经历了一段很长时间的渴望之后，战争结束了，我回到了祖国。

《巴黎评论》：你是否觉得，除了你写的那些诗句，这首诗在这段非常活跃的时期还在以某种重要的方式孕育着，所以当你到波罗斯的时候，它可以在相对较短的时间里成为连贯的作品？一个月的假期，不是吗？

塞菲里斯：两个月。我的职业生涯中的第一个长假期——最长的一个。

《巴黎评论》：而你能写那首诗——而且是一首长诗——实际上在一次静坐中，那两个月假期的漫长静坐中？

塞菲里斯：不。你会发现我写那首诗的故事就在这段时期的日记里，那是一九四六年在波罗斯期间。我常常去游泳——不，首先我会在花园里砍树（那是一个巨大的花园），然后去海边，然后工作到晚上，直到七点开始天全黑了。这很奇怪，你知道的，为什么——原谅我这样说——我注意到一个人是如何被这样的生活逐渐净化的，例如，我注意到在我的梦中净化，像我在这本新近出版的日记里提到的。

《巴黎评论》：我只有一个真正的一般性问题要提。我想知道你是否觉得，因为你现在处于希腊文学界中相当独特的位置——我想任何诗人在他的国家都会有一个独特的位置，一旦他获得了诺贝尔文学奖——你会不会觉得在某种程度上影响了你作为一个文人的公众角色的意识，而不是作为一个诗人的私人角色——你可能觉得对于年轻诗人有任何责任，例如，对于围绕你的文化生活，或者你也许会感觉关系到你的国家你必须去维护的位置。

塞菲里斯：我应该从一开始就坦率地告诉你——如果我能用英语说的话——诺贝尔奖是一个意外，只不过是一个意外。这不是一个约定。我不觉得被指派了什么任务。这只是一个必须努力遗忘得越快越好的意外。否则，如果你被这些事情冲昏了头脑，你就会迷失方向，垮掉。在我获奖的时候，有一类——用英语我该怎么说？——像卡珊德拉 ① 那样的批评家写道，塞菲里斯应当非常小心，因为就他的作品而言，他会完全枯竭，甚

---

① 古希腊预言女凶的女预言者。

至死于各类疾病，因为这种事情会发生在拥有这种成功的人身上。毕竟，他只是夸大了事情的一面，而没有考虑我对获奖的反应。比如，我在斯德哥尔摩对那些评委说（或者无论他们说了什么）：先生们，我要感谢你们——这是我的演讲即将结束的时候——允许我，在漫长的努力之后，变成不为人知的无名小卒，犹如荷马说尤利西斯。我是非常真诚的。毕竟，我不承认任何人有权利从背后揪住你的脖子，把你扔进一个空荡荡的责任的海洋里。为什么，毕竟那是骇人听闻的。

《巴黎评论》：现在让我们离开诺贝尔奖这个话题。作为一个小国家，在我看来，希腊似乎一直有一种传统（这是一种非正式传统，不像英国的传统），普遍被获奖诗人所认可——诗人及其追随者认为，即每一特定的一代人中都有一位诗歌代言人——即使代言人的角色有时是自我假设的。比如西凯里阿诺斯就演绎了那个角色。而在他的时代，帕拉玛斯也是如此。

塞菲里斯：嗯，是的，上帝保佑他们，但我很抱歉地说，我从未觉得自己是任何事情或任何人的代言人。没有资格任命任何人成为某些事的代言人。现在其他人认为这是一种必须履行的职责；但我想，这就是为什么我写得这么少的原因。我从未感觉到这种义务，我必须考虑的只有作为诗人我没有枯竭，我要写作。我的意思是我从一开始就有这种感觉。我记得当我出版第一本书时，有很多人说："塞菲里斯先生，你必须现在努力向我们显示你可以做得更多。"我回答他们："先生们，你们必须考虑到我每首发表的诗都是最后一首。我对它的延续没有任何感觉。"我的最后的诗。如果我写了另外一首，这是伟大的神佑。现在我为创作下一首诗努力了多少，或者我没有努力多少，是另外一件事——一件私事。别人认为他们是这个国家的声音。好吧，上帝保佑他们。有时候他们已经非常擅长此道。

《巴黎评论》：乔伊斯也有点这感觉。我想起斯蒂芬·德达勒斯在《一个青年艺术家的画像》结尾处的那句名言："在我灵魂的铁匠铺里锻造我的种族未被创造的良知。"

塞菲里斯：我可以再举一个例子。在我年轻的时候，有很多关于"什么是希腊的，什么不是希腊的"问题讨论，或者试图定义什么是希腊的，什么不是希腊的——赞美一件事是希腊的，谴责另一件事不是希腊的，简而言之，就是试图建立"真正的"希腊传统。所以我写道："希腊性是希腊人将要创作的真正作品的总和。"我们不能说我们有些作品创造了希腊意识。我们看见一条线索，但被大片的黑暗所包围。这并不简单，我不知道什么是我的声音。如果其他人，暂时认为那就是他们的意识，那就更好了。由他们来决定。这不是我可以强加的，因为在这些事情上你不能做独裁者。

《巴黎评论》：有些人会认可你的态度是健康的，但也有些人他们感觉诺贝尔奖得主，特别是当他是这个国家唯一获奖者时，应该成为代言人和公众的良知。

塞菲里斯：也许是这样，毕竟，一个人所持的态度是被他的天性施加的，或你把它称作无论什么。同时，我从未强迫自己去写任何我认为不必要的东西。当我说"必要"，我的意思是我必须表达或被窒息。

《巴黎评论》：好吧，我没有问题了，既然你对年轻一代没有什么好建议，我已经没有什么问题要问你了。

塞菲里斯：我有建议。

《巴黎评论》：噢，你有？太好了。

塞菲里斯：我给希腊年轻一代的建议是：尽量用现代希腊语去练习。不要把它写反了。我必须告诉他们为了写作，一个人必须相信他自己写的东西，而不是表面上相信自己在相信什么。他们必须记住，唯一不能说谎的工作是诗歌。你不能在诗歌中撒谎。如果你是一个骗子，你终究会被揭穿。或许现在，或许五年后、十年后，但如果你说谎，你终究会被揭穿。

《巴黎评论》：当你说到撒谎，你首先说的是违背自己情感的谎言……

塞菲里斯：我不清楚我的意思是什么。也许这是一件情感的事情。现实中一个人的想法。我不知道。我的意思是，有一种有关可靠的特殊的声音，声音之物。你敲击它，它会回敬一种声音，证明它是真的。

《巴黎评论》：你认为每个作家都知道自己听到的声音是否真实吗？

塞菲里斯：不。这很难说。但他一定有一种本能——一种引导别人的本能——那本能会对他说："我亲爱的孩子，我亲爱的小伙子，小心点，你会跌倒。你现在太夸大其词了。"然后，当他听到这句话时，他不应该向自己注射麻醉药，为了对他自己说："嗨，你没事，亲爱的。"你一点儿也不舒服，亲爱的，压根儿不。

（原载《巴黎评论》第五十期，一九七〇年秋季号）

安妮·塞克斯顿

张逸旻 / 译

这次访谈是在八月中旬做的，为期三天。当问及诗集出版或其他活动的具体日期时，安妮·塞克斯顿总是说："让我想想，我想弄得精确些。"于是，她以女儿的出生日期为参照来追溯问题中所涉及的事件。有些时候，她会把自己真正经历过的事情和那些只在头脑里存在过的相提并论，就好像活在皮兰德娄（Pirandello）的场景中。她的回答常常如咒语一般，就是那种一经删减便会黯然失色的重复的念祷。正因为这样，它们基本都被保留了下来。即便她的回答，有时候是从提前写好的笔记中念取的，她也以——用她自己的话说——"一个演出自传戏的女演员"的抑扬顿挫去表现。

——芭芭拉·凯夫利斯（Barbara Kevles），一九七一年

《巴黎评论》：你开始写诗时已接近三十岁。为什么？

安妮·塞克斯顿：我二十八岁前有一个隐藏的自我，这个"我"自以为只会调奶酱、换尿布，除此之外什么也干不了。我不知道我竟有点创作上的潜能。过去，我是美国梦、小资和中产阶级的牺牲品。我想要的无非是一段像样的生活，诸如结婚、生子。我相信只要有足够的爱，那些噩梦、幻觉和恶魔就不会来了。我拼命想过上常规的生活，我本身就是在这

样的生活中长大的，而且我丈夫也这么想。可惜，人不可能搭一道白篱笆就把所有噩梦都挡掉。我二十八岁那年，表层破裂了。我得了精神病，老想着把自己杀掉。

《巴黎评论》：精神病爆发后你就开始写作了？

塞克斯顿：也不是这么简单。一开始我对心理医生说："我糟透了，什么都不会。真是个大傻瓜。"于是他就建议我去自学，收看波士顿教育频道。他说我的头脑很好用。其实就是在做完洛夏墨迹测验（Rorschach test）以后，他说我有创造方面的天赋，只是一直没发挥出来。我当时可不这么想，但还是照他说的做了。有一晚，我发现教育台在放瑞恰慈（I.A. Richards）读十四行诗的节目，他读完还对诗的形式作了点评。我心想："这个没准我也可以做，不妨试试。"于是我就坐下来，写了一首十四行诗。第二天我又写了一首，就是这样。我的医生鼓励我多写一点，"别把自己给杀了，"他说，"有一天，也许你的诗对某些人来说会有那么点意义。"这就仿佛给了我目标，一点动机，不管我多么无药可救，总感到生活中还有事可为。

《巴黎评论》：你在那之前不也写过一些小诗吗？

塞克斯顿：我确实写了点——为了生日、纪念日，有时候周末写个感谢信之类。以前，我上高中时写过正儿八经的诗。不过，后来我就没读过大诗人，连小诗人也没接触过了。在那所学校没人教诗歌。我只读过萨拉·提斯代尔（Sara Teasdale），本来我还会读其他的诗人，但高中毕业时我妈妈说我抄袭萨拉·提斯代尔。观念上的某种抄袭……我曾经一连三个月天天写诗，可被她这样一说，我就再也不写了。

《巴黎评论》：没人鼓动你写吗？

塞克斯顿：别人不顶用。我母亲才是我们家呼风唤雨的人。

《巴黎评论》：一开始，诗歌和心理治疗是什么关系？

塞克斯顿：有时候医生会说，我诗里某些地方没把生活结合进去。实际上，我向读者揭示某些东西的时候，会故意让自己对之保持未知。诗歌，从潜意识方面来说，总是比我提前一步。说到底，诗歌是潜意识的流露。潜意识在那里喂养着意象、象征符号、答案和洞见，这一切事先都没有向我显现。在心理治疗时，人有时候会隐藏起来。我举个例子，会有点私密。大概三四年前，我的心理分析师问我，小时候父母做爱时我是什么感觉。我说不出来。但我发现那一瞬间就有了一首诗，于是我自私地保留了这个秘密。两天后，诗写好了，叫《在海边别墅》，讲的就是怎么偷听到那个原初情景①。我在诗里写："在我那松木和弹簧床的监牢里，/ 在我的窗沿上，在我的门把手下，/ 他们显然处于 / 盛大的捆绑中。"这故事的关键就在于"盛大的捆绑"这个意象，我的分析师对此感到很满意，我也是。虽然我不记得在此基础上我们还说了些什么。差不多三周前，他问我："你小时候被打过吗？"我说被打过的，大概九岁的时候。我当时把爸爸送给姐姐的一张五美元撕破了；爸爸就把我带到他的卧室，揿倒在床上，用一根骑马鞭抽我。医生就说，"看吧，这就是盛大的捆绑。"正是通过我自己的意象，我才意识到，那次抽打，其中的性意味是多么浓重，其受虐式的癫狂——真是经典，几乎要成老套了。这例子还是太私密了。不过，不管是诗还是心理治疗，实在都是很私密的。

《巴黎评论》：现在你的诗还像以前一样和心理治疗密切相关吗？

塞克斯顿：不。心理治疗已经是个老主题了——就像《诗人对心理医生说》所展现的理疗过程本身、过去在我身边的人、对父母真实面貌的接受，以及全套哥特化的新英格兰故事。我已经看过八个心理医生了，虽然只有两个算数。我给这两人分别写了首诗——《你，马丁医生》和《残废

---

① 原初场景（Primal scene），心理学专用术语，指被孩子意识到的父母性交事件，弗洛伊德认为，这一事件发生时间的早晚决定了孩子患神经官能症的倾向。

和其他故事》，会说明一些问题。这两首诗写的是两个男人和那奇怪的理疗过程。你也可以说我新写的诗，那些情诗，是我新近态度的产物，是同时意识到可能美好和可能腐朽的事物。那过程本身是自我感觉的重生，每次都剥去一个死去的自我。

《巴黎评论》：许多批评者赞许你在写作童年罪责、父母双亡、精神崩溃和自杀倾向方面的能力。你认为写作人类灵魂的阴暗面需要特殊的勇气吗？

塞克斯顿：那当然，但我不想多加解释。这看上去难道不是不证自明吗？走了一路都是警告声："当心儿童，减速慢行"，"那里很危险"，等着你的都是些骇人的恐怖。

《巴黎评论》：人们说你充满原始野性。你在自己生活的痛苦经验中挖得那么深，对你来说很自然吗？

塞克斯顿：会有一部分的我觉得害怕，但勇猛的那一部分驱我前行。不过，有一部分的我始终会被眼前正在做的事情吓住。左手挖出些不干净的，右手用沙埋掉。不管怎样，我始终向前。我现在知道得更多。有时候，我觉得我是一个研究自己的报告员。没错，这需要一定的勇气，但写作的人就得抓住机会当个傻瓜……对，当个傻瓜，这也许是最需要勇气的事。

《巴黎评论》：当你开始写作了，有没有去上过课，恶补一下技巧？

塞克斯顿：大概写了三个月后，我不自量力地去参加波士顿成人教育中心举办的诗歌课，是约翰·霍姆斯（John Holmes）教的。我是半路参加，非常害羞，写得一手差诗，诚惶诚恐地交上去，让班里其余的十八个人品评。那个课程的至关重要之处在于，它使我有一种归属感。我第一次病倒并变成一个格格不入的人后，觉得自己挺孤单，但等我到了精神病院，就发现情况大变，那里有许多和我一样的人。这让我觉得好受些——

更真实、理智。我觉得，"他们是自己人"。然而，约翰·霍姆斯的课我上了两年，我发现自己原来属于诗人，我在那儿特别真实，就又一次感叹，"他们是自己人"。我在那儿还认识了玛可欣·库敏（Maxine Kumin），一个诗人和小说家。她是我最亲密的朋友。她是我的"超我"，我的姐姐，也是我书桌旁的友伴。这很奇怪，我们俩差别很大。她非常保守，而我却渴望鲜艳夺目。她是个知识分子，而我却看上去充满原始野性。我们的诗歌亦然。

《巴黎评论》： 有一次你告诉我，"每隔一行诗我就要打电话给玛可欣·库明"，这是不是有点夸张？

塞克斯顿： 是。但我确实每一稿都要打给她。当然，也有很多诗作和她毫无干系。我还在写第一本诗集的时候，和她还没有熟到可以这么频繁地通电话。到后来，当她不赞成诸如《骑你的驴逃吧》这样的诗时——那首诗花了四年才写成——我就完全靠自己了。不过有一次，全靠她拯救了一首诗——《残废和其他故事》。

《巴黎评论》： 一开始，你的亲戚们对你诗里刺耳的家庭秘闻，是如何应对的？

塞克斯顿： 我尽量不让他们看我的诗。我知道我母亲有次偷偷溜进来，在书桌上读了《复影》，那时它还没有发表。她去世前告诉我她喜欢那首诗，这简直让我免去许多徒增的歉疚感。我丈夫也喜欢那首诗。一般我拿诗给他看的时候——这种事我尽量避免——他会说，"我不觉得这首诗有多好"，就是这么给我泼冷水的。我一般不做这种事。我的公公婆婆对诗歌不抱任何好感。我的孩子们倒是喜欢——有点痛苦，但她们喜欢。

《巴黎评论》： 在你的诗里，许多家庭秘闻都被曝光了——你父亲的酗酒问题，你母亲对你自杀的无计可施，还有你穿电击束缚衣的姑婆。你有没有特别的规矩，有些人可以写，有些人就不行？

塞克斯顿：我不会去写那些伤人的东西。它们也许会伤害死者，但死者已经属于我了。他们只是非常偶然地回个嘴。但，比方说，我就从不写我丈夫或他的家庭，尽管那里有不少好的素材。

《巴黎评论》：那霍姆斯和你的同学们呢，他们又是怎么说的？

塞克斯顿：在上课的那几年，约翰·霍姆斯一直视我为怪物，嘱咐玛可欣离我远点儿。他认为我不该写关于疯人院那么隐私的诗。他说："那不是诗歌该写的主题。"我认识的人中没有一个支持我的，就连我的医生那时候也不置可否。我踽踽独行。我试着听从他们的意见。我试着写一些他们会写的诗，尤其会按照玛可欣的路子来，但总写不成功。到最后仍是我自己的声音。

《巴黎评论》：你曾说过："如果一定要说有什么作品影响了我，那就是斯诺德格拉斯（W.D.Snodgrass）的《心针》。"对此你有什么想说的吗？

塞克斯顿：如果他敢写，那我为什么不敢。他写的关于失去爱女的诗歌，使我回溯自己的过去时得以正视某些真相。我也失去过一个女儿，我失去她是因为当时我病得太严重，没法照看她。当我读了《心针》，我急忙赶到我婆婆那儿把女儿接回了家。这是诗歌该做的事——让人行动起来。没错，我那时没能照看我的女儿——我还没准备好。但我慢慢在做准备。我假借别人的口气写了一首诗，就是关于这一点的，叫《产院病房的未名女孩》，就是关于失去的痛苦。

《巴黎评论》：你见过斯诺德格拉斯吗？

塞克斯顿：见过啊。我最初是在《英美新诗人》上读到了《心针》。那时我的《疯人院，去而难返》已经写了四分之三，然后我踏上了一段朝圣之路，去安提俄克大学参加作家营，去见他也向他学点东西。他是个令人惊异的人，令人惊异的谦卑。他鼓励我，也欣赏我当时在做的事。他是第一个喜欢我作品的知名诗人，我于是有了动力写得再狠点儿，也放任自己，大胆地把整个故事和盘托出。与此同时他还推荐我去上罗伯特·洛威尔（Robert Lowell）的课。所以我就给洛威尔先生寄去一些我写的诗，想知道自己能否去他的班里上课。那时候我已经有不少诗作在诸如《纽约客》这样的杂志上发表了。不管怎么说，那些诗对于洛威尔来说已经蛮够格的了，我就加入了他的课堂。

《巴黎评论》：你交给洛威尔的是哪些诗？

塞克斯顿：我记得是一些关于精神病的诗——《你，马丁医生》，《歌声向我游回》……在那本诗集里抽了十到十五首吧。

《巴黎评论》：这是在洛威尔的《生活研究》出版前还是出版后？

塞克斯顿：在那之前。我给他寄诗是在夏天；第二年春天，《生活研究》才出来。人人都说我是受到了洛威尔的影响才专注于揭示精神病的主题，但实际上在《生活研究》发表之前，我就在写《疯人院，去而难返》了，那是关于我自己的精神病。在洛威尔先生创作《生活研究》之际，我就把那些诗歌给他看了。说不定我还影响了他呢。我从来没问过他。但这也不足为奇。

《巴黎评论》：那么你的第一部诗集《疯人院，去而难返》是什么时候出版的？

塞克斯顿：那年一月交的稿；我记得好像过了一年半载才正式出版。

《巴黎评论》：那时候洛威尔上课是在哪里？

塞克斯顿：那个班是在每周二下午两点到四点，在波士顿大学一个阴冷的教室。大概由二十多个学生组成。十七个研究生，两个家庭主妇，也是研究生，还有一个从麻省理工溜过来上课的男孩子。我是那个班上唯一一个没读过《威利老爷的城堡》的人。

《巴黎评论》：那洛威尔呢？他给你的印象如何？

塞克斯顿：他挺正式的，有一股别扭的新英格兰气。他读起学生的诗来，声音轻缓。一开始我总耐不住性子，受不了他那种慢吞吞、一行也不肯放过的朗诵。他会先读一行诗，然后停下来，花很长时间去讨论。但我喜欢一口气读完全诗，再回过头来细看。我看不出来这有什么好处，拖拖拉拉直到兴趣尽失，哪怕你自己的诗歌也是一样，特别是你自己的诗歌更是如此。那会儿我还给斯诺德格拉斯写信倾诉我的不满，他是这样回复的："说句实话，他说的每个字我都是俯首称臣的，他教给我的东西比整个学校教的还多。"于是我就不响了，斯诺德格拉斯是对的。罗伯特·洛威尔的教学凭的是直觉，非常开放。他读完一首学生的诗后，会再去读一首经由前一首启发的诗。比较对照让人受伤。他就那样拿着一把冰冷的凿子，比牙医还要无情。他去掉龋齿，不过，他对诗毫不留情，对诗人还是非常友好的。

《巴黎评论》：在你把《疯人院，去而难返》交给出版社之前，有没有就这部诗集向罗伯特·洛威尔请教过？

塞克斯顿：有。我把诗稿给他看，看作为一部诗集是不是够格了。他看到整个作品后很激动，但还是建议我去掉里面的一半诗篇，再补充个十五首左右，要写得更好。他指出那些比较弱的，我觉得有道理，就把它们拿掉了。我就像是，如他所言，"在他放置的栏架上跨越飞奔"。究竟由谁来放置栏架，这还真是至关重要。他指明了赛道，表现得就好像我是一匹优秀的赛马，我只管跑就好了。

《巴黎评论》：在一个教写作的课堂里，老师究竟能给学生什么？

塞克斯顿：勇气，绝对的。那是最重要的因素。然后，以一种非常平实的方式，洛威尔使我由音乐化的习语短句转而去寻求直率的日常语言。洛威尔对意象和声音的展示从来不感兴趣——那些是诗人与生俱来的东西。如果你有足够多的自然意象，他会告诉你怎么把它们嵌入诗中。他教我的不是该把什么放进诗里，而是该把什么从诗里剔除。他教我的是品位——也许那是一个诗人唯一能学的东西。

《巴黎评论》：西尔维娅·普拉斯也是洛威尔班上的，是吧？

塞克斯顿：没错。她和乔治·斯达巴克（George Starbuck）听说我在旁听洛威尔的课。他们有点加入我的意思，一起上了第二学期的课。每次下课后，我们就钻进我那辆老福特车的前排，横冲直撞开到丽兹酒店。我总是把车胡乱停在"卸货区"。下车后，我们一人挽着乔治的一条胳膊钻进丽兹酒店，喝它个三四杯马提尼。对此，乔治还在他的第一本诗集《骨头之思》里提过一句呢。从丽兹出来后，我们去沃道尔夫餐厅，把最后几分钱花得精光——七十美分的晚餐——乔治并不急着回去。他刚和太太分居；西尔维娅的特德也忙得自顾不暇；而我也得在城里待到七点，才去和我的心理医生见面……有意思的三个人。

《巴黎评论》：在西尔维娅·普拉斯的最后一部诗集里，也就是她自杀前写的那部，她完全浸淫在死亡的主题中，就像你在《生或死》中所做的差不多。你们在丽兹喝酒的时候有没有讨论过死亡和自杀？

塞克斯顿：常常讨论，非常频繁，我和西尔维娅会不知疲倦地谈论我们的第一次自杀，谈得很是详细、深入——一边还就着免费的薯条。实际上，自杀是诗歌的对立面。我和西尔维娅就常常讨论对立面。我们说起死亡来，是全神贯注的，两个人都像飞蛾扑火一样。她说起她的第一次自杀，不厌其详，她的小说《钟形罩》讲的就是这事。奇怪的是我们这种自我中心竟然没有败坏乔治的兴致；恰恰相反，我认为我们仨都受到激励——连乔治也是——就好像那时候死亡使我们中的每个人都更加真实了一点。

《巴黎评论》：在英国广播公司做的访谈节目中，普拉斯曾说："我最近非常迷醉于，应该是由洛威尔《生活研究》带来的突破……这强劲的突破趋向严肃的、个人的情感经验，趋向在我看来曾属于禁忌的领地。我特别想谈谈女诗人安妮·塞克斯顿，她同样写自己作为母亲的体验，这个曾经神经崩溃的母亲，也是极度情绪化、感性的年轻女性。她的诗非常讲究技巧，同时却有一种情绪化和心理学的深度，这使我觉得非常新鲜、刺激。"你也同意是你影响了她吗？

塞克斯顿：也许吧。我的确给了她一些勇气，但这也是她应当说出的全部了。我记得在她的第一部诗集《巨像》出版后，我寄了一封信去英国，说了类似这样的话："如果你不小心点，西尔维娅，你就会变得比罗斯科（Rotheke）还罗斯科。"她的回答不出所料。但或许她把影响埋得很深，比我们任何人能想得到的还要深，如果事实正是如此，我会说："祝她好运！"她的诗自成一体。我没必要在其中找到亲缘关系：我不喜欢这么干。

《巴黎评论》：那么西尔维娅·普拉斯是否影响了你？

塞克斯顿：我对她的第一部诗集毫无兴趣。当时我在做自己的事。但她死后，随着《爱丽儿》的出版，我想我是受了些影响，这一点可以直说。在某种意义上，它勇气可嘉。她敢做不同的事。她敢写憎恨诗，而这是我从来不敢的。哪怕是在生活当中，我也不太敢表达愤怒。也许《残废和其他故事》可算作一首憎恨诗，但《爸爸》这样的诗仍然是绝无仅有的。其中有一些傲慢无礼的成分，比如"爸爸，你这杂种，我搞定了。"我觉得我的诗《成瘾者》有点她的语言节奏。她的语言节奏非常开放，我在这方面相对欠缺。

《巴黎评论》：你曾说："我认为第二部诗集缺乏第一部诗集的冲击力和诚实感，创作后者时我是那样生猛，一无所知。"可否谈一下你由第二部诗集朝向第三部，甚至第四部的发展过程？

塞克斯顿：是这样，第一部诗集，呈现的是发疯的体验；第二部，发疯的原因；第三部，我终于发现，我想在生和死之间做个决断。写第三部诗集时我又敢于做个傻瓜了——生猛的、也就是洛威尔所说的"未经雕琢"，还带着我的保护色。到了第四部诗集，我不单单体验过了，一路来到了现场，而且还爱过了，它有时候就像神迹。

《巴黎评论》：技术上又有哪些进展？

塞克斯顿：《疯人院》的大多数诗歌，形式都非常严谨，我觉得那样对表达更有利。建构诗节、诗行，使它们成为一个整体，到最后得出一些结论，留下一点震惊，一种双韵式的震惊，这些都使我觉得乐趣无穷，现在我也以此为乐，但写《疯人院》时乐趣更甚。我的第二部诗集《所有我亲爱的人》，形式上要放松一些，最后一部分甚至毫无形式可言。我发现抛开形式以后所达至的自由是惊人的，而形式以前都像我的"超我"在运作。第三部诗集形式就更松散了。《情诗》里有一首长诗，十八节，全都按照一定的形式来写，也让我很享受。除此之外，基本上整部诗集用的都是自由体，那时候我觉得用不用韵都挺好，还是由具体诗歌说了算。

《巴黎评论》：有没有什么诗使你觉得必须用严格的韵律、而不能以自由体去写？

塞克斯顿：也许是关于发疯的诗吧。我注意到罗伯特·洛威尔写精神病主题时用自由律体发挥得更好，但我恰恰相反。只有当我把框架设置到无以复加的地步我才能获得表达的自由。但是在《生或死》中，我的《骑你的驴逃吧》就没有什么形式框构，我发现我用自由体也一样自如。也许这是因为在诗人之余，我作为一个人，有了些长进，并对自己有了更好的理解。

《巴黎评论》：《生或死》整部诗集具有一种强大的结构张力——也许是因为一系列的诗歌使向生的愿望与向死的冲动处于对立。你是刻意这么安排的吗？洛伊丝·埃姆斯（Lois Ames）认为你始终想多写一点"生之诗"，因为"死之诗"在数量上远远超过了前者。

塞克斯顿： 我没有以任何方式安排过诗集。一九六二年一月，我开始策划新的诗歌，大家都是这么干的，一部诗集完成了，就等着下一部。我也不知道它们将何去何从。那段时间，我一边写些新诗，一边开始重读索尔·贝娄的《雨王亨德森》。我在那之前的一年就认识了索尔·贝娄，那段时间我行李箱里装着《雨王亨德森》到处旅行。突然间在鸡尾酒会上就碰上了他本人，因而激动万分。我叫着："噢，噢，你就是索尔·贝娄，我可早就想见您了。"然后他从那个房间跑走了。非常怕我。我为我的兴高采烈感到尴尬，然后一年之后，当我凌晨三点钟起来，再去读《雨王亨德森》时，我就给索尔·贝娄写了一封粉丝信，讨论亨德森是一位绝望之魔，而我理解他的处境，因为他毁了生活，驱散了青蛙，把什么都搞得乱七八糟。我开车把信连夜投到信箱。隔天早上，我又写了一封道歉信过去。索尔·贝娄在一张稿纸背后给我回了信。他对我说："碰巧我眼下正在写的书（《赫索格》）里，有一段文字可以送给你。你的两封信都已收悉——一封好信写于凌晨三点，另一封是隔天写的忏悔信。人在一番妙语连珠过后，总会被一种抱歉、抱歉的感觉占据。'绝望之魔'完全可以作为《亨德森》的副标题。"他圈出来的那段文字如下："他胸中持存着一股气，他试图战胜他那孤独生活所带来的悲伤。你这傻瓜，别哭了，生或死，不去毒化一切就好。"他就是这样，通过圈出这段文字并把它们寄给我，而向我传达了重要的启示。也就是说我不想毒害这世界，不想当刽子手；我想成为一个给予生命的人，鼓励事物生长开花，而不是一个下毒者。于是我把这封信贴在我的书桌上，它慢慢变成一个隐秘的启示。你不清楚这些启示对你而言意味着什么，你只是把它们贴在桌子上记下来或把它们抄下来夹在钱包里。有天我在读兰波的诗，他写道："安妮，安妮，骑你的驴逃吧"，我就把这句话用打字机敲出来，因为里面提到了我的名字，也因为我正想着要逃。我把它放在我的钱包里，去见心理医生，那段时间还被送进医院，已经是第七次还是第八次了。在医院，我开始写《骑你的驴逃吧》，这启示似乎来得正是时候。嗯，贝娄新书里的那段引文确实来得恰逢其时。它一直待在我的书桌上，去欧洲旅行时，我就把它贴到诗稿的首页。我再也没有拿下来过，就让它成为我这部诗集的题献。某天我突然意识到，"生或死"作为我眼下这部诗集的题目，再好不过了。这就是我要说的事，这就是所有诗歌要说的事。你说这其中有张力和结构，事实上只是潜意识里的张力和结构，我在写的时候对眼下发生的事并无意识。

《巴黎评论》：一旦定下了这部诗集的题目，你有没有数过《生之诗》和《死之诗》分别有几首，并通过补写来达到平衡？

塞克斯顿：没有没有，没有这回事。你不可能为了达到平衡而去写一首诗。那之后我写了《小女孩，我的长豇豆，我的小美女》。然后我又写了一出戏剧。接着是《一首不太复杂的小赞美诗》，还有另外一些诗歌。有的诗负面，有的诗正面。那时我已经知道我要做成一部诗集了。事实上诗歌的数量已经超出一部诗集的所需，但我知道我并没有解决生还是死的问题。我那时还没写《活着》，当时还因为那首诗没出现而感到郁闷呢。不过《残废和其他故事》啊，《成瘾者》啊，都慢慢写出来了，而我知道光有这些还不够，我还没走完一个周期，还没给出一个理由。但我始终无从下手，直到有一天我们家的狗怀崽了。我本该把小狗崽都给灭掉的。但我让它们活下来了，我意识到如果我让它们活下来则我也让自己活下来了。到头来我就不是一个杀手，那毒药就是没起作用。

《巴黎评论》：你获得了美国艺术与文学院旅行奖学金，得以游历欧洲，但今天我们见到的诗歌当中，却不太有关于你的欧洲之旅的诗，这是为什么？

塞克斯顿：首先，诗歌并不是可以寄回家去的明信片。第二，我去欧洲有资助的原因，但也是有私心的。我的姑婆，我童年的闺蜜，曾在欧洲待过三年，给家里寄了许多信。我曾经在一首诗里写过，就是《一些国外的来信》。当我出发去欧洲时，我把这些信也带上了，我打算走她走过的路，去她去过的地方，把她的生活再生活一遍，然后给她写些回信。我倒真写了两首关于欧洲的诗，都提及了这些信件。一首叫《跨越大西洋》，我说我读过外婆的信，读过妈妈的信，我像狄更斯那样吞下其中的词语，回想起狄更斯在美国游历时所写的日志。另一首诗，《走在巴黎》，写的就是关于我的姑婆，写她如何一天徒步十四或十五英里，然后我称她为嬢嬢（nana）。有些批评家以为我说的是左拉的"娜娜"，但我的"嬢嬢"并没有超出她在《彼得·潘》中的语境。然而，那些信在比利时被偷走了。当我在布鲁塞尔失了这些信件，我去那儿写的这一类诗也就戛然而止了。

《巴黎评论》：你本来去国外要待一年的，可你只去了两个月。关于这一点你有什么想说的吗？

塞克斯顿：是两个半月。我在那里生病了；我的自我感觉丢失了。我有了一个，用我心理医生的话说，"一个漏气的自我"，所以我不得不回家。我在医院待了一阵，然后恢复平常。我必须得回家，好让我的丈夫、我的理疗师和我的孩子们来告诉我我究竟是谁。我还记得我和伊丽莎白·哈德维克（Elizabeth Hardwick）打电话，说："噢，我太惭愧了。没有我先生我就活不下去。这是很可怕的，真的，一个现代女性应当独当一面。"她的原话可能不是这样，也许我是想听什么就记住了什么，总之她这样对我说："要是我离开丈夫一个人待在巴黎，我一定只会成天躲在酒店房间呢。"然后我说，"那，想想玛丽·麦卡锡（Mary McCarthy）吧。她一生中没有一天离得开男人的。"

《巴黎评论》：从一九六四年到一九六五年，你获得福特基金资助并在波士顿查尔斯剧院做驻院作家。对于最终要登上舞台的作品，你抱有什么想法？

塞克斯顿：我太喜欢了！我曾经在起居室走来走去，大声说出那些台词，对于在舞台上四处走动，他们是怎么说的来着……"走台"来把戏给排演出来。

《巴黎评论》：《仁慈街》在那里上演过吗？

塞克斯顿：在查尔斯剧院期间，很少有戏剧能够真的上演。那地方太忙了。时不时地，他们会为我把某几个场景演出来，然后我会相应地作些修改，并投进导演的专线邮箱。第二天他就会叫我过去，说："这不对劲。"然后我就继续改，晚上又发给他，第二天他再回复，如此往复。我发现这出剧中有一个角色是多余的，因为他们演出的时候，导演从头到尾没让那人开口。我意识到这段台词也毫无必要，所以干脆就把那角色给删了。

《巴黎评论》：你觉不觉得你的诗歌和剧作在主题上有一定的重合？你的剧作是诗歌的延伸吗？

塞克斯顿：是的，毫无疑问。那出戏是关于一个女孩子在她的心理医生和神父之间来回徘徊。神父就是我删掉的那个角色，我发现其实她和神父之间没什么话好说的。剧作写的就是我的诗所写过的一切主题——我的母亲，我的姑婆，我的父亲，一个想要自杀的女孩子。也提及她的丈夫，但不多。这出戏的确是一出道德戏。第二幕是死后发生的。

《巴黎评论》：你的很多诗都充满戏剧化的叙事。因为你习惯并善于把握情节，对你来说，从写诗转变为场景叙事，称得上轻松自如吧？

塞克斯顿：我没觉得这是种转变。两种文体都是写主人公如何面对自己，面对命运。我没觉得我在写场景，我只是在写人而已。换个语境来说——我当时帮玛可欣·库明——给她的小说提点意见，我就告诉她："去他妈的结构，只要合时宜地抓住你的角色就好。"我们每个人都处在自己的时间轴里；我们出生，活着，然后死去。她当时想东想西的，然后我就告诉她要进到她角色的生命里去——她最后总算做到了。

《巴黎评论》：你在一九六七年因为《生或死》而获得普利策文学奖的时候，是什么感觉？

塞克斯顿：我当然是由衷地感到高兴。那时我过得不太顺利。我的髋骨骨折了，正在恢复中，一瘸一拐的，但还能走两步。获奖后，我获得了更大的动力，还想多写点诗。在其后的几个月里，我成功地写了一首诗《没有你的十八日》——用了十四天工夫，一首由十八个部分组成的诗。我因普利策赐予我的认知度而受到激励，但我也很清楚，这也没什么大不了的。毕竟，他们每年都把一个普利策奖颁给一个人，我只是这份长长的表单中的一个。

《巴黎评论》：你写诗是一次性写很多还是照着写作计划按部就班？

塞克斯顿：嗯，我对我的产量非常不满意。我的第一部诗集——尽管用了三年时间才完成——却只在一年之内就写好了。有时候两周就能写十首。我以那种速度创作的时候，感觉特别好，卓有成效。而现在我感到非常不满意，我写诗写得太慢了，它们来得太慢了。它们来了，我就写下来，不来我就不写。自然没有什么写作计划可言，无非是当一首诗来临时，诗人必须严格自律，时刻准备上紧肌肉。也就是说，它们喷涌而出，而你得把任何其他的事置之度外。理论上不管什么事都得放下，除非你的丈夫得了双侧肺炎，或你的孩子摔断了腿。否则，你就得一刻不停地坐在打字机前，直到非睡不可。

《巴黎评论》：你作为母亲和妻子的责任是否干扰到了你的写作？

塞克斯顿：嗯，孩子还小的时候，她们一天到晚都在干扰。是由于我的强硬态度才得以度过那段时期，你想，两个小女孩会叫"妈妈，妈妈"，而我在那里正试图寻找意象，构思一首诗。现在我的孩子们长大多了，懂得轻轻在我身边绕开，并说："嘘，妈妈在写诗呢。"然而，当我写《没有你的十八日》时——诗集《情诗》里的最后一首——我丈夫对我说："我受不了了，你把我一个人撂在那儿，也太久了。"那首诗本来叫《没有你的二十一日》，结果就是因为他破坏了我的灵感，只好变成《没有你的十八日》；他要求我回到他的生活中，而我很难拒绝。

《巴黎评论》：写作的时候，诗歌的什么地方最使你刺痛？

塞克斯顿：有时候是标点符号。标点会改变整个意义，而我的生活里到处是句点和破折号。于是乎，我得让编辑帮我写标点。也许，还有节奏。最初我在这方面花费的精力是最多的——也就是感觉，诗歌的语音，它何以贯穿，何以向读者传递，何以向我自己传递。意象大概是诗歌中最重要的部分。首先，你要讲个故事，而支撑故事并直抵核心的正是意象——但我在意象方面倒无需太花工夫——它们总归会来的——如果还没来的话。我甚至不是在写诗，那没意义。所以我在节奏方面最花心思，因为每首诗都该有它自己的节奏、自己的结构。每首诗都有它自己的生命，都各不相同。

《巴黎评论》：你是如何把握诗句长度的？与它们在页面上是否好看有关呢，还是和一句诗中规定了多少节拍有关？

塞克斯顿：取决于它们在页面上美观与否。我可不在乎一句诗里有多少节拍，除非我想要并且需要它们。当你需要的时候你可以用点技巧。写作时用点韵律和节奏感是很容易的事情——如今人人都做得到；人人在这方面都技艺娴熟。关键是，难的是，能找到一首诗的真实声音，让每一首诗都变得个体化，为它打上你自己声音的印记，与此同时让它独具一格。

《巴黎评论》：你会不会说"啊，我已经在另一首诗里探讨过这一点了"，然后因此而舍弃一首诗？

塞克斯顿：不会的，或许我总想通过新的方式来再次探讨……我也许会有新的感悟、新的发现。最近我在《骑你的驴逃吧》中，发现了一些我曾在《疯人院，去而难返》中用过的素材，但当时我未能从中得到领悟，它们太丑陋不堪了。我那时逃开去了。但这次就很生猛，也很丑陋，我以我的疯狂浸淫其中。它就像一张纠缠不清的网，现在我以最真的方式将它展现出来。

《巴黎评论》：你会大量修改吗？

塞克斯顿：持续不断地。

《巴黎评论》：你要展开写作时会有什么特别的仪式吗？

塞克斯顿：如果我觉得有诗要来了，我可能，会放一张唱片，有时候是维拉-罗伯斯（Heitor Villa-Lobos）的《巴西的巴赫风格》。我靠着它写作有三四年了。它是我的保护神。

《巴黎评论》：一天当中有没有什么特殊的时间段或特殊的情绪，特别有利于写作？

塞克斯顿：没有。当一首诗快要来了，当你有了强烈的意识，意识到有一首诗埋在那里，破土而出，你就会做好准备。我到处跑，你知道，差不多在房间里蹦蹦跳跳，兴高采烈的。就好像我能飞起来一样，我全力以赴直到说出真相——用力地说出来。然后我在桌子边坐下来，进一步同它磨合。

《巴黎评论》：你写作时，究竟是一种什么感觉？

塞克斯顿：嗯，那是一种很美好的感觉，尽管它很伤神。当我写作时，我知道自己在做天生该做的事。

《巴黎评论》：你在决定一个意象能否在诗中保留的时候，有什么可依照的标准吗？

塞克斯顿：完全是无意识的作用。但愿它不会让我出错。

《巴黎评论》：你曾说过，"当我专心致志在一首诗上，我追寻真实……那也许是诗性真实，而不一定是既成的真实。"你能就这一点谈谈吗？

塞克斯顿：我的许多诗都是真实的，每行都是。这些诗对事实作些修改，形成的故事成为其中的核心。在《复影》中，就是那首关于我母亲得癌症死去而我失去了女儿的诗歌，我没说我还有另一个女儿。每首诗有它自己的真实。另外，在那首诗里，我只说我不得不住院两次，而事实上，在所提及的那段时间内，我一共住了五次。当然，诗性真实不一定是自传性的。这种真实超越了经验自我，是另一重人生。我并不是每次都强求和事实一模一样；如果有需要我就虚构。具体的事例使人信服。我想要让读者觉得："是的，是的，就是这样。"我想要让他们觉得仿佛摸到了我一样。为了一首诗的效果，我不惜修改任何一个词、态度、意象或人格角色。就像叶芝所言："我历经许多生命，曾沦为奴，也曾贵为王。我挚爱之人曾坐于我膝上，我也曾坐于我爱人们的膝上。任何行过之事当再行一遍。"

《巴黎评论》：叶芝是在说轮回重生。

塞克斯顿：我也一样。听上去有点疯狂，但我的确相信我是许多人。当我写诗的时候，我就觉得我是那个本该写它的人。很多时候我化为不同的人，我就像一个小说家会做的那样全力以赴。有时候我成了别人，当我这么做的时候，我坚信，即便那一刻我没在写诗，我也是那个另外的人。当我写农夫妻子的时候，我在头脑里就住到了伊利诺伊州。当我有了一个私生子，我就抚养他——在脑袋里——然后把它退回去，换回了生活。当我把情人还给他的妻子时，在头脑中，我因此伤透了心并意识到我过去是多么无足轻重，虚无缥缈。当我成为基督，我就觉得自己是基督。我的两手臂好痛，想要把它们在十字架上收拢，想得多么绝望。当我被人从十字架上抬下来准备活埋时，我想方设法寻求出路；我希望那是一些基督教教义上的出路。

《巴黎评论》：是什么促发你写了《在那深深的博物馆》？那首诗写的是，如果基督仍活在他的墓穴中，他会有什么样的感受。首先，你怎么想到要处理这样的题材？

塞克斯顿：我也不清楚。我想可能就是无意识使然。我觉得我有过这样一种感觉，基督对我说话并让我把这故事写下来……那个他没能写下的故事。我对自己说，这该是最糟糕的死亡。我曾那样深信不疑的十字架、殉难，几乎都成了陈词滥调，而另一方面，他出于爱的原因或许不得不去追寻另一场更为谦卑的死亡，因为他身上最关键的是爱——而不是死。

《巴黎评论》：你是一个有信仰的无神论者吗？你的诗歌如《等分》和《对贪婪者待以仁慈》都暗示了你愿意信仰，事实上是努力去信仰，但就是无法信仰。

塞克斯顿：是的，我同自己的直觉作斗争。我身上有一个硬核的部分是相信的，但还住着一个小批评家什么都不信。有人认为我是个不再遵守规矩的天主教徒。

《巴黎评论》：你小时候受了哪方面的宗教熏染？

塞克斯顿：半桶水的清教。我姑婆家有浓厚的清教背景，她爸爸是个要求严苛的父权家长，有十二个孩子。他经常游历欧洲，每次他带回一些裸体雕塑时，他的牧师就来警告说："你要是不把那些裸体雕塑处理掉，就别想来教堂。"于是他说："好吧，那我就再也不去了。"每个星期天他给他的十二个孩子讲《圣经》，他们必须正襟危坐。后来，他真的再也没去过教堂。

《巴黎评论》：你那些宗教诗的灵感从何而来？

塞克斯顿：我发现有了孩子以后，对于她们提出的性方面的问题，我总能应答自如。但关于上帝和死亡的问题，我却无能为力。直到今天我自己也觉得没能解决。

《巴黎评论》：你是说你孩子问的一些问题激发了那些诗——这听上去

好像不大对劲。

塞克斯顿：不是的。我身上会有灵视降临——有时候是非常宗教性的灵视——关于上帝，关于基督，关于圣徒们，对我而言，他们几乎触手可及……他们就是我的一部分。就像"任何行过之事当再行一遍"。这是轮回重生，用另一个人的声音说话……否则就与魔鬼为伍。如果你想知道具体的，那我告诉你，每年六月的树叶都会和我说话。

《巴黎评论》：你的灵视会持续多久？它们是什么样的？

塞克斯顿：那怎么说得清楚。它们有时是六个月，有时六分钟，或六个钟头。当灵视过后，我觉得跟事物的关系更亲密了。某种程度上，这有点像要开始写一首诗的时候；整个世界非常清晰，而且界定明确，而我的存活感是如此强烈，就好像整个人充满了电。

《巴黎评论》：你有这种感觉的时候，有没有试着同别人讲过？

塞克斯顿：唯有通过诗歌来讲，没有用过别的方式。我不喜欢和人讲这个，这也是为什么我现在其实很不自在。

《巴黎评论》：宗教性的灵视和你发病时的灵视，真有什么不同吗？

塞克斯顿：有时候当你发病时，这种灵视——我其实不管它们叫灵视——当你发病时，它们是愚蠢而不得其所的，然而如果是所谓的神秘体验，你会让一切都适得其所。我从来没有向人说起过我的宗教体验，不管是对心理医生、朋友、牧师还是任何人。这件事我没想告诉别人——现在说出来还是很难，我想就此打住，如果你可以的话。

《巴黎评论》：像《等分》这样的诗直接关涉你母亲的死。是不是因为眼睁睁看着亲近的人因癌症而消逝，这种难以忍受的痛苦逼着你转向对上帝的信仰，或寻找宗教慰藉？

塞克斯顿：是的，我觉得是。将死之人实际上是被摇啊摇，离我们越来越远，最后被裹进死亡里，那个永恒之所。这时候人就会去寻找答案，就会遇到恶魔和灵视。然后人就会碰见上帝，我不是指那个清教意义上的伟大好人，而是那殉道的圣徒，那被钉死的人。

《巴黎评论》：你是说当你面对终极问题，如死亡的时候，你也就得到了慰藉？尽管这慰藉因为宗教的神话传说而打了折扣？

塞克斯顿：神话和传说都不能安抚我，安抚我的是，我和——用你的话说——传说中的英雄人物的那种心心相印，是我和基督的亲近。在一首关于圣母马利亚的诗《为精神病年而作》中，我认为我当时是在同马利亚对话，嘴对嘴地；那几乎是身体性的……我的很多诗都是这样。我变成那个人了。

《巴黎评论》：那么，有没有真的发生过，比如你认识的人死了，你就有了一次灵视？

塞克斯顿：没有。这大概还是发疯导致的。

《巴黎评论》：你精神病发作的时候，是不是对生活看得更清晰？

塞克斯顿：没错。

《巴黎评论》：你认为这是什么原因？

塞克斯顿：纯粹的天赋。

《巴黎评论》：我刚才问过，你是不是一个有信仰的无神论者。那么，当死亡真的发生了，你会不会从不信仰的这边被推到信仰的那边去？

塞克斯顿：会有一会儿，但不是非得因为死亡才会发生。生活中——你自己的生活中——也会有一些轻度的死亡，而在那时，你就会和奇怪的东西对接上，一些超验的东西。

《巴黎评论》：你收到过很多来自耶稣会士和其他神职人员的粉丝信。有没有人把你写的东西视为渎神？

塞克斯顿：没有。他们觉得我的作品富于宗教性。他们把我的诗带到团体活动上去读，也带到课堂上去教。

《巴黎评论》：为什么你觉得大多数批评家都忽视了你诗歌中由宗教体验所导致的张力？

塞克斯顿：我觉得他们只看到最显而易见的东西，就止步不前了。他们被外在的东西给震慑住了，而我觉得将来人们更会被我的那些神秘诗，而不是所谓的自白诗所震慑。

《巴黎评论》：或许在将来，你的批评家们会把你在自白诗里所呈现的不幸，同你在宗教诗里所展现的不幸者作相应的联系。

塞克斯顿：你总结得再对不过了。谢谢你说了出来。那衣衫破旧的基督，那个不幸者，演绎了最伟大的自白，我的意思是，用身体而作的自白。而我试着用词语进行自白。

《巴黎评论》：你的很多诗歌都是关于不幸的回忆。只有少数几首开心的。为什么你更倾向于写痛苦的事？

塞克斯顿：我上一部诗集就并非如此，它写的是欢愉。我想我总是在处理不幸的主题，恰恰是因为我的生活就是这样。如果我的生活不这样，那我就是编出来的。

《巴黎评论》：当然是有开心的瞬间啦，哪怕痛苦也伴随着喜悦与欣快。

塞克斯顿：痛苦的记忆来得更深刻。

《巴黎评论》：有没有什么诗是你不愿意在公开场合朗读的？

塞克斯顿：没有。事实上，我和我的组合还用纳什维尔曲风 ① 把《残废和其他故事》唱出来过呢。

《巴黎评论》：你的组合？

塞克斯顿：它的名字叫"她那种人"——取自我的一首诗。最初我的一个学生把我的诗谱成曲——他是个吉他手，然后我们找了一个风琴手、一个吹长笛的、一个鼓手。我们称自己的音乐为"室内摇滚乐"。我们一起打磨、演出，大概有一年多的时间。这就以全新的方式打开了我的诗作，使它们介入摇滚乐的声音，我的词语由此向声音、那种真正能被听到的声音敞开，从而拥有了一个新的维度。对我来说，以那种方式听到它们令人兴奋。

《巴黎评论》：你喜欢公开读诗吗？

塞克斯顿：那得花费你一生中三星期的时间。在读诗前一个星期，紧张就开始了，然后持续加剧，直到读诗会当晚，那时你身体里的诗人转变成了表演者。读诗简直是要把你掏空，因为这等于是经验的释放，一切重又发生了一遍。我是一个演出自传戏的女演员。然后还有爱……当我和听众之间互相接应；当他们真的与我同在、而缪斯也与我同时，我就是和他们共同达至高潮的。

《巴黎评论》：你能想象在美国，也像在俄国一样，数以万计的粉丝拥向体育场，去听一个诗人表演？

塞克斯顿：也许有天会这样的。不过我们的诗人总归有点不着边际。人们拥向鲍勃·迪伦、珍妮斯·乔普林、甲壳虫乐队——这些人不愧是英语世界的流行诗人。当然我并不担心流不流行的问题；我实在太忙了。

---

① 纳什维尔是美国田纳西州的首府，乡村音乐的策源地，诗人此处用地名代指音乐类型。

《巴黎评论》：一开始你的诗歌是理疗的手段之一，那么现在，写作的动力在哪？

塞克斯顿：我写作是因为我被驱动着——那是我的包袱。虽然说在每一部诗集出版后，我都觉得不会再有了。会觉得到此为止了，再见，再见。

《巴黎评论》：那有什么建议要和年轻诗人说的吗？

塞克斯顿：留意你的批评家的趣旨。要特别。把整个故事讲出来。把耳朵贴在你的灵魂上，用力听。

《巴黎评论》：路易·辛普森（Louis Simpson）评了你的诗歌，说"有一首《四十岁的月经》，成了那根把骆驼压垮的稻草"。是不是只有男性批评家才会对你运用女性的自传经验感到难以容忍？

塞克斯顿：我没有把我的所有批评家都列到一起，然后分门别类。尤其是，我并未关注他们的性别。我诗里讲的是身体的生死循环。女性是靠身体计时的。她们就像钟。她们总是牢牢地贴在地面，倾听小动物的杂音。性是生活中最寻常的组成部分了。事实上，当诺曼·梅勒（Norman Mailer）写他和一个女性肛交的时候，我是有点不舒服。我非常喜欢艾伦·金斯堡，但当他写到丑陋的阴户时，我感觉很恶心。那种事情对我没什么吸引力。所以我也有自己的底线。我对同性恋完全没意见。萨福是那么美。但如果有人厌憎另一个人的身体并某种程度上侵犯了它——那我就会非常介意。

《巴黎评论》：你觉得诗歌的目的是什么？

塞克斯顿：就像卡夫卡说小说："一本书应该像一把斧子，劈开人们心中冰封的大海。"那就是我想要从诗歌中获得的东西。一首诗应该像一把斧子，劈开我们心中冰封的大海。

《巴黎评论》：用卡夫卡的这段话，怎么来看你的新作《情诗》呢？

塞克斯顿：你有没有见过十六岁陷入初恋的少女？劈开冰封大海的斧子已经装在她心里了。或者，你有没有见过一个四十岁上下的女人，一生中从来没有爱过？当她陷入爱情时会发生什么呢？劈开冰封大海的斧子。

《巴黎评论》：有人会问，你怎么就能自顾自地写，完全不管时事热点，比如越战或民权运动等。

塞克斯顿：一个人首先得弄明白自己是谁，才有余力去面对国家问题。我很少写公共事件，这与我私下里的态度没有任何关系。我是个反战人士，也会在请愿书上签名。但我不见得会去参与论战。《火焰轰炸机》——那是首新诗——就是关于无法无天的毁灭的，没有具体到越战；罗伯特·肯尼迪被刺杀的时候，我写了一首关于暗杀的诗。我写的是人类的情感；我写的是内部发生的事，而不是历史事件。在我的一首情诗里，我说我的情人正把从越南运回的尸体卸下车来。如果那首诗一百年后被人读到，人们一定得去查一查越战的背景。他们一定会把它和韩战或其他什么战争混为一谈。我们都希望这马上成为过去。当然，我也会变。我会把战争的细节当做背景，用来揭示体验，就像我所用的其他一切细节一样行之有效。至于民权运动，我在一首诗里稍稍提及过，但我并不是很投入其中。我觉得这是一个重要的问题。我觉得我的很多诗，其中的个体，他们一无所有、只能当奴隶，他们喊着"要自由"、"要权利"，这些诗都是关于作为黑人的人类经验的。黑人的情感也可以是白人的情感。这是国家的危机，也是个体的危机。我觉得我从来就是在写黑人的诗，只不过带着白人的面罩而已。我一直都是受害者……但以后不再是了。

（原载《巴黎评论》第五十二期，一九七一年夏季号）

菲利普·拉金

阿九 / 译

"气质上和地理上都很疏离，"《泰晤士报文学副刊》这样评论拉金，"他几乎拒绝了所有请他当评委、做朗诵、写书评、讲课、宣讲的邀请，也不接受采访。"

跟拉金约定与《巴黎评论》做一次访谈的想法提出时，编辑部并不乐观。令编辑们高兴的是，拉金谨慎地答应了，说他对这个想法并不热衷，但"我当然知道《巴黎评论》期刊，我想我们应该很谈得来"。就这次访谈而言，拉金并未充分放下戒心做面对面的采访。他规定访谈完全以通信方式进行："那样你们会得到更好的回答。"他花了差不多五个月的时间才回答了寄到他在英格兰赫尔家中的第一批问题，他说："花了相当长的时间，因为我吃惊地发现，把它写出来真乏味得令人窒息。"

他的信纸抬头写着：P.A. 拉金，大英帝国勋章获得者，文学监理，艺术硕士，文学博士，古典文学博士，皇家文学会士，文学协会会员——表明了他以相对较小的产出获得的世俗承认的程度。的确，他被称为英国另一位桂冠诗人（据《纽约时报书评》的加尔文·贝迪恩特［Calvin Bedient］说，"甚至比官方认定的约翰·贝杰曼［John Betjeman］更受读者爱戴和需求"）。但拉金超越了他的英国性，在欧陆和美国也有大批读者。

他曾说，他写诗的目的是"建立一种能无限保存个人经验的语言机制，无论谁读了这首诗都能在自身里复现出来"。

——罗伯特·菲利普斯（Robert Phillips），一九八二年

《巴黎评论》：你能描述一下在赫尔的生活吗？你是住公寓还是自己有房子？

菲利普·拉金：我一九五五年来到赫尔。过了十八个月后（在那期间我写了《布里尼先生》），我住进了一间大学的公寓，在里面住了将近十八年。那是顶楼的一个套间。众所周知，战争时期那里曾是美国领事馆驻地，虽然未必对所有人都合适，但对我挺合适的。我在那里写作了《降灵节婚礼》和《高窗》的大部分作品。要不是大学决定出售那座房子，我也许永远不会搬走，但既然那样，我只好搬出去在别处找个地方。那是一个很糟糕的经历，因为当时很难找房子。后来朋友们告诉我大学附近有间小房子，我在一九七四年买下了它。我不确定是否喜欢那个地方。

《巴黎评论》：你在图书馆每周工作几天，每天工作几小时？

拉金：我在大学里做全职图书馆员，每周上班五天，每年工作四十五周。我来赫尔大学时有十一个职工；现在有各类员工一百多人。我们在一九六〇年新建了一座图书馆，一九七〇年又建了一座，因此我来的头十五年很忙。当然，那时正是英格兰大学扩张的时期，赫大也一样在成长，如果不比别的大学成长更快的话。幸运的是，副校长在这段时期对图书馆很热心，所以才以他命名。回头看，如果布林默·琼斯图书馆算是好图书馆的话——我想它的确是的——功劳应该算在他和图书馆员工的头上。当然，大学总体也有功劳。但你对这个不会感兴趣。

《巴黎评论》：你每天干些什么？

拉金：我把生活安排得尽量简单。工作一整天，做饭，吃饭，洗洗刷刷，打打电话，胡乱写点东西，喝点酒，晚上看看电视。我几乎从不出门。我觉得，每个人都试图忽视时间的流逝——有的人通过忙活许多事情，今年去加州，明年去日本。要么就像我这样，把每一天、每一年过得一模一样。也许两个办法都不行。

《巴黎评论》：你没有提到写作计划……

拉金：是的，我想你会问起写作的事。我就写诗说的任何话肯定都是反省性的，因为我很少写东西，自从搬到这里之后，或者说自从《高窗》出版之后，也就是一九七四年后，随你怎么表达。但当我真的写点什么，一般是在晚上，完成工作洗完东西之后。（抱歉，你会说这是"洗碗之后"。）和任何一件别的例行事项一样。运转得还真不错。我不觉得你能一坐两个多小时写一首诗；之后你只会原地绕圈。还不如把它搁置二十四小时，其间你的潜意识之类的东西就解决了卡壳的地方，你就能继续写下去。

我最好的写作状态是在贝尔法斯特，当时我在大学里工作。顺便说一下，那也是一间顶楼的套间。我在晚上八到十点写作，然后到大学酒吧坐到十一点，再跟朋友打牌或聊天到一两点钟。晚上的前一半就盼着后一半，而享受后一半时我心安理得，因为我已经忙了两个小时。现在我似乎已经无法这样安排了。

《巴黎评论》：现在或曾经，写作对你很容易吗？完成一首诗很快还是很慢？

拉金：我没有一个标准可以参照对比。我写短诗很快。长一点的要写几个星期甚至几个月。我以前发现，直到我想出最后一行前，我都不知道自己会不会把一首诗写完。当然，有时最先想出的恰恰是最后一行！但通常最后一行要在我把一首诗写了大约三分之二时才出现，然后就只是补白的事了。

《巴黎评论》：你为什么写作？为谁写作？

拉金：你一定读过奥登："问难的问题很简单。"简单的回答是，你写作是因为必须。如果把它理性化，那就是如果你目有所视，心有所感，灵有所见，你就必须找到一种词语的组合，通过在别人内心里触发它来保存它。这个责任是对原初经验的。我觉得它不是自我表达，虽然看上去有点像。至于你为谁而写嘛，你为每个人写。或者说，每个愿意听的人。

《巴黎评论》：你在发表前会把手稿给人看吗？你有这样的朋友，你会按照他们的建议改诗吗？

拉金：我一般不会把写的东西给任何人看：有什么理由呢？你记得丁尼生曾给乔威特（Jowett）念一首未发表的诗；读完之后乔威特说，丁尼生，我要是你，我是不会发表这首诗的。丁尼生回答说：主人啊，要这么说的话，你午餐时给我们喝的雪利酒真是下流肮脏。结果就会是这样。

但年轻时，金斯利·艾米斯（Kingsley Amis）和我常交流未发表的诗作，我想大概是因为我们从未想过它们能发表。他鼓励我，我鼓励他。鼓励对年轻作者非常必要。但很难找到值得鼓励的人——没有那么多金斯利。

《巴黎评论》：在《巴黎评论》的访谈中，金斯利·艾米斯说《幸运的吉姆》手稿得到过你的帮助。那是一种什么性质的工作关系？小说里的部分情节是否基于你在莱切斯特大学的切身经历？

拉金：那都是很久以前的事了，很难记住。我总体上确信，金斯利是我见过的最有趣的作家——在写作等方面——我希望别人也都这样认为。我知道他说过，《幸运的吉姆》的意念来自我在莱切斯特学院工作时有一次他去看我的经历。对我而言，这个说法比较单薄，因为毕竟他写这部小说时还在斯旺西学院工作，而且书的主题是一个男生遇到一个看起来很污的女孩，但通过带她走出污秽的环境使她变成一个好女孩——这对金斯利而言很有意义。他在《我现在就要》里再次使用了同一主题。我在读一稿时说，删掉这个，删掉那个，增加一点那个。我记得我说，我们多来几张"面孔"——你知道，这就是他的艾迪丝·希特维尔等形象。妙就妙在金斯利自己完全可以"搞出"这些人物形象——比如"古罗马的性生活"等等。有人拍过他们所有人的照片。我希望我也能保存一套。

《巴黎评论》：你是怎么会去当图书馆员的？你对教学一点没有兴趣吗？你父亲是什么职业？

拉金：天啊，这下我得写不少自传式的话了。我父亲是市里的司库，一名财政官员。我读书的时候，根本没想过要去"当"什么，我到牛津上大学时，正好是战争时期，除了从军或当老师、做文职外也没有别的可做。一九四三年毕业时，我知道我既不是一等，因为给我的打分是不合格（我想那是凭外表），也不是二等，因为我有口吃，所以民政局两次都拒绝了我。我就想，好吧，我反而自由了，就待在家里写《吉尔》。但那时政府有权把你送到矿山、田间或工业界，他们很有礼貌地问我到底在干什么。我看着日报（《伯明翰邮报》——我们当时住在沃里克），发现什罗普郡的一个小镇正在招一名图书馆员，就去申请了，而且拿到了那个职位，然后告诉了政府，他们似乎也很满意。

当然，我不是真正的图书馆员，而更像是一个看门的——整个图书馆就我一个人——我不想假装有多喜欢那份工作。前一个馆员在那里干了大约四十年，我怕我也会在那里度过一生。这令我想去拿职业证书，以便走出来，我一九四六年真的离开了。那时我已经写了《吉尔》《北行船》《冬天的少女》。那也许是我一生中最紧张的时期。

《巴黎评论》：顺便问一下，豪尔赫·路易斯·博尔赫斯是当代唯一有名的图书馆员兼作家吗？你知道还有谁吗？

拉金：豪尔赫·路易斯·博尔赫斯是谁？我喜欢的作家兼图书馆员是阿契巴尔德·麦克里希（Archibald MacLeish）。你知道，他在一九三九年成为国会图书馆的馆员，任职第一天他们给他一堆文件要他签署，他一定要搞明白那是什么东西之后才肯签署。当他弄明白后，他开始提出反对意见或相反的建议。结果，他只须说"我不明白""我不同意"，还有"这是战时"，就把整个国会图书馆重组了一遍。他真是棒极了。

《巴黎评论》：你怎样看待作为作家创作环境的学术界，特别是教学方面？

　　拉金：我觉得学术界还行，但毕竟我不是教师。我做不了。我应该想到，咀嚼他人的作品，我指的是他人的著作，一定乏味之极。整个文学都让你恶心。然而，我的心智不管是在概念、推理或别的方面都不行。如果必须说为什么一首诗比另一首好这样去思索文学，对我而言真是生不如死。

　　《巴黎评论》：我们听说，你从不朗诵自己的作品。而在美国，诗人们都经常这么做。你喜欢参加别人的朗诵会吗？

　　拉金：我不搞朗诵，不，但我为三本诗集做过录音，仅仅想表明我自己会怎样去读它们。相比照着书页读，听一首诗你会失去很多东西——形状、标点、斜体字、甚至不知道你离结尾还有多远。看着书页读意味着你可以按自己的节奏、以适当的方式领会它；而听人诵读意味着你被朗读者的速度拖在那里，丢失很多东西而不领会，分辨不清是"那里（there）"还是"他们的（their）"，等等。不管好坏，朗读者还会把自己的个性硬插在你和那首诗之间。就这件事而言，听众也会如此。我不喜欢在公共场所听东西，甚至音乐。事实上，我认为诗歌朗诵建立在与音乐的虚假类比之上：即文本正如乐谱，在被演奏出来之前是没有生命的。这个类比是虚假的，因为文字是可以阅读的，而音乐不能。写诗，就是你把需要的一切都放进去：读者应该清晰地听见它，正如你坐在房间里对他说出来一样。当然，时下的诗歌朗诵时尚造成了一种你一听就明白的诗：简单的节奏、简单的情感、简单的句法。我不认为它在书页上能经得起检验。

　　《巴黎评论》：你认为经济安全对作家是一种有利因素吗？

　　拉金：整个英国战后社会都是基于一种假设，即经济安全对每个人都是有利的。当然，我喜欢在经济上安全无忧。但你其实不就是在问工作吗？作家——尤其是诗人——如何挣钱这个问题，有多少作家就有多少答案，并且下一个人的回答总是比你自己的要好。

一方面，今天作为一个文人生活要比一百年前或七十五年前难得多，那时有那么多杂志报纸要填满。作家本职工作的收入已经低到维生线以下。另一方面，你可以作为作家或诗人而生存，如果你准备好加入文化娱乐产业，从艺术监理会拿白给的钱（倒不是说现在也像以前那么多），当驻校诗人之类的。我想我应该说——已经来不及了——我应该有个经纪人，对他说你听着，我能一年六个月去做任何事，只要余下的六个月我可以自由写作。有的人这样做，我想这样对他们合适。但我从小就觉得，你一定要去找个工作，在业余时间写作，像特罗洛普（Trollope）那样。这样，等你通过写作赚了足够的钱，就逐步把工作辞掉。但事实上，我能靠写作维生时已经五十多岁了——然后只靠编辑一本很大的诗歌合集就行了——到那时你又想，我也许还能拿到养老金，因为我已经干了这么多年了。

《巴黎评论》：有什么遗憾吗？

拉金：有时我想，我写的每样东西都是在工作了一整天后，在晚上写的：要是我在早上，睡过一觉之后写，那会怎么样？我错了吗？先前一位作家对我说——他是一位全职作家，也是一位不错的作家——我真希望有你这样的生活。跟人打交道，还有同事。当作家太孤独。

每个人都在羡慕别人。我只能说，有一份工作，无需付出太高昂的代价你就有了经济安全。我知道，有的人宁可经济上不安全，因为他们必须"感到自由"才能写作。但对我而言它不是坏事。回头再看，只有一件事让我觉得奇怪，那就是社会愿意出钱让我干的，是做一名图书馆员。你得了很多奖章、奖金和荣誉什么的——还有奉承的采访——但只要你转身说，对了，既然我那么好，就给我一份跟指标挂钩的永久性收入，跟大学里普通的行政人员收入持平就行——你看着吧，理性很快就会重新登上王座。

《巴黎评论》：你是怎么开始写诗的？战争时期是不是选择诗歌而非小

说的因素之一?

拉金:你问的是什么问题啊!我从十五岁开始既写散文又写诗。我没有选择诗歌,是诗歌选择了我。

《巴黎评论》:你说得很好。你的上一部小说《冬天的少女》——一部小小的杰作——出版在二十五年前。你觉得你还会再写一部吗?

拉金:我不知道,我想不会吧。我花了五年时间努力尝试写第三部小说。做这件事的能力已经消失了。我没有别的可说了……

《巴黎评论》:你写《吉尔》时大概二十一岁,一年左右你就写了第二部小说。你当时是否只想做一名小说家?

拉金:是的,我曾想做小说家,从没想过要做诗人。对我而言,小说比诗歌更丰富、更开阔、更深刻、更有趣味。我年轻的时候,《审视》杂志发了一系列文章,总标题是《作为戏剧性无韵诗的小说》。那是一个很刺激的、令人激动的概念。一种既是诗又是小说的东西。当然,想起我本人的两部小说意味着向前追溯四十年,在这样的距离上我已记不清当时的缘起了。

我似乎记得,《吉尔》的基本理念是逃离生活,约翰幻想着一个想象里的妹妹,这也许能把人直接带入其中——我是说,遇见真实的吉尔。结果是灾难性的。

《冬天的少女》,我一直在意念中称之为《冬日王国》,它最初的书名,布鲁斯·蒙哥马利(Bruce Montgomery)称它为《冬日帝国》——我写它的时候人很消沉,那时还在干我说的第一份图书馆工作。艾略特会称之为客观对应物(objective correlative)。今天再看它,我觉得它真的很了不起……我想应该用"知道"这个词……并非真正成熟或智慧,只是不可思议的聪明。我是说,以我的标准;考虑到我那时才二十二岁。同样,有些我很尊敬其观点的人更喜欢《吉尔》,说它更自然、更真诚、情感更直白。

《巴黎评论》：在《吉尔》的重印序言里，你说它"实质上是一部没有多大野心的短篇小说。"你对长篇小说的定义是什么？

拉金：我觉得长篇小说应该跟踪不止一个人物的命运。

《巴黎评论》：至少有一位批评家称《吉尔》是描写流离失所的劳动阶层主人公的英国战后新小说的先驱，孵化了艾伦·西里托（Alan Sillitoe）、约翰·韦恩（John Wain）、基斯·沃特豪斯（Keith Waterhouse）、艾米斯等人的后续作品。你同意这种说法吗？

拉金：不，我不这样认为。因为《吉尔》一点没有那个文学类别的政治涵义。书中，约翰是劳动阶层有点像我是结巴，一种先天性的缺陷，让他抬不起头来。

我很高兴你提到基斯·沃特豪斯。我认为《骗子比利》和《佳布》都是了不起的原创小说，第一个很风趣，第二个令人心碎。比我的两本小说好多了。

《巴黎评论》：你太谦虚了。英国阶级意识的某种公开假设对你的作品很重要——比如《吉尔》《冬天的少女》，还有一首诗叫《降灵节婚礼》，你同意吗？

拉金：你是不是在暗示美国没有阶级意识？我从约翰·奥哈拉（John O'Hara）先生的作品中得到的印象可不是这样。

《巴黎评论》：奥哈拉说得过头了。你在两部小说中是否预设了某种形状，还是它们自己逐步展开？你提到过你在诗歌上的导师，尤其是哈代。但在小说方面，你从早期开始读得最频繁且推崇的是谁？

拉金：很难说。当然我读过很多小说，知道大多数当代作家的行文作派，但回头看我还没有模仿过任何人。我倒不在乎青年作者模仿谁。那只是学习写作的一种方式。说真的，我的小说比同期的诗歌更具原创性。我最喜欢的小说家有劳伦斯、衣修伍德（Isherwood）、毛姆、沃

（Waugh）——噢，还有乔治·摩尔（George Moore）。我当初对摩尔很着迷：也许他就是我当时风格的底色。

《巴黎评论》：《冬天的少女》在风格上让我想起伊丽莎白·鲍恩（Elizabeth Bowen）的小说，特别是《心死》和《巴黎的房子》。鲍恩也是你推崇的作家吗？

拉金：不是，我没读过伊丽莎白·鲍恩。其实《冬天的少女》写完两年后，有人借给我一本《心死》。我挺喜欢它，但它从来不是我个人最喜欢的作品。

《巴黎评论》：我们花点时间谈谈《冬天的少女》的结构：你是按时间顺序写的吗？也就是说，你是先写第二部分，然后为了达到倒叙效果重新洗牌？还是你这部小说的构思就是当前——过去——当前？

拉金：是第二种方式。

《巴黎评论》：书信在这两部小说中都是重要的有机组成部分，既为情节又为纹理。你写信很多吗？

拉金：我觉得我以前写的信比现在多多了，但每个人都是这样。我现在没什么特别的可写时只跟一两个人通信。我喜欢收信，这就意味着你必须回信，并非总是有时间。我跟小说家芭芭拉·皮姆（Barbara Pym）之间曾有过很愉快且随便的书信交流，她一九八〇年去世了，最初纯粹始于一封粉丝信。我给她写信，就这样一直写了十年才终于见面。我希望她喜欢收到我的信，我肯定喜欢收到她的信。在为她身后出版的小说《不当的恋情》的英国版作序时，我提到过我们的通信。

《巴黎评论》：你能描述一下你与当代文学界之间的关系吗？

拉金：我和你说的"当代文学界"比较疏离，有两个原因：首先，我不为生计写作，因此不必通过和文学编辑、出版商和电视人保持联系来赚钱；第二，我不住在伦敦。虽然如此，我和文学界的关系还是很融洽的。

《巴黎评论》：你会在赫尔一直住下去吗？如果是，那你个人在写《愿乡，亲人》之后是否变了，还是那首诗中的叙说者本就是个面具？

拉金：我一直住在赫尔。二十五周年纪念日时，我举办了一个小型午餐会招待我的员工，他们也住得跟我一样久或者差不多时间，他们送给我一张卡片，上面写的正是你说的诗行。用法国人的话说，我被感动得"吐血"（touché）。

《巴黎评论》：单身的你有时会不会感到是个局外人？或者像你的诗作《到场的理由》《多克里父子》《这人就是自私》里的叙说者一样，你享受单身且一直这样，因为你喜欢也宁愿这样生活？

拉金：很难说。是的，我选择一直单身，从未想过别的，但绝大多数人当然还是结婚、离婚，所以我觉得在你说的意义上讲，我确实是个局外人。当然，有时我也很担忧，但一时也想不出原因。萨缪尔·巴特勒（Samuel Butler）说过，生命就是一场这样或那样被玩坏了的艳遇。

《巴黎评论》：约翰·坎普这个人物是基于你本人年轻时的事吗？你从前会那么害羞吗？

拉金：我会说是的，我以前非常害羞，现在也是。每个说话口吃的人都知道那有多么痛苦，尤其是在学校里。那意味着你无论做什么都不能主导，只能把自己抹掉。我常在想，我害羞是因为口吃，还是反过来。

《巴黎评论》：你的童年不快乐吗？

拉金：我的童年过得还行，挺舒适、稳定、有爱，但我不是一个快乐的孩子，或者别人会这样说。另一方面，我从来都不孤僻，这跟别人说的不同：我有许多朋友，享受他们的陪伴。跟我认识的有些人比，我已算是极爱社交的了。

《巴黎评论》：你是否觉得这个世界上不大可能获得幸福？

拉金：我想，如果你身体健康，有足够的钱，在可见的未来没有什么烦心的事，你能希望的也就是这些了。而至于"幸福"，意思就是处于一种持久的情感高潮之中，那是不可能的，只要你知道你会死的，你所爱的人也会死的。

《巴黎评论》：在《柳庄烦恼》之后，你有没有写过别的短篇小说或故事？

拉金：没有。我觉得短篇小说应该要么是诗，要么是多人称小说。除非它只是轶闻趣事。

《巴黎评论》：你是否尝试过写真正的长诗？在你发表的作品中我从未读到过。如果没有，为什么？

拉金：我没有写过。一首长诗就像一部长篇。在这个意义上，《冬天的少女》就是一首诗。

《巴黎评论》：那戏剧或诗剧呢？

拉金：我不喜欢戏剧。他们面对公众，我说过我不喜欢，到现在我的耳朵已经很背了，这就是说我听不清台上在演什么。又是这样，它们跟诗歌朗诵差不多——它们必须获得即时的响应，这样便会落入俗套。当然，人物个性的闯入——演员、出品人或编导什么的——会把人带偏。

尽管如此，我还是喜欢《大教堂里的谋杀》，跟艾略特的其他作品一样。出于乐趣，我时不时会读一下，这是我能给予的最高褒奖。

《巴黎评论》：你见过艾略特吗？

拉金：我跟他不熟。有一次我去费伯编辑部——罗素广场24号的老地址，那是一个富有魔力的地址！——跟查尔斯·蒙泰特（Charles

Monteith）谈话。他问，你见过艾略特吗？我说没有。令我吃惊的是，他走出门，然后跟艾略特一起出现在我面前，他肯定就在隔壁办公室。我们握了握手，他说他在等着去跟某个人茶叙，所以无法久留。稍后，他说，很高兴在这个办公室见到你。这件事妙在我当时还不是费伯的作者——那肯定是一九六四年前，也就是他们出版《降灵节婚礼》之前——我把出书的事看作很大的奖赏。但那也就是几分钟，我基本不知道我当时在想什么。

《巴黎评论》：那你见过奥登吗？跟他认识吗？

拉金：我跟他也不熟。我有一次在史蒂芬·斯彭德（Stephen Spender）家里见到奥登，真要感谢斯彭德的好意，在某种意义上他比艾略特更令人惧怕。我记得他问："你喜欢住在赫尔吗？"我说："我不觉得在那里会比别的地方更不快乐。"他就说："调皮，调皮。"我觉得他很好玩。

但与名家会面的事都很痛苦；我跟福斯特会面的几分钟就很可怕。是我的错，不是他的。迪兰·托马斯来牛津到我所在的社团讲座，次日早上我们一起喝了点酒。他倒不可怕。事实上，我知道这么说有点荒唐，但我该说我跟迪兰·托马斯的相似之处比任何其他"著名作家"都要多，当时的情境就是这样。

《巴黎评论》：你在《北行船》第二版序言里提到，奥登、托马斯、叶芝和哈代是你早期所受的文学影响。你在研究这四位时学到了哪些东西？

拉金：噢，看在基督的分上，诗人是无法研究的！你阅读他们，然后心想，太棒了！怎么还可以这样写，我能不能写？就是这样学的。到最后你不能说，这是叶芝、那是奥登，因为他们都没了，就像脚手架被拆了一样。托马斯是一条死胡同。有什么效果呢？叶芝和奥登，诗行的管理，情感的形式疏离。哈代嘛……不要怕他显的东西。所有关于诗歌的绝妙断语——"诗人当以自己的心触摸人心"，"无法感知的事物，诗人不会写下"，"情感是所有时代的，思想是自己的"——哈代深知其中道理。

《巴黎评论》：你的第一本诗集《北行船》出版时，你觉得自己会成为一个重要诗人吗？

拉金：没有，肯定没有。我从未那样想过。你要记住，《北行船》是由一个很不起眼的出版社出版的，时运出版社，他们甚至不对外寄送用于书评的样书；它差不多是一个满足虚荣心的出版社。它既没有作者报酬，也没有钱（没有协议）也不搞推广。你会觉得你在自毁前程。

《巴黎评论》：青年诗人如何知道他的作品好不好？

拉金：我觉得青年诗人，或者老诗人，都应该写出自己满意的东西，而且不仅是他写完之后两三个星期内。然后他才寄给自己喜欢读的刊物，看看是否让别人也满意。但如果不，他不应气馁。我的意思是说，十七世纪每个受过教育的人都能写诗弹琴。你以为那时没有人打网球，是因为没有温布尔顿吗？第一个也是最重要的原因是，写诗应该是一种乐趣。读诗也应该如此，看在上帝的分上。

《巴黎评论》：你如何看待在你的第一本诗集和第二本诗集——《受骗较少者》——之间形成的高度成熟和原创性？

拉金：你知道，我真的不知道。写完最初几本书后，也就是到一九四五年，我以为我差不多写到尽头了。我再也写不出下一部小说；我什么也没有发表。我的个人生活相当令人烦扰。然后一九五〇年我就去了贝尔法斯特，重新唤醒了许多东西。我又写了不少诗，心想还不坏，私下编印了《二十首诗》小册子。我第一次感到在用自己的方式说话。思想、情感、语言都连贯了，有了跳跃。这是必须的。当然，那些东西一直就在你里面蛰伏着，但它们必须走到一起。

《巴黎评论》：你曾写道："一切艺术的底层都是保存的冲动。"就你而言，你想在诗中保存什么？

拉金：我说过，个人经验。美。

《巴黎评论》：奥登喜欢你的形式（forms）。但你说过，你对形式没有什么兴趣——内容才是一切。你能不能就此评论一下？

拉金：恐怕那只是一句很傻的话，尤其是今天，风格形式已经很少见了。我读许多诗时会想，好啊，真是一个好想法，但他为什么不能写成无韵诗呢？是想让人容易记忆吗？仅仅写下来是没有用的！在任何有意义的层面上，形式和内容都是不可分的。我说的内容指的是诗中要保存的个人经验，和它要传达的东西。我读过太多的诗，它们正如我说的那样仅仅是词藻的堆砌。

《巴黎评论》：在早先的一次访谈中，你说过你对当下之外的一切时期，或对英语诗歌之外的一切诗歌都不感兴趣。你真是这个意思吗？你的想法有没有变化？

答：没有变。我不明白，一个人的外语程度怎么能好到足以读诗的程度。外国人说英语程度好的标准粗劣得可怕：拜伦、坡那样的。俄国人喜欢彭斯。但在内心深处我想外语无关紧要。如果那一块玻璃叫 window，那它就不是 fenster 或 fenêtre。Hautes fenêtres，高窗，我的天啊！一个作家只能有一种语言，如果语言对他而言是有意义的话。

《巴黎评论》：在 D.J. 茵莱特（D.J.Enright）一九五五年出版的《五十年代的诗人》一书里，你针对人们熟知的一些典故原型和神话提出了几个颇具挑衅性的说法。特别是"作为一条指导原则，我相信每首诗都必须是自己创造的全新世界，因而根本不相信'传统'或某种共同的神话小宝库……对我而言，整个古代世界、整个古典和《圣经》神话都毫无意义，我相信，在今天的诗歌里使用它们不仅会在诗中充斥一些死斑，而且让作者逃避了原创性的义务"。这是否意味着你真的对诸如叶芝的诗"第二次到来"里斯芬克斯的怪兽宣言完全无感？或者，你仅仅是对掉书袋的做法作出反拨。

拉金：我反对在新诗里使用旧诗歌里的某些特性或人格面具的做法不是基于道德，而仅仅是因为它们不管用，这要么是因为我没有读过原作，要么是因为我读过原作并觉得它们属于那首诗，而不应被当作一种替代物拉扯进一首新的作品以达到想要的效果。我承认，这个命题可能被推到荒谬的地步，当一个诗人不能参引任何读者没有读过的事物（比如雪）。但其实诗人都是为与自己背景和经历相似的人们写作，这也许可以作为支持本土意识（provincialism）的强有力的论点。

《巴黎评论》：使用典故原型会弱化而非增强一首诗吗？

拉金：我不会每次当有人使用俄尔甫斯、浮士德或犹大时就大受震撼的。作家应该努力创造他们想到的效果，而不是把陈词滥调一遍遍地搬出来。

《巴黎评论》：你主要读什么书？

拉金：我读得不多。送给我写书评的书。要不就是我以前读过的小说。侦探小说：格莱迪丝·米切尔（Gladys Mitchell）、麦克尔·因尼斯（Michael Innes）、狄克·弗朗西斯（Dick Francis）。我正在读《弗雷姆利牧师公馆》。没什么难度的东西。

《巴黎评论》：你如何看待英国诗歌的现状？美国诗歌是好一点还是差一点？

拉金：我对美国诗歌恐怕知之甚少。至于英国，战前，我年轻的时候，我们有叶芝、艾略特、格雷夫斯、奥登、迪兰·托马斯、约翰·贝杰曼——你能找到一个可以匹敌的阵容吗？

《巴黎评论》：你没去过美国，是吗？

拉金：噢，没有，我从未去过美国，当然也没去过别的地方。这听起来是不是很怠慢？这不是我的本意。我觉得我的个性挺不喜欢冒险，部分原因是这不是我谋生的方式——读书、讲课、听课等等。我真该恨它。

当然我现在耳朵已经很聋了，也不敢了。有人说："阿什贝利（Ashbery）怎么样？"我会说："我更喜欢草莓（strawberry）"——这样子。我想每个人都有自己的美国梦。有个作家曾对我说，假如你去美国，你要么去东海岸，要么去西海岸，别的地方都是满地偏执狂的沙漠。我觉得我更喜欢这样的地方：如果你帮一个女孩修剪圣诞树，人家就会当你跟她订了婚；如果你不请牧师来，她的兄弟们就开始给火枪擦油。田园诗的一个版本。

《巴黎评论》：你的写作是如何在物理上完成的？一首诗在什么阶段才上打字机？

拉金：我用铅笔写——以前是——在笔记本里，试图写完一节再写下一节。等全诗写好了，我就打字，有时会作小的修订。

《巴黎评论》：你使用了很多成语和惯用语——为了反讽，我想，或者带有更多的语义，从来不是为了震撼力。这些短语是后来加的，为了增加质感之类的，还是一开始就是诗的有机部分？

拉金：它们是自然写成的。

《巴黎评论》：诗的跨行衔接对你有多重要？有些诗行里，你似乎想通过分行来隔离生活……

拉金：没有什么技巧本身有多重要。写诗就是"自然节奏和词序"与"韵律和节律雕琢"之间的对决。我个人有几条规则——比如，绝不要把形容词跟它带的名词分开。

《巴黎评论》：你如何决定要不要押韵？

拉金：通常，一首诗的要点就在一两行之间，它们决定了诗的其余部分。通常是要押韵的。决定不押韵要难得多。

《巴黎评论》：你喝酒后能写吗？你试过"意识扩张"药物吗？

拉金：没有，虽然我们这一代人都是喝酒的。但不嗑药。

《巴黎评论》：你能根据一个大多数人都会视而不见的意象，描述一下诗的创意和写作过程吗？（邻居之间空旷的道路，城市车流中的救护车？）

拉金：如果我能回答这类问题，那我就是教授而不是图书馆员了。反正我不想（回答）。我不想考虑这种事情。它就这样发生了，或曾经发生了，如果这是值得庆幸的事，那就庆幸去吧。

记得我曾说过，我不明白有的人为什么会去美国的大学到处解释如何写诗；这就像你到处跟人解释如何跟老婆睡觉一样。有个和我聊过的人说，只要他们的经纪人能搞定行程，他们是会那样做的。

《巴黎评论》：你扔掉过很多诗吗？

拉金：有些诗没有写完。有些诗没有发表。我从来不把东西扔掉。

《巴黎评论》：你在《牛津二十世纪英语诗选》里仅收录了自己的六首诗（而不是收录约翰·贝杰曼十二首那么多）。你认为这些是你最好的几首吗？还是说它们仅仅是一些"代表作"？我很吃惊里面没有《去教会》，它可以说是你最有名的一首。

拉金：我回忆当时是这样决定的，我这一辈和更年轻的诗人每人最多选六首，以免伤了谁的感情。我本人的是代表作，正如你说的那样——一首漂亮的、一首滑稽的、一首长的，等等。作为主编，我不能给自己太多页面……是不是？

《巴黎评论》：在那个选集的导言中，你说了一个不错的观点，说你不会收入任何"需要附带一个词汇表才能读懂的诗。"你认为你本人明晰的作品有助于弥补诗歌与大众之间的鸿沟吗？这道鸿沟因实验和晦涩而加宽。

拉金：这可以解释为什么我没有收录方言诗。我们有的作者用很浓厚的苏格兰低陆方言写作。这跟你说的晦涩又不同。

《巴黎评论》：好吧，但你在《爵士到底》一书的前言中提到了毕加索、庞德和帕克尔（Parker）三人组，采取了反对实验的姿态。你为什么不相信新事物？

拉金：在我看来，不可否认的是，直到本世纪之前，文学一直使用我们所有人的语言，绘画代表每个视力正常的人所视，音乐是良性的噪音而非肮脏的。现代主义在艺术中的创新则反其道而行之。我不知道为什么；我不是历史学家。你必须把初创时看来很奇怪但现今已习以为常的新事物（比如易卜生和瓦格纳）和新创时很疯狂今天看来依然很疯狂的事物（比如《芬尼根的守灵夜》和毕加索）区分开来。

《巴黎评论》：那跟爵士有什么关系？

拉金：每个方面。爵士将此表现得非常清楚，因为它是如此短镜头的艺术，直到本世纪才有。有人说，查尔斯·帕克尔毁了爵士，因为他用半音阶而不是全音阶。你想为国歌谱曲，或写个情歌或摇篮曲，那你就用全音阶。你用半音阶来搞出一边喝着奎宁马提尼一边喝灌肠剂的效果。

如果我在这方面的观点很激进，那是因为我热爱爵士，阿姆斯特朗（Armstrong）、贝彻（Bechet）、艾灵顿（Ellington）、贝西·史密斯（Bessie Smith）和贝德贝克（Beiderbecke）的爵士。它毁在一个神经质的毒瘾君子的手中让我愤怒。不过，现在它死了，正如伊丽莎白时代的无伴奏合唱一样死了。我们只能收藏录音。我自己就在收藏。

《巴黎评论》：我们先回到《牛津诗选》一会儿。有批评者说你的选择不仅偏爱传统诗歌形式，还偏爱很多小诗人。你怎么回应这个评论？

拉金：因为这是《牛津二十世纪英语诗选》，我当然必须用本世纪主要诗人最典型的作品来代表他们。我想我做到了。麻烦是，如果你只做到这些，结果只能是一本值得尊敬但很乏味的书，因为已经有很多书这样做了。我想如果编入一些不那么有名的诗，它们本身很好或很具代表性，但其作者还不够格去完整呈现，这样会有新的旨趣。我将它们看作一条被千万人踏过的小径边意想不到的花朵。我没想到它们会让一些人担心，而真正令人吃惊的是它们今天已被广泛引用并收入不同的选集中。

大多数人编书都是从别的选集里挑作品；我花了五年时间读了每个作者的全部作品，最后又在牛津波德里安图书馆的地下室待了六个月处理了他们收到的全部二十世纪诗歌馆藏。这是巨大的乐趣。我不敢说我有什么重大发现，但我希望我成功地提示出，还有很多优秀作品不为人知。不管怎样，我编了一本可读的书。我让二十世纪诗歌听上去不错。这本身就是一个不小的成就。

《巴黎评论》：没有多少人对你的诗歌的幽默感作出评论，比如《癞蛤蟆》一诗中"那东西才是制造梦想的底料"里绝妙的双关语。你是否有意识地利用幽默来达到特殊效果，或避免相反的情绪？

拉金：幽默使人发笑。就我而言，我不知道是不是这样。麻烦在于，它让人觉得你不严肃。你得冒这个风险。

《巴黎评论》：你的最新诗集《高窗》有至少三首我想称为讽刺性的诗——《后世》《向某个政府致敬》和《有诗为证》。你认为自己是讽刺诗人吗？

拉金：不，我不会称自己为讽刺诗人或别的什么"主义者"。你提到的三首诗和其他作品构思的方式是一样的。也就是说，都是作为诗来构思的。要做讽刺作家，你必须认为你比别人了解得更好。我从不这样以为。

《巴黎评论》：美国诗人批评家彼得·戴维森（Peter Davison）把你归

为"缩微天才"——意思是你通过把事物缩微来使它们变得清晰——英格兰被缩小为"一块块麦田",等等。这一评价是否公平?你注意到这种技巧吗?

拉金:很难回答这样的评论。"它的邮区排列得多像一片片麦田"(见《降灵节婚礼》)指的是伦敦而不是英格兰。我不觉得这是"缩微",而是相反,如果一定要归类的话。我的本意是让邮区看来很丰饶多产。

《巴黎评论》:戴维森还发现,你最喜欢的主题是失败和软弱。

拉金:我觉得一个诗人应该以他如何处理题材、而非以他的题材是什么来评判。否则,你就接近以极权主义态度,总想着要钢铁产量数字的诗歌,而不是"但去年的雪去了哪里"[①]诗歌不是喷漆,可以用来覆盖你挑选的对象物品。一首关于失败的好诗就是一种成功。

《巴黎评论》:《癫蛤蟆》的格式是不规整的三音步和双音步交替,并时有脱韵,而"再论癫蛤蟆"的格式是三音步和脱韵的双行结构,这是否有意为之?你如何设定一首诗的格式?是用第一行里出现的节奏吗?

拉金:是啊;我想我早已承认了。时间过了这么久了,我无法回忆关于《癫蛤蟆》的第二首诗是如何策划去跟第一首搭配的。更可能的情形是,我发现这首诗虽与工作有关,但与第一首不同,因此把它们关联起来挺有趣的。

《巴黎评论》:你是怎么想出用癫蛤蟆这个意象指代工作或体力劳动的?

拉金:这纯属天才。

《巴黎评论》:作为一个作家,你有什么特别的怪癖吗?你觉得你作为

---

① 原文为法文,出自法国中世纪诗人维庸(François Villon)的诗《昔时名媛的歌谣》。

作家有什么显在或秘密的缺点？

拉金：我真的不知道。我想我大量使用五音步抑扬格；有人觉得它很压抑，试图避开它。我的秘密缺点就是写得不太好，这与别人一样。我从来不是学究式的。也从未企图让诗歌有所作为，从未出去寻找它。我等着它来找我，无论什么样式都行。

《巴黎评论》：你觉得自己属于英国文坛某个特定传统吗？

拉金：我似乎记得乔治·弗雷泽（George Fraser）说过，诗要么是"想象"——他是苏格兰人——要么是"道德话语"，我属于第二种，但第一种更好。有个著名出版人问我诗歌如何打标点符号，当我说"跟散文一样"时，他惊得目瞪口呆。我的意思是说，我写作，或曾经写作，就跟每个人一样用正常的词语和句法，以尽可能难忘的方式描述可辨识的个人经验，直到那个疯癫少年发作。对我来说这不是一个传统。其他的东西，即疯癫的东西，更多的是一种偏离。

《巴黎评论》：你对桂冠诗人头衔有什么想法吗？它有什么实在的功能吗？

拉金：诗歌和王权都是很原始的事物。我喜欢认为，它们在英国已经合而为一了。另一方面，不清楚桂冠诗人是什么，或是干什么的。某种意义上这是有意而为之：它不是一份工作，没有岗位责任，没有薪水，但又不全是一个荣誉，或者说不仅仅是一种荣誉。我敢肯定，尤其是今天，其中最坏的是它带来了曝光度、以诗歌介入公共事物的压力，这对真正的写作相当有害。

当然，丁尼生想发表一首十四行诗告诫格莱斯顿（Gladstone）如何处理外交政策的时代已经过去。很滑稽的是吉卜林，大多数人认为他既是诗人也是国家代言人，从来没当过桂冠诗人。他本该拿到，而布里吉斯（Bridges）却被任命了，但他没拿到是很具典型性的——这个位子跟人们想象的不一样。它真的是想推崇某个人。但当今跟王室关联在一起所带来的曝光度如此剧烈，使之不仅是一种荣誉，更是一场磨难。

《巴黎评论》：你的几本诗集以每十年一本的速度出版。但根据你说的话，到一九八四年我们恐怕不会有下一轮了。你真的每年只完成大约三首诗吗？

拉金：我恐怕不会写更多诗了，但当初我写的时候，是的，我写得很慢。我正在看《降灵节婚礼》，发现我早在一九五七年夏天就开始写这一首了。写了三页后，我搁下它去写另一首，那一首写完了但从未发表。我在一九五八年三月又捡起来，一直写到十月终于完成。但我看过当时留下的日记，发现它所描写的事件发生于一九五五年七月！因此总共花了三年。当然那是例外。但我确实写得很慢，部分是因为你要找到写什么，怎么写，这都需要时间。

《巴黎评论》：对一个不喜欢采访的人而言，你的回复已很慷慨。

拉金：我恐怕并未说出什么有趣的东西。你必须明白，我对诗歌从来没有什么"理念"。对我而言，它从来都是非常私人化的，几乎是对诸多需求构成的复杂压力的物理释放或解决——去创造、申辩、赞美、解释和外推的渴望，视具体情况而定。而且我对别人的诗从来没什么兴趣——写作的一个理由当然就是没有人写过你想读的东西。也许我的诗歌观念非常简单。前一阵子我答应做一个诗歌大赛的评委——你知道，那种比赛你能收到三万五千份投稿，你要读最好的几千份。看了一些后我说，爱情诗在哪里？自然诗在哪里？他们说，噢，我们把那些都扔掉了。我心想，那些才是我也许会喜欢的。

（原载《巴黎评论》第八十四期，一九八二年夏季号）

约翰·阿什贝利

马永波 / 译

访谈是在约翰·阿什贝利位于曼哈顿有"切尔西"之称的那片街区的公寓进行的。我到的时候，阿什贝利没在家，看门人让我在外边等等。不久，诗人回来了，我们乘电梯来到一间宽敞的、采光良好的公寓，里边有一个秘书正在辛勤工作。我们在起居室舒适的椅子里坐下，阿什贝利背对着硕大的窗户。室内装饰主要是蓝色和白色，整面墙壁上都排满了书籍。

我们谈了有三个多小时，中间只短暂地休息了片刻——喝了苏打、茶、水，没有任何更烈的东西。阿什贝利对我问题的回答需要稍加编辑。然而，在整个谈话中他给人一种心不在焉的印象，仿佛他不太能确定我们正在干什么，或者是他在这过程中要担当什么角色。采访者试图大胆地摘取出幽默的笑料，但是——就像人们阅读阿什贝利的诗时常有的情况那样——他无法肯定自己什么时候能奏效。那个下午之后，我又提出了几个附加的问题，并得到了回答，这些都一并组合在整个访谈中。

——彼得·斯蒂特（Peter A.Stitt），一九八三年

《巴黎评论》：我想从你初出茅庐时开始。何时和为什么，你最初决定投身诗人的事业？

约翰·阿什贝利：我不认为我曾经决定投身诗人的事业。我是从写

作一些小诗开始的，但是我从未想过它们会发表，或是我会继续出书。我当时在上高中，还没有读过任何的现代诗歌。随后在一次比赛中我获了一个奖，你可以自己选择不同的书来作为奖品；似乎唯一有吸引力的是昂特梅耶（Untermeyer）的选集，价值五美元，很大一笔钱。我就是那样开始阅读起了现代诗歌，当时的中学是不教这个的，尤其在我上的那种乡村中学。起初我不甚理解。有些人，比如埃莉诺·怀利，我发现很吸引人——技艺高妙——但是我对奥登、艾略特和史蒂文斯却不太明白。后来我回头重读他们，开始从图书馆借他们的书。我猜测仅仅是模仿的欲望让我开始写诗。我想不出任何其他原因。我经常被人问到为什么写诗，可我真的不知道——我只是想写而已。

《巴黎评论》：你什么时候开始认真起来，开始想到出版及诸如此类的事情？

阿什贝利：高中的最后两年，我去了迪尔菲尔德学院，我第一次看见自己的作品发表在校报上。更早的时候我尝试过绘画，但我发现诗歌比绘画要容易一些。当时我可能是十五岁。我记得在读校刊时我就想，我能写得比上面刊登的东西还好，但是我的作品一件都没有能够投中。然后迪尔菲尔德的一个学生以他的名字把我的一些诗寄给了《诗刊》，几个月后我把同样的诗寄给该杂志的时候，编辑自然把我当成了剽窃者。让人非常泄气。《诗刊》是当时发行的最有说服力的杂志，其后很长一段时间他们都回避我的作品。随后我去了哈佛，在二年级时我遇到了肯尼斯·柯克（Kenneth Koch）。我尝试上《哈佛倡导者》，他已是该刊的一名编辑了。他看见了我的诗，而且很喜欢，于是我们开始阅读彼此的作品。他实际上是我认识的第一个诗人，所以，那是一次相当重要的相遇。当然，我在《哈佛倡导者》上发表了，随后，一九四九年我有一首诗发表在《狂暴者》上面。那是我生活中的一件大事，因为，虽然相对来说它是个小杂志，却让我超越了大学的限制。不过，随后在其他地方发东西却还是件难事儿，只有到了将近二十岁的时候，我的投稿才有了点儿被接受的希望。

《巴黎评论》：是否有一段时间你认为你得在艺术评论和诗歌之间做出选择，或者是让这两者始终并行不悖？

阿什贝利：我从来就对做艺术评论毫无兴趣——甚至到现在我也无法确定是否感兴趣。回到五十年代，《艺术新闻》的编辑托马斯·赫斯（Thomas Hess），利用一大批诗人为他的杂志写稿子。一个原因在于他们几乎什么都不用付出，诗人总是很穷困的。训练有素的艺术史家不会为了五美元去写评论，我开始写时他们支付的稿费就是这样。我当时需要面包——那是一九五七年，我三十岁——我的已经在给《艺术新闻》写稿的朋友们建议我也去写写。于是我写了一篇关于布兰德利·汤姆林（Bradley Tomlin）的评论，这个抽象表现主义画家在惠特尼有个遗作展。此后我以每月一篇的频率写了一段时间的评论，直到我返回法国。一九六〇年我偶然认识了一个在为《先驱论坛报》写艺术评论的女士。她即将返回美国居住，问我是否认识什么人愿意接替她的工作。它不需要付出很多精力，却能让我得到其他写艺术评论的机会，我不怎么想做这份工作，但是，往往你表现出不情愿做某事的时候，人们却会认为你一定非常擅长。如果我一开始就想成为一名艺术评论家，我可能永远也不会成功的。

《巴黎评论》：你童年有哪些方面你认为可能对你成为现在这样的诗人有所裨益？

阿什贝利：我不知道我是什么样的诗人，真的。童年时我是个相当的局外人——我的朋友不多。我们生活在乡间农场上。我有一个弟弟，我和他不大处得来——我们总是像小山羊那样打架——他在九岁时就死了。我感到内疚，因为我一直对他很不好，那真是让人恐怖的震惊。这些经验对我很重要。我不太清楚它们会怎样进入我的诗歌。我的野心是成为一名画家，于是我在罗契斯特美术馆学了一门每周一次的课，从大概十一岁上到十五六岁。我深深地爱上了班级里的一个女孩，但她不愿意与我有任何关系。我上这门周课是知道我能见到这个女孩，陷到艺术里边也许和我的诗歌有一定关系。还有，我的祖父是罗契斯特大学的教授，我还是个小孩时就和他们生活在一起，上幼儿园，在那座城市读了一年级。我一直喜欢他的房子；周围有许多许多孩子，当我回去和我的父母住在一起时，我极其怀念这一切。所以，每周回到那里上美术班就是回到我以为已经失去的事物之中，这给了我一种奇异的满足又失望的感觉。

《巴黎评论》：这些都是使人相当不快的事情。我想到大多数批评家怎么会认为你的诗歌相当无忧无虑呢。不过，有一个批评家曾经说到过你的"罕见的变为幸福的惊奇"。你的作品中幸福真的如此罕见吗？

阿什贝利：有些人不会同意我的诗歌是无忧无虑的。弗兰克·奥哈拉（Frank O'Hara）曾经说过，"我不明白为什么肯尼斯这么喜欢约翰的作品，因为他认为一切都应该是有趣的，而约翰的诗歌就和一列失事的火车一样有趣。"在我的一生中，我现在有理由幸福了。有些日子我认为我不幸福，但是我想，也许有更多的日子我认为我是幸福的。多年前我看过的一部英格玛·伯格曼的电影，让我印象深刻——我记不住片名了——里边有一个女人在讲述她自己的生活故事，其中充满了悲剧性的经历。她是在一间剧院的化妆间里讲故事，她要在剧院里继续跳芭蕾舞。影片结尾时她说，"但是我是幸福的"。然后，就"剧终"了。

《巴黎评论》：你喜欢戏弄读者或是和他们玩游戏吗？

阿什贝利：你问得很滑稽——我刚刚才对一个问我同样问题的评论家发了火，尽管我不应该发火，她有一个问题清单，她在为一本书收集诗人们的声明。我认为这有赖于你的"戏弄"指的是什么。如果这"戏弄"是亲切的，那没关系，但是与你不认识的人又怎么能这么做呢？我愿意让读者高兴，我认为惊奇必须是其中的一个元素，那可能需要某种程度的戏弄。让读者震惊是另一回事了。一定要极其小心地处理，如果你不想疏远和伤害读者，我坚决反对那样，正如我不赞成人们脑子里带着那种念头来装扮自己——把头发染成蓝色，鼻子上穿着安全别针，诸如此类。这里透露的信息似乎仅仅是冒犯——"嗨，你无法成为我陌生感的一部分"，诸如此类。与此同时，我尝试以略微有点出格的方式装扮自己，这样，旁观者如果有所注意，他会有略微的困惑之感，但不至于受到排斥，他会想起自己不完美的装扮方式。

《巴黎评论》：但是你不屑于给你的读者制造恶作剧或是噱头吗？

阿什贝利：一个噱头也许不为人注意地出现在我和詹姆斯·斯凯勒（James Schuyler）合写的小说的最后一句。实际上它是我的句子。它是这样的："于是，穴居者，在向他们的表兄弟们道过晚安之后，起步向停车场走去，而表兄弟们则转身走向部分重建的购物中心，在增强中的焚风之中。"焚风（Foehn）是巴伐利亚州的一种能催生出雾气的暖风。我怀疑没有多少人知道它。我喜欢这样的主意，人们如果有了困惑，就会被迫翻开词典，查一查小说中最后一个词的意思。他们会合上一本书而打开另一本书。

《巴黎评论》：是否有年长的在世的诗人，你曾经拜访过，向其学习过，或是作为青年作家研究过他们？

阿什贝利：我特别欣赏奥登，我要说他是对我作品最早产生重大影响的诗人，更胜过了史蒂文斯。我写了一篇关于他诗歌的荣誉论文，得到了一个机会与他在哈佛会面。我在哈佛的时候也曾师从于西奥多·斯宾塞（Theodore Spencer），一个已经不太有名的诗人。他实际上开了一个诗歌写作讲习班，那时候是非常稀罕的——尤其在哈佛，那里现在也依然很稀罕。并不是我特别喜欢斯宾塞的诗，而是他是一个"真实的"诗人，一个真实存在的诗人，课堂上我从他那里得到的反馈对我很有价值。我很早就阅读伊丽莎白·毕肖普，并且遇见过她一次。我给她写了一封信，谈到我喜欢她的一首诗，她回了信，后来我搬到纽约之后，见到了她。但是我相当害羞，不爱出风头，所以那时我与知名诗人的接触不多。我希望我能拜访年长的诗人们！但事情有所不同——年轻诗人恰恰不把自己的诗寄给年长的诗人，请求他们提出建议、批评和"推荐发表"。至少我不认为他们会这样做——我不知道有谁这样做过。现在每一个人都勇敢多了。这导致了一种悲哀的境况（我经常与我同辈诗人讨论这个问题，如金奈尔〔Kinnell〕和默温），有大量有关诗歌的通信得不到回音——金奈尔称之为他的"内疚堆"——这些信来自需要帮助也应该收到回信的诗人；只不过在这个为了谋生而忙忙碌碌的世界上，还要尝试着抽时间给自己写诗，通常是不可能省出时间和精力去严肃对待这么多要求的，起码我是做不到。但是我感到悲哀，因为我想要帮助人；你记得这样的帮助对你会有怎样的价值；而满足这些要求又是怎样的一种荣誉。人们以为通过你的诗歌他们已经与你熟识，可以与你亲近地说话（我收到了很多来自陌生人的信，称呼我为"亲爱的约翰"），而这本身就是一种巨大的回报，一种满足——要是我们能够照顾到所有人那该多好！实际上我年轻时真正想认识的诗人只有奥登一个。他来哈佛朗读之后我短暂地遇见过他两次，后来在纽约通过切斯特·卡尔曼（Chester Kallman）又看见过他几次，卡尔曼是詹姆斯凯勒的好朋友，但是很难和奥登交谈，因为他已经是无所不知了。我曾经和肯尼斯·柯克说，"设想一下你要和奥登说什么？"他说，大概唯一能说的是"很高兴你活着"。

《巴黎评论》：为什么总是奥登？

阿什贝利：很奇怪今天有人问我从奥登那里看见了什么。四十年前我最初开始读现代诗歌时，没人会这么问——他本身就是现代诗人。史蒂文斯是个古董，庞德也许是个畸形，威廉·卡洛斯·威廉斯——还没有发表他最好的诗——是一个"意象主义者"。艾略特和叶芝太神圣，被涂了圣油，不能计算在内。我在凯瑟琳·科勒（Kathryn Koller）的建议下读的奥登，她是罗契斯特学院的英语教授，我父母的邻居。她足够善心地看了我早期的胡涂乱写，也许还对它们摇了摇头，建议也许可以把奥登作为解毒剂。立即打动我的是他对口语的使用——我不认为你真想在诗歌里那么做。那个，还有他使抽象变得具体鲜活的令人吃惊的方式——我记得：

"突然登上她摇摇欲坠的车辇／命运之神狂暴地驱车而去。／啜泣的混乱今日在我们手中。"它似乎把三十年代结晶成了一些磨损而离奇的意象。还有，一种浪漫音调再次将被抛弃的矿山和工厂烟囱考虑在内了。也许有一个既幼稚又世故的音符拨动了内心的应和之弦。但是，我无法赞同流行的观点，说他晚期的作品即便不胜过也是与早期的作品可以相提并论。除了《海与镜》，他来美国后写的诗歌鲜有让我着迷的。造福之物当然存在，但总体而言，就像他自己说的那样，过于饶舌，过于沾沾自喜于不是"大写字母开头的诗歌"。奥登对我的诗是三心二意。他一方面说他一行都读不懂，另一方面他又在耶鲁青年诗丛里出版了我的《一些树》。不过，你会记得，他晚年曾说过，他早期的一件作品，《演说家》，一定是个疯子写的。

《巴黎评论》：和我说说纽约派——有经常性的集会吗？或者是课程或研讨会？你们有图谋接管文学界吗？

阿什贝利：没有。这个标签是一个叫约翰·伯纳德·迈耶斯（John Bernard Meyers）的人强加给我们的，他开设了蒂博·德·纳吉画廊，并出版了一些我们的诗歌小册子。我最近从我的一个学生那里发现，迈耶斯是在一九六一年为加利福尼亚一个叫做《游牧民》的小杂志写的文章里杜撰了这个术语。我认为他的想法是这样的，既然每个人都在谈论绘画的纽约派，那如果他创造一个诗人的纽约派，他们就会自动被认为很重要，因为名字响亮。但是那个时候我住在法国，与纽约正在发生的一切无关。我不认为我们曾经是一个流派。我的诗歌与柯克、奥哈拉、斯凯勒和格斯特（Guest）的诗歌之间有相当大的区别。我们是一伙碰巧彼此认识的诗人；我们喜欢凑在一起彼此读我们的诗，有时我们会合作一起写东西。我们从未想过有可能接管文学界，那也不在计划当中。几年前有人在《纽约时报书评》写了一篇有关纽约派的文章，后来便有一个女人写信提出要求，问怎样才能加盟。

《巴黎评论》：你在巴黎时你与这座城市是什么关系——你习惯喝可口可乐……

阿什贝利：那个问题可能需要一本书的篇幅。我在巴黎确曾一度对可口可乐上了瘾，在之前之后从来没过，但是我不知道是否要归之于对美国的乡愁，或是法国人非常喜欢它这个事实。巴黎是"城市"，不是吗？而我喜欢城市。在那里可以体验到更多的乐趣和便利，超过了我所知道的任何其他城市。乘地铁到处走走非常方便，而且你去的地方也都非常有趣——每个区都像是一个独立的省，有自己的省会、习俗，甚至服装。我习惯选择不同的街区展开探索，开始一次微型探险，往往我心里会想着一个电影院，正在放映我想看的某部电影，往往是一部劳莱和哈迪的老电影，因为我热爱他们，尤其是在用滑稽的美国口音翻译成法语的时候。那时附近总是有一家主要的咖啡馆，你可以在那里品尝一款好酒，观察周围的人。你就这样逐渐了解了很多生活。有时我会做一次普鲁斯特式的远足，看一看他或他的人物住过的房子。我喜欢他在马勒泽布林荫大道的童年的家，或者在拉贝鲁兹街的奥黛特的房子。

在那里的最初几年我的朋友不多——他们主要是美国作家哈里·马修斯（Harry Mathews）、艾略特·斯坦（Elliott Stein）和皮埃尔·马尔托里（Pierre Martory），皮埃尔是个法国作家，我在法国度过的十年中，最后九年是为他而活的，他一直是一个非常亲近的朋友。他曾经出版了一部长篇小说，但之后就再也没有发表过什么了，尽管这本小说广受好评，他也继续在大量写作——诗歌、长篇小说和短篇，他一直写作不辍，但从未尝试过出版或是给任何人看，甚至是我——我遇见的这种作家仅此一人。我翻译了他的一些诗歌，但是它们没有在法国面世，这些诗与那里盛行的拉帮结派格格不入。有几首发表在《荒芜之地》上，那是哈里·马修斯和我编的一本小杂志——刊名取自雷蒙德·鲁塞尔（Raymond Roussel）的一部长篇小说，我们俩都喜欢他，我还曾经打算做一篇有关他的论文。稍后不久，我遇见了安妮和罗德里戈·莫伊尼汉（Anne and Rodrigo Moynihan），大部分时间生活在法国的英国画家，他们赞助了一篇叫做《艺术与文学》

的评论，是我帮助编辑的。他们也一直是我亲近的朋友，我经常能看见他们。让我回到皮埃尔——我大部分有关法国和法语的东西都来自他。他是法国文化的一部行走的百科全书，但同时又能以一种美国式的视角给予全局性的打量。他曾经在纽约用了六个月时间为《巴黎竞赛画报》工作，他还在为它工作，我们一起乘法兰西号航行回到法国。他在勒阿弗尔一踏上法国的土地时就说，"回到法兰西是多么美妙啊！但是我恨法语！"

《巴黎评论》：你早年读的东西，比如说在高中或大学，有什么一直让你萦怀不忘的吗？

阿什贝利：和许多年轻人一样，我被长篇小说所吸引。我祖父家里有几套维多利亚时期作家的文集。我读的第一部长篇是《名利场》，我非常喜欢它，我决定去读《飘》，我同样也喜欢。然后我读了狄更斯和乔治·艾略特，但读诗不多。直到我发现了现代诗歌，我才真正对过去的诗歌有了感觉。然后我开始明白，十九世纪诗歌并不仅仅是古代博物馆中没有生命的东西，而一定是从写作者的生命中生长出来的。在大学里我主修英文，读的是常规课程。我认为我尤其受到玄学诗人和济慈的吸引，我还有一门乔叟的课，我非常喜欢。我还学了一门马西森（F.O.Matthiessen）教的现代诗歌课，我实际上是从那里开始读华莱士·史蒂文斯的。我写了一篇论文，我想想，是关于"彻科鲁瓦致它的邻居"的。通常而言我并不是一个非常优秀的学生，只是有点——懒惰而已。我为了上哈利·列文的一门课读了普鲁斯特，那真是一个巨大的震撼。

《巴黎评论》：为什么？

阿什贝利：我不知道。我开始读它的时候是二十岁（在我选修列文的课程之前），几乎用了我一年时间。总之我读得非常慢，在面对一个我想每一个字都读的作家时尤其如此。恰恰如此，我才认为，当你读完了他，你反而会感觉更悲哀也更明智了——我不再能够以同样的方式看待世界了。

《巴黎评论》：你被他作品中那种亲密的、富于沉思意味的声音吸引了吗？

阿什贝利：是的，还有能把一切都设法囊括进他为自己创造的这种巨大、开放的形式的方法——尤其是某些几乎超现实的段落。有一个部分，里边有一个文献学者或是地名专家，连续不断长篇累牍地列举与诺曼底有关的地名。我不知道为什么它如此扣人心弦，但是它攫住你，就像有的时候，生活似乎在一种梦幻空间里喃喃呓语。因为我艺术课上那个女孩的缘故，我也与叙述者认同了，他怀着一份完全不切实际的激情，既像一个茧壳一样把自己所爱的人包裹起来，又与她没有什么关系。

《巴黎评论》：你刚才说读现代诗歌使你看见了更早一些的诗歌中存在的活力。在你心里，生活和诗歌之间是否存在一种紧密的关联？

阿什贝利：就我的情况而言，我要说，存在一种非常密切但又隐晦的关联。我一直不愿意谈论我自己，所以我不像自白派诗人那样写自己的生活。我不想用我的经验来打扰别人，那些经验仅仅是每个人都在经历的翻版。对我来说，诗歌是从那一点之后开始的。我利用头脑里的经验写作，但是我不写经验本身，我用它们来写。我知道我的名声正好与此相反，人们认为我完全是自我专注，可我不那么看。

《巴黎评论》：你经常被归类为唯我论者，我想知道，这是否与你晦涩的名声有关。一首诗的细节如此清晰，但是语境，周边环境，却是不清晰的。也许这更多的是视角问题，而不是想要使人迷惑。

阿什贝利：这就是生活向我显示的方式，经验发生的方式。我可以全神贯注于这个房间里的东西和我们的交谈，但是构成环境的东西对于我却是神秘的。而且我不是想在我的诗歌中把它弄得更为神秘——真的，我只是想让它更逼真一些。我常常奇怪，是不是我在遭受某种精神障碍的折磨，因为我的诗歌对于这么多的人来说，都显得如此怪异和令人困惑，有时对我自己也是如此。我来给你读一段我最近一本书的书评中的话，它出自弗吉尼亚州的一份报纸。它说："约翰·阿什贝利作为一位非常重要的诗人涌现，如果不是因为评论界众口一词的肯定，那么肯定就是因为他在青年诗人那里激起的赞赏和敬畏之情。很奇怪，没人理解阿什贝利。"这是一种简单化，但在某种意义上它是真实的，我奇怪事物怎么能以那种方式发生。知道的人不是我。当我起初开始写作时，我预期很少有人能读我的诗，因为在那些日子里人们不怎么读诗。但是我也感觉到，我的作品没有超乎理解。在我看来，它相当程度上是从现时代的当代诗歌中，或至少是在与之接触中衍生出来的，我很吃惊似乎没人看到这一点。于是我得忍受这样的悖论：一方面，我是一个重要诗人，被年轻作家所阅读，而在另一方面，又没人理解我。经常有人要求我为这种事态负责，可我无能为力。

《巴黎评论》：你说有时你认为你的诗歌是怪异的，你确切的意思是什么？

阿什贝利：我时常会翻开一页，它里边有某种东西，但它是什么？它似乎与所谓"我们所知道的"诗歌如此不同。但在另外的时刻，我又觉得它非常熟悉。它与我对正在做的事情的一种突如其来的不确定感有关，想知道为什么我以这种方式写作，而没有感觉到以另一种方式写作的欲望。

《巴黎评论》：这是否与你写作时头脑中至关重要的东西的意义或信息有关？

阿什贝利：意义是，但信息不是。我认为我诗歌的意义就在于它们所说的东西本身，一个特定段落无论有多么含蓄，都没有任何信息，我什么都不想明确地告诉世界，除了写作时我正在思考的东西。很多批评家都想在每一个实实在在的陈述中看出一个讽喻的意义，但如果我们只是随机选择一行诗，我认为我们会发现它的工作方式不是这样的……我似乎找不到什么东西来举例说明我的意思。好吧，让我们用这个……还是算了。我看到的一切确实都意味着某种不同于所说之物的东西，出乎意料。噢，这个——例如，《达菲鸭在好莱坞》的开头，所有这些陌生的对象都像雪崩一般涌进了诗中。我指的是它们在那里是其所是，而不是为着某个隐藏的意义。拉姆福德的发酵粉罐头（顺便说一下，它实际上是拉姆福德发酵粉罐头而不是拉姆福德的发酵粉罐头。我知道那个，但是我偏爱我的版本的声音——我通常不那么干），一只赛璐珞耳环，飞毛腿冈萨雷斯——它们仅仅是我当时选择在诗中展示的东西。事实上，这里有一行，"来得太早的未解决的寓言"，那可能是我对诗歌、尤其是我的诗歌的观察。寓言来得太早意味着构成它的各种不同事物将会消融在一句诗的声明中，我感觉有什么事情正在发生，而我同时又不想让它发生。还有，和通常一样，两种对立的力量将致力于彼此消除。"未解决地到来"也许是件好事，但"来得太快"却不是好事。

《巴黎评论》：所以，对你来说，一首诗以其本身为目标，而不是指向某种抽象、某种有别于自身的东西的线索？

阿什贝利：是的，我愿意它成为史蒂文斯所说的全新的目标。我的意图是给读者一种愉快的惊奇，而不是不愉快，不是平淡无奇。我认为，当你读诗时，这就是愉悦发生的方式。多年前肯尼斯·柯克和我彼此做了一个对话，我一九六四年时说的话，切合于我们现在谈论的东西。"做一个好的艺术家，同时又能明智地解释自己的艺术，这是相当困难的。事实上，你的艺术越是糟糕，谈论起来越是容易，至少我愿意这么认为。含混似乎与幸福或愉快的惊奇是一回事。我假设，既然生活不可能是一次持续不断的性高潮，真实的幸福就是不可能的，而愉快的惊奇便被提到了情感的前列。摆脱痛苦的念头与含混有关。含混认为自己能够有最后的解决，然而相反，确定性意味着更进一步的含混。我猜这就是为什么如此'压抑的'现代艺术却使我们感觉快乐。"

《巴黎评论》：能解释一些与含混和确定性有关的悖论吗？

阿什贝利：万物处于一种运动与演进的连续状态，如果我们抵达了一个时刻，我们所说的确定性，就在这里，这是宇宙的终结，那么，我们当然就必须与之后继续的一切打交道，然而，含混似乎是要把进一步的发展考虑在内。我们会认识到，现在的时刻可能是永恒的时刻，或者是一系列永恒时刻之一，每一个都将与它类似，因为，在某些方面，它们就是现在，而不是在其他方面，因为到那时现在将成为过去。

《巴黎评论》：批评家们在说明你的诗是关于什么的时候似乎有相当大的麻烦，这是不是个讨厌的事儿？

阿什贝利：你也许读过大卫·布罗姆维奇（David Bromwich）在《纽约时报》上对《如我们所知》的评论。他断定整本书涉及的是白银时代的生活，而不是黄金时代。这个想法只是连同其他许多事情一起短暂地出现在《连祷》之中。这种武断能够让他对付诗歌。在《连祷》中，我打算写某种极其散漫的东西，它将超出批评之所及——不是因为我想惩罚批评家，而是因为这会在某种程度上例证生活的充实，或者你希望的话，也可以说是生活的空虚，或是无论如何，它的无量纲性质。而且我认为，任何真正的艺术作品都排除不了批评的危险性；如果它还有什么重要的东西要说，那就不是它的任务了。（我不期望批评家们能够支持我的这一观点，尤其当批评已经把自己设立为一个独立的艺术分支，而且，也许还隐含着把自己当成了最为重要的一个分支。）这首诗篇幅相当巨大，各部分之间缺少连贯性，有鉴于此，我真的看不出一个人如何能够批评性地对待这首诗，所以我猜想批评家需要事先起草某些指导方针。这是篇非常富有同情心的评论，我也很欣赏布罗姆维奇，但他似乎留下了很多未经考虑的东西。我很高兴我的方法给每个批评家都提供了可资憎恨或喜爱的东西。在我看来，我的诗歌有其自己的形式，这是我想要的形式，即便别人不会同意它的存在。我感觉在我的诗中始终存在着一种决心。

《巴黎评论》：你注意到《纽约书评》上就有关该如何阅读《连祷》所

爆发的争议了吗？是否一个人应该读完所有的声音 A，然后是所有的声音 B，或者是以某种方式把它们混起来……

阿什贝利：我不认为存在任何的特殊方式。我似乎用我的指导说明打开了一罐子蠕虫，那是出版商要求我加进去的，亦即各部分应同时阅读。我不认为人们会像别人设想的那样读东西。我自己会向前跳几章，或是这页读一点儿，那页读一点儿，我假定人人都是这样。我只是想要整件事，如我曾说过的，像模像样；它不是一个具有紧密结构的形式，所以你喜欢怎么读都可以。我认为我把诗当成了一种环境，一个人没有必要关注自己所处环境的每一个方面——事实上，这也不可能。这就是为什么它结果成了这样。

《巴黎评论》：一个人在某一时刻的环境吗？

阿什贝利：不是，它是一连串连续的时刻。我总是有感于一个人的生命从一个时刻到下一个时刻是多么困难又是多么容易——尤其在旅行的时候，就像我不久前在波兰那样。每隔几分钟就有一个问题——一个人不知道自己是否就要上飞机了，或是他们会不会没收自己的行李。莫名其妙地我完成了所有这一切，而且回来了，但是我意识到这有多么困难，与此同时又感到快乐和新奇。苏珊·桑塔格也出席了这次作家会议——只有我们四个人——有天晚上在华沙有人给了我们一场芭蕾舞的票。我说："你认为我们应该去？听起来不会很有趣。"她说："当然，我们应该去。如果无聊那也会是很有趣的。"——结果正是如此。

《巴黎评论》：考虑到你有关《连祷》的说法，似乎在某个方面你把它留给了每个读者，让他们用你提供的原材料创造出自己的诗。你在写作时想象过一个理想的读者没有，或者你是否考虑过有种种不同理解的情感？

阿什贝利：每个作家都要面对为谁写作的问题，而我认为，没有人能令人满意地想象出这个"耽于感性的普通人"会是谁。我尝试尽可能宽泛地面向读者，让尽可能多的人能来读我的诗。所以，我使之非个性化，但又以同样的方式使之个性化，这样，一个与我不同的人也同时与我相类似，恰恰因为他与我不同，既然我们全都彼此不同，我们就能看出里面的东西了。你知道——我是向空气中射了一箭，但我只能瞄准空气。往往在我朗读完诗歌之后，人们会说："我以前真的从你的作品中得不到任何东西，但现在我听你自己朗读，我就能看出里面的东西了。"我猜测是我的声音和我的自我投射与诗啮合了。那很好，但是这也相当让人悲哀，因为我不能和每一个潜在的读者坐在一起，大声为他们朗读。

《巴黎评论》：你的诗歌往往有一种口语特质，尽管它们不是独白或对话。你是否尝试过创造一些人物，让他们在你的诗歌中说话，还是全部都是你自己的声音？在对话中说话的也许是你自己声音的两个方面？

阿什贝利：我看那不像是我的声音。我与我的分析师就此有过许多争论，他实际上是南美的一位钢琴演奏家，更感兴趣的是弹钢琴，而不是做一个治疗师。他说："是的，我知道，你总是认为这些诗来自其他什么地方。你拒绝认识到实际上是你在写诗，不是某处的某个幽灵口授的。"我很难认识到这一点，因为我对自己是哪种人的印象实在很模糊。我知道我显得与众不同，因为我在不同的场合有不同的行为。有些人认为我非常懒散可爱，有些人认为我自负和难以相处。或是像爱德华·李尔（Edward Lear）在他的杰作《认识李尔先生有多么愉快》中所表达的："有人认为他脾气暴躁而古怪，但是有少数人发现他足够讨人喜欢。"我想，我就是上面说的那样。当然，我的理智告诉我，我的诗不是口授的，我不是一个预言家。我设想它们来自我的一个部分，我与这个部分没有太多联系，除了我在实际写作之时。其他时间我想让这另一个人休息休息，这另一个我的自我在诗中说话，他不会厌倦，也不会停止。

《巴黎评论》：所以你感觉自己有若干个自我？

阿什贝利：不，我认为恰恰是和常人一样。我的意思是，我们全都不同程度地依赖于在一个特定时刻碰巧和谁在一起，以及我们在做什么，但我要说此外别无其他。

《巴黎评论》：有些人认为你设立了一些角色，让他们在若干首诗中交谈。一个人可能会说，在《连祷》中你有角色 A 和角色 B，他们彼此非常相似。有时可以合理地把他们看作即将分开的恋人，其他时候他们看起来就像是一个性格的两个侧面。

阿什贝利：我认为我是在尝试复制出我内心中鸣响的复调音乐，我不认为它与别人有根本上的不同。毕竟，一个人的精神总是在变化，变成稍有不同的东西。但是我过去在做什么？也许这两列诗就像是两个我同时爱上的人。我的一个喜欢这首诗的学生说，当你读一列时，你开始"想念"另一列，就像当你和另外一个人共度时光的时候，你会想念一个你爱的人。我曾半开玩笑地说，我的目的是将读者的注意力引到两列之间的空白处去。这也许是一部分的原因。阅读是一种乐趣，但是读完了，来到结尾的空白处，同样也是一种乐趣。

《巴黎评论》：认为你的诗是口授出来的这种观点，让我想知道，对你而言，创作是否牵涉到灵感这类东西，诗歌仅仅是将已经完成的东西倾泻出来，而不是一个写写改改的艰苦过程。

阿什贝利：最近以来发生在我身上的事情就是那样。事实上，既然我没有很多的自由时间（诗人很少有自由时间，他们必须设法谋生），我已经把自己调整得几乎随时都可以写作的状态。有时这不管用，但在总体上我感觉诗歌始终在我内心进行着，像一条地下河。一个人可以垂下自己的桶，把诗歌汲取上来。（这是海米托·冯·多德勒［Heimito von Doderer］的小说《群魔》开头一段中的一个非常棒的说法，我此刻手头上没有这本书。）它不会与我以前写的东西有什么不同，因为它有同样的出处，但是它又有所不同，因为特定时刻的环境不同了。

《巴黎评论》：很多诗人说诗歌来自潜意识，而不是意识。你同意这种说法吗?

阿什贝利: 我认为诗歌也许是从那里起源的, 但就我的情况而言, 我认为它途中要经过我的有意识的头脑并且受到它的监督。我不相信自动写作, 像超现实主义者曾经实践过的那样, 纯粹是因为它并非整个精神的反映, 它有部分的逻辑与合理性, 那部分也有自己的发言权。

《巴黎评论》: 你是用打字机写还是用手写?

阿什贝利: 我用打字机写。我并不习惯, 可是当我在写《滑冰者》时, 句子长得难以把握。在我来得及写下它之前, 我会忘记句子的结尾。我突然想到, 也许我应该用打字机干这个, 因为我打字比我写字要快。于是我就这样做了, 从此我大部分时间就是这样写东西了。偶尔我会用笔写一首诗, 看看是否我还能用笔写。我不想永远束缚在这台机器上。

《巴黎评论》: 你有固定程序吗?

阿什贝利: 是的, 其中之一就是使用这台非常老的、大概一九三〇年左右的、我提到过的英国打字机。我不愿意去想它最后用坏的时候会发生什么, 尽管你有时依然可以在西二十三街的那些二手办公家具店里找到, 它们本身已经是濒危物种了。那时我就会像其他人那样拖延, 但肯定比大多数人要严重。想要写作的日子里, 我通常会把早晨浪费掉, 下午去格林威治村散步。(我住在切尔西附近, 从那里出发去散步, 那是个怡人的地方, 尽管散步回去也许就不那么令人愉快了。) 有时这种散步会花费很长时间, 我偏爱的傍晚时分就会过去。我真的无法在夜里工作。早晨也不太行, 那时我有更多的思想, 但是我无法判断它们, 似乎是这样。我从来无法将我浪费在这上面的时间用于其他目的, 比如回复信件。除了浪费, 什么用都没有。我从来没有尝试过席勒的烂苹果, 但是我在写作时喝茶, 那大概是唯一我喝茶的时候。总体而言, 我相信与过去相比, 我的障碍和固定程序已经变少了。我通常不太会感觉受阻, 尽管它仍会发生。当你情绪不对头或者是天气反常时, 重要的是试着去写。即便你没有成功, 你也锻炼了力量，以后会有用。我认为随着年龄渐长，写作也变得更加容易了。这是个实践问题，你认识到你不再有年轻时那样大把的时间去浪费了。

《巴黎评论》：你的诗修改得厉害吗？

阿什贝利：不会了。我习惯付出大量劳动，但因为我强烈地希望避免所有不必要的工作，我设法训练自己不去写我将来不得不抛弃的东西，或者要被迫付出大量精力去重写的东西。事实上，就在昨晚，一个朋友提到她有我一首早期诗歌《书在桌子上》的草稿副本，里边有大量修改的地方。我记得那首诗，因为它给我带来了很大的困难——我写了一个星期左右，始终没有真的感觉满意。当她提到它的时候，我认识到，最近三十年来我的写作方式已经发生了多么巨大的改变。尽管有一些诗歌自从我写完甚至到今天我都不满意，可我做出的大部分修改都是非常次要的。我喜欢尽可能靠近原初的思想或声音，不去用编辑修订来歪曲它。这是我刚刚读过的马克斯·雅各布的东西，是安德烈·萨尔蒙（André Salmon）在给雅各布的书《伪君子的拉德芳斯》写的笔记中引用的。他谈到在巴黎长途散步当中用笔记本写长篇或短篇小说。我给你翻译一下："我用这种方式发现的思想在我似乎是神圣的，我连一个逗号都不改。我相信直接来自于沉思的散文是具有大脑形式的散文，它是禁止触碰的。"

《巴黎评论》：你用什么来决定断行？是否有某种韵律上的考虑，或者说你是在写自由诗？

阿什贝利：我不知道。我仅仅知道我什么时候感觉应该断行了。我过去经常说我的建行准则是它应该至少包含两个有趣的东西。但是我最近的很多诗歌不是这种情况了。在《连祷》中有些行只有一个词语。当我写作这首诗时——好吧，实际上这种情况是从那之前的长诗《栗色的女仆》开始的——我几乎被断行的概念迷醉了。仿佛我写作只是为了抵达这个时刻，这个决定。但是，虽然断行对我是很重要，但我并不真的明白我是怎么知道什么时候要断行的。我对抑扬格五音步感觉非常不舒服，我最初开始写诗时就发现，想写出合意的无韵诗并不是不可能的。不知怎么，对我而言，韵律似乎是对诗歌的歪曲。它有着与自然无关的自己的秩序。上大学时，我习惯于写一种四拍子的诗行，在我看来，它似乎要真实、诚恳得多。无论如何，现在我认为它就是自由诗。

《巴黎评论》：是什么促使你开始写一首诗的？是一个思想，一个意象，一段韵律，一种处境或事件，一个短语，还是别的东西？

阿什贝利：上面所说的因素都有。一个思想会在我脑海出现，某种非常陈腐的东西——例如，难道这不是很奇怪吗，可以同时说话和思考？那可能就是适合一首诗的一个思想。或者某些词语或短语会引起我的注意，带着一种我以前没有意识到的意义。而且，我经常把我偶然听到的别人说的话放进诗中，比如在街上听到的东西。突然，从一个人身边动荡停息的流动中，有什么东西固定下来，似乎具有了某种重要性。事实上，《什么是诗歌》这首诗中就有一个这方面的例子。它的最后一行是我在一家书店中偶然听到一个男孩对一个女孩说的话："不久它能给我们——什么——？一些花吗？"我不知道它的来龙去脉是什么，但是我突然觉得这就是我结束这首诗的方式。我相信幸运的意外。我的诗《滴漏》结尾的最后两行，来自我多年前第一次去意大利旅行时保存的一个笔记本。实际上我在旅行期间写了一些诗，我通常不会这么做，但我是第一次访问那里，这让我非常激动。所以，多年以后，当我试图给《滴漏》结尾时，我变得非常紧张，我偶然打开那本笔记本，发现了我已完全忘记的这两个句子："当早晨寂然不动，当身体／被傍晚的面孔改变之前。"它们恰好是我当时需要的东西。但是单独的事本身真的没有这么要紧。很多时候我会草草记下思想和短语，而我在准备写的时候又找不到它们了。可是这不会造成任何差别，因为无论那时出现了什么，都会有同样的品质。任何存在的东西都是可以替代的。事实上，往往我会在修订时移除最初激发出的思想。我认为我对思想之间的运动更感兴趣，而不是对思想本身，一个人从一点过渡到另一点的方式，而不是目的地和起源。

《巴黎评论》:《三首诗》是大型散文，散文诗，而不是诗。有些读者会相当激烈地反对称之为诗歌。在这种形式当中，我想知道的是，对你来说，在什么地方特别能发现诗歌？构成诗歌的不可或缺的元素是什么？

阿什贝利：那是一个出色却无法回答的问题。很长一段时间，我的诗中一直存在着一种非常散文化的语言，一种平常说话的语言。在我看来，我们在谈话的时候才最像我们自己，我们以一种非常不规则的和反文学的方式谈话。在《三首诗》中，我想看看最为散文化的语言能实现怎样的诗意。我指的不仅仅是新闻笔调，还有非常努力地显得有诗意但又构不成诗意的膨胀的修辞。我的目标之一一直是尽可能多地把不同种类的语言和音调放在一起，将它们突然转换，让它们全部重叠。有时有一种非常天真浪漫的音调，各种陈词滥调，同时还有一种更为深思熟虑的有诗意的声音。《网球场宣言》中的一些诗，在某个方面也是对极少主义的回应，比如《欧洲》，有时只是少数几个分散的词语。我设想我最终要用词语盖满一页又一页，很多情况下甚至不分段——是不是我这么做还能感受到诗歌给予我的满足？我不太明白为什么有些人这么反对散文诗，它当然是一种可敬的血统纯正的诗歌形式。事实上，从我的口味来说有点太纯正了。在《三首诗》之前我几乎没写过散文诗，因为在大部分过去的散文诗中似乎始终存在着一种修辞上的虚假——例如，波德莱尔的。我想要看看没有了那种自我意识的戏剧，是否还能写散文诗，那似乎是它相当大的一个组成部分。所以，如果它有诗意，那可能是因为它试图靠近我们谈话和思考的方式，不期待我们所说的东西被记录或记忆下来。人们平素交流的动人特质和生动性在我看来就是诗歌。

《巴黎评论》:你曾谈及阅读青年诗人的诗，并意识到你影响了他们的创作。你说这么做对你的一个基本好处在于，它提醒你当心你自己作品中的"阿什贝利主义"。阿什贝利主义是什么意思？

阿什贝利：是的，我发现自己大量使用一些常备词语。当我对此有所意识的时候，这是一个警报，意味着我正在求助于过去起过作用的东西——它是目前我的思考停滞的一个迹象，而不是说一些词语或短语本身有什么糟糕之处。例如，"气候"一次在我的诗歌中大量出现。所以我试图予以审查，除非我觉得没有别的词语可供选择了。我似乎也非常喜欢涉及渗透性的词语，如"吸收"和"过滤"，就像过滤到土壤里的那种东西。我不知道为什么这些特殊的词语吸引我，除非是因为它们象征了存在与经验的缓慢而活跃的性质。而且还有一种典型的音调，我的诗歌中往往存在的饶舌性质，它背后的想法在于，有些事比"所有这些骗局"都要重要，也许是如此，有时我也会纠正这点。

《巴黎评论》：我认为从一个像你这样对绘画有着强烈情趣的诗人那里，我们有很多东西值得期待。各种各样的批评家都暗示过，你是词语中的风格主义者，或是抽象表现主义者。你意识到这样的东西没有——或许你是在用词语做一个立体主义的实验？

阿什贝利：我认为《凸面镜中的自画像》是一件风格主义的作品，我希望这是在这个词的好的意义上说的。后来，风格主义变成了矫揉造作，但起初它是一种纯然的新奇——帕米加尼诺（Parmigianino）是早期的风格主义者，正好与米开朗基罗接踵而来。我也许受到了——我认为或多或少是无意识的——我所看到的现代艺术的影响。立体主义的同时性当然感染了我，同样还有抽象表现主义的观念，作品是自身向存在生成过程的某种记录；它具有一种"反指涉性的知觉"，但是它全然不同于将一桶词语抛掷到纸页上，就如同波洛克（Pollock）泼洒颜料那样。它比那个更为间接。我刚刚大学毕业时，抽象表现主义是艺术中最让人激动的东西。还有实验音乐和电影，但是相对而言诗歌显得十分保守。我认为在某个方面它依然如故。一个人可以接受毕加索画的两个鼻子的女人，但是诗歌中对等的尝试却让同样的读者困惑。

《巴黎评论》：尽管有其自己的欣赏者，《网球场宣言》似乎一直是普遍遭人反感的书——因为它的难度，它的晦涩，诸如此类。从今天的角度来说，你对这本诗集有什么感受？

阿什贝利：这本书的很多诗与之前或之后写的诗相比，我都不是那么感兴趣了。我预料不到能有第二本书出版。机会来得非常突然，当果真有了机会的时候，我就把自己正在写的东西寄了出去。但是我从未期待过这些诗有见天日的时候。那时我感觉我在需要转变自己的写作方式上，我有点无所事事，于是我就尝试做点以前没做过的事。我意识到，往往我以前没有做过的事要次于我已经做过的。但我喜欢这本书中的一些诗。我直到最近才认识到这点，开始在巴黎生活之后，有段时期，我决定要以一种不同的方式写作，那时我抵达了一种中间风格，也就是说《一些树》和《欧洲》之间。例如，《他们只梦见美国》《我们的青春》《还要多久我才能继承那神圣的坟墓……》。那些是《网球场宣言》中的早期诗歌。我不太知道为什么我不再那样写了，我觉得这些诗是有效的，一种我本应该继续追求的新方式，但是我没有。最近两三年，我回头重读了一些我以前不喜欢的诗，我断定它们中的确有某种我可以重新探索的东西。我认为我在《连祷》中多少做到了这点。这首诗当然有些令人吃惊的东西，就像《网球场宣言》中的一些诗激怒了批评家一样。

《巴黎评论》：你的作品总体上受到批评界的认可，你对此有何感觉？

阿什贝利：我很高兴我的诗似乎找到了读者。我不太清楚这是怎么发生的。但是让我失望的是，我的诗歌已经成了一种切口，人们觉得自己必须加入一方或是另一方。在我看来，诗歌本身反倒迷失在了围绕它的争议之中。我常常感觉，双方更熟悉的是有关我的作品而衍生出来的神话，而不是作品本身。我要么是一个有灵感的预言家，要么就是一个试图折磨读者的江湖骗子。我的作品已经成了一种政治橄榄球，对于某些人具有红旗的性质，甚至在他们开始关注诗本身之前。我认为名声，有些名声，就是这样创造出来的，但是我讨厌看到人们甚至在开始读我的诗之前，就被我的诗歌是什么的成见所恐吓。我认为它提供了某种东西，它不是写出来就不让人读的。

：你是否发现你的学生在写作上教会了你什么东西？

阿什贝利：我力图避免从学生那里学到的众所周知的陈词滥调。我也不相信存在什么高贵的东西，让一个作家可以去教给别人，当你能够出去帮忙做一些世俗性的工作，花时间在你的写作中打滚是一种自恋。作家应该写作，而诗人尤其喜欢在别人的任务上面花费太多时间，比如教导人。然而，既然我们这么多人都必须这么做，有些事就要说一说了。当你在读学生们的作品的时候，你被迫动用一种批评性的注意力，你不会把它用在其他方面，当你返回自己的写作之中，那会对你有所帮助。沉浸在一群未经检验的青年作家当中，他们相当苛刻严肃地对待自己所做的事情，这样做有时对于我们这些无动于衷的老人具有一种矫正性的效果。此外，他们也许在写伟大的诗，只是没人知道，因为还没有人见过。我有时想，在很年轻的时候，我和我的朋友们经常在彼此诗歌中看见的"伟大"，与这伟大无人知晓的事实有很大关系。它能够变成任何东西；可能性是无限度的，往往就是这样，最后在我们的书中我们才被发现、识别和确定下来。

（原载《巴黎评论》第九十期，一九八三年冬季号）

德里克·沃尔科特

杨铁军 / 译

一九八五年六月中旬，我去德里克·沃尔科特的家乡圣卢西亚岛访问他。圣卢西亚是加勒比海东部四个向风岛之一，岛上多山地，一面朝大西洋，另一面朝加勒比海。整整一周，我和沃尔科特住在亨特海滩度假屋两间挨着的平房里，距离他出生、成长的卡斯特里只有几英里。在那有点摇摇欲坠的大屋外，有几张石桌、几把石椅，用水泥灌浇在草地上，再过去是一排椰子树，然后几码开外就是加勒比海，沃尔科特称之为"大海剧院"。在圣卢西亚，随时随地都能意识到大海那无可逃避的存在，这种感受深刻影响了沃尔科特作为岛民和一个新世界诗人的意识。

住在沃尔科特的隔壁，虽只有一个星期，也能见证到他如此多产的原因。作为一个勤奋的多产作家，沃尔科特常常凌晨四点半就起来写作，一连写四五个小时才停下，这时其他人才刚起床。一台蓝色的便携打字机旁，竖了一个小画架，他刚在上面为妻子诺兰画了一幅铅笔肖像，还有几幅为《哑剧》电影版绘制的水彩故事板（他在给这部电影写脚本）。另外，他刚完成关于一个钢鼓乐队的剧本草稿、一篇美军入侵格林纳达的长文《黑暗之心的美好往昔》、一本诗集手稿《阿肯色的证言》。在我访问期间，他还有两部电影杀青，基本剪辑完毕：一部是他去年在圣卢西亚上演的戏剧《海地之土》的电影版，一部是关于哈特·克兰的纪录片，将在公共电视台播出。有时你会感觉，虽然他以诗闻名于世，却忙于如此多的其他项目，写诗只能见缝插针似的。

对话进行了三天——下午或傍晚开始，天黑为止。我们坐在草屋外面的桌椅上，能听到风刮椰树、海浪拍岸的声音。沃尔科特五十开外，身形结实，还是下午在海滩上的装扮：光脚，棕色的沙滩运动短裤，棉织薄衬衫。肩上常搭一条条纹浴巾，头上欢快地压着一顶白色的沙滩帽。不是在抽烟中，就是在点烟中。

——爱德华·赫施（Edward Hirsch），一九八六年

《巴黎评论》：作为开始，我想请你谈谈你的家庭背景。在圣卢西亚，你很多方面都是非典型的。比如，岛上的主流是天主教，你却从小生长在一个卫理公会教派的家庭里。你的家庭似乎对艺术特别着迷，这也很不寻常。

德里克·沃尔科特：我的家庭背景，说来只有我母亲一人。她寡居了多年。我父亲早逝，死时应该是三十一岁。我有一个双胞胎哥哥，还有一个姐姐、两个姑姑。但我的直系亲属就只有我母亲、哥哥、姐姐和我。我妈妈是个老师，记得很小的时候她常会在家里高声朗诵。我看过父亲的画、他写的诗，客厅挂着他亲手画的水彩，还有他丰富的藏书：很多狄更斯、司各特，相当多的诗集。一台手摇留声机，一批古典唱片。所以，我的家庭一直对艺术有兴趣。我们作为卫理公会少数派，却生活在法国天主教为主流的岛上，总是有一点被围攻的感觉。圣卢西亚的法国外省司铎所提倡的教义代表了一种非常死板、充满偏见，几乎有点迫害之嫌的中世纪式宗教。这种教义主张把所有新教徒划到地狱里去。所以我们对自己的立场有步步为营的感觉。事情从没坏到不可收拾，但我们确实有抱团取暖的需要。这对我来说不无好处，因为我作为新教徒，培养了质疑权威的能力。在那代人中，在我的年纪，没有人敢质疑教会包罗一切的绝对权威。即使到了六年级，我和学校的朋友还会经常争论宗教议题。这是件好事。我认为年轻作家应该是个异端。

《巴黎评论》：在一篇名为《离校》的文章里，你谈到父亲对诗歌和绘画的双重爱好虽然是业余的，却不可避免地影响了你对两者的使命感。你能谈一谈他的作品及其对你的影响吗？

沃尔科特：我母亲快九十岁了，还在不断地讲起我父亲。从小到大，我都能感受到父亲早逝给她带来的伤痛，父亲的行为给她带来的自豪感。父亲死的时候很年轻，死于乳突炎，也就是耳朵发炎。当时的圣卢西亚医疗条件很原始。我知道他当时不得不去巴巴多斯动手术。我对他的死没有记忆，但因为他的画，我一直能感到他的在场。他有一幅水彩自画像，镶在椭圆形的画框里，旁边挂着我母亲的油画肖像，对一个业余画家来说，那幅画相当不错。记得有一次我发现了他给一场演出所画的月光布景，演出是一群办音乐会、朗诵会之类的活动的人搞的。所以，影响始终都在。不过我并没有因此变成一个郁郁寡欢的病态孩子。相反，在某种意义上，它施加给我一种刺激，一种延续感。我感觉我在延续他未竟的事业。

《巴黎评论》：你是什么时候发现他的诗的？

沃尔科特：我提到的那些诗并没有结集。我记得几首用南美方言写的幽默抒情诗，也许是他为某场演出写的。是些短小、诙谐，有点讽刺性的东西。我不记得他有性质比较严肃点的诗。我对他的艺术作品记忆尤深。我记得他用水彩临摹过米勒的《拾穗者》，非常逼真，挂在我家的客厅里。原作是一幅油画，直到现在，那幅临摹的精美还刻在我的脑海里。他对水彩有一种敏锐的捕捉。后来，我发现我的朋友，哈罗德·西蒙斯（Harold Simmons），是从我父亲那里获得灵感的，而他是个专业画家。所以，我和父亲的熟人以及以他为自豪的朋友的关系，构成了一种连续性。我母亲会给我们讲这些，我也是那么感觉的。

《巴黎评论》：你的自传体长诗《另外一生》表明，有两个画家对你的成长有关键性的作用，一个是你的导师哈罗德·西蒙斯，在诗中被称作哈里，还有你的朋友邓斯坦·圣欧米尔（Dunstan St. Omer），在诗中改称格莱歌利亚斯。你能谈谈他们对你为什么如此重要吗？

沃尔科特：哈里是我们的老师。他的画室里堆满颜料，放着音乐，听说他是我父亲的好朋友。他发现我们喜欢绘画，就邀请我们四五个人到他的画室，在游廊里坐下。给我们备了画具，告诉我们怎么画。如果在别处，在城里，这个似乎不算什么，但在像圣卢西亚这样的贫穷小国，这就非常罕见了。他鼓励我们周六下午来学画，他用自己大量的画作包围了我们，作为范例。在画室里，且不说别的，他的藏书，他的音乐，他的指导，还有他全身心的投入，所形成的那种气氛本身就是极好的引导了。他的影响并非完全是技术性的。当然，我也从他那里学到了一些技巧，比如怎样画好天空，怎样给纸张润水，怎样一圈圈晕染，怎样画效果好，怎样全神贯注等等。最重要的是他作为职业画家的风范给我们的榜样作用。后来我们中间年龄较小的几个不画了，只有我和圣欧米尔坚持下去。我们经常一起出去写生。我俩在同一时间发现了绘画。

《巴黎评论》：你那时有没有一个最喜欢的画家？

沃尔科特：我真的感觉我可以从塞尚那里学些东西——类似圣卢西亚旱季的橙色、绿色和棕色。我以前常从屋顶看远处的维吉 ①——军营还在，能看到淡橙色的屋顶、砖墙、树屏、悬崖，还有那单调的蓝海，这些都让我想起塞尚。也许是因为立方体的硬朗和竖直线条吧。就好像他熟知圣卢西亚风景似的——从那里，你能看到他的画怎样脱胎而出。当然，也有其他画家，比如乔尔乔涅（Giorgione），不过我画画的时候，想起塞尚使我平添了很大的力量。

《巴黎评论》：《另外一生》描述到你的经验的顿悟，似乎确定了你作为诗人的命运，并让你对所出生的岛屿建立了牢固的责任，对此你如何

---

① 圣卢西亚首都卡斯特里里的一个区域，18世纪法国人在维吉建了军事堡垒。

看待？

沃尔科特：有些话人们在访谈中不说，因为会显得傲慢、感伤，或者太神秘。我从来没有把写诗和祈祷分别开来。我越来越觉得它是一种天命，一种宗教天命。我在《另外一生》中描述的，关于在山上感受到的一种幻灭，是年轻作家常有的经验。我感到忧郁的甜蜜，一种生命有限之感，或者无限，一种感恩之情，因为你的所感是一种天赐，为此而感恩，也因为大地的美、把我们包裹起来的生活的美而感恩。当一个年轻作家有了这样强烈的感受，它能让你流泪。那是一种清澈的泪水，自然而然流淌下来，而不是从扭曲的脸上淌下的。感受到它的身体融化了，变成它所见到的东西。这个过程在诗人内部持续下去。也许会在某些方面被压抑，但我认为我们在生命中继续追求那种自我消融之感，那个"我"不再重要的感觉。那是一种狂喜。年岁渐长之后，那种感觉就不常有了。特拉赫恩（Traherne）有一段话很好，他把儿童比作蹦跳的珠宝，一旦他们学会了世界肮脏的手法，就不再是了。这并非那么神秘。最终，正如叶芝所说："如此甜蜜流入胸膛，我们笑对一切，一切所见都有福了。"那种感觉从来都不曾泯灭。是一种祝福，一种传递。是一种感激，真的。一个诗人保留越多这种东西，他的性情就越真。我心中一直都有那种感激。以我的写作而言，我从来没觉得我做得到，但我也从来没觉得自己有须臾离弃。所以，在《另外一生》里，我不过是在记录一个特定的时刻而已。

《巴黎评论》：你如何写作？你把你的诗等同于祈祷，那么你的写作有什么仪式吗？

沃尔科特：我不知道有多少作家愿意坦言他们动笔之前私下的准备仪式。不过在我的想象中，所有的艺术家和作家在工作日或工作夜开始前，都有一个介于开始和准备之间的时段，哪怕很短，也都蕴含一种祈求和谦卑，因此显得仪式化。不同的作家或站或坐，面对一张白纸，有不同的姿态，甚至不同的身体态度，从某种意义上来说，他们都在胸前画十字，即使他们没有实际上那么做。我的意思是，这就好像天主教徒走入水中之前，在胸前画十字。任何严肃的对价值的追求都是有仪式的。我没留意自己的习惯是什么。不过我确实知道，如果你认为一首诗要来了，不管打字机的哒哒声、窗外的车声，或任何干扰，你都会退回到一种寂静之中，把你和外界隔离。你所从事的并非更新你自己的身份意识，而是更新你的无我状态，听任你面前的事物比你本人更重要。类似的，有时候，如果我觉得我写出好东西了，我会祈祷，我会说感谢，也许这样说有点太矫情了。当然，这并不经常。我并不是每天都这样做。我不是一个修士，但如果有时真发生什么，我会说感谢，因为我觉得那完全是运气的产物，转瞬即逝的恩典。在开始和结尾之间，写作进行当中，存在一种恍惚状态，你希望能够进入它，在那里你的智力的所有维度都同时投入到写作进程中了。但是你根本不可能营造那种恍惚状态。

最近，我发现自己起得早了，也许这是我中年晚期的表现吧。我有一点点担心。我猜这也是仪式的一部分吧：起来，煮一杯咖啡，把咖啡壶放上，点一支烟。现在，我不知道我起早是为了喝那杯咖啡还是为了写作。也许我起早是为了抽烟，而不是真的为了写作。

《巴黎评论》：几点？

沃尔科特：不一定。有时候早，三点半，你知道，这不太好。大部分时候是五点。取决于睡得好坏。不过在加勒比海地区，那个时段，一天之中的那一刻从头到尾都是美妙的。我喜欢清凉的黑暗，太阳升起时的欢乐、壮丽。特别是在我这里，日出和日出前的黑暗，起来喝一杯咖啡，不管你做什么，都是一种很有仪式感的事情。我甚至会进一步说，是一种宗教性的事情。有着它自己的法器和背景。你能感到自己的精神觉醒。

《巴黎评论》：最近，我听说你声称自己深受卫理公会的影响，怎么讲呢？

沃尔科特：私底下，我认为我在内心深处还是那么一个简单的、不曲里拐弯的卫理公会教徒。我对卫理公会的信仰怀有敬慕之心，因为它有一种安静、讲求实际的理性，是很实用的行为规范。我说的并不是狂热的原教旨主义。我觉得对它最好的形容就是"得体"这个词。得体和通情达理，是我作为一个卫理公会信徒所学到的东西。一个人无时无刻都在内心活动上为一个神负责，而不是为一大堆等级森严的天使和圣徒。我的一些早期诗歌从某种程度上讲，企图表达的就是这个。新教主义好像木匠活，讲究简单、实用。在我现今的工作和生活阶段，我把自己看做木匠，做的是木框，既简单又美好。我大量采用四行体，或者说，我一直是这样，我觉得这其中有一种非比寻常的平实，你知道，没有任何神秘之处。我在试着从最大程度上去掉神秘。我想要写的是非常直接、简约、上口的押韵的四行体，很有挑战性。别的都是装饰，是对诗歌那个关键性的立方体的表面修饰。所以，我们可以说手艺的仪式感就好像木匠放平了刨子，测量他的诗节，直截了当。在这期间，木框变得比木匠更重要了。

《巴黎评论》：《另外一生》说你最终放弃了把绘画作为职业，决定把诗作为主业。但是最近你似乎又开始画水彩了。发生了什么？

沃尔科特：我在《另外一生》中想说的是，绘画不是被理性支配的智力行为，而是被一笔一画的感性挥洒出来的。一直以来我都有这样的感觉，某种智性、某种前秩序、某种对未完成之物的批评，在妨碍我绘画的能力。我一直都在努力尝试。我觉得我画水彩更有心得了。比以前更干净了。我觉得我能画很像样的油画了。如果我去做，我也许会成为一个很好的画家。我能处理感性。我知道它意味着什么，但对我来说，这里面没有完成感。我满足于成为一个还算不错的水彩画家。但我不满足于成为一个还算不错的诗人。这是完全不同的两件事。

《巴黎评论》：你在十四岁的早熟之年发表了你的第一首诗《圣卢西亚之声》，是吗？据我的阅读，这首诗在当地引起了很大的争议。

沃尔科特：我写的是一首关于从大自然通向上帝而不是从教会通向上帝的诗。那首诗有弥尔顿的风格，把大自然作为一种学习和认识的渠道。

我把它交给本地的报纸发表了。当然，看到作品印成铅字对一个年轻作家来说是一种巨大的鼓舞。但是报纸随后发表了一封信，是一个教士写的回应（用诗体写的！），声称我的诗渎神，教会才是通向上帝的正确场所。对一个孩子来说，收到这样一封来自成人的回应，被指责为渎神，是一件大受震惊的事。对了，这个教士是英国人。更让人饱受折磨的是，回应是用诗体写的。他的意思是向我表明，他也能写诗。他的诗是双行体，我的是素体无韵诗。我可以想象，如果现在回头来看，我的那首还是更好。

《巴黎评论》：大部分英美读者把《在一个绿色夜晚》作为你的第一本书。但是，你在国外出书之前，已经在西印度地区自己掏钱印了三本小册子。你是怎样出版第一本书《诗二十五首》的？

沃尔科特：我以前每天都用一本练习册写，一开始写有了很高的原创性。用力很大，努力写到自己的感觉上限。我阅读奥登、艾略特还有所有人，我记得当时巨大的喜悦和解放感，类似上瘾的感觉。头一天写得好像斯彭德（Spender），第二天好像迪兰·托马斯。当我觉得有了足够多我自己喜欢的诗，就想印成铅字。圣卢西亚乃至整个加勒比群岛都没有出版社。当时有一套费伯出版社的丛书，收了诸如艾略特、奥登等诗人的诗集，我喜欢这套书的字体和品相。我也想出一本与之媲美的书。所以我就挑了二十五首，想着，它们看起来不错，因为好像来自国外，像一本印出来的书。我去找我妈妈说："我想出一本诗集，要两百块钱。"我妈妈不过是个裁缝和学校老师，我记得她当时非常烦恼，因为她想满足我的愿望。她不知怎么搞到了那笔钱——对一个靠工资养家的女人来说，那可是一大笔钱。她把钱交给我，我把钱寄到特立尼达，书出了。收到书后，我卖给朋友们。钱也收回了。要想出一本书，我唯一的办法只能是靠自己出版。

《巴黎评论》：弗兰克·考利摩尔（Frank Collymore）写了一篇文章，高度评价你早期的诗。对一个十九岁的年轻人来说，那种经验肯定是很让人兴奋的。毕竟，他是具有开创性的加勒比海地区杂志《比姆》的编辑，爱德华·布雷斯威特（Edward Braithwaite）称他为"西印度群岛最伟大的文学教父"之一。

沃尔科特：弗兰克·考利摩尔是一个绝对的圣徒。我是通过哈里·西蒙斯认识他的。我从来没有遇见过比他更仁慈、更温柔、更体贴、更无私的人了。我永远忘不了去巴巴多斯见他的情景。被一个年纪大很多的人那样对待，充满了关怀和爱，是件美妙的事。他对乔治·莱明（George Lamming）也是同样的态度。确实有那样的人，他们热爱他人，热爱别人的作品，不管那些作品是否值得。他根本不是一个居高临下的人。他对待你的方式，不像一个做出一番要为你好的姿态的学校校长。我很幸运，在年轻的时候被人、被年纪大很多的人那样对待，好像你在精神上能和他们对等一样。他是那些人里面最好的榜样。

《巴黎评论》：你十九岁的时候称自己为"一个兴奋不羁的疯狂爱上英语的诗人"，还说作为一个年轻作家，你把自己看做是延续马洛（Marlowe）和弥尔顿那条线的强力继承人。可以就这一层面谈谈你自己吗？

沃尔科特：我来自一个喜欢宏大的地方。我们那地方喜欢夸饰，它不是一个羞于表现的社会，是一个长于修辞的社会。它是一个展演、张扬身体的社会。它是一个讲究风格的社会。风格能达到的最高成就是修辞，也就是演讲和表演的修辞。它不是一个崇尚节制的社会。加勒比海的表演家必须以适宜的夸饰来表演。一个卡利普索（calypso）歌手和圈子里的斗牛士一样。他必须全力以赴地表现。他也许能写最机智的卡利普索，但他必须把它完全传达出来，他必须击中观众的心，不管用什么技巧。节制在加勒比的舞台上是不可能的——这是好事。要想表达自己，大姿态和夸饰比谨小慎微、踮着脚尖更好。即使是私人舞台，那也是个舞台。诗的声音确实会拔高。那是一种致辞，即便只是对自己的致辞。最伟大的致辞就在修辞之中。在我成长的地方，如果你学诗，你要大声喊出来。男孩子会大声嘶吼，用夸张的姿态把诗表现出来。如果你想无限接近那种雷鸣，或那种言辞的力量，那么对别人嘟囔点什么的那种节制的声音是不行的。我成长于那样一个喜欢大姿态的社会。文学与此类似，我指的是戏剧文学，不管是希腊的还是什么地方的。诗歌的朗诵元素是我希望自己永远不会丢失的东西，因为那是一个被要求表演的声音最关键的部分。而我们现在要是说什么诗人，就相当于是邀请他们，好吧，你来告诉我一首诗。一般来说，那意思不外乎是，悄声念一首诗给我。我不属于那种诗人。

《巴黎评论》：在你早期的作品中有一种自信、炽热的特殊感。你在最近一首诗《仲夏》里写道："四十年过去了，在我岛屿的童年里，我感到 / 诗歌的天分让我成了那个被选中的人，/ 所有的经验都在朝向缪斯的火焰燃烧。"

沃尔科特：我从来没有想过我的天赋是我自己独力获取的——我必须说"我的天赋"因为我相信它是一种天赋。我从孩提时候就感到我有一种功能，也就是用某种方式把我在周围的见闻，而不是我自己的经验说出来。从孩提时，我就知道这是美的。如果你在圣卢西亚任何地方登山，爬到山顶，你会感觉到一种新鲜，同时也会感到一种不受时间影响的亘古未变——也就是你的当下所在。那是一种原初的东西，从来如此。同时，我也明白我所画、所写的周围的穷苦人，作为有色人种，从一种罗曼蒂克的角度看，并不那么美丽。我在这里生活，我见过他们，我见过一些并不需要去远方才能看到的事情。我感觉那就是我要写的东西。那就是我的工作要处理的东西。其他作家也有过类似的说法，即使这听起来有点狂傲。叶芝说过，乔伊斯说过。令人惊叹的是，乔伊斯会说，他想为自己的民族，也就是爱尔兰写作。你觉得乔伊斯应该是更广阔、更大陆的那种头脑，但乔伊斯一直坚持自己的偏狭，却同时具有堪比莎士比亚的最世界性的思考。作为一个诚实的诗人，方圆二十英里就是他的写作的界限。

《巴黎评论》：你如何把新题材和你作品中的形式融为一体的？

沃尔科特：人们看待西印度群岛文学的一个角度是：我们被剥夺的

事实，恰好成了我们的幸运。发明一个迄今为止没有被定义过的世界，是莫大的快乐。但是想象力企图探求自己的边界，并享受其为边界所限的快乐。它在对那些边界的定义中找到了自由。在某种意义上，你想给那些迄今没有定义过的人以同等的关怀。我这一代西印度群岛作家，有幸对这些地方和人民做了第一次抒写，感到了一种强有力的喜悦，同时留下这样的遗产，也就是，认识到好的写作也是能够被完成的——通过一个本地的笛福、狄更斯、理查生。我们的世界让我们渴求某种结构，而不是反叛，因为我们没有包袱，头脑中没有过多的文学。所有的一切都是新的。

《巴黎评论》：那么，置身于英语文学的伟大传统中，你怎么看待你自己？

沃尔科特：我不在那个传统里。我最主要的，绝对还是一个加勒比作家。英语并不是谁的私有财产。它是想象力的财产，是语言本身的财产。我从来不羞于和最伟大的英语诗人为伍。而这引起了很多狭隘的批评——加勒比地区的批评家也许会说，你想成为英国人，英国批评家也许会说，欢迎加入精英俱乐部。两种观点同样狭隘，分属光谱的两个极端。这不是一件要不要成为英国人的事情。很明显，我是一个加勒比诗人。坦率地说，我巴不得置身于一群更好的加勒比诗人之间。但在加勒比诗歌中我没有看到我本来以为会出现的一个更强大的能量、更强大的训练、更强大的冲动。也许是因为加勒比更多属于一种音乐性，每种文化都有自己独特的重心，很明显，加勒比海的诗歌、天赋和天才体现在它的音乐中。话说回来，加勒比海诗歌是一个新事物。我把自己看做一个传统的开始，而不是结束。

《巴黎评论》：可以说你和英语诗歌的关系在这些年里有所变化吗？随着你的写作的发展，你似乎越来越把自己归于从惠特曼到圣-琼·佩斯，到埃梅·塞泽尔（Aimé Césaire），再到巴勃罗·聂鲁达这一条线的作家里。

沃尔科特：卡洛斯·富恩特斯在《巴黎评论》访谈中谈到中美洲的根

本经验，包括加勒比海——那里已经是一片令人惊异的沃土。这里，新世界经验的整体被马尔克斯分享，被博尔赫斯分享，也仍旧被很多美洲作家分享。事实上，太多的美洲作家并没有承担整个美洲的重量。倒不是说我们得写史诗，而是说这是我们的地盘，需要我们的思考。在那些还没有被定义的地方，活力来自于对如此现状的认识：这里还没有被描述，没有被绘入图景。意思是，我站在这里，就好像一个先锋者。我是第一个观看这座山、企图描写它的人。我是第一个看到这道海湾、这片土地的人。在这里，我拿起画笔本身，已经是一个巨大的幸运。我这一代加勒比海作家，跟从 C.L.R. 詹姆斯（C.L.R.James），全都感到一种发现新世界的狂喜。那种活力和我们所处的地方息息相关，这是一个整体阿美利加的概念。阿美利加的意思是，从阿拉斯加一直到库拉索。

《巴黎评论》：你如何回应 V.S. 奈保尔一再重复的从特罗洛普（Trollope）借来的说辞"英占西印度群岛什么都不产出"？

沃尔科特：也许这句话应该理解为"英国在西印度群岛不做任何产出"。也许这就是答案。英国人离开了，这个事实要求，到现在还要求我们付出巨大的努力，修补他们的懒惰和冷漠所造成的心理创伤。加勒比海地区存在的贫穷、荒芜让人无比沮丧。观察它、从它提炼出任何有价值东西的唯一办法，就是对它深深的相信，不是对它的过去，而是对它最近的未来。不管什么时候回到这里，看到周围的荒凉和绝望，我知道我必须从信仰的库存里抽取信心。放弃那样的信仰就是背叛你的源头，就是对你的家、你的过去起了优越感。我没有那么做的能力。

《巴黎评论》：为什么罗宾逊·克鲁索的形象对你来说那么重要？

沃尔科特：在我的生活中，在社会中，曾有一个阶段，西印度群岛艺术家的形象在我眼里就好像某个遭遇海难的人的境遇。他必须从这样一个翻船、流落岛屿的概念出发重新建设。我写过一首诗《被弃之人》。我跟妻子讲我周末要去特立尼达的什么地方一个人待两天。我妻子同意了。我独自住在一栋建在海滩上的房子里，写出了那首诗。我没说这就是我的克鲁索概念的源头。但有可能是。这里的海滩通常是一无所有的——只有你、大海、周围的植被，基本上你就独自一个人。我围绕克鲁索的主题写过一些诗，各不相同。关于这个克鲁索主题一个积极的方面是，每个被带到加勒比的族群都处在一种被奴役和被弃的境遇，我认为，这正是海难流落的象征。然后你往四周一看，你必须制作自己的工具。不管那工具是一支笔，还是一个锤头，你的制作是亚当意义上的制作。你的制作不光是因为生活必需，也是因为你认识到你将在这里停留很长时间，还有一种所有权宣示的意思。从一个很宽泛的意义上讲，这就是我对之感兴趣的地方。这里面还有别的反讽，比如星期五所处的位置，他是那个被文明同化的对象。事实上，这种同化从未发生。从城市和大陆来到加勒比地区的人才是经过了文明再教化过程的人。如果他们接受他们的所见所闻，那么他们在此所碰到的事情会教给他们很多东西。首要的，比如不同民族的和平共处，特别是在特立尼达和牙买加等地方。其次，在于历史这个概念被抹去了。对我来说，在加勒比地区，被抹除这个意象向来都是存在的——持续不断把沙子冲洗一新的海浪，不断飞速变幻的巨大云朵。在加勒比，有一种持续不断的连续运动——这种印象是由大海造成的，也是由这样的印象造成的：人们运行于海中，从来都不是静止不动的。在岛上，时光的天平更为浩大——和城市里大不一样。我们不太按照钟表生活。如果你必须置身于一个你必须发明自己的事件的地方，那么，我认为，你学会的是耐心、容忍，是如何让自己成为一个工匠，而不是艺术家。

《巴黎评论》：你最近的剧本《哑剧》探索的是克鲁索和星期五之间的种族关系和经济关系。剧中一个多巴哥的英国白人旅馆主为了取悦客人，提议和勤杂工合作写一部关于克鲁索的讽刺剧。这出剧是关于殖民主义的寓言吗？

沃尔科特：这部戏的意图很简单：有两种性格类型。一个典型的英国人在公众场合是不能表露悲伤的。他的上嘴唇始终紧绷着。情感和激情是一个纯种英国人极力去避免的。剧中的西印度群岛人物要做的是逐步攻破他的心防，让他承认他也是有能力表露如此感情的，并且，表露感情并没有什么错。某种形式的精神发泄是可能的。这就是这部剧的主要含义。把两种性格放在一个舞台上，看他们的冲突会导致什么。我从来没有把它看做一部关于种族冲突的戏。在美国演出的时候，因为那里的种族对立状况，所以它成了一部冲突激烈的戏。在这里演出就没有那么深的、蕴含了真实痛苦的历史寓意。我的本意是写成一个有教谕意义的滑稽戏。其中的教谕意义在于，我们不能仅仅只是压抑痛苦，要相信眼泪的净化作用和更新作用。当然，剧中有一个冲突点，在其中两个人物必须面对这样的事实，亦即一个是白人一个是黑人。他们必须面对历史。但是，一旦那个高潮过去了，对立冲突的仪式过去了，戏才真正开始了。有人曾跟我说结尾平淡无奇，不过这样的批评一般都来自在美国演出的时候。某种形式的和解，或者双方必须在一起生活的互相适应，有时候会被人批评是一种太过轻易的解决办法。但我认为这是可能的。

《巴黎评论》：你如何区分你六十年代中晚期的作品《被弃之人》《海湾》和此前的作品？

沃尔科特：不管哪个诗人，在三十到四十岁之间，都会有一个关键的迷茫期，因为在此期间你或者沿着同一个方向继续前行，或者把你早期的作品看成是幼稚的，只是因为隔了一定距离才觉得还不错。你必须怀着这样一种心态来到四十岁，也就是重新创造混乱，并从中学到一些东西。但同时你总是担心此前的作品是平庸的、失败的、可预测的。你发现自己来到这样一个转折点，你会对自己说，呵，你成了以前害怕会成为的那种人：这个人，这个作家，享有一点名声，人们对你有所期待，你在对其迎合中陷入固定的模式。在这种情况下，我不认为它们还有什么罪的深刻性。它们的罪恶感应该更加深切才行。从某种程度上说，这些诗底下在沸腾，却在表面打磨得光滑。你知道，一个人总能在粗糙汹涌的表面覆一层装饰性的招贴。在虚无、混乱和不安之上保持柔滑的态度。在这些书中，很多的粗糙汹涌消失了，不过，这种失望将一直伴随着你。

《巴黎评论》：你能谈一谈你一九五九年创建、一九七六年离开的《特立尼达戏剧作坊》吗？你说过你想创造一个舞台，人们既可以在上面演出莎士比亚，也可以唱卡利普索，两者没有轻重、雅俗之别。你的想法实现了吗？

沃尔科特：是的，我认为我做到了。最好的西印度群岛演员是现象级的。大多西印度群岛演员都受过中学教育。他们所接受的古典学训练和阅读非常广泛，非常优秀——大量的莎士比亚，还有其他的伟大英国作家。这样的教育一旦到位，人们的阅读范围就会拓宽很多，如果他们没有读过那些伟大诗人，事情就不一样了。所以，大多数西印度群岛演员对英国古典戏剧很熟悉。他们有口音，但不是装出来的口音，而是一种优雅的腔调。我听过的最好的莎士比亚就是由西印度群岛的演员念出来的。莎士比亚的声音当然不是我们现在听到的莎士比亚，那种雌雄不分、语调高昂的BBC风格，而是一种粗糙的东西——在粗俗和优雅之间拓展出了极其宽广的音域。在这里，我们有这些东西。我们有那种粗俗，我们也有腔调的优雅。新印度群岛的演员对语言的修辞性怀有极大的兴趣。在此之上，他还和西印度群岛作家一样，因为他们都是新人：他表达的东西就是被初次定义的东西。有一种先锋的感觉。对我来说，写戏比写诗更让人激动，因为它是一种集体的努力，人们聚在一起，共同发现。一九五八年我得了一个去美国的奖金，我当时想要一个跟"演员作坊"差不多的地方，在那里，西印度群岛演员不需要附属于任何一个公司就能参加，一起探索一些简单的事情，比如，如何像我们自己说话那样说出台词，不受外来影响，没有不协调的音调，如何以尊敬的态度对待方言，如同对待莎士比亚或契诃夫那样，以及作为个人，在人民之间，亦即人民的一部分，我们自己内里的心理学是什么样子等等。开始的几年，很困难。没有什么人愿意来。我们不知道自己在干什么，我们就是临场发挥、探索、试验。我下定决心，除非有了合适的团队，绝不演出。我没有创建剧团的想法。那时候，我只想着能有演员来，大家一起工作。经过了很长的时间，最后我们终于上演了一出剧，我有了一个很棒的剧团，活跃了十七年。剧团也开始吸纳舞蹈家，还有一些非常棒的演员。我记得特里·寒芝（Terry Hands）来过一次（他现在是皇家莎士比亚剧团的副导演之一），出演《塞维利亚的小丑》，那是我当时的妻子玛格丽特建议演出的。剧场很小，好像斗牛场、或斗鸡场，我们还提供三明治、咖啡、橙子等等，观众那时都已经熟悉剧中的插曲了，跟着演员一起唱。特里对我说："德里克，你做的事情跟布莱希特差不多。"我很高兴，因为我懂他的意思。布莱希特的想法是让观众参与进来，把拳击台当舞台，或者把舞台当做大剧场，就这样得到了实现。但是，经过了好几年的时好时坏、反反复复，它最终失去了魅力。虽然我还会单独使用剧团的演员，但我不再经营剧团了。不过，运营一个剧团十七年，也足够长了。

《巴黎评论》：你说过最初开始写剧本"是因为相信一个人可以不仅仅写剧本，而是创建一个剧场，不仅仅是创建一个剧场，而是创建它的环境"。但到了一九七〇年你写《猴山之梦》的时候，那种骄傲感让位给疲倦，那种天真被绝望取代了。发生了什么？

沃尔科特：我现在在写一部戏剧，名字叫做《蓝色尼罗河的一条支流》，是关于一群演员，一个小剧团如何分崩离析的。我还不知道——我必须很快决定——结局是否很悲惨。最后的顿悟，整个结局，是一个没有答案的问题。

《巴黎评论》：这个问题是不是和国家是否应该扶持艺术有一点相关呢？

沃尔科特：我五十五岁了，战斗、写作了一辈子，一直都在或嘲弄或鼓励这样一种观念，就是国家对它的艺术家亏欠太多。年轻的时候这看起来像罗曼司，现在我年长了一些，我纳税，它是一个事实。不过，我想要的不仅仅是公路，我也想要快乐，我也想要艺术。而加勒比海地区这点做得太差。加勒比海地区的中产社会充满贪腐、自我中心、冷漠自私、自我满足、沾沾自喜，是个市侩和庸人的社会。对自己的作家和艺术家连很少的空口奉承话都欠奉。每个艺术家都对这种现状有所认识。关键是你是否要说出来，然后转身不理，一辈子都不和他们发生关联。我没有那么做，我不认为我有能力那么做。问题出在这里：大英帝国留下了一种遗产，也就是业余性。我们现在还享有的继承是这样的：艺术是一种业余活动。这种态度和布尔乔亚重商主义最糟糕的部分结合起来了，不管是法国人的、丹麦人的、英国人的还是西班牙人的布尔乔亚。我能想到的整个加勒比海地区对自己身边的事情都是这样一种顽固不化、愚顽不灵的冷漠态度。加勒比海地区存在的慈善可以忽略不计。钱很多——你看看那些房子、汽车，看看有些岛上人们的生活水平就知道了——但没人给出。如果他们捐助了，我不知道他们捐助了什么，锱铢必较就是那些小资商人、守财奴的典型行为。我不是心怀不满，不过可以这样说，所有我得到的，不管是挣来的还是以别的方式来的，都是来自美国而非加勒比。

《巴黎评论》：在加勒比海地区，什么构成了艺术生产？

沃尔科特：在世界的这一隅，艺术生产以五年为期。五年之后，人们就放弃了。我看到的是五年的人性、厌倦和徒劳。我不停去看年轻的作家，我看到同样一种绝望，同样一种想说"去他的，我不干了"的无奈。政府资助也有问题。我们有一种机械的想法，即政府只需要关心住房、吃饭之类的事务。总是有更高的优先，比如下水道、电力。从十八九岁起，我就希望政府应该认识到，每个理智的人都需要的不仅仅是自来水，也需要手中有一本书、墙上挂一幅画。年满五十五岁，我看到有所增长的只有唯利是图、自私自利，比这更糟的是，它提供一种肤浅的艺术服务。我痛恨加勒比海地区的庸俗。看到这样的民族，他们唯一的力量在于其文化，却对其漠然以待，这让我非常痛苦。特立尼达是一个很好的例子，它出产了无数狂欢节工匠。现在，政府扶持狂欢节，但那只是季节性的。我谈的是某种更地方性的、更深植的、更有机的加勒比海的观念。因为我们曾是殖民地，我们继承了一切，但我们过去认为是帝国思维的东西，却被我们自己的顽固、愚蠢和盲目短视延续下去了。

《巴黎评论》：你在《猴山之梦》的序言里抨击了政府赞助的民间艺术的粗俗化、商业化进程。你在诗和文章里谈到的一个主题，是旅游业对西印度群岛的负面影响。你可以就此谈谈吗？

沃尔科特：我以前把旅游业看做是对一种文化的摧残。现在我不那么看了，也许是因为我来这里的次数太多吧，也许我自己就是一个美国来的旅游者。一种文化处于危险之中，其实是出于自我认知。每个人都有权利来这里过冬，沐浴阳光。无人有权侵犯别人，所以我不认为如果我是美国人你就有权对我说不要来这里因为这海滩是我们的之类的话。在我讨论的那个年代，当然，奴性是问题的关键所在——侍者必须笑，我们必须如此，等等。主子–奴隶的关系延伸到了旅游业中。我认为现在的情况有变。新的一代人自身强大了，脱出了那种关系。事实上，天平倾向了另一侧，发展到对客人有了敌意的程度。做得过火了。但是，话说回来，光是演演钢鼓乐，在旅馆里娱乐客人，在哪里办一场演出，给他们一种轻浮的、欢乐的、无所谓的印象，如果一个政府或一种文化是这么呈现自己的，那么确实就是自取其辱。但如果呈现的是那些植根更深的艺术家、作家、画家、表演家，如果有更多的骄傲洋溢其中，而不是那种你亲眼见到的、游手好闲的人在城里百无聊赖地闲逛，期待有什么好事发生，岂不更好。我不是那种说你必须只为自己做事的人，因为浸淫于加勒比剧场一辈子，十七年的创作室经验，确实会让我说——是的，站起来吧，只靠自己，停止依靠政府。但是，在某个时刻，你必须对政府说，你看，伙计，这太荒唐了。我是个公民。我没有博物馆。我没有好的图书馆。我没有一个表演的场所。我没有一个跳舞的地方。这是犯罪。我说过西印度群岛被城市小资心态所统治而萎靡不振，这也是那种状态的延续，采取一种克里奥尔式的理想生活，大致就是享受好时光，别的不用操心。我的意思是，西印度群岛生活最糟糕的一面就是：享受时光，句号。

《巴黎评论》：你因何反对民俗学家和人类学家？有些人认为他们是一群在智识上值得尊重的人。

沃尔科特：我不信任他们。他们不是抹黑就是夸大。如果他们沉默，不招摇，那么他们做的是有意义的。但如果他们开始告诉别人他们是谁，是什么，那么这些人就是可怕的。我去参加过一些研讨会，听众里有民俗学家所讨论的对象，他们完全被那些理论搞懵了。

《巴黎评论》：你最有名的一首早期诗《来自非洲的不平之声》这样结尾："我怎能背向非洲而活着？"但是到了一九七〇年你却写出了"非洲的复兴在于逃到另一个尊严"，以及"当我们失去了变成白人的愿望，我们才能发展出变成黑人的欲望，两者也许不同，但都是一种生涯"。你还说成为非洲人不是一种继承，而是馈赠，是"一张账单，付给我们成为奴隶的事实"。你现在对西印度群岛作家和非洲的关系是什么看法？

沃尔科特：每个儿子身上都有一种独立成人的责任。儿子把自己从父亲身上切割出来。加勒比海地区往往拒绝切断那条脐带，直面自己的状况。所以，很多人运用的一种非洲的概念出于错误的骄傲和错误的英雄理想主义。我过去曾多次指出在历史感伤主义中蕴含着巨大的危险，我因此付出了代价，遭受了很多批评。我们最容易陷入这种感伤，因为我们受过苦，被蓄奴制所侵害。存在一种略过奴隶时代、直接回到伊甸园式的那种宏大叙事，比如猎狮等等。而我想说的是，如果你有能力，那么你要把被奴役的史实考虑进来，心境平和而无怨恨，因为怨恨会导致致命的报复心。加勒比海地区人们的冷漠很多是因为这种历史抑郁症而来的。是因为这种心态的结果："看看你对我造成的伤害吧"。这种"看看你给我造成了多大的伤害"很孩子气，不是吗？而反过来，"看看我怎么报复你"也是错的。想一想加勒比海地区的文盲比例。几乎没有人能够清晰回溯他们的族谱。加勒比海地区的整个状况就是一个文盲的状况。如果我们接受了这样的认识，亦即从一开始就不应该因历史上的那些残暴而抱有愧疚感，那么我们才能成为人。但如果我们继续郁闷下去，并诉说着看看奴隶主是怎么对待我们的诸如此类的话，那么我们永远都不会成熟。当我们坐在那里，写下阴郁的诗歌和小说的时候，时光却在流逝。我们沉浸在一种情绪中继续下去，这就是典型的加勒比写作：不断揉着过去的伤口。并不是说你应该忘却，而是相反，你接受它，就跟任何人接受伤口是他的身体一部分一样。但这并不意味着你一辈子就是为了培育它。

《巴黎评论》：《幸运的旅行者》充满了关于各个地方的诗。其同题诗详述了一个幸运的旅行者从一个欠发达国家到另一个国家及其间所发生的危机。在《北和南》中你写道："我接受我的职能／作为一个在帝国之末发家的人，／一个无家可归的、孤独环绕的卫星。"被弃之人变成了旅游者了吗？你是否还感到在家乡和国外这两极之间的牵扯之力？

沃尔科特：除了圣卢西亚，我从来没有觉得自己属于别的地方。这里有地理的和精神的落脚地。但是，这里也有现实。今天下午我还问自己，如果我有机会离开，我是否会在这里度过余生。我觉得答案肯定是否定的。我不知道我是否会为此而痛苦。感到这些贫穷黑暗狭小的房子、街上的人和你自己的区别，这是一种必然，因为你随时可以坐飞机抽身而走。本质上你是一个旅游者，一个访客。你的运气在于可以随时离开。很难切身体验你周围那些人因为贫穷或者什么羁绊没有能力离开的境遇。然而，我回来这里的次数越多，就越少感到我是一个挥霍者，或一个返家的被弃之人。也许随着年龄增长，你会越发地圈于你的生活现状、你的来历、你的误解、你应该却没做到的理解、你企图达到的重新理解之中。我还会不断回来，看看我的写作是否还没有脱离那个公共汽车上我旁边乘客的真实经验的范围——不是居高临下地和那个人谈话，而是分享那个人的痛苦和力量，这些痛苦和力量是人们在那些残酷得令人悲哀的环境里，忍受殖民主义恶果的困境中必须具备的。

《巴黎评论》：你在《仲夏》里写道"诅咒你的家乡是终极之罪"，是什么导致了你这样说?

沃尔科特: 我认为这话没错。我认为你所来自的土地就是你的母亲,如果你转过身来诅咒它,那么你就是在诅咒你的母亲。

《巴黎评论》: 你写过好些关于纽约、波士顿、古老的新英格兰,还有美国南方的诗。特别是《幸运的旅行者》的第一部分,其中一首诗题目是《美国缪斯》,另外一首说"我爱上了美国"。你对美国生活是什么感觉?你认为你在某些方面美国化了吗?

沃尔科特: 如果是的话,那么也是自愿的。我不认为我被洗脑了。我不认为那些奖金和荣誉能诱惑得了我。美国对我非常非常慷慨——不是严格意义上的慈善方式;我是通过努力获得了那慷慨。但这确实给了我很多的帮助。真正有意义的是那行诗中对美国的爱是否为真情实感。那种感情是我坐长途车从一地到另一地,在车上看沿途风景时产生的。如果你爱上一个地方的风景,那么接下来就是那地方的人民,不是吗?普通美国人不像罗马人、英国人。普通美国人不认为世界属于他或她;美国人的脑子里没有帝国主义的设计。我在他们身上看到的是温和、慷慨。他们有理想。我在美国走过很多地方,我在那里看到的东西,我依旧相信,我很喜欢。

《巴黎评论》: 你对波士顿的感觉如何?你曾把它称为"我流亡的城市"。

沃尔科特: 我总是告诉自己,停止使用"流亡"这个词。真正的流亡意味着家园完全失去了。约瑟夫·布罗茨基是一个流亡者;我不是一个真正的流亡者。我有家可归。如果压力太大,想念太甚,我总能选择攒够钱回家,在大海和天空之间恢复精神。开始的时候,我对波士顿的敌意很深,也许因为我爱纽约。开个玩笑,我老是说波士顿应该是加拿大的首都。但它是一个你逐渐会爱上的城市。我住的地方也很舒适。离大学很近。我在那里工作很愉快,我喜欢教书。我不认为我有两个家;我是一家两地。

《巴黎评论》：罗伯特·洛威尔对你影响很大。我脑子里想的是你悼念他的诗作《RTSL》，还有你在《仲夏》里所说的"凯尔①庞大的体型出没于我的班级"。你可以谈谈和洛威尔的关系吗?

沃尔科特：洛威尔和伊丽莎白·哈德维克去巴西旅游，他们在特立尼达停了一站。我记得在皇后公园旅馆和他们会面，我太慌乱了，把伊丽莎白·哈德维克称作艾德娜·圣文森特·米莱。她说："我还没那么老呢。"我整个人都懵了。很快气氛就很友好了。我妻子玛格丽特和我带他们去了海滩。他们的女儿哈里特也在。我记得和洛威尔在一个海滩上的房子里，他女儿和妻子应该已经睡了。我们点着汽灯。《模仿之作》刚出版，我记得他给我看对雨果和里尔克的模仿，问我觉得怎么样。我问他其中两节是否出自里尔克之手，他说："不是，是我写的"。这样一位声名卓著的人物征求我的意见，这让我受宠若惊，如沐春风。对很多人他都是这样交往的，非常诚恳、谦逊、直接。我非常珍视这些回忆。我们回到纽约后，凯尔和丽西②举办了一个很大的派对，去了很多人，我们的关系变得很亲密了。凯尔体型高大，却非常温柔、尖刻，是个很有趣的人。我觉得那些传记没有一部抓住了他平静时候的优雅、滑稽、温和的美。他保留了一张我儿子皮特、还有哈里特的照片，还会从钱包里抽出来给我看。他天性中有一种甜蜜的冲动。有一次我去看他，他说："我们给艾伦·金斯堡打个电话，让他过来。"太令人怀念了，我很难相信他已经不在了。从某种程度上说，我无法把我对洛威尔的爱和他对我的影响分开。我怀念他的品性和温柔，和他相识所意味的即时性。我欣赏他对接受他人影响的坦诚。他不是那种诗人，口称我是一个美国诗人，我很特殊，我有自己的声音，和任何其他人都不同。他是一个说我会吸收一切的那种诗人。他有一种多层次的想象；甚至到了中年，他也没有羞于承认受到威廉·卡洛斯·威廉斯、

---

① 凯尔（Cal）是洛威尔小时候的外号。
② 丽西（Lizzie）是伊丽莎白的爱称。

弗朗索瓦·维庸、鲍里斯·帕斯捷尔纳克的影响，所有这些影响都在同时进行。多好啊。

《巴黎评论》：具体的诗歌方面的影响呢？

沃尔科特：他对我说过一句话："你必须更多地把自己投入你的诗中去。"他还建议我去掉一行开头的大写字母，用小写。我那样做了，觉得很新鲜，这让我放松。很简单的建议，却是那种一个伟大诗人可以告诉你的非凡的东西中的一个——一个小小的开口。洛威尔对每个人的影响，我认为，是他那种到了冷酷程度的真诚，他企图把一种虚构的、此前并不存在的力量注入诗歌，好像你的生活是小说的一段——不是因为你是主角，而是因为有些以前不能入诗的东西，有些非常平庸的细节能够被照亮。洛威尔强调平庸之物。在某种程度上，让平庸的平庸，但仍旧呈现其中的诗意，这是一个巨大的成就。我认为他的直接性，他对平常事物的对抗，是最伟大的事情之一。

《巴黎评论》：你可以谈谈第一次在美国朗诵诗歌的情景吗？听到洛威尔对你不吝赞美的介绍，肯定很有满足感。

沃尔科特：我没听见他说了什么，因为我在幕布的后面，那是在古根海姆美术馆。我住在切尔西旅馆，那天我觉得应该去剪个发，于是，我就蠢兮兮地去了街角理发馆，坐下。理发师拿出电剃刀，给我剪了有史以来最糟糕的发型。我气死了，但是又没办法把头发变回去。我甚至想过戴帽子。不过我还是那样去了；顶着一头地狱级的乱发。我读到一半——我在读《来自非洲的不平之声》——突然听众席传来掌声。我以前在诗歌朗诵会上从来没有听过掌声。我没有举办过正式的朗诵会，不知怎么的我以为那掌声是在告诉我，结束了，他们以为读完了。于是我就走下舞台。处于一种震惊的状态。我走下舞台的时候觉得那掌声是他们委婉地让我下台、说"好了，谢谢，还不错"的特有方式。主持人让我回到台上继续把诗读完，我拒绝了。我当时肯定显得非常傲慢，但我觉得如果回到台上才会显得过于自负。我回到了特立尼达。因为当时没听到洛威尔对我的介绍，就跟一个政府机构的人要，他有"美国之音"的录音档案。我说我想听听洛威尔的磁带，那人说"已经销毁了"。多年之后我才听到凯尔说了什么，我感到非常荣幸。

《巴黎评论》：你是怎样和约瑟夫·布罗茨基成为朋友的？

沃尔科特：很讽刺的是，我和布罗茨基是在洛威尔的葬礼上遇见的。罗杰·斯特劳斯（Roger Straus）、苏珊·桑塔格和我去波士顿参加葬礼。我们在什么地方等布罗茨基，也许是在机场，不过他因为什么来迟了。在葬礼期间，我坐在长凳上，一个人坐到我身边。我不认识他。念悼文的时候，我站起来，瞥了他一眼，我想，如果这个人不哭那么我也不哭。我不停地瞥眼看他，看他有什么动静，但他始终保持严峻的表情。这帮了我的忙，我得以忍住泪水。当然了，他就是布罗茨基。后来，我们认识了。我们去伊丽莎白·毕肖普的家，熟络了一些。后来我们的友谊发展很快，成了永久的朋友——具体的细节记不得了。我敬佩约瑟夫，因为他的勤奋，他的勇气，他的智慧。他是一个绝佳的例证：还有如此完全的诗人，把诗歌当做艰苦的事业，而不是别的，需要全身心的投入。洛威尔也很勤奋，不过你可以感到约瑟夫的生命里只有诗。在某种意义上讲，那是我们为之而生、希望为之而生的东西。约瑟夫的勤奋是一个我非常珍视的例证。

《巴黎评论》：你是什么时候成为谢默斯·希尼的朋友的？

沃尔科特：有一篇 A. 阿尔瓦莱斯（A.Alvarez）写希尼的书评，那是一篇往轻里说、也让人不安的书评，他把希尼描述为一个蓝眼男孩[1]。英语文学里总是有一种蓝眼男孩。那篇书评惹怒了我，我就通过编辑给希尼发了一个便条，里面骂了脏话。表示我的支持、鼓励。后来，我们在纽约某人家里喝酒。从那时起，友谊开始萌芽发展了。他来波士顿在哈佛的时

---

① 蓝眼男孩（blue-eyed boy），指非常受人尊敬的人，特别是受权贵推崇的人。

候我常见他。我觉得有约瑟夫和谢默斯这样的朋友很幸运。我们三个人处于美国经验之外。谢默斯是爱尔兰人，约瑟夫是俄国人，我是西印度群岛人。我们不会卷入这样的争吵：谁是柔弱的诗人，谁是硬派诗人，谁是自由体诗人，谁不是诗人等等。能够避开争吵，处于边缘是好事。我们是美国文学圈的外围。我们可以高兴地漂到这里，却不必局限于某个流派、某种激情或某种批评之流弊。

《巴黎评论》：这些年你的风格似乎趋向于更加简单直接，更少盘结、更随意，在更安静的同时却更激烈了。这个评价是对你中年诗学风格的准确概括吗？我无法想象一本如《仲夏》的书出自年轻的德里克·沃尔科特。

沃尔科特：当然，风格是会变化的。写完了《另外一生》，我想写点短诗，更本质一些，一锤定音，写写以前没有深入的东西。它们构不成一本书的规模。好像钟摆有限度地摇来摆去。说到《仲夏》，那时候我觉得暂时不想再写诗了，虽然这听起来有点傲慢。我觉得也许我做得太过了。我要把注意力完全集中在绘画上。在绘画过程中，我会记下进入脑海的诗句。我会让它们自毁；我会说，好吧，我要把它们记下来……但用一种反诗的猛烈冲动。如果写得不好，忘掉就好了。后来一再发生的却是，那些诗行不管怎样还是出现了，也许恰好是因为那种焦躁，然后我把它们随机拼接，发现了某种松散的形式。当然，你不可避免地想把它们之间的空隙缝合起来。我发现我所做的不需要什么想象力，不是那种直线发展的、抒情的、平稳的、旋律强烈的话语——而是反旋律的。对一首诗来说，如果你赋予一首诗以个性，那是最让人激动的事——感到它变得有些反旋律。词汇变得更有挑战性了，韵律也更有趣了，不一而足。正因为你不想写，或想写一首不是诗的诗，才变得更多产、更矛盾、更复杂了。渐渐地，一本书浮现成型了。你肯定无法容忍零件和片段四下散落。我开始把所有东西焊接起来——保留一切我觉得有价值的东西。我想，好，不管这是否平常之物，它应该也有一点点更宏大的权利。这就是我认为我在《仲夏》里做到的。

《巴黎评论》：你的《诗全集》出版了，是什么感觉？

沃尔科特：你知道，你已经来到生命的某个阶段。你也明白你在某种程度上失败了，没有完全实现你的想象和雄心。这是一个非常困难的时期。我完完全全吓坏了。我不是说我学塞林格逃出大众的视野。而是不想回头看到自己那个样子。我根本不认为他就是我心目中的那个男孩——那个开始写诗的男孩——想要的，他想要的可不是赞誉，不是名声。但这令人非常烦恼。我记得迪兰·托马斯在哪里说过，他喜欢自己没出名的时候。所有我想说的归于一点：我手头确实有一本书差不多好了，希望它能弥补《诗全集》的缺陷，对《诗全集》来说它会是一个救赎。

（原载《巴黎评论》第一百零一期，一九八六年冬季号）

W.S. 默温

伽禾 / 译

一九八六年六月中旬，我拜访了 W.S. 默温位于夏威夷毛伊岛东北海岸哈伊库的家。默温夫妇（威廉、他的妻子保拉和他们的松狮幼犬毛里）住在一条曲折、多岩石的泥泞小路的尽头，在俯瞰太平洋的悬崖上。他们有三英亩的土地。五十年前，不可靠的菠萝种植破坏了红色的火山黏土。如今他和保拉护养土地，像忧虑的父母，孩子曾经非常虚弱——现在变得健康了，但是仍需要持续的关注。在他的耕耘下，地里长着各种本地蔬果：大芒果、香蕉、番木瓜树、高大的棕榈树（树叶在强风的拂扫下越发宽阔）、开着粉色黄色红色花朵的木槿、白色的栀子属植物、像是蜡雕的巨大的红色蝎尾蕉、白色的天堂鸟花和各种蕨类。这里有一个大菜园，种满蔬菜，还有一小块地，种植本地植物——其中一些是夏威夷濒危植物——被默温种在塑料盆里，受上面的棕榈叶和六角网眼铁丝网保护。

房子是默温自己设计的，外镶桉木。高高的屋顶、暗色的桉木地板、滑动的玻璃窗和门。屋外有带顶篷的大露台，放着盆栽植物和鸟类食槽。不时能望到远处的太平洋。

屋里的家具大部分来自法国乡下（老式碗橱、沉重的木餐桌），让人想起默温在那里住了多年。几乎每个房间里都有木头书架，摆满了书。书籍种类繁多，但也显示了默温关注的兴趣点是禅宗、生态学（我数到有六本《被毒化的美国》，五本"要送人"）、植物学、园艺、农学、历史（包括美国原住民及其他部族社会的生活史和夏威夷本身的历史）。总之，这座房子和周围的物产给人一种感觉，这是一个囊括万物、引人入胜的世界。

威廉·斯坦利·默温一九二七年生于纽约，在新泽西州联合城和宾夕法尼亚州斯克兰顿长大。已出版十二部诗集：《双面神的面具》（1952）、《起舞的熊》（1954）、《野兽遍地》（1956）、《火窑里的醉汉》（1960）、《移动靶》（1963）、《虱》（1967）、《扛梯人》（1970，获普利策奖）、《写给未完成的伴奏》（1973）、《罗盘花》（1977）、《找到岛屿》（1982）、《张开手》（1983）、《林中雨》（1987）。他也翻译诗歌，出版了至少十五部译作，包括《译诗选：1948—1968》（1969，获美国笔会翻译奖）、《译诗选：1968—1978》（1979）。他还出版了四部散文集：《矿工苍白的孩子》（1970）、《房屋和旅人》（1977）、《没有镶框的原作》（1982）、《记忆的区域：未收录的散文：1949—1982》（1986）。他最近完成了三部新作的初稿：一部新诗集，雅典出版社（Atheneum）即将出版；一部阿根廷诗人罗贝托·华洛兹（Roberto Juarroz）的译诗集，还有一部，是与重松宗育合作翻译日本禅僧、造园家梦窗疏石的诗，北角出版社（North Point）均有出版的计划。在最近几年，他在写作数篇长文，有关夏威夷的历史和对现实的影响。默温住过很多地方——除了纽约，还住过西班牙、英格兰、法国和墨西哥，如今他定居下来，似乎是永久地定居在夏威夷。

六月一连两天，在默温的书房，我们进行了采访。都是在傍晚，通常他会花这一个小时在花园里劳作。下午的光线非常耀眼——海洋在闪烁。这两天里，默温赤着脚（在夏威夷，把鞋脱在门口是一种礼貌），穿着卡其布短裤和T恤——他在家里的惯常衣着。相当的高，灰色的鬈发，极其清澈的目光，在五十九岁的年纪，他仍显得十分男孩气，也很英俊，具有诗人的气质。

——爱德华·赫施（Edward Hirsch），一九八七年

《巴黎评论》：在过去的三十四年里，你出版了十二部诗集、三部散文集和至少十五部译诗集。可是你最近却说："写作是我知之甚少的东西。"为什么这样说？

W.S 默温：对我而言最重要的那种写作是写你不懂的东西。它一直来自我所不知道的，而非我所知道的。我一路走，一路找到它。从某种意义上说，习得的东西大多是坏习惯。你一直要重新开始。

《巴黎评论》：你每天都写吗？埃兹拉·庞德曾经建议你每天写七十五行诗句，你是否遵循了他的建议？

默温：我没有每天写七十五行诗句，但是一连几年我天天都会对着一张纸，凝视一会儿。这让人变成了某种怪物。

《巴黎评论》：为什么这样说？

默温：你必须不断地把其他事物推到一边。写作这种活动，本身并不包含诺言，却被赋予类似专断的特点，恒久的坚持非常重要。

《巴黎评论》：能否谈谈你为父亲写过的赞美诗？那些是你最初的创作吗？

默温：我想是的。那时我大约五岁。我独立写成的，它们没有用上，我非常失望。

《巴黎评论》：你具有深刻的生态及环保意识，这是从何时开始的？

默温：我也多次试图弄清楚是从何时、如何开始的。恐怕很难。我觉得早在做出大部分决定之前，这种性情就形成了。我记得有这样两件事。一件事是，我的童年十分压抑。我被教导决不能对任何人说"不"，决不能说我不喜欢什么东西，决不能顶嘴。有一天——我应该是三岁左右——两个人来了，开始砍后院唯一的那棵树的主枝，我非常愤怒，冲过去打他们。谁也没想到我的愤怒突然爆发，我父亲甚至都没有惩罚我。第二件事是，我特别喜欢一本有关印第安人的书，喜欢里面的水彩画，喜欢得我开始教自己识读旁边的说明文字。印第安人生活的地方、如何生活，似乎对我有极其重要的意义。所以我想学习阅读——英语，这甚至就够了——我想了解更多有关印第安人的生活。我现在仍然如此。我从未失去这份求知欲。比起我看到的周围这个人人视为理所当然的世界，印第安人代表着一个更广阔、更有内聚力的世界。我小时候一直可以看到纽约，无论什么时候被问到真正想做的是什么的时候，我都会说我想去乡村。我幼小的时候见过乡村，我一直想回去。我不能确定准确的起源，可是我知道可以追溯得很远。对"乡村"怀有这种感情，促使我发问，我想我问的问题对很多同代人来说算是古怪的，可是这些问题变得越来越平常了，随着我们这一物种的困境越发严重，我们的行为也是被困境所决定。小时候，我常常感到一种隐秘的恐怖——不断出现的噩梦——整个世界都变成了城市，被水泥、高楼和街道覆盖。不再有乡村，不再有树林。这似乎并非那样遥远，虽然我不相信这样的世界能够长久继续，我也绝不想生活在这样的世界。

《巴黎评论》：你的父亲是一名长老会牧师。你是否认为自己继承了父亲那种长老会的改进世界的渴望？

默温：我不认为是改进世界的渴望。世上有比我能言说的更美丽、更稀有、更重要的东西，就会有这种热爱和崇敬的渴望，而这些东西正在被人忽视并且遭到摧毁。我认为我很小的时候就感觉到了这种渴望。究竟多大程度上继承自我的父亲或他的家族，我并不清楚。周围的世界无法让我觉得满意。大街、人行道和水泥的世界是不完整的——我以前就有种植植物和树木等等的强烈愿望，现在也是如此。我记得我走在纽约和新泽西州的街道上，我告诉自己，像是一种安慰，大地真的就在下面。我谈论并且试着把那种感受写出来，但我觉得我甚至尚未开始说出它。我相信那种渴望、那种意识是我们生存所必需的，即使我们没有意识到我们正在失去什么，直到现在，很多人也没有意识到。我们同样都在失去它。我们被剥夺了根本的东西。

《巴黎评论》：这是否指与自然世界的深刻联系？

默温：联系就在那里——我们的血脉与海洋相连。是意识到那种联系。是感觉到我们与每一样生物都绝对地、密切地相连。我们不必对此觉得感伤或神圣，可是我们无法背对这个事实，还能继续生存下去。当我们摧毁了我们周围所谓的自然世界的时候，我们也就是在摧毁我们自己。我想这是不可逆转的。

《巴黎评论》：你觉得诗歌和祈祷之间有联系吗？

默温：我猜简单的回答是肯定的，仅就我认为诗歌是一种尽可能彻底地运用语言的尝试而言。如果你想这样做，你就不会把语言当作装饰，或当作娱乐，当然你也想要令人愉悦的语言。愉悦是彻底运用语言的组成部分。我觉得诗歌与生命的彻底性相关，与彻底实现一个人的经验相关，彻底地实现、表达它，让它具有意义。

《巴黎评论》：禅宗思想如何影响了你的创作？

默温：当你在犹太-基督教的语境下谈论祈祷时，祈祷往往被看作是一种二元论的行为。你是在为了某些东西向别人祈祷。西方意义上的祈祷往往被看作建立一种联系。我不认为那种联系一定要建立；它已经存在。诗歌可能和承认那种联系相关，而不是试图创作并不存在的联系。

《巴黎评论》：在你那首纪念约翰·贝里曼（John Berryman）的诗里，写道"他建议我向缪斯祈祷 / 跪下祈祷 / 在那个角落他 / 说他真是这个意思"，你怎么理解他的建议？

默温：我觉得这是非常好的建议。写诗从来就不是一项你能够完全控制的行为。意识到这一点很重要：写作是各种力作用的结果，其中有些力你甚至完全不了解。你可以把它们形容成是你自己的心灵，如果你愿意的话，它们也许是的，但是还有其他各种各样能形容它们的方式，也很恰当，或者说更恰当——如缪斯或集体无意识。更具有暗示性的方式，因此可以说更加准确。我觉得任何能够唤起未知力的方法都是好的。

《巴黎评论》：你在普林斯顿大学读书的时候从贝里曼学到了什么？

默温：我在纪念他的那首诗里已经试图有所表达，一些他做过的关键指导。不妥协是其中之一。他教导我非常严肃地看待诗歌。他无疑是我当时认识的最聪明的两三个人中的一个，他对语言充满热情，具有巨大的冲力。他绝对诚实。他乖僻，可是他对诗歌的热爱始终像一束纯粹的火焰，他是我敬佩的榜样。

《巴黎评论》：你写过《友好的不合常规者》，深情地怀念 R.P. 布莱克莫（R.P.Blackmur）。作为作家和知识分子，他是否也是你的榜样？

默温：我敬仰布莱克莫。他是导师，也像长辈，虽然关系不算亲密，里面有极重的敬仰成分。可以说布莱克莫是我所认识的印象最深的文学学者。他是我敬佩的评论家，他的观点也不服务于别人。他认为评论家就像一座等待鬼魂出没的房子。我已多年没有重读那些文章，可是他说过的话和他体现的态度，我至今不曾忘记。我知道他怀有深切的不确定感，他同时又是极为独立的人。他让我坚定了态度。他鼓励我相信我对独立的渴望是自然不过的。

《巴黎评论》：所以他鼓励你遵循你自己的路？

默温：我觉得他鼓励了很多人。我不知道有多少人听从了这个建议。即使没有他的建议，我也不会在学校里待下去。在学校里无论待多久我都觉得不适。他们使我焦虑，就像被关住了。

《巴黎评论》：你当时首先认识的和你年龄相仿的诗人有哪些？

默温：我在普林斯顿认识了高威·金奈尔（Galway Kinnell），但是我们没有频繁地阅读对方的诗。詹姆斯·梅里尔（James Merrill）有一次过来看望布莱克莫。我对同代诗人的诗歌不是很熟悉，直到我从英格兰回来、住在波士顿以后才慢慢熟悉。当时我已快三十岁。

《巴黎评论》：可以说当时你已经是一位名诗人了？

默温：算是吧。那时对我影响最大的是庞德和他那一代的诗人，那些杰出的诗人。庞德使我转向中世纪诗歌。

《巴黎评论》：你的很多早期作品都像是遵循庞德的范式，作为一种典范，他处于多么中心的位置？

默温：他非常重要。我十八九岁的时候，庞德的听觉是惊人的发现。我的意思是在我读他的时候，我真切地听到了东西。自庞德之后，很多诗人都在他的诗里听到了纯粹的东西，穿透他的诗。我现在并不认同很多关于庞德的夸张的传闻。以前我试图相信过。庞德对我而言太重要了，我以前会大肆赞美他。但是我不再相信庞德的诗歌前后期逻辑连贯。我真的认为他是一个非常混乱、碎片式的、苦恼的人。我不认同休·肯纳（Hugh Kenner）和有些人的观点，认为庞德的诗歌具有预知力、主题深奥、结构复杂，堪称完美。这一分钟我觉得他很精彩，下一分钟就觉得失望，并且常常觉得恼火。写你听到了什么，而不是写出你的思维活动——这有些古怪，其实庞德持有鲜明的观点——这是吸引我的地方。与现在相比，以前我觉得这是更罕见的特点。我觉得现在所有的诗人都是被听觉引导写诗的。这是庞德对语言和诗歌的热忱，他那无可比拟的耳朵。

《巴黎评论》：能否谈谈你在四十年代去圣伊丽莎白医院拜访庞德那次，你称为一次朝圣？

默温：拜访他那次是在复活节假期，我在华盛顿和朋友待在一起。他在开放的病房见我，周围的人走来走去，冲着想象中的马桶。他坐在扶手椅里，话语滔滔不绝。我十八岁——并没有很多话对庞德说——他一直说着在第一百诗章结束时，整个东西会如何崩塌，等等。就像是向拱顶放拱顶石，或是在门柱上放水平过梁。他无比好心，后来写了一张张明信片给我，"阅读种子，而非嫩枝。E.P."，他写道。他给予我关于翻译的一点儿建议，关于严肃地看待翻译，把它当作一种实践，关于学习各种语言和试着尽可能地接近原诗的感觉和形式。他说了很多，我不是很理解，直到我实践了一阵子，直到我试着去那样做，才慢慢领会。

《巴黎评论》：最初吸引你开始翻译的是什么？

默温：十八岁时，想找到该写什么真的非常难。我是写了很多，但是我很清楚我写的东西和我想表达的不甚相关。在你十七八岁时，你怀着你认为是你的感觉的东西，它们的确是你的感觉，可是它们离你的词语非常远，你是知道的，你写的词语是混乱的。而翻译，却是接近真实——集中精神，只注意写作，某次写作—— 找到合适的词语，从另一端抵达它，从"如何"那一端。

《巴黎评论》：你从什么时候开始翻译原始诗歌或古诗？

默温：我猜真正开始翻译它们是在我三十岁之后。我一直想学习一种口头语言，没有文字的语言。我不知道是我受的教育、我的性情和性格哪些方面阻碍了我去学习。比如，克劳族人的诗，是我在一九七〇年或一九七一年翻译的，完全基于罗伯特·洛威（Robert Lowie）三十年代的著作。我非常喜欢克劳族人的诗歌，以及广义上的美洲印第安人的诗歌，和许多其他地区的口传诗歌——就在我们谈论的时候，它们都在消失。这值得关注，正如亚历山大图书馆被烧那样后果严重。可是我的确是直到最近才开始学习其中的一种语言。在我做翻译的时候，我去了克劳族人居住的地方。我试着查找自罗伯特·洛威之后还有哪些著作是研究克劳族人的。结果寥寥无几。有对语言语法的一点儿梳理，却没有更多的语料收集；洛威本人也只是收集了若干页的诗歌。一个大传统，一切都消失了。如同整个英国文学只剩下一两页赫里克（Herrick）、一页多恩、两三页济慈。你明白，能读到这些收集的诗歌，你很感激，可是想想散失了多少。克劳族人并不是个例，他们是众多伟大文化中的一个。你阅读他们的诗歌，你就明白这些诗歌源自一个深邃、有力的大传统。是我们让这些传统散失了。它们散失了；我们无法重新创造出它们。

《巴黎评论》：你是否觉得你的早期创作，也许还包括你对翻译的强烈兴趣，都意味着做一名美国诗人是矛盾的？

默温：不，我从未那样想过。有段时间我确实试图弄懂这个问题。但是翻译从不包括在内——我的意思是，翻译可以扩展可能性，你明白，不会叫人困住。四十年代的美国诗歌伴随我成长，在我看来这些诗歌十分呆板。我觉得就像被关在板条箱里，我知道我必须冲破它。我住在英国、非常想回美国去的那些年里尤其想弄懂做一名美国诗人意味着什么。我清楚地知道我不是一名英国诗人。可是做一名美国诗人意味着什么，我仍然不知道。我们不再纠结这个问题了，这很不错。可是在四十年代，我们似乎必须要为这个问题焦虑。

《巴黎评论》：你是如何认识罗伯特·格拉夫斯（Robert Graves）的？你在他的家里做辅导老师的时候，和他的关系如何？

默温：也算是一种家庭关系。我在葡萄牙做的第二份辅导老师工作是为葡萄牙王室。一个月付我四十美元。吃住等等都不必我操心，也没有别的开销。那个夏天我搭乘牛奶运输车穿越西班牙，我决定去见罗伯特·格拉夫斯，于是我就这么去了，敲他的门。我住在索勒港南部的一座房子里，罗伯特为我在村子里找了一处空房子住下，我们一起待了一段时间。当时，为他儿子找的辅导老师发电报过来说他不能来了，罗伯特问："你喜欢这个工作吗？"我答："当然。"就这样定了。幸运。

《巴黎评论》：你为他工作了多久？

默温：我只为他工作了一年，后来我又回去过，住在村里，过了部分冬天，为英国广播公司翻译《熙德之歌》。罗伯特去世以后，我一直试着写些东西。他不是极易相处的人。我们相处得不算很好。他和很多年轻人都相处不好，尤其是其他诗人，我们相处得也不算好。

《巴黎评论》： 出了什么问题？

默温： 这是个很小的圈子，有了伤感情的苗头，就会迅速扩大。我后来反复尝试弥补与罗伯特之间的隔阂，因为我想不出不做朋友的理由，可是罗伯特认定了他不需要。他说他从来不知道有倒挡这个东西。如果不是不少人和我有同样的经历，我会更觉得难过。

《巴黎评论》： 我体会到你的一些诗受到了艾略特的影响。你与他相识吗？

默温： 是的，在五十年代初，在伦敦。艾略特非常亲切。那时我抽烟，喜欢法国烟，别人常常给他法国烟，而他不再抽了。所以我每次去见他，他都会拉开抽屉，给我一整包。那是五十年代初的伦敦，一包烟可不是小事，他记得这个，我很感动。我们常常坐着，回想美国。艾略特有非常思念美国的一面，我在伦敦也很想家。我们有几次生动的谈话——关于俄亥俄河，关于他的家人在圣路易斯的密西西比河上泛游，关于河船。想到他和那个世界有联系真古怪。他谈论三角洲女王号，这艘蒸汽船在河上来去，数年前才停运。他非常想再乘坐它，做一次旅行。当时我想写诗剧，我才二十多岁。过了不久，我便觉得写得不顺利，诗并没有起多大作用。我只是执着于写诗剧，我没有学习任何如何写戏剧的技巧。我和他谈起这些。我说我在思考完全抛弃写诗剧，试着用散文写。"噢，"他说，"我也那样想过，可是如果我用散文写剧，有太多人可以比我写得好。"

《巴黎评论》： 作为诗人，作为友人，奥登的地位对你而言有多重要？

默温： 我非常敬仰奥登。尤其热爱他的某些诗。我们从未有过非常私人的交往。事实上，我觉得我们只见过两次。我有数封奥登的来信，非常亲切的信，当时他为我收入"耶鲁青年诗人"系列的诗集写了序言。但我们从未成为朋友。我们的路径刚好没有交叉。我非常感激他。我怕打扰他。我见到他在街上散步，我们当时都住在格林威治村，我却没有走上去拍拍他的肩膀，我觉得我应该那样做。有一次他不在，我和艾伦·金斯堡一起散步，他说他有奥登的公寓的钥匙。他问："我们去看看奥登住的地方？"又说："我崇拜这个男人。"我说："我也是，我们去吧。"我们就去了，我要说这是我见过的最乱的房间。显然，从来没有打扫或除尘过。他有客人住在那里，也和他一样邋遢。有人问过他当他回家时如何收拾乱糟糟的一切，他说："我们就把最上面的一层剥掉，他们就可以拿出去了。"

《巴黎评论》：你是否觉得你的成长方式促生了浪游的倾向？

默温：也许。但我认为我一直想去旅行。我很小的时候，我就记得去我父亲的教堂感到无比开心，或是获得允许进入他的书房那几次，望着河上的船只，想象它们驶向大海。这是沃尔特·雷利爵士（Sir Walter Raleigh）时就有的古老梦想——想要扬帆远行。这也是一个理由，促使我在十四岁时阅读康拉德。康拉德是最初使我萌生写作念头的作家之一。

《巴黎评论》：有评论说你的诗歌把"工业革命发明的机器"排除在外，尤其是早期诗歌。你如何看待这种观点？

默温：或许是公允的。一个人写什么从来不是完全理性或有意而为的选择。我一直羡慕那些迫切需要书写历史的诗人，他们比我更会处理历史。我的困难可能和这个事实有关：虽然我小时候在多个城市生活，但我从未被允许与城市做很多接触，我的确有被孤立的感觉。当我离开城市或回到城市的时候，常常感觉非常不一样。很多年里，都是这样矛盾的状态，我既感到对终极城市的渴望，对我而言是纽约，又渴望它的对立面，乡村，无论我能在何地找到它，这两种感觉一直在拉拽我。

《巴黎评论》：第五部诗集《移动靶》和第六部诗集《虱》，与之前的四部诗集非常不同。在技术层面上，它们打破了四十年代和五十年代的形式传统，打破了分行和分节，用词和句法松散。在《移动靶》约三分之二的诗后，你突然完全摒弃了标点。为什么？

默温：在五十年代末，我感到我的写作到了尽头。不是排斥，但写的东西不再令我觉得满意。接着有近两年的时间我很少写诗。忽然，《移动靶》最初的几首诗写了出来，在几星期里我几乎完成了这部诗集的一半——来自一股不一样的推动力，我不知道这股力量在积蓄。我当时在欧洲，知道如果我回到美国，很可能会开始做学术研究，或类似的，但我并不想做研究，可是我也不想继续待在英格兰，想要改变我的生活，却又不知道如何去做，种种紧张累积起来，促生了一种新的写作，《移动靶》中的许多意象和第一部分诗就是这样写出的。《移动靶》的第二部分是在我回到纽约以后写的，我住在下东区。也许放弃使用标点与多年阅读西班牙、法国诗歌有关。忽然，它们像是我的，是我的传统的一部分了，如果我想要这样。而且，我开始相信与散文相比，诗歌与口语有着更强烈的联系。标点是与散文、印刷文字有基本关联的。我逐渐觉得标点就像把词语钉在纸上的钉子。既然我更想要口语的运动感和轻盈感，第一步就该舍弃标点，让词语的运动形成自然的停顿，就像在日常说话中一样。

《巴黎评论》：詹姆斯·赖特（James Wright）几乎是在同时期遭遇了类似的写作危机。你觉得你和他的经历有关联吗？

默温：噢，是的。但是我们并不知道对方在做什么。还有些人——如路易斯·辛普森和罗伯特·勃莱（Robert Bly）也朝着同样的方向走。以及"垮掉派"。我们感觉相似，但对彼此的影响并不大。很明显，我感觉到的犹如紧身衣一样的东西是可以挣脱的。紧身衣真的不见了。我们不必再继续关注它。另一方面，关于那个时代——我不知道是否有人能全面地描述它，也许没人做得到——我们所有人都是同样的年纪，我们都有同样的经历，正好是同时——那就是抛弃普遍看重的方法的时代。我们抛开了各种文学的范式，抛开了一切，说：啊，那都不重要；重要的是写出不一样的诗来。棒极了。我也希望比我们年轻的诗人能够有类似的经历。我爱这个观念——即使仅仅持续几个月——抛开关于诗歌、关于文学创作以及任何相关的种种预设，至少可以摆脱一阵子束缚。

《巴黎评论》：说到有类似的经历，你觉得自己多大程度上属于那一代的诗人？比如你写过致高威·金奈尔、理查德·霍华德（Richard Howard）、安东尼·赫歇特（Anthony Hecht）的诗歌，你还为詹姆斯·赖特写过一首俳句一样的感人的挽歌。

默温：部分是吧。但我不觉得自己属于任何流派、方法、运动或类似的。我从未有过。在五十年代末，美国诗歌被分成两个阵营。我觉得没有任何意义。我一直喜欢与众不同的诗人——罗伯特·克里利（Robert Creeley）、丹尼斯·勒维托夫（Denise Levertov）、杰拉德·斯特恩（Gerald Stern）、理查德·霍华德和安东尼·赫歇特，等等，他们并不觉得要忠于什么或者设定边界。看到其他诗人和评论家坚持诗歌一定是属于某个类型，否则就不是诗歌，我感到难过。

《巴黎评论》：能否谈谈你在美国以及其他国家参与早期和平运动和反核运动的经历？那时介入政治的程度深吗？这段经历如何影响你的写作？

默温：我一直知道政治与文学之间存在各种联系。我也试图以不同的方式找到这些联系，但是我意识到我做得不算好。在六十年代初，我就政治事件写了很多文章。参与游行运动可以追溯到五十年代。五十年代末、六十年代初，我开始在美国参与了数次游行。其中一次就在马里兰州的迪特里希堡外面，那里是生化武器研究基地。如果能有六七个人集合在大门外就很不错了，我们可以进行一次静坐请愿。那时美国的示威活动规模很小——有十二人在场的话已算是幸运。另一方面，一九五八年，我在英格兰，参加了第三次奥尔德马斯顿①游行，那是自宪章运动之后发生在英格兰的最大规模的游行，这次游行几乎促使工党解散。游行到了最后，整个

---

① 英格兰南部里丁附近的村庄，是原子武器研究机构所在地。

伦敦中心地区都挤满了人，都静静地站着。那情景令人无法忘记。我还记得特德·休斯和西尔维娅·普拉斯在最后阶段也赶来观看。他们不愿意介入这类活动，但他们确实到场了。

《巴黎评论》：《虱》是你最无望、最痛苦、描述世界末日的诗集。它源于对生态和政治强烈的愤怒。如今你如何看待《虱》中你称之为"明显的憎恶人世"的主题。

默温：我写《虱》的时候，我觉得一切是如此黑暗，人类做的事情是如此可怖，已看不到希望了，写作也变得没有意义。艺术确实终结了；文化，即艺术在我们的生活中所起的有益的作用，也结束了。只剩下装饰。我对种植蔬菜越发感兴趣。从某些方面来说，我觉得如今甚至更糟了。但我不认为你可以一直仅仅是保持愤怒。长远来看，这是死胡同。如果愤怒有意义，它必然引领你回头去关心被摧毁的东西。把注意力集中在你关心的到底是什么上，这更重要。我不想唱高调，但那是我走出死胡同的方法，即回到我真正关心的事物上。它们还在那里。比如，我记得就在我刚刚开始写《虱》的时候，古巴导弹危机发生了。我感到极其震惊。我一直参与反核运动，我走在街上，不断地听到人说我们该向古巴投弹，正是时候，几年前我们就该这样做，诸如此类。每天早上醒来，我都感到真切的愤怒。最终我想：好吧，我知道什么是我不想要的、什么是错的、症结像是什么样，等等。可是如果有人问我，你觉得怎样生活才是好的，我也会哑口无言。我觉得我真该找到这个问题的答案。我在法国有住的地方，一个小小的农场，我想我该去那里。我发现我连如何种莴苣都不知道。我吃各种食物得以生存，我却辨认不出它们长什么样。我该学习简单、显而易见的此类知识。所以我去了法国乡下，花数年时间只为试着种出我吃的食物，并且弄懂这类知识。《虱》中很多诗都是在这个过程中写出的。我仍然没有找到终极的答案。世界上发生的事是可怕的、不可逆转的，历史或许成了注定失败的事业。可是与此同时，尽我们所能，在这世上活得彻底，也非常重要。在梭罗的日记里，他哀叹康科德公地的关闭。他说人们就不能在那里放牧或继续采摘蓝莓了。他说，这真可怕。接着又说，在可以自由进出的时候，我没有给予公地足够的重视。梭罗总是说出我似乎一直在寻找的话。

《巴黎评论》：从《移动靶》开始，以及之后的几部诗集，你的诗歌显示出对语言彻底的不满和不信任、言语的欠缺感和失败感。你仍然"过于相信语言"吗，如一首诗里写的？

默温：是的。我对语言抱有信念。这是迄今为止我们作为一个物种，能达到的最重要的成就（我并不是说我认为我们是拥有语言的唯一物种）。这是表达我们的经验最灵活的方法，然而归根结底，经验却是我们无法真正表达的东西。我们可以向外望，看到落在那些树上的阳光，可是我们无法传达那种经验完整而独特的气氛。那是另一方面，使诗歌始终既激动人心又令人痛苦的一个因素。既在传达丰富的可能性，又标示着我们无法做到的事情。

《巴黎评论》：你曾经写道："绝对的绝望没有艺术可言。我想象诗歌的写作，无论是哪种形式，仍然是背弃了希望的存在。"这是否可以看作是《虱》之后态度转向乐观、颂扬？

默温：我刚刚说到语言的两个维度，我意识到我觉得存在和生命也是如此。我们很清楚，生命是有限的，也可以说没有希望——你总是要死的。可是我们继续生活，我们的希望就寄托在度过的每一天里，我们睁开眼，见到朋友，聊天，阅读诗歌，望着光芒来去。我们的希望不是未来的东西；它是看见此刻的方式。

《巴黎评论》：在你最近创作的诗歌里，我读到了和《虱》相似的末日感。《就职典礼，一九八五》一诗里写道："我们选出了终结因为我们以杀戮的目光看待各种活物我们眼里的它已经死了。"这是否概括了你目前的政治观感？

默温：很大程度上是的。我伴着相当大的疑虑写这类诗。对我来说像是冒着宣讲、说教或夸夸其谈的危险。但是我们必须试着写下我们感觉到的，如果我们可以。如果我们拥有运用语言的能力，即使稍稍超出普通水平，我们也必须试着运用。当迫切需要运用语言的时刻来临，我们也必须试着运用。我不觉得一首诗会改变历史的走向，可是人在写诗之前不禁会去琢磨、猜想诗能起到的效果。在越南战争期间，我们很多人都在写关于战争的诗，这个问题会一次又一次出现。这些诗有益处吗？我们永远不会知道。我们的确写了一些很糟糕的诗，我们所有人，我们也很清楚。此外，只有完全不写一种选择，那是不可能的，如今也是一样。毕竟一首坏诗没有害处，用不了多久它就会消失。

《巴黎评论》：最近几年，你写了很多回忆录，这与年纪渐长有关吗？

默温：我也问过自己。我猜是因为写某些主题忽然间变得可能了，这可以看作是描述年龄的一种方式。可是你也知道，计划好写什么，我回想起来，和我最终写出来的，有些像两个沿街走路的人，可以隔着篱笆彼此挥挥手，仅此而已了。有时我花三四年的时间试着写一个主题，忽然间开始写起完全不同的东西，更行得通，或者说看起来如此，而之前写的进行不下去了。你知道，我在英格兰花了五年时间试着写戏剧，我写了五部剧，可是哪一部我都不喜欢。但是我也觉得这段写作经历也促使我当时写的诗有了变化，《火窑里的醉汉》结尾部分的诗，以及更晚些时候的一些诗歌，催生了散文集《没有镶框的原作》。显然你必须先写出一个东西，才可能写出下一个。没有别的顺序可以遵循。我也觉得写作就该是这样。

《巴黎评论》：你第一次来夏威夷是什么时候？

默温：我第一次来这里是在六十年代末，参加一次诵读会，我觉得夏威夷很美，但是当时并不觉得与我的生活有关。后来在七十年代中期，我又来到夏威夷，它和我的生活产生了关联，我留了下来。

《巴黎评论》：你觉得你会一直住下去吗？

默温：噢，是的。

《巴黎评论》：你最近开始翻译夏威夷的颂歌和民谣。是什么吸引了你？

默温：我就是感觉应该这样做。我在试图翻译夏威夷的颂歌和民谣时，我曾经认为的以及学习的有关翻译的一切都派不上用场。英语里没有颂歌。英语从来不是一种反复吟唱的语言，所以并没有可以凭借或扩展的传统。这是我一直有的愿望，发掘一种口头的传统，同时迫切地感觉到这个传统是正在消失的文化的一部分。但是我是个局外人。把它翻译成英语并不能保存它，只是留存与它的某种联系，你知道，在我看来这也是有意义的。我觉得这与其他物种的灭绝也有关。如今每周都有数个物种灭绝，这个过程还在加速。完全是因为人类的活动，完全是。物种灭绝是自然的过程，但是不会以人为催化的速度。各种语言、文化以及我们自己的语言也正在遭受同样的命运。这不是不同的过程。它们不是书架上不同的书，它们就是同一本书。任何试图扭转这一趋势的举动都是有益的。对它们的爱、表达这种爱的尝试、发生关联的尝试、用我们自己的语言以尊重而完整的形式把它表达出来，用能够表达原诗某些动人的特质的词语表达，既是一种对它表示尊敬的方式——鲜活的、充满热情的尊敬——还可能使它存续得更久一点，或仅仅是让我们自己更活生生一些。同时，我翻译夏威夷语，也翻译克劳族的语言，这些即使是被翻译过来的本土诗歌也不禁让我质疑我们自己的语言霸权式的存在——暴露了我们对其他地方毫无感觉。当然，有些人倒觉得这是一种优势。

《巴黎评论》：最近你越发投入地写作非虚构，能不能谈谈在你写作有关夏威夷的书背后的原动力？

默温：我正在写的——试图写的——有关这些岛上已经发生的和仍然在发生的。二十五年前我写过讨论政治的文章。我不再写了，因为其他人就同样的话题比我写得更好。我不认为有写作这类文章的天赋。我的思维完全不是历史学家的思维。我现在想写这些主题，就是因为我觉得需要它们得到即时的关注。它们正在迅速地从这些岛上消失，有必要梳理其中的原因和如何消失，我想趁它们终结之前把它们写下来。我想写它们，因为很多仍然是难以解决的问题，可以想象，通过写的过程，也许有助于看清形势。也是因为我在乎这个地方，在乎这里的文化和语言。趁它们仍然在这里。而且，在每一个事例中，每一个主题都像是一种焦点或象征，可以比照世界上任何地方正在发生的事。而且又始终有离得过近、写成宣传文的危险，我不想那样做。可是当一个人谈论，比如卡霍拉维岛（Kaho'olawe），这是一个文化中的圣地，却遭到了两百年的类似轻蔑的对待——这个岛遭到彻底地剥削，由一种不同的态度和不同民族——当你开始写这个岛，这便既有象征性又有实际的重要意义。当你向太平洋上的任何一处本地人讲述这个故事，他们立刻会明白你在说什么，领会得到每一个细节。如果你向美洲原住民讲述，他们也明白这个故事是关于什么。世界各地都有人懂得这个故事是关于什么。关于傲慢、剥削和一贯的摧毁。如果得洛斯岛 ① 被当作了核弹试验场，就像卡霍拉维岛那样，许多欧洲文化背景的人会明白那是什么意思，他们会非常愤怒。对欧洲人来说，发生在另一个民族的事情仿佛不是十分真实的。这种文化迟钝吸引着我，促使我反省自己和我周围的世界，并且试着写下来。我们试图保留正在消失的东西，即使只是通过描写它，讲述它，始终明白我们无法真正做到。讲述它的紧迫性，而又认识到这不可能。这难道不是我们写作的一个理由吗？

（原载《巴黎评论》第一百零二期，一九八七年春季号）

---

① 爱琴海上的希腊小岛，在古典时期被认为是阿波罗的圣地。

奥克塔维奥·帕斯

叶春 / 译

奥克塔维奥·帕斯身材不高，年过七十，但他锐利的眼睛使他看上去年轻很多。他的诗歌和散文作品既显渊博才识又具强烈的政治色彩，其主题往往涉及墨西哥历史——尤其是从印第安本土角度审视的历史——和人类深刻的孤独以及如何通过情爱克服这样的孤独。长期以来，帕斯，连同塞萨尔·巴列霍和巴勃罗·聂鲁达，被公认为二十世纪最伟大的南美诗人。这次采访于一九九〇年哥伦布日进行，采访三天后，帕斯加入聂鲁达的行列，获得诺贝尔文学奖。

帕斯一九一四年出生于墨西哥城，父亲是律师，祖父是小说家，两者对他年轻时期的发展都很重要：他的父亲曾担任墨西哥革命家埃米利亚诺·萨帕塔的法律顾问，从父亲那里，帕斯学到了社会事业的价值；从祖父那里，他则接触到文学。孩提时起，帕斯就在祖父藏书巨量的书房里探索，阅读西班牙和拉美文学。在墨西哥大学就读时，他继续学习文学，尽管在获得学位前离校。

西班牙内战爆发后，帕斯当即支持共和国事业，并于一九三七年前往西班牙。回到墨西哥后，他参与创建文学杂志《工作室》和《神童》，两本杂志都对新一代墨西哥作家的诞生起了极大推助作用。一九四三年，帕斯获得古根海姆基金，到美国各地游学。一九四五年，他加入墨西哥外交部门。一九四六年到一九五一年间，帕斯在巴黎生活，并结识了包括萨特、布勒东、加缪在内的法国作家和思想家，他们的作品对帕斯都产生了深远影响。五十年代初，帕斯的外交职责将他带往日本和印度，在那里他第一次接触到佛教和道教经典。他曾说:"尽管时隔两千多年,西方诗歌与佛教教义却有相符之处:自我是一种幻觉,是感觉、思想和欲望的总和。"一九六八年十月,帕斯辞去外交职务以抗议政府对墨西哥城学生示威游行的血腥镇压。

他的第一本诗集《野蛮的月亮》于一九三三年出版,当时帕斯仅十九岁。他最受好评的作品包括对墨西哥民族性格的散文体研究《孤独的迷宫》(1950)和长诗集《太阳石》(1957)。《太阳石》被J.M.科恩(J.M.Cohen)称为"西方世界最近出版的最重要诗歌之一"。长诗五百八十四行,代表金星五百八十四天的运行周期。帕斯的其他作品包括《鹰或太阳?》(1950)、《交流电》(1956)、《弓和里拉》(1956)、《白》(1967)、《猴子语法家》(1971)、《阴影草稿》(1975)和《内部的树》(1957)。

帕斯和他的艺术家妻子玛丽·何塞住在墨西哥城。帕斯曾多次获得国际诗歌奖,包括国际诗歌大奖、耶路撒冷奖(1977)、诺伊施塔特奖(1982)、塞万提斯奖(1981)和诺贝尔奖。

这次采访受到诗歌中心的支持,在纽约第九十二街希伯来青年会观众前现场进行。帕斯在访谈间尽显他和他的诗歌所特有的精力和神韵:就如他的诗歌能用一种性感的神秘力量将个人与社会沟通,帕斯看上去很欢迎这个与听众交流的机会。

——阿尔弗雷德·麦克亚当(Alfred MacAdam),一九九一年

《巴黎评论》:奥克塔维奥,你出生于一九一四年,你可能还记得……

奥克塔维奥·帕斯:记不大得了!

《巴黎评论》:……在墨西哥革命期间和第一次世界大战前夕,你所经

历的这个世纪几乎是一场永恒的战争。你对二十世纪有什么好话可说吗？

帕斯：我活下来了，我想这就够了。你知道，历史是一回事，而我们的生活又是另一回事。我们的世纪是可怕的——是世界历史上最悲惨的世纪之一——但是我们的生活则大同小异。私人生活不具历史性，在法国或美国革命期间，在波斯与希腊的征战期间——在任何重大的世界性事件中——历史不断变化，但人们继续生活、工作、恋爱、死亡、生病、交友、感到光明或感到悲伤，这些都与历史无关。或只有少许关系。

《巴黎评论》：那么我们既在历史之中又在历史之外？

帕斯：是的，历史是我们的风景或背景，我们生活在其中。但是真正的戏剧，真正的喜剧，在我们的内心。我想不管是生活在五世纪的人还是生活在未来世纪的人，都是这样。生命不是历史的，而更像自然。

《巴黎评论》：在《视觉的特权》，那本关于你与视觉艺术关系的书中，你说："我和我的任何朋友都从未见过提香、委拉斯开兹或塞尚的作品……然而，我们被许多艺术品包围着。"你在那里谈论你小时候住过的米斯科阿克区，以及二十世纪早期的墨西哥艺术。

帕斯：米斯科阿克区现在是墨西哥城一个相当丑陋的郊区，但当我还是个孩子的时候，它是个小村庄，一个非常古老的村庄，来自前哥伦布时代。米斯科阿克这个名字来自米斯科瓦特尔神，是纳瓦特尔人对银河系的称呼。它也有"云蛇"的意思，就好像银河系是一条云雾的蟒蛇。我们有一座小金字塔，非常小，但仍然是座金字塔。我们还有一座十七世纪的修道院。我住的社区叫圣胡安，教区的教堂建于十六世纪，是那个地区最古老的教堂之一。那里还有许多十八世纪和十九世纪的房屋，有些房子有很大的花园，因为在十九世纪末，米斯科阿克是墨西哥资产阶级的避暑胜地。我们家就在那里有所避暑别墅。因此，当革命来临时，我们不得不搬到那里，而这对我来说其实是件高兴的事。我们被这两段历史留下的小小记忆包围，前哥伦布时期和殖民时期，两段历史都仍然活着。

《巴黎评论》：你在《视觉的特权》里讲到米斯科阿克区的烟花。

帕斯：我非常喜欢烟花，它是我童年的一部分。镇上有个地方，那里的工匠都是烟火艺术大师，他们在墨西哥各地都很有名。为了庆祝瓜达卢佩圣母节或其他宗教节日或新年，他们为小镇制作烟花。我记得他们使教堂的墙看上去像个炽热的瀑布，真是壮观。米斯科阿克的生活方式在大城市已经不复存在了。

《巴黎评论》：你似乎很怀念米斯科阿克，但你又是住在墨西哥城中心的少数几位墨西哥作家之一。不久，墨西哥城将成为世界最大的城市之一，一个充满活力的城市，但就污染、拥挤和贫困而言，它则是噩梦。生活在那里是一种灵感还是一种阻碍？

帕斯：住在墨西哥城中心既不是灵感也不是障碍，是挑战。而应对挑战的唯一方法就是直面挑战。我曾在墨西哥的其他城镇生活过，但不管那些城镇多令人愉快，它们似乎都有些不真实。所以有一天，我和妻子决定搬进我们现在住的公寓。如果你住在墨西哥，你就得住在墨西哥城。

《巴黎评论》：你能给我们讲讲帕斯一家吗？

帕斯：我父亲是墨西哥人，母亲是西班牙人。一位姑母和我们住在一起——一位较古怪的姑母，因为姑母都是古怪的，但她同时也富有诗意，以她荒谬的方式。我的祖父是一名律师和作家，一位受欢迎的小说家。事实上，有一段时间，我们全家靠他的一本畅销书的收入为生。米斯科阿克的房子就是他的。

《巴黎评论》：书呢？我想到博尔赫斯曾声称他从未离开过他父亲的书房。

帕斯：这是一个有趣的类比。我的祖父有一个美丽的书房，它是那座米斯科阿克房子最大的优点。它大约有六七千藏书，我可以自由阅读。很小的时候，我就是个贪婪的读者，甚至读了"禁书"，因为没人注意我在读什么。我很小的时候就读过伏尔泰的作品，也许就是这段经历使我失去了宗教信仰。我也读过或多或少放荡不羁的小说，它们不是真正的色情，只是不雅。

《巴黎评论》：你读过儿童读物吗？

帕斯：当然。我读了很多萨尔加里（Salgari）的书，他是位深受墨西哥欢迎的意大利作家。还有儒勒·凡尔纳。我心目中最伟大的英雄之一是个美国人，水牛比尔。我和我的朋友们从大仲马的《三个火枪手》过渡到牛仔，不感丝毫后悔，也不觉得我们在歪曲历史。

《巴黎评论》：你曾经说过，当你第一次看到一幅超现实主义绘画时——一幅有着藤蔓环墙而绕的画——你把它当成了现实主义。

帕斯：是的。我们米斯科阿克的老房子在我们身边摇摇欲坠，我们不得不放弃一间又一间屋，因为屋顶和墙壁都在渐渐地倾塌。

《巴黎评论》：一九三〇年，你十六岁左右，进入了国立预科学校，你学的是什么，学校是什么样的？

帕斯：学校很漂亮，建于十七世纪末，是墨西哥巴洛克式建筑的鼎盛时期。学校很大，石头、柱子和走廊都具高贵气质，也有一种美感。二十年代间，政府邀请奥罗斯科（Orozco）和里维拉（Rivera）在校内制作壁画——里维拉的第一幅壁画就在我们学校。

《巴黎评论》：你对那些壁画家的作品感兴趣吗？

帕斯：是的，我们都对壁画家的表现主义风格感到一种契合，但是那些壁画与建筑存在着矛盾。后来我觉得那些壁画被画在不属于我们这个世纪的建筑里是个遗憾。

《巴黎评论》：课程安排怎么样？

帕斯：是法国传统与美国教育理论的混合。美国哲学家约翰·杜威（John Dewey）是个重要影响，教育的"进步派"也有影响。

《巴黎评论》：你学的外语是法语？

帕斯：法语和英语。我父亲在革命期间是政治流亡者，他不得不离开墨西哥到美国避难。他先去，我们后来在加利福尼亚州洛杉矶与他会合，我们在那里待了近两年。开学的第一天，我就和我的美国同学打了一架。我一句英语也不会说，他们笑我因为我在午餐时不会说勺子的英文。但是当我回到墨西哥时，我开学的第一天又打了一架，这次和我的墨西哥同学，因为同样的原因——我是个外国人！我发现我可以在两个国家都是外国人。

《巴黎评论》：你在国立预科学校曾受某位老师的影响吗？

帕斯：当然。我有机会师从墨西哥诗人卡洛斯·佩利塞尔（Carlos Pellicer）。通过他，我认识了他那一代的其他诗人。他们使我对现代诗歌有了崭新的认识。我应该提到，我祖父的藏书截止于二十世纪初，所以直到我上了国立预科学校，才知道一九一〇年后还有书籍出版。普鲁斯特对我来说是个启示，我曾经以为左拉之后就再没有小说出版了。

《巴黎评论》：西班牙诗歌呢？

帕斯：我发现了"一九二七一代"西班牙诗人：加西亚·洛尔迦、拉法埃尔·阿尔维蒂（Rafael Alberti）和豪尔赫·纪廉（Jorge Guillén）。我也读过安东尼奥·马查多（Antonio Machado）和胡安·拉蒙·希梅内斯（Juan Ramón Jiménez）的诗，希梅内斯是当时的诗歌元老。我还读了博尔赫斯的作品，那时他还不是个短篇小说家，在三十年代初，他是位诗人和散文家。当然，在我文学生涯的最初阶段，最大的启示是巴勃罗·聂鲁达的诗歌。

《巴黎评论》：你上了大学，但在一九三七年你做出了一个重大决定。

帕斯：我做出了几个。首先我去了尤卡坦半岛。我完成了大学学业，但在毕业前就离了校，因为我拒绝当律师。我的家庭，像当时所有墨西哥中产家庭一样，希望他们的儿子成为一名医生或律师。我只想成为一名诗人和革命者。我有了一个去尤卡坦的机会，在那里和一些朋友在一所工农子弟学校工作。那是一次丰富的经历——它让我意识到我是一个城市男孩，我的墨西哥经历只限于墨西哥中部高地。

《巴黎评论》：你发现了地理？

帕斯：住在纽约或巴黎等城市的人通常对他们国家其他地方有着偏狭。我发现了尤卡坦半岛，它是墨西哥南部一个非常奇特的省，它虽然是墨西哥的一部分，但由于玛雅文化的影响，与别处大不相同。我发现除了墨西哥中部的传统以外，墨西哥还有另一个传统——玛雅传统。奇特的是，尤卡坦同时又是一个大都会，它与古巴和新奥尔良都有联系。事实上，在十九世纪，尤卡坦人去美国或欧洲旅行的次数比去墨西哥城要多。我开始意识到墨西哥有多么复杂。

《巴黎评论》：然后你回到墨西哥城，决定参加西班牙内战？

帕斯：我被邀请参加一个代表大会，而由于我是西班牙共和国的坚定支持者，我立即接受了邀请。我离开尤卡坦的学校去了西班牙，在那里待了几个月。我当时二十三岁，想加入西班牙共和派军队，但不能，因为作为一名志愿者，我需要一个政党的推荐，我既不是共产党员也不是其他政党的党员，所以没人推荐我。我被拒绝了，但他们告诉我这没关系，因为我是个年轻的作家——代表大会里最年轻的——我应该回到墨西哥，为西班牙共和国写作。我就那样做了。

《巴黎评论》：这次西班牙之行除了政治和保卫西班牙共和国之外对你

216

意味着什么?

帕斯: 我发现了我的另一部分遗产。当然, 我熟悉西班牙的文学传统, 我一直认为西班牙文学是我的, 但书籍是一回事, 用自己的眼睛去看人、看纪念碑和风景又是另一回事。

《巴黎评论》: 所以这又是一个地理上的发现?

帕斯: 是的, 但也有政治方面, 或者更准确地说, 道德方面的发现。我的政治和思想信仰是被兄弟友爱观念点燃的。我们在这方面有过很多交谈, 比如, 我们都读过安德烈·马尔罗(André Malraux)的小说, 它们描述通过革命行动寻求友爱。我的西班牙经历并没有加强我的政治信仰, 但它确实给了我对友爱观念一个意想不到的启示。有一天, 史蒂芬·斯彭德和我在一起, 他可能也还记得——我们去了位于马德里大学城的前线。那是个战场。有时在同一栋楼里, 共和派和法西斯分子只隔一堵墙, 我们可以听见墙那边士兵的交谈。那是种奇怪的感觉: 那些我看不见但听得见声音的人是我的敌人, 但他们也有着人类的声音, 就像我一样。他们和我没什么区别。

《巴黎评论》: 这是否影响了你憎恨敌人的能力?

帕斯: 是的。我开始想, 也许所有这些争斗都是荒谬的, 但我当然不能对任何人这样说, 他们会认为我是叛徒, 尽管我不是。那时, 也许是后来不久, 当我认真思考那次令人不安的经历时, 我明白了, 真正的友爱意味着你必须接受这样一个事实: 你的敌人也是人。我不是说你一定要成为敌人的朋友, 分歧当然将继续存在, 但你的敌人也是人, 你突然明白你不能再接受暴力。对我来说, 这是一次可怕的经历, 它粉碎了我内心深处的许多信念。

《巴黎评论》: 你是不是觉得那个情形恐怖的缘由之一是那些法西斯士兵和你说的是同样的语言?

帕斯：是的，墙那边的士兵们笑着说，给我一支烟，或诸如此类的话。我在心里想：他们和我们墙这边的人没什么两样。

《巴黎评论》：然而，你并没有直接回到墨西哥。

帕斯：当然没有。那是我第一次去欧洲旅行，我得去巴黎，巴黎是个博物馆，它是历史，是现在。瓦尔特·本雅明说巴黎是十九世纪的首都，他没错，但我认为巴黎也是二十世纪的首都，至少上半世纪。不是说它是政治、经济或哲学之都，它是艺术之都，不仅包括绘画和造型艺术，还有文学。这不是因为最好的艺术家和作家都住在巴黎，而是因为伟大的运动在那里产生，包括超现实主义。

《巴黎评论》：你看到了什么让你感动？

帕斯：我去了世界博览会，看到了毕加索的新作品《格尔尼卡》。我那时二十三岁，竟有机会在西班牙馆看到毕加索和米罗的作品。我在巴黎不认识什么人，一次纯属偶然的机会去了一个展览，看到了马克斯·恩斯特的《雨后的欧洲》，它给我留下了深刻的印象。

《巴黎评论》：对人的看法呢？

帕斯：我遇到了一位后来变得非常有名的古巴作家阿莱霍·卡彭铁尔。他邀请我去超现实主义诗人罗贝尔·德斯诺斯家参加派对。那里有一大群人，包括很多名人，但我谁也不认识，感到有些失落。我那时很年轻，我环顾四周看到房子里摆着一些奇怪的物件，我问漂亮女主人它们是什么。她笑着告诉我它们是日本色情假阳具，每个人都笑我的天真。我意识到我有多么没见过世面。

《巴黎评论》：一九三八年你回到了墨西哥。安德烈·布勒东和托洛茨基也在那里：他们对你有什么影响吗？

帕斯：当然。政治上，我反对布勒东和托洛茨基。我认为我们最大的敌人是法西斯主义，斯大林是对的，我们必须团结起来反对法西斯主义。虽然布勒东和托洛茨基不是纳粹特工，但我反对他们。然而同时，我对托洛茨基很好奇，我偷偷读过他的书，所以内心深处我有异见。我也很欣赏布勒东，我读过《疯狂的爱》，这本书给我留下了深刻的印象。

《巴黎评论》：那么除了西班牙和拉美诗歌，你还投身于欧洲现代主义。

帕斯：是的，可以说在那段时间，有三本书给我留下了深刻的印象：第一本是艾略特的《荒原》。一九三一年我在墨西哥读到这本书，我那时十七岁左右，它让我困惑不解，我一个字也没懂。之后，我又读过它无数遍，仍然认为它是本世纪最伟大的诗歌之一。第二本书是圣-琼·佩斯的《阿纳巴斯》，第三本是布勒东的那本提倡自由恋爱、诗歌和反叛的书。

《巴黎评论》：你钦佩布勒东，但没有接近他？

帕斯：有一次，一位共同的朋友邀请我去见他，他说我对布勒东的政治观点有误解，我拒绝了。但许多年后，我遇见了他，我们成为了好朋友。那时，尽管受到许多朋友的批评，我还是满怀热情地阅读了布勒东和托洛茨基的《独立艺术革命宣言》，上面有迭戈·里维拉的签名。在宣言里，托洛茨基弃绝政治对文学的控制，声称革命国家对艺术家和作家应采取的唯一政策是给予他们完全的自由。

《巴黎评论》：你内心的矛盾似乎正在转变成一场危机。

帕斯：我反对社会主义现实主义，那是我与共产党人产生矛盾的开端。我不是共产党员，但我和他们很友好。我们最初争论的就是艺术问题。

《巴黎评论》：所以一九四〇年墨西哥城的超现实主义展对你来说是一个难题。

帕斯：我在《工作室》杂志做编辑。我的一个朋友在杂志上发表了一篇文章，说超现实主义者开辟了新的前景，但他们已经变成了自己革命的学院。这是一个错误，尤其在那些年里。但是我们发表了这篇文章。

《巴黎评论》：发表或灭亡。

帕斯：我们必须接受我们的错误。如果不这么做，我们就完了，你不觉得吗？这次采访在某种程度上也是一次公开表白——对此我很害怕。

《巴黎评论》：奥克塔维奥，尽管你是位诗人和散文家，但你似乎受到了小说的诱惑。我想起你一九三八年在《工作室》杂志发表的那篇《梦想家日记》和你一九七〇年的《猴子语法家》。

帕斯：我不认为那篇日记是小说体。它是一种冥想式的笔记。我可能是受到了里尔克和他的《马尔特·劳里兹·布里格手记》的诱惑。事实上，小说对我来说一直是个诱惑，但或许我不适合写。小说艺术把两种不同的东西结合在一起：它像史诗一样，是一个充满人物的世界，这些人物的行为是作品的本质；但与史诗不同的是，小说具有分析性，它既讲述人物事迹，又对这些人物进行评论。汤姆·琼斯、奥黛特·德·克雷西、伊万·卡拉马佐夫或堂吉诃德都是被批评吞噬的角色。你在荷马和维吉尔甚至但丁那里都不会看到这些。史诗颂扬或谴责；小说分析和批评。史诗的主角是一体的坚实的人物；小说中的人物是模棱两可的。这两个极端，批评和史诗，结合在小说中。

《巴黎评论》：那《猴子语法家》呢？

帕斯：我不认为这是本小说，它是小说的前沿，也可以说它是本反小说。每当我想写小说时，我就对自己说，诗人不是小说家。有些诗人，如歌德，写过小说——相当无聊的小说。我认为诗歌的天才是综合性的。诗人综合；小说家分析。

《巴黎评论》：如果我们能回到战争年代的墨西哥，我想问一下你和巴勃罗·聂鲁达的关系，他在一九四〇年被派往墨西哥担任智利总领事。

帕斯：像我之前说的，我在三十年代开始读现代诗歌时，聂鲁达的诗对我来说是一个启示。当我出版了第一本诗集后，我寄了一本给聂鲁达，他从未直接回复，但正是他邀请了我去西班牙参加代表大会。一九三七年我到达巴黎时，一个人也不认识，但就在我下火车的时候，一个高个男人朝我跑过来，嘴里喊着：奥克塔维奥·帕斯！奥克塔维奥·帕斯！他就是聂鲁达。然后他说：噢，你竟这么年轻！我们拥抱。他给我找了家旅馆，我们成了好朋友。他是第一个关注我的诗歌同情地阅读它们的人。

《巴黎评论》：那么到底出了什么问题呢？

帕斯：他在墨西哥的时候，我经常见他，但是我们遇到了些困难。首先是个人问题，聂鲁达很慷慨，但也很霸道。也许我太反叛了，嫉妒自己的独立。他喜欢被一群热爱他的人所包围，仿佛一个宫廷——这些人有的很聪明，但通常都很平庸。第二个问题是政治，他变得越来越斯大林主义，而我对斯大林的迷恋则越来越少。最后，我们发生了争吵——几乎打起来——然后不再交往。他写了些关于我的难听的东西，包括一首刻薄的诗，我也写了些关于他的坏话。就是这样。

《巴黎评论》：和解了吗？

帕斯：我们有二十年没说话。有时我们会同时出现在一个地方，我知道他会叫我们共同的朋友不再理我，因为我是个"叛徒"。但后来，赫鲁晓夫关于斯大林恐怖时期的报告被公之于众，粉碎了他的信仰。我们碰巧在伦敦参加了同一个诗歌节，我那时刚再婚，巴勃罗也刚再婚。我和我的妻子玛丽·何塞在一起时，我们遇到了他的妻子玛蒂尔德·乌鲁希亚。她说如果我没弄错的话，你就是奥克塔维奥·帕斯。我回答说是，你就是玛蒂尔德。然后她说：你想见巴勃罗吗？他会很高兴再见到你的。我们去了巴勃罗的房间，他正在接受一位记者的采访。记者一离开，他就叫我：我的儿子，并拥抱我。这非常有智利特色——他叫我的时候很有感情，我非常感动，差点哭了。我们只做了简短的交谈，因为他正在回智利途中。他送了我一本书，我也送了他一本书。几年后，他去世了。我很难过，但那次重聚是发生在我身上的最好的事情之一——和一个我非常喜欢并钦佩的人再次成为朋友。

《巴黎评论》：四十年代早期显然是你的一个困难时期，但它似乎也迫使你定义自己的文化位置。

帕斯：对。我遇到了很多政治问题，与以前的不少朋友断绝了关系——聂鲁达就是其中之一。我也交了一些新朋友，比如维克多·谢尔盖（Victor Serge），一位法俄作家和老革命家。但我得出的结论是：我必须离开我的国家，流放自己。幸运的是我获得了古根海姆奖学金，得以来美国。那是我第二次来到美国，我先去了伯克利，然后去了纽约，我不认识任何人，也没有钱，事实上一贫如洗，但我很开心。那是我一生中最美好的时光之一。

《巴黎评论》：为什么？

帕斯：我发现了美国人民，我很激动。那就像面对着广阔的空间自由地深呼吸——一种喜悦、轻松和自信的感觉。我每次来到你们国家都有同样的感受，但那次尤其强烈。在那些日子里，仅仅待在美国就让我充满活力，与此同时，我还可以远离政治，投身于诗歌。我在康拉德·艾肯（Conrad Aiken）的《现代美国诗歌选集》中发现了美国诗歌。我已经读过艾略特的作品，但我对威廉·卡洛斯·威廉斯、庞德和玛丽安·摩尔则一无所知。我对哈特·克兰的诗略知一二——他晚年生活在墨西哥，但与其说他是位诗人，倒不如说他是个传奇。当我在伯克利的时候，我遇到了穆里尔·鲁凯瑟（Muriel Rukeyser），她非常慷慨地翻译了我的一些诗歌，那对我来说是一个非凡的时刻。几年后，她把译诗投给斯彭德和西里尔·康诺利（Cyril Connolly）在伦敦编辑的《地平线》杂志，并在那里发表。对我来说，那是一个……

《巴黎评论》： 小突破？

帕斯： 小小的突破。在纽约我成为《党派评论》的忠实读者，之后我又去了巴黎，见到了几个在墨西哥结识的朋友，比如本杰明·佩雷（Benjamin Péret）。通过他，我终于见到了布勒东。我们成为朋友。超现实主义正在衰落，但对法国文学生活来说，超现实主义是一种健康、鲜活而且反叛的东西。

《巴黎评论》： 你的意思是？

帕斯： 超现实主义代表着法国人已经忘却的一些东西：理性的另一面、爱、自由和诗歌。法国人有种过于理性主义的倾向，把一切都归结为理念，然后为之争论不休。当我到达巴黎时，让-保尔·萨特是个主要人物。

《巴黎评论》： 但对你来说，存在主义早就过时了。

帕斯： 是的。在马德里，西班牙哲学家奥特加·伊·加塞特（Ortega y Gasset）——连同他后来在墨西哥城和布宜诺斯艾利斯的门徒们——已经出版了从胡塞尔到海德格尔的现象学和存在主义的主要文本，所以萨特所代表的与其说是一种创新，不如说是一种巧妙的变异。另外，我反对萨特的政治主张。在与法国存在主义有关联的人中只有阿尔贝·加缪是我的朋友，他对我也很慷慨。但我必须说，我更接近超现实主义诗人。

《巴黎评论》： 到四十年代末，你已经出版了两本重要的诗集：《假释的自由》和《孤独的迷宫》。我一直对《假释的自由》（"Freedom on Parole"）这个书名很好奇，它和未来主义诗人马里内蒂（Marinetti）的"休假词"（"words on leave"）有关系吗？

帕斯： 恐怕没有。马里内蒂想把词语从句法和语法的枷锁中解脱出来，那是一种审美虚无主义。而"假释的自由"与道德的关系大于与美学的关系，我只是想说，人类的自由是有条件的。在英语中，当你被放出监狱时，你"在假释中"（"on parole"），而假释这个词的原意是"言词"（"speech"）、"字词"（"word"）、"诺言"（"word of honor"）。但是一个人自由的先决条件是语言，是人类的意识。

《巴黎评论》：所以对你来说，言论自由不仅仅是表达自己想法的权利？

帕斯：绝对的。当我还是个少年的时候，我就对自由的奥秘着迷，因为它是个谜。自由取决于限制或否定它的东西——命运、上帝、生理或社会决定因素，等等。命运为了完成自己的使命，依赖于我们的自由，而要获得自由，我们必须克服命运。自由与命运的辩证法是希腊悲剧和莎士比亚的主题，尽管在莎士比亚作品中，命运表现为激情（爱、嫉妒、野心、嫉恨）和机遇。在西班牙剧院——尤其是卡尔德隆和蒂尔索·德·莫利纳剧院——自由的神秘以基督教神学的语言表达出来：神圣的天意和自由的意志。有条件的自由隐含着个人责任，我们每个人事实上要么创造、要么毁灭自己的自由，一个永远不稳定的自由。这便是那本书名的诗学或美学意义：诗歌的自由凌驾于语言的秩序之上。

《巴黎评论》：你在一九三五至一九五七年间写《假释的自由》，花了二十多年……

帕斯：这本书我写了又写很多遍。

《巴黎评论》：它是自传体吗？

帕斯：是，也不是。它表达了从我青春到成熟期间的审美和个人经历。我二十一岁时写第一首诗，四十三岁时写最后一首。但这些诗歌的真正主角不是奥克塔维奥·帕斯，而是一个半真半幻的人物：诗人。尽管这位诗人与我同龄，说我的语言，生命指数和我的一样，但他是另一个人。

他是一个人物，一个来自传统的形象。每个诗人都是这个人物的短暂化身。

《巴黎评论》：《孤独的迷宫》也有自传体的一面吧？

帕斯：它也一样，是，也不是。我在巴黎写的《孤独的迷宫》。写这本书的想法则是在美国产生的，我想试图解析生活在洛杉矶的墨西哥人的状况，可以说他们是我的一面镜子——这或许是你指的自传的一面。但是除了这一面，还有墨西哥与美国关系的一面。如果说世界上有两个不同的国家，那就是美国和墨西哥，但我们注定要永远生活在一起，所以我们应该试图了解彼此，也了解自己。《孤独的迷宫》就是这样开始的。

《巴黎评论》：这本书论述了诸如差异、怨恨、墨西哥封闭性等内容，但没有触及诗人的生活。

帕斯：是的。我试着在一篇名为《孤独之诗与交融之诗》的短文中探讨那个主题。这篇文章在某种程度上是《孤独的迷宫》的诗意对应篇，因为它表达了我对人类的看法。我的看法其实很简单：每个人都有两种处境。首先是我们出生时感受的孤独，我们的最初状态是孤儿状态，到后来我们才发现家庭的依恋。第二是我们如海德格尔所说的，被抛入了这个世界，我们因此感到有必要找到佛教所指的"彼岸"，这其实是对集体的渴望。我认为哲学和宗教就是源于这样的原始处境或困境。每个国家和个人都试图以不同的方式解决这个问题。诗歌是孤独与交融间的桥梁，而即便对于圣十字约翰（Saint John of the Cross）这样的神秘主义者来说，交融也不可能是绝对的。

《巴黎评论》：这就是神秘主义的语言如此性感的原因吗？

帕斯：是的，因为神秘主义者是情人，而情人是交融的最佳形象。但即使在情人间，孤独也不可能永远消除。反过来说，孤独也从来不是绝对的，我们总是和某个人在一起，即便那人只是我们的影子。我们从来不是一个人——我们永远是"我们"。这样的极端构成了人类生活的两极。

《巴黎评论》：你总共在国外度过了八年，先是在美国，然后在巴黎，最后在墨西哥的外交部门。在你的诗人生涯中，你如何看待那些岁月？

帕斯：其实我在国外待了九年。如果你把这每一年看作一个月，那么那九年就是我在时间的子宫里生活的九个月。我在旧金山、纽约和巴黎生活的那些年属于孕育期。我重生了，在一九五二年底回到墨西哥的那个人是一个不同的诗人，不同的作家。如果我留在墨西哥，我可能会被新闻、官僚主义或酒精淹没。我逃离了那个世界，或许也逃离了我自己。

《巴黎评论》：但当你回去时，人们并没把你当浪子那样来迎接……

帕斯：除了几个年轻人以外我根本没被接受。因为我打破了当时占主导地位的美学、道德和政治观念，所以我立刻遭到许多对自己的教条和偏见过于肯定的人的攻击。那是一场仍未结束的分歧的开始。它不仅仅是意识形态上的分歧，那些激烈不休的争吵无法解释某些人的恶意和偏狭及其多数人的沉默。我经历过绝望和愤怒，但我只能耸耸肩，继续活下去。现在我把那些争吵看作一件幸事：一个被接受的作家会被很快拒绝或遗忘。我并没有打算成为一个棘手的作家，但如果事实是那样，我完全不后悔。

《巴黎评论》：一九五九年你又离开了墨西哥。

帕斯：并且直到一九七一年才回来。十二年的缺席——又是一个象征性的数字。我回来是因为墨西哥一直是一块我无法抗拒的磁铁，一种真正的激情，像所有的激情一样，时而快乐，时而痛苦。

《巴黎评论》：给我讲讲那十二年。你先是回到巴黎，然后作为墨西哥大使去了印度，后来又去了英国和美国。

帕斯：当我完成《自由的假释》的最终版后，我觉我将重新开始。我探索新的诗歌世界，了解其他国家，感受其他情感，产生其他想法。而最早也是最重要的一次新经历是在印度，印度是另一种地理，另一种人文和神祇——一个不同的文明。我在那里住了六年多。我游历了次大陆的很多地方，在锡兰和阿富汗生活过一段时间——这两个地方在地理和文化上也很极端。如果我必须用一个意象来表达我对印度的看法，我会说我看到了一片广阔的平原：在远方，白色破败的建筑，一条大河，一棵大树，在树荫下有一个形状（乞者，佛陀，一堆石头？），从树的枝杈间，一个女人出现了……我在印度恋爱，结了婚。

《巴黎评论》：你什么时候开始对亚洲思想产生浓厚的兴趣？

帕斯：从一九五二年我的第一次东方之旅开始——我在印度和日本待了将近一年——我对这些国家的哲学和艺术传统做了一些小小的探索。我参观了许多地方，读了一些印度思想的经典。对我来说，最重要的是中国和日本的诗人和哲学家。一九六二年至一九六八年，在我第二次访问印度期间，我阅读了许多伟大的哲学和宗教著作。佛教给我留下了深刻的印象。

《巴黎评论》：你想过皈依吗？

帕斯：没有，但学习佛教是一种心理和精神的锻炼，它帮助我怀疑自我这个概念和它的幻影。自我崇拜是现代人最大的偶像崇拜，佛教对我来说是对自我和现实的批判，一种激进的批判，其结果不是否定而是接受。印度所有伟大的佛教圣地（印度教圣地也一样，但也许因为它们相对晚期，也相对更加巴洛克和精致）都有非常性感的雕塑和浮雕，强大而平和的性感。我震惊地发现这个看轻世界、宣扬否定和空无的宗教和哲学传统竟然如此赞颂身体和自然力。这成为了我在那些年间写的一本小书《连接与分离》的中心主题。

《巴黎评论》：作为墨西哥驻印度大使，你有足够精力对印度探索吗？

帕斯：我的大使工作并不艰苦，我有时间，也可以旅行和写作。不仅仅关于印度，一九六八年的学生运动也使我着迷，在某种程度上，我感到自己年轻时的希望和抱负正在重生。我从未想过它会带来革命性的社会变革，但我意识到我正在见证一种新的感性，而这个感性在某种程度上与我以前的所感所想"押韵"。

《巴黎评论》：你觉得历史在重演？

帕斯：在某种程度上。例如，一九六八年学生的一些态度与超现实主义诗人的相似性是显而易见的。我认为威廉·布莱克也会对这些年轻人的言行表示同情。墨西哥的学生运动虽然比法国或美国的学生运动更意识形态化，但它同样具有正当的愿望。墨西哥的政治体制诞生于革命，幸存下来后却遭受了一种历史性的动脉硬化。一九六八年十月二日，墨西哥政府决定用暴力镇压学生运动，那是残忍的行为。我觉得我不能继续为政府服务，所以我离开了外交部。

《巴黎评论》：你先去了巴黎，又去了美国，然后在剑桥度过那一年剩余的时间。

帕斯：是的，在那几个月里，我反思了墨西哥的近代史。在一九一〇年革命开始的时候，这个国家有着巨大的民主抱负，但半个多世纪后，墨西哥被一个家长式的威权政党所控制。一九六九年，我为《孤独的迷宫》写了一篇附言，题为《金字塔批判》，我认为金字塔是墨西哥威权主义的象征形式。我说过，摆脱我们正在经历的政治和历史危机——即革命所造成的制度瘫痪——唯一办法是开始民主改革。

《巴黎评论》：但那未必是学生运动所追求的。

帕斯：不是，学生领袖和左翼政治团体支持暴力社会革命，他们受到古巴革命的影响——即使在今天，仍然有一些人捍卫菲德尔·卡斯特罗。我的观点则使我同时反对政府和左派。几乎所有的"进步"知识分子都猛烈攻击我，我也进行反击，或者说，"我们"也进行反击——有一小群年轻作家同意我的一些观点，我们都相信和平、渐进地走向民主。我们创办了《复数》杂志，这是一本集文学、艺术和政治批评于一体的杂志。但是出现了个危机，我们又创办了另一份新杂志《归来》，它仍然很强壮，拥有一批忠实、高要求的读者。墨西哥已经改变了了，现在，我们的大多宿敌都说他们是民主的。我们正在经历向民主的过渡，这一过渡将会遇到挫折，有些人也会感觉它进度太慢。

《巴黎评论》：你是否认为自己是拉丁美洲众多政治家兼作家的一员，其中包括十九世纪阿根廷的萨米恩托（Sarmiento）和二十世纪的聂鲁达？

帕斯：我不认为自己是一名政治家兼诗人，我也不能与萨米恩托或聂鲁达相提并论。萨米恩托不仅是一位伟大的作家，也是一位真正的政治家和伟大的政治人物。聂鲁达是一位诗人，一位伟大的诗人，他加入共产党是出于慷慨的半宗教的原因，那是一次真正的皈依，所以他的政治斗争不是知识分子的，而是信徒的。在党内，他似乎一直是一位政治实用主义者，他是一位信徒，而不是一位批判性的知识分子。至于我，我从来没有加入任何政党，也从来没有竞选过公职，我是一个政治和社会批评家，但始终从一个独立作家的边缘角度批评。我不是一个参与者，尽管我有我的个人偏好。我与马里奥·巴尔加斯·略萨不同，他决定直接干预国家政治，巴尔加斯·略萨就像捷克斯洛伐克的哈维尔或二战后法国的马尔罗一样。

《巴黎评论》：但几乎不可能将政治与文学或文化的任何方面分开。

帕斯：自启蒙运动以来，文学、哲学和政治就不断地融合在一起。在英语世界里，弥尔顿就是这样的先驱，他同时也是十九世纪伟大的浪漫主义诗人。二十世纪有很多这样的例子，比如艾略特，他从未积极参与政治，但他的作品是对传统价值观的慷慨辩护，这些价值观具有政治层面。艾略特的信仰与我的完全不同，我提到他是因为他也是一位独立作家，没有参加任何党派。我认为自己是一个独立的人，尽管我保留发表意见的权利，也保留就影响我的国家和同时代人的事务发表意见的权利。年轻的时候，我反对纳粹极权主义，后来又反对苏联的专制，对此我一点也不后悔。

《巴黎评论》：谈谈你在印度度过的时间和它对你诗歌的影响？

帕斯：如果我没有在印度生活过，我就不可能写出《白》或《东坡》的大部分诗歌。我在亚洲的时间是一个巨大的停顿，仿佛时间慢了下来，空间变大了。在一些罕见的瞬间，我体验到了我们与周围世界合而为一的状态，时间之门似乎打开了，哪怕只打开了一点。我们在童年时代都体会过那样的瞬间，但现代生活几乎不允许我们在成年后重新体验它们。至于我的诗歌，那段时期从《蝾螈》开始，在《东坡》达到高潮，在《猴子语法家》结束。

《巴黎评论》：你不是在一九七〇年剑桥大学时期写的《猴子语法家》吗？

帕斯：对，那是我对印度的告别。在英国的那一年也改变了我，尤其是因为我们有必要说到的英国人的"礼貌"，其中包括怪癖的培养。英国不仅教会我尊重我的同胞，而且尊重树木、植物和鸟类。我也读过一些诗人的作品：多亏了查尔斯·汤姆林森（Charles Tomlinson），我发现了华兹华斯，《序曲》成了我最喜欢的书之一，《阴影草稿》中或许有它的回音。

《巴黎评论》：你有写作的时间表吗？

帕斯：我从没能保持一个固定的时间表。多年来，我在有空时写作，我以前挺穷，不得不打几份工维持生活。我是国家档案馆的一名小职员；我在银行工作；我是一名记者；我后来终于在外交部门找到了一份舒适但忙碌的工作，但这些工作都没有对我作为一名诗人产生任何真正的影响。

《巴黎评论》：你必须在某个特定的地方写作吗？

帕斯：小说家需要打字机，但你可以随时随地写诗。有时我坐在公交车上或走在街上会在心里写一首诗，走路的节奏帮助我固定诗句，回到家后我再把它抄下来。在我年轻的很长一段时间里，我只在晚上写作，那时更安静、安宁，但夜间写作也会加剧一个写作者的孤独感。现在我在上午晚些时候写作，一直写到下午，夜幕降临时完成一页是个乐趣。

《巴黎评论》：你的工作从没分散过你的写作吗？

帕斯：没有，但我给你举个例子，一次，我在国家银行委员会找到了一份非常糟糕的工作（怎么找到的我自己也不知道），工作内容是清点已经封好准备烧掉的几包旧钞票。我必须确保每个包裹里有三千比索，但几乎总会有或多或少一张钞票——它们都是五比索的钞票——所以我决定不再数它们，而是用那些时间在脑子中创作一系列十四行诗，押韵可以有助我记住诗句，但是没有纸和笔，这个任务还是很困难的。我一直敬佩弥尔顿能够为他的女儿们口授《失乐园》中的篇章，那些段落甚至不是押韵的！

《巴黎评论》：你写散文的时候也一样吗？

帕斯：散文是另一回事。你必须在一个安静、不受打扰的地方写，哪怕是厕所。但最重要的是，写作时手边得有一两本字典。电话是作家的恶魔，字典则是作家的守护天使。我过去常常打字，但现在我什么都用手写。如果是散文，我会写一遍、两遍或三遍，然后口述到录音机里，我的秘书把它打出来，我再做修改。诗歌，我则不断地写和重写。

《巴黎评论》：一首诗的灵感或出发点是什么？你能举个例子说说你写诗的过程吗？

帕斯：每首诗都是不同的。通常第一行是一份礼物，我不知道它是来自上帝还是来自一种叫做灵感的神秘力量。让我用《太阳石》为例：我写前三十行的时候，仿佛有人在默默地对我口述，这些十一音节行一行行地出现，它们的流畅让我惊讶，他们来自远方，来自身边，来自我的内心。

然而突然，电流说停就停了。我于是读写下的东西，发现不需要改变一个字。但那只是一个开端，我不知道接下来该往哪里去。几天后，我试着重新开始，不用被动的方式，而是试着引导诗的走向。我又写了三四十行，然后停下来。几天后，我重新读起写下的东西，渐渐地我开始发现这首诗的主题及走向。

《巴黎评论》：地毯上开始出现一个人影？

帕斯：这是我对生活的一种回顾，我的经历、担忧、失败、痴迷的一种复活。我意识到我的青春已经走到了尽头，这首诗既是一个终点，也是一个新的开始。当我到达某一处时，语言的电流停止了，我所能做的只是重复开篇的几行。这就是这首诗循环形式的来源，它不是没来由的。《太阳石》是我的第一时期诗歌作品集《自由的假释》的结集之作。尽管我不知道之后我会写什么，但我确信我的生命和诗歌的一个时期已经结束，另一个时期正在开始。

《巴黎评论》：书名似乎暗指阿兹特克人对时间的周期性概念。

帕斯：当我写这首诗的时候，我在读一篇关于阿兹特克历法的考古学论文，并突然想到把这首诗叫做《太阳石》。我曾增加或删减——我不记得是哪个——三、四行，好让这首诗与金星与太阳的五百八十四天合相所吻合。但这首诗的时间不是阿兹特克宇宙发展的仪式性时间，而是人的传记性时间，是线性的。

《巴黎评论》：但是你对五百八十四这个数字的象征意义足够在意，以至于将诗行限制在这个数字。

帕斯：我承认我一直喜欢数字组合，我的其他诗歌也是围绕着一定的数字比例而创作的，这不是一种怪癖，而是西方传统的一部分，但丁是最好的例子。然而，《白》与《太阳石》则完全不同。首先我有了写这首诗的"想法"，我做了笔记，甚至画了一些图表，或多或少受到了西藏曼陀罗的启示。我把它想象成一首空间诗，与罗盘上的四个点，四种原色等等相对应。这很困难，因为诗歌是一种时间的艺术，仿佛为了证明这一点，词语自己不来，我不得不呼唤它们，"恳求"它们，尽管这样说听上去有些夸张。有一天，我写了最初的几行，不出所料，它们是关于词语的，关于词语的出现和消失。十行后，这首诗开始相对流畅起来。当然，像往常一样，也有一些不孕的苦闷时期，之后跟随着新的流畅期。《白》的建筑比《太阳石》更清晰，也更复杂，更丰富。

《巴黎评论》：所以你无视埃德加·爱伦·坡对长诗的禁令？

帕斯：带着极大快感地无视。我还写过其他一些长诗，比如《影子草稿》和《信仰的信》。前者是记忆的独白和发明——记忆不断改变不断重现并重造过去，于此，它将过去变成了现在，变成了存在。《信仰的信》是一部不同声音交汇的大合唱，但是，就像《太阳石》一样，它仍然是一个线性构造。

《巴黎评论》：当你写一首长诗时，你认为自己是古典传统的一部分吗？

帕斯：现代的长诗与古代的大不相同。古代诗歌、史诗或寓言包含大量填料，那种文体允许甚至要求那样做。但现代长诗既不容许填塞，也不容许过渡。这是有原因的。首先，除了庞德的《诗章》以外，我们的长诗根本没有古人的那么长。第二，我们的长诗具有两种对立的性质：长诗的"拓展"和短诗的"强度"。这很难处理，事实上，它是一种新的文体。这也是我欣赏艾略特的原因：他的长诗有着短诗那样的强度和专注力。

《巴黎评论》：写作的过程是愉快的还是沮丧的？

帕斯：写作是一个痛苦的过程，需要付出巨大的努力和不眠之夜。除了写作障碍的威胁，还总有一种失败在所难免的感觉，因为我们写的任何东西都不是我们所希望写出的。写作是一种诅咒，其中最糟糕的部分是写作之前的痛苦——几个小时、几天或几个月，我们徒劳地寻找那个让龙头转动、水流起来的短语。一旦这第一个短语写出来了，一切就都不同了——这个过程是迷人的、重要的、充实的，不管最终结果是什么。写作是一种祝福！

《巴黎评论》：一个想法怎样捉住你？为什么会捉住你？你如何决定它将是散文还是诗歌？

帕斯：我对此没什么硬性规定。就散文而言，似乎先有个想法，然后有展开这个想法的欲望。当然，最初的想法往往会改变，但即使如此，基本的东西是保持不变的：散文是一种手段，一种工具。但就诗歌而言，诗人成了工具。谁的？这很难说，也许是语言的。我不是指自动写作，对我来说，一首诗是个事先有设想的行为，但是诗歌来自与语言相关的精神源泉，或者说，与一个民族的文化和记忆相关的精神源泉。这个古老、集体的源泉与语言节奏密切相关。

《巴黎评论》：但是散文不也有节奏吗？

帕斯：散文确实也有节奏，但这节奏不像诗歌那样是个建构的要素。我们别将韵律与节奏混淆：韵律或许是节奏的一种表现，但它不同，因为它已经变得机械化了。这就是为什么如艾略特所说，韵律必须得时不时回到口语、日常中，也就是说，回到每一种语言的原始节奏中。

《巴黎评论》：那么，诗歌和散文是独立的实体？

帕斯：节奏把诗歌与散文联系在一起：一个使另一个更充实。惠特曼之所以那么迷人，是因为他将散文与诗歌惊人地融合在一起，而这个融合正是因节奏产生的。散文诗是另一个例子，虽然它的力量是有限的。当然，诗歌散文化是个灾难，我们每天在"自由诗"中都能读到很多拙劣的诗。至于诗歌对散文的影响——只要想想夏多布里昂、奈瓦尔或普鲁斯特就知道了。在乔伊斯的作品中，散文和诗歌的界限有时完全消失。

《巴黎评论》：你能一直保持它们的界限清晰吗？

帕斯：我试着把它们分开，但并不总是奏效。一篇散文，不用我去想，可以变成一首诗。但一首诗还从未变成一篇散文或一个故事。在几本书中——《鹰或太阳？》和《猴子语法家》——我试着把散文和诗歌结合起来，但不知道是否成功。

《巴黎评论》：我们说到了设想和修改：灵感与它们有什么关系？

帕斯：灵感和设想是同一过程的两个阶段：设想需要灵感，反之亦然。这就像一条河：水只能在两岸之间流动，没有设想，灵感就会散去。但是设想的作用是有限的，即使散文这样的反思性文体也是如此。当你写作时，文本会变得自主起来，它会改变，会迫使你遵循它，文本总是将自己与作者分开。

《巴黎评论》：那为什么修改呢？

帕斯：缺乏安全感，这是毫无疑问的。还有对完美的没意义的渴望。我说过，所有文本都有自己的生命，独立于作者。一首诗不表达诗人的思想，它表达诗，这就是为什么修改和纠正一首诗是合理的。这同时也是对写这首诗的诗人的尊重，我指的是诗人，而不是那时的我。我是那个诗人，但也是另外一个人——我们之前谈到过的那个人。诗人为他的诗歌服务。

《巴黎评论》：但是你会做多少修改呢？你最终觉得一件作品是完成了，还是被遗弃了？

帕斯：我不停地修改。一些评论家说我修改得过分，他们或许没错。但是如果说修改有危险，那么不修改的危险则更大。我相信灵感，但我也相信我们必须帮助灵感，克制它，甚至反驳它。

《巴黎评论》：再说到灵感与修改间的关系，你有没有尝试过超现实主义者在首篇超现实主义宣言中推荐的那种自动写作？

帕斯：我做过"自动写作"的实验，它很难做到，事实上，它不可能被做到。没有人可以在脑子一片空白不去想写什么的状况下写作。只有上帝能写一首真正的自动诗，因为只有对上帝而言，说话、思考和行动都是一样的，如果上帝说："一匹马！"一匹马立刻出现。但诗人必须重新塑造他的马，也就是他的诗，他必须想到它，造出它。我在与超现实主义诗人们结交时所写的自动诗都是经过思想地有自觉地写出来的。我是睁着眼写那些诗的。

《巴黎评论》：你认为布勒东提倡自动写作是认真的吗？

帕斯：他或许是。我非常喜欢安德烈·布勒东，真的很钦佩他。毫不夸张地说，他是一个太阳能式的人物，因为他的友谊发出光和热。在我见到他不久后，他让我给一本超现实主义杂志投稿。我给了他一首散文诗，《马里波萨·德·奥布西黛安娜》——暗指一位前哥伦布时代的女神。他读了几遍，喜欢上并决定出版，但他指出其中一行似乎薄弱。我重读这首诗，发现他是对的，于是删除了那一行。他很高兴，但我感到困惑，所以我问他：自动写作呢？他抬起狮子般的头，不动声色地回答说：这一行是新闻报道……

《巴黎评论》：奥克塔维奥，张力似乎使你多次找到了属于自己的特有的位置——美国和墨西哥，帕楚科（pachuco）和英美社会，孤独和交流，诗歌和散文。你有没有觉得散文和诗歌之间也存在着一种张力？

帕斯：当我写作时，我最喜欢写的东西，最喜欢创造的东西，是诗歌。我宁愿被人记作一部诗选中两三首短诗的作者，也不愿被记作一位散文家。然而，由于我是一个现代人，生活在一个相信理性和阐述的世纪，我发现我也继承了诗人以各种方式为诗歌辩护的传统。想想文艺复兴和浪漫主义诗人——雪莱，还有华兹华斯为《抒情歌谣》写的前言。而我，在我的职业生涯即将结束之际，我想做两件事：继续写诗和继续为诗歌辩护。

《巴黎评论》：这个辩护会怎么说？

帕斯：我刚写完一本书，《另一个声音》，有关二十世纪诗歌的现状。当我年轻的时候，我最崇拜的偶像是诗人而不是小说家——尽管我崇拜普鲁斯特或劳伦斯这样的小说家。艾略特是我的偶像之一，瓦雷里和阿波利奈尔也是。但今天的诗歌就像一个秘密的邪教，在社会边缘的地下墓穴里举行仪式，消费社会和商业出版社很少关注诗歌。我认为这是社会的弊病之一，我认为如果我们没有好的诗歌，我们就不会有一个好的社会，这点我敢肯定。

《巴黎评论》：人们批评电视毁灭了二十世纪生活，但你有一个独特的观点，那就是电视将有利于诗歌回归口头传统。

帕斯：诗歌先于写作存在。从本质上讲，它是一种语言艺术，不仅通过我们的眼睛和理解而且通过我们的耳朵进入我们。诗歌是说和听的东西，也是我们看到和写出的东西。在这一点上，我们看到了书法在东方和亚洲传统中的重要性，在西方现代，字体和排版也很重要——最佳的例子是马拉美。在电视中，诗歌的听觉特征可以与视觉及运动相结合——这是书本所没有的。让我解释：这还没怎么被探索过，我并不是说电视意味着诗歌将回归口头传统，而是说电视可能是一个将写作、声音和图像统一起来的传统的开端。诗歌总是利用一个时代所能提供的一切交流手段：乐器、印刷、广播、唱片。为什么不试试电视呢？我们得做这个尝试。

《巴黎评论》：诗人会是永远的持不同政见者吗？

帕斯：是的。我们所有人都赢得了一场伟大的战斗，而重要的是：他们是被自己打败的，而不是被西方打败的。但这还不够，我们需要更多的社会公正。自由市场社会所生产的是不公正而且相当愚蠢的社会。我不相信生产和消费物品是人类生活的意义，所有伟大的宗教和哲学都说人类不仅仅是生产者和消费者，我们不能把生活局限于经济。如果说一个缺乏社会公正的社会不是一个好社会，那么一个缺乏诗歌的社会则是一个没有梦想、没有文字、没有诗歌这座人与人之间的桥梁的社会。我们之所以不同于其他动物是因为我们会说话，而语言的最高形式是诗歌，如果社会废除诗歌，那就是精神自杀。

《巴黎评论》：你对十七世纪墨西哥修女胡安娜·伊内斯·德·拉克鲁斯（Juana Inés de la Cruz）的深度批判性研究是现在对过去的一种投射吗？

帕斯：在某种程度上是的，但我也想找回这个我认为不仅对墨西哥也对整个美洲都至关重要的人物。起初，胡安娜被埋葬也被遗忘；然后，她被挖出并制成了木乃伊。我想把她带回到阳光里，把她从蜡像馆解救出来。她还活着，并有很多话对我们说。她是一位伟大的诗人，是拉丁美洲众多伟大女诗人中的第一位——别忘了智利的加布列拉·米斯特拉尔是第一位获得诺贝尔文学奖的拉丁美洲作家。胡安娜还是位一流的知识分子（不像艾米莉·狄金森）和女权的捍卫者。她被捧上神坛，受到赞扬，然后又受到迫害和羞辱。我感到有必要写她。

《巴黎评论》：最后，奥克塔维奥·帕斯，从这里你将去向哪里？

帕斯：哪里？我在二十岁时就问自己这个问题，三十岁时又问，四十岁、五十岁时还在问……我从来没有答案。现在我知道这个：我必须坚持下去，这意味着生活、写作和面对，就像其他人一样，面对生活的另一面——未知。

（原载《巴黎评论》第一百十九期，一九九一年夏季号）

耶胡达·阿米亥

欧阳昱／译

耶胡达·阿米亥一九二四年生于德国符兹堡，一九三六年随他正统派犹太教家庭一起，移民到了巴勒斯坦。第二次世界大战期间，他与英国军队的巴勒斯坦旅在中东作战，并在一九四八年战争中，担任哈加纳地下组织的突击队员。他还分别在一九五六年和一九七三年战争中，与以色列军队一起作战。阿米亥当过小学教师并曾在纽约大学教过写作，但他把大部分时间都用来写作。他一九三七年与全家一起搬到耶路撒冷。目前与妻子和三个孩子中较小的两个，住在耶敏莫什区。

阿米亥极受欢迎，一般公认为以色列最重要的诗人，以及塑造了现代希伯来文学的作家之一。他的诗集在只有三百万人能读希伯来文的国家中，每出一本，都能卖掉约一万五千册。（若在美国能卖到这个程度，就算达到畅销书的地步了。）阿米亥的名望和读者是国际化的，他也是在世诗人中被翻译得最为广泛的一个。一九六八年以来，他的十六本诗集和小说已译成英文，其中有《诗集》（1969）、《耶路撒冷和我本人的歌》（1973）、《阿门》（1977）、《情诗》（1980）、《大静》（1983）、《耶路撒冷的诗》（1988）、《耶胡达·阿米亥诗选》（1986），以及《即使拳头也曾一度是有手指的张开的手掌》（1991）。除了他最著名的诗歌之外，阿米亥还写过长篇小说、短篇小说、剧本、散文和书评。

他经常造访美国。这篇访谈录中的大部分都是一九八九年夏天，在纽约市格林威治的几家咖啡馆进行的——其中有胜利餐厅和但丁咖啡馆。所有的会面都在清晨，并以英语进行。阿米亥能说流利的英文，口音杂有德国腔和希伯来腔。一九九〇年，又从来往信件中遴选了额外的材料。最后一次见面是在一九九一年三月的纽约，即在海湾战争刚刚停火不久。

阿米亥本人和蔼可亲，魅力迷人，他含蓄幽冷，思维缜密，给人一种柔和的讽刺和幽默感。他相貌英俊，体魄结实，一双暗色的眼睛，一副前体育运动员和打过仗的老兵身躯。他笔下诗歌中不断出现的体格意识，就在他本人身上体现出来。他频繁地用身体和眼睛打着手势，大开大合地回答问题，丝毫也不迟疑。他在咖啡馆相当嘈杂的背景下，表现得极为自在自如——事实上，他更喜欢这样的气氛。

——劳伦斯·约瑟夫（Lawrence Joseph），一九九二年

《巴黎评论》：你于第一次世界大战后不久，在德国出生，算是战后一代的一个部分。

耶胡达·阿米亥：是的。我一九二四年出生于德国。正如我一向所认为的那样，一般来说，那些第一次世界大战后直到一九二六年出生的人，我觉得，都承担着二十世纪的重负。我们是继承了第一次世界大战余波，并在第二次世界大战成年的那一代人。无论如何，作为以色列人，我在第二次世界大战后还够年轻，能够积极参与三场战争。我真的有种感觉，觉得我是二十世纪的结果和内容。

《巴黎评论》：你的家人在德国很久了吗？

阿米亥：是的。父母两边都是。我父亲是德国犹太人，笃信正统派，按该词的准确意思来说，非常笃信。他出生于德国南方的一个犹太农家，在一个名叫吉伯尔斯塔特的村庄。当其时，他出生的这样的村庄，全南方想必总有两万到三万。我父亲的家庭是一个农民家庭。母亲家庭也是农民。他们都来自南方，若按当今的路途算，吉伯尔斯塔特稍微往北大约两

小时车程。当时这是很远的距离了。我的祖父母，我的曾祖父母、曾曾祖父母、曾曾曾祖父母、曾曾曾曾祖父母等，都生于德国，我想，一直可以回溯到中世纪。我父亲是一个七口之家的幼子，其中只有一个始终是农民，也就是他的一个哥哥。我父亲去了一个小镇，即符兹堡，当了商人。我就是在那儿出生的。符兹堡有一个强大的犹太社区——一座十万人的小镇，就有两千多犹太人。当时来说，两千人就是一个相当坚实的犹太社区了。有一家犹太医院和一家犹太学校——犹太人上学的公立学校。我一年级时学了希伯来语，学习读写希伯来语和德语。这也可以解释我为何后来在希伯来语方面没有任何问题。

《巴黎评论》：你父亲参加第一次世界大战了吗？

阿米亥：是的，他参加了。我舅舅，即我母亲的兄弟，也参加了，于一九一六年阵亡——关于这，我写了一首诗。这对参加第一次世界大战的犹太人来说很奇怪——互相交恶的国家中，犹太人是分裂不和的。有犹太人为德国作战，为法国作战，为英国作战，为俄国作战。犹太拉比为同盟国、土耳其人、德国人和奥地利人祈祷。这很像中东的德鲁兹人——以色列的德鲁兹人为以色列作战，叙利亚的德鲁兹人为叙利亚作战，打以色列。

《巴黎评论》：你是来自一个大家庭吗？

阿米亥：我有一个姐姐。她住在以色列，但我来自一个大家庭。我家的人——我大家庭的人——都信正统派犹太教。这是一个关系极为密切的家庭，因各种原因而聚会——婚礼、成人年等。我们之间有一种强大、温暖、非常受保护的感觉。而且，我的家庭——我父母的兄弟姐妹，以及他们的子女，我的表兄弟姐妹、堂兄弟姐妹等——都于一九三三年和一九三六年间，搬到了巴勒斯坦，所有的人都是。其中有些人在纳粹实际掌权之前就在巴勒斯坦定居了。我家当时是巴勒斯坦来自中欧的极少犹太家庭之一。在即将而来的大屠杀中无人遭戮。

《巴黎评论》： 你是不是作为一个犹太复国主义者培养起来的？

阿米亥： 是的，但我家的犹太复国主义，在任何智识层面上都不是意识形态上的那种，而是宗教上属于正统派的犹太复国主义，一种实用的犹太复国主义——去往巴勒斯坦。对我父母来说，到巴勒斯坦去，具有典型的浪漫特征，部分动机是他们的正统派意识，部分动机是想生活在自己国家的那种渴望。我有些表兄弟姐妹和堂兄弟姐妹可能见过乌托邦社会主义式的犹太复国主义，但我父母没见过。当然，在希特勒之前，还有狂热的反犹主义，这与我家人去巴勒斯坦也有某种联系。有些人认为，反犹主义在德国其实不存在，直到一九三三年才开始。我的确不想减少希特勒罪孽的任何成分，但我成长期间的反犹主义早于希特勒。有人骂我们。有人朝我们扔石头。是啊，这造成了真正的忧伤。我们尽可能自卫。好玩的是，我们的常用名是以撒——就像穆斯林叫阿里或穆罕默德一样。他们会大声喊着说：以撒，滚回巴勒斯坦去，离开我们的家园，到你们的地方去。他们朝我们扔石头，大声喊：滚去巴勒斯坦！然后，等我们到了巴勒斯坦，又有人要我们滚出巴勒斯坦——历史的并列是很具讽刺意味的。但我的确还记得，一九三三年纳粹掌权时，反犹主义一直是以宗教为基础的，跟着就政治化、经济化了。在此之前，二者尚未融为一体——处于一种可怕的中间状态——但你能够感觉得出，要发生什么了。我还记得，父母亲告诉我，要我远离阅兵仪式，不要受音乐和检阅的诱惑。还有人告诉我——符兹堡是一座很天主教的小镇——在某几个宗教节日里，要远离天主教的行进队列。我特别记得的是诸圣瞻礼节。行进的队列非常阴郁，某种方式来说，非常德国，学生、神父和修女扛着旗帜、神圣的偶像和图案。有一次——我当时九到十岁——我在观看一个天主教队列，因为我喜欢它那种鲜艳和壮观。因为我信奉的是正统派犹太教，我戴了一顶圆顶小帽。突然，有人朝我脸打了一下，叫道："你个肮脏的小犹太人，把你的颅骨帽取下来！"

《巴黎评论》：你父亲靠什么为生呢？

阿米亥：我父亲属于你可以称之为中间人的那种人。他和他兄弟开了一家大店，他们把货物卖给裁缝和公司，但不做零售。我们属于你们在这儿称作中上层阶级的那种人——相当富裕。我父亲没有上过大学——他跟商人做学徒，当年的习俗就是这样。但他是受过教育的。书读得很多，喜欢也欣赏音乐，很有幽默感。他很招人喜欢，有不少非犹太人朋友，这些人后来都劝他离开德国，到巴勒斯坦去。我母亲也很喜欢看书。我们家是很有文化的。音乐和诗歌——歌德、席勒、海涅。我母亲和祖母从前常给我朗读德国文学。

《巴黎评论》：你会不会把你长大成人的那个环境，定性为宗教环境呢？

阿米亥：绝对如此。我经常去犹太教堂。我最初的教育就是诠释犹太《圣经》。但我也是在德国民歌和故事中成长起来的，它就像《圣经》故事一样，也成了我想象的一个部分。我的历史感就来自这些故事——我对你可能称之为童话故事所构成的历史，是非常迷恋的，但从一开始，我就感到我属于一种很不同的人，这对我来说并不是一个问题。我把德国风景变成了一种《圣经》的风景。德国风景很美——河流、山峦、森林、湖泊等。我们学校远足时去过的阳光山谷，在我的想象中成了大卫和歌利亚格斗的山谷。尽管有反犹主义，但德国的风景对我来说简直田园诗一般。这又与巴勒斯坦的梦境混合在一起。我存在于梦的王国，浪漫的王国，在浪漫的梦中，从我们属于一个时常受害的小群体的地方，搬迁到古代就植根于《圣经》的巴勒斯坦。如用"部落"一词来描绘我们，我想那是绝对正确的。比如，我们自己的穿着方式，不像吉普赛人那样部落式的，很隐私的，但我们拥有的更深，都在我们内心深处。我们的信仰、梦境和想象都如此强大，感到能与他人共存，因为我们在很深的程度上是迥然不同的。我们不需要穿得很不一样，就能在他们中间工作，因为我们内心感到强大。我是一个笃信宗教的孩子——我一天至少去一次犹太教堂，有时还去两次。而且我还记得我的宗教感也同样的好——我认为，宗教对孩子是有好处的，对受过教育的孩子就更是如此了，因为它让想象成为可能，让现实世界之外的一整个想象世界成为可能。宗教世界不是逻辑的世界，这就是为什么孩子喜欢这个世界。它是一个幻想出来的世界，跟儿童故事或童话很接近。

《巴黎评论》： 你是否还记得，你成长期间，曾感受到德国的社会现实和政治现实？

阿米亥： 其实没有。我父母那一代人是不跟孩子谈政治的——他们不让孩子接触政治和经济上发生的事。男人只跟男人谈政治，但觉得他们有职责不让妇女和儿童接触政治。我从来没有意识到德国的萧条，也许是因为我父亲生意做得相当不错，也因为我的祖父祖母，他们当时都还活着，都住在农场，我当时经常去那儿造访。大城市的有些犹太人想必所感到的那种经济反弹，我不记得曾经感受过。

《巴黎评论》： 你是一个很有艺术感觉的孩子吗？

阿米亥： 不是，我其实从未以任何艺术的方式看待自己。在我的大家庭中，没有任何人是艺术家、有独创性或搞演出，连边都沾不上。我觉得，我是你可能称之为一个有着非常丰富的内在世界的正常孩子吧。我特别喜欢足球和民间故事。我在内部世界和外部世界之间，从未感到任何区别，我现在都没有这种感觉。真正的诗人，我认为，能将内部世界变成外部世界，反之亦然。诗人总是得在外面，在世界中——诗人不能把他自己封闭在他的工作室里。他的车间在他脑中，他必须对文字敏感，必须对如何在现实中运用文字敏感。这是一种心境。诗人的心境，就是以一种两次曝光法来看世界，看潜在意思和弦外之音，看世界的本来面目。凡是有智识的人，无论是否艺术家——数学家、医生、科学家等——都具有一种看世界、描写世界的诗意方式。

《巴黎评论》：在某个时间，做出了一个决定，要离开德国，前往巴勒斯坦对吧。

阿米亥：我父亲是在希特勒上升时，决定去巴勒斯坦的。我父亲有一种很好的历史感，他所有的兄弟姐妹都去了。可以说是整个部落吧，都在一九三四年和一九三六年之间来到巴勒斯坦的——我父亲家，我母亲家，没有一个人留下。我们是未遭大屠杀劫难的少数犹太人家庭之一。我意识到当时正在发生的事情，但情况更像遥远的雷声来得更近，而不像一种真实的威胁。我父亲觉察得清楚，尽管他尽量不让我们体会到他的所见和所感。因此，我十一岁、快十二岁的一九三六年，我们就都去了巴勒斯坦。我的几个比我年长的表兄弟姐妹、堂兄弟姐妹，是早我们一年去的——他们参加了基布兹集体农场。我们搬到一个很小但很宜人的村庄，离特拉维夫不远，名叫佩塔提夸。我记得当时光着脚丫子，绕着村庄，在柑橘林中穿行的激动感。我父亲和他的兄弟，以及我一个年长的表亲开了一家做香肠的工厂，这是全巴勒斯坦最早的工厂之一。其实只是一间小屋子，里面有几台机器而已。因此，我对做香肠用什么材料等，是有第一手知识的！我的年长表亲和我叔叔实际就是做香肠的。这个生意的行政方面，都是由我父亲处理的，是个只有两三人做的生意……

《巴黎评论》：你适应巴勒斯坦的生活有困难吗？

阿米亥：没有，完全没有。我立刻进入了说希伯来的文化和社会。我在德国学过希伯来语，在巴勒斯坦读写这门语言也没有困难。我们在家里说德语，但我说希伯来语很流利。我们在学校也说希伯来语，学习希伯来语。除了在家和我父母亲一起之外，我其他时间都说希伯来语。我父亲懂希伯来语，但即便如此，我们互相之间还是说德语，这是某种家庭大事。学校制度跟我之前上过的德国犹太学校很不同，因为后者极为规整，那儿的铁律是绝对不能打破的。现在的学校几乎没什么纪律——有种处身在野蛮西部的感觉。例如，有些孩子是赤脚上学的。那种开放性，对我来说是一种启示。尽管我从未失去我的那种纪律严明之感，但我一点都不在乎自由感、野蛮感。

《巴黎评论》：你的经历中是否有过与巴勒斯坦阿拉伯人的冲突呢？

阿米亥：嗯，有过阿拉伯人的骚乱，始于一九三六年，是耶路撒冷的大穆夫提搞的——他与墨索里尼和希特勒打交道。我们夜里能听到枪声——不多，但多得足够让人记住。家里的年长者——父亲、叔叔舅舅、年长的表兄弟姐妹、堂兄弟姐妹——都得值班守卫。还禁止我们离开村庄，走得太远——例如，我们不能去雅法，因为太危险，但这一切对我们的生活方式，对我们的生活都很自然而然。实际上任何人都不害怕。我们只需要小心就行，而我们大家互相都很关照。我们进行自卫，就这么回事。我还记得父亲在一九三六年玩了一个恶作剧。他是一个很严肃的人，我父亲——但他也很好玩，喜欢恶作剧。一九三六年初，他去雅法，给他自己买了一件阿拉伯装束，叫"孔巴吉"，还买了一根大拐杖。然后，他骑着我一个叔叔的驴子，进入佩塔提夸。没人认出他来，他也吓坏了大家。他走进我们家，那根拐杖把我们大家都吓坏了。这件事我记得很清楚。我记得父亲的幽默感，即使在动荡时期也是如此——这也是我从他那儿继承下来的一个特点。他从前很喜欢表演出来，因为他不善表达，不像我。但我认为，我身上有很大一部分都植根于父亲的各种并列的感受性，他的幽默感和他的严肃性。

《巴黎评论》：你最后搬到了耶路撒冷。

阿米亥：在一九三七年。我想，部分原因是，我父母亲想要我受更好的教育——耶路撒冷有很好的学校。我父亲还想买一块很大的土地，但做不了，因此决定搬到耶路撒冷。他还刚刚继承了一点钱——因此当时家境相当不错。两三年后，父亲又开了两门生意。基本上来说，我们从不缺钱。我们上了很好的学校，学费相当昂贵。我们长大时，我想，很像贝鲁特的黎巴嫩人：只跟我们自己的人来往——大多数都是德国犹太人——当时在耶路撒冷这类人想必有三千多吧。我们跟阿拉伯人其实没有联系，也没有任何受害者的感觉，尽管曾经发生过暴动和骚乱。我们的政府属英国托管。阿拉伯人有他们的政府。

《巴黎评论》：这么说来，你在当时就已经意识到了政治现实了？

阿米亥：是的，截至此时，我已经相当意识到了政治现实。第二次世界大战前，是的，而且越来越多的犹太人进入巴勒斯坦，越来越多的人来自德国和欧洲的其他地方。而阿拉伯的巴勒斯坦人实际上是与轴心国结盟的。我有一首诗写的就是跟父亲一起，每周一次到哭墙那儿，但在一九三七年和一九三九年间，犹太人不可能穿过阿拉伯人居住区去那儿——你要么穿过亚美尼亚人居住区，要么就得被人扔石头。同样的石头直到今天还在扔。扔石头不是昨天才发明的。我记得在一九三九年，父母亲听收音机报道德国入侵波兰。我还准确地记得这事。我父母亲都在听——那是一九三九年九月一日——我记得他们脸色发白，好像才意识到……我敢肯定，他们不敢想象大屠杀，但他们意识到，这场战争会可怕得无法接受。我当时十五岁。但，我必须告诉你，我跟他们的感觉不一样。对我来说当然很可怕，但同时，我感到某种重大的事情即将发生。我感到，战争可能改变我的人生。

《巴黎评论》：你与日俱增的政治意识是否会影响到你的宗教感情？

阿米亥：会的，非常会。当时，我不再相信上帝，因此也不再进行宗教实践了。我父亲很受伤。我想，我对宗教的反应，可以这么说，处于悬置状态。在巴勒斯坦，社会主义运动才刚刚开始，它部分是对某些正统派犹太人的反应——我父亲不属于此类——这些人摈弃了犹太复国主义。来自基布兹的大多数犹太复国主义的开路先锋——其中大部分都来自我这样的非常正统的家庭——都早已与宗教决裂。犹太复国主义已经成为某种反对传统犹太正统派的革命。反对的方式有两种：一种是成为共产党，即布尔什维克，像苏维埃的俄国那样。另一种就是成为犹太复国主义者。当时我选择了后一种做法——不是以深思熟虑、正儿八经的方式选择。我没有多去想社会主义和共产主义，只是到了很久之后，也就是第二次世界大战之后，这时，我参与了左派。

《巴黎评论》：这么说来，战争一九三九年在欧洲爆发时，你还是个小年轻。

阿米亥：是的，我才十五岁。我一九四二年上完中学，但在那个岁月里，耶路撒冷很奇怪，政治上安静得很。一九三九年，还有阿拉伯人暴动，但不像一九三六年，这时，英国人多多少少还容忍针对犹太人的暴动。英国人只花了一周时间，就粉碎了一次起义，摧毁了几座阿拉伯村庄，把当地人从土地上赶走了。事情到此结束了。为什么发生了这样的变化呢？因为战争爆发了，英国人需要犹太士兵——他们不想要殖民地的问题。但到了一九四一年，真正的焦虑进入了我们的生活——德军进入俄国，向斯大林格勒进发，伊拉克掌权的是一个支持法西斯、反对英国的政府。情况极为紧张。与此同时，德军正在进发，穿越北非。我记得我当时非常担忧，因为我们大家都知道，一旦德军进入巴勒斯坦，情况就会怎样。而且，巴勒斯坦留下的英军也不多。因此，一九四一年的当时，巴勒斯坦很多年轻的犹太人，都自愿参加英军，实际上是成为巴勒斯坦旅。一九四二年，我中学毕业后也参军了，成了英军巴勒斯坦旅的一名士兵。我的军装肩部横着写了一个字：巴勒斯坦。我应该说，尽管我感到焦虑，但这不是我父母一代人所感到的那种焦虑——他们对正在发生的情况的感觉是不一样的，其穿透在我这儿并不深。我的那种感觉，对战争中成年的年轻人来说并非异常——因为战争而导致很多决定延迟作出。某种方式上，我因为不必要做什么、在哪儿工作等等作出决定而大松了一口气——我要去打仗，我不知道一切怎么了结，情况就是如此。我的动机就是，做该做的事，做正确的事——这在很大程度上是由我父母的恐惧以及要保护我的家庭和我的人民的需要所决定的。这就是在我身上发生的变化。而一九四二年是我生命中的一个转折点，这有另一个原因，相当重要的原因——这时我有了第一次恋情。因此，我的第一次战争和我的第一次恋情碰巧同时发生了。

《巴黎评论》： 直到这时——你十八岁了——你写过诗，或想到过写诗吗？

阿米亥： 我从未想过要写诗，至少没有正式想过。我在日记中写过一些，但后来都弄丢了。而且我读过很多书。我为我爱上的那个姑娘写过诗，就这样——而这些都是很隐私的。

《巴黎评论》： 这么说，你在第二次世界大战打过仗了……

阿米亥： 是的。一九四二年和一九四三年，我们驻扎在巴勒斯坦，在沿海地区——你得记住，一九四二年，还很恐惧德国人会侵略巴勒斯坦。我们在沿海驻扎了几乎一年。我先在步兵单位，然后转到皇家工程师军团绘制地图。一九四三年，我们去了埃及。我们在埃及待了两年。我懂阿拉伯语——上学时学的——跟着又学了更多。我更深地卷入了埃及，埃及的风景，埃及的色彩。我单位的一个朋友是埃及古董专家，我们远足，去一些十分遥远、完全无人探索、全然未受干扰的地方，不像现在这样。我们在那儿未见战事，碰到许多埃及人，交了很多朋友，特别是在开罗。但我主要还是跟自己的人来往，因为我们要很多事要做。一九四四年和一九四六年间，我们做了很多地下工作——偷运武器，把犹太移民偷渡到当时的巴勒斯坦去。我们开始小规模地准备建立一个犹太国——我们实际上是在准备一场新的冲突，与此同时，我们所置身的那场冲突正在逐渐消失。埃及的一次重大事件，对我的生活有着极为重要的影响。我想是在一九四四年吧，我们在埃及沙漠的某个地方。英国人为其士兵提供了一些流动图书馆，但是，大多数英国士兵因为来自较低阶层，所受教育很少，没有好好利用这些图书馆。主要是我们巴勒斯坦人用——于是我们这些犹太人在看英国书，而英国人反而不看。起了一场风暴，一个流动图书馆在沙地上弄翻了，把大部分书籍都弄毁了或把一半的书弄毁了。我们正好碰上，于是我就开始在书里面翻找，找到了一本书，是费伯出版社出版的当代英国诗集，我想应该是三十年代后期出版的。霍普金斯（Hopkins）是第一个诗人，迪兰·托马斯是最后一个。这是我第一次遭遇现代英国诗歌——比如，我第一次读到了艾略特和奥登的诗，他们对我来说，变得非常重要。我在埃及沙漠中一本半破的书中发现了他们。这本书对我来说，有着极大的影响——我想，我就是在这时开始严肃地考虑写诗的。

《巴黎评论》：你战后干吗了？

阿米亥：一九四六年，我二十二岁，从部队复员了。我回到耶路撒冷，不得不为如何谋生而作出决定。通过犹太影子政府，提供了各种课程，由英国人为退伍军人提供资助。因此，我又上了一年学，上了一年强化班，成了一名教小孩子的老师。这是一段很好的时光。在这段时期，我政治上也很活跃——更多地偏向左派，偏向犹太复国主义的社会主义运动，即哈加拿（Haganah），这是那些想在巴勒斯坦建立犹太国的一批犹太人的地下国防部队，他们打交道的是英国人，不过，是非常主流的。极右派那边有两个派别，其中有一个是贝根的派别。但贝根当时是局外人，他什么人都不是——我依然认为他是局外人。当时还有一个巴勒斯坦共产党。哈加拿是主流。话又说回来，当时的感觉就是，要把事做对。该运动的主要原则，就是永远也不报复，永远也不复仇，我想就是这一点帮助我们打赢了——主要的原则就是"忍让"。我一九四七年开始教书，但两个月后，我就自愿参加了哈加拿的一个突击队。影子政府当局鼓励教师不要自愿——当时几乎没有教师。但我还是参加了——一个名叫帕尔马的突击队，它实际的意思是"精锐部队"。我们处于战争状态。我们的队伍在巴勒斯坦南部作战，那儿大部分是沙漠。当时，那儿有十二个犹太人定居点，我们得防御整个埃及军队。这我永远也忘不了。太累了，太疲劳了，但经历非常可观。我们都很年轻——都是社会主义者、犹太复国主义者——都相信一个崭新的、更好的世界。我们就像游击队——我们只有小型武器，面对的是装备精良的部队。我手下有十个人——一个小小的步兵单位，一只精锐的步兵单位。我们大约有两千来人，还有几百名来自附近基布兹的人，对方是两万多名埃及人。几乎每天夜里我们都成小组出动，制造小冲突，让埃及人产生假象，以为有比实际上更大的行动。但我们其实什么都没有。我还认为，埃及军队很没有动力——别忘了，他们是在外国作战，我想，很害怕进入未知区域，因为可怕的事情会在他们身上发生。而且，埃及军官接受的完全是英国人的训练，按照英国军队原则行事——炮火掩护，发起攻击，炮火掩护，发起攻击。炮火一掩护，就把几座基布兹夷为平地了。过后，他们的司令官就以为，天下太平了。其实我们都躲在掩体里——别忘了，我们更像游击队员——这一来，他们一发起冲锋，我们就活了，开始射击，但我们在死伤方面所付的代价也非常高。在战斗的最后几天中，当我们的突击队打得埃及军队撤退到西奈半岛时，发生了一件事，让我永远难忘。我们来到一座埃及拘留营，法鲁克国王在这儿监禁着埃及的自由主义者、社会主义者和共产主义者。我们实际上解放了这个拘留营，大家互相拥抱，我们都成为了感觉之中那个新世界，帝制崩溃、帝国崩溃的一个部分。场面极为动人。我永远都忘不了这件事。不足为怪的是，埃及人率先跟我们求和——一九四八年最沉重的战斗，就卷入了埃及人。叙利亚人和伊拉克人都曾派兵，但他们其实没有真正的信念。约旦人侵略了巴勒斯坦，为的是占领其一部分，作为他们的国家，那其实是分给巴勒斯坦国的土地。我觉得埃及人打仗并非为了夺取土地或权力——他们是为了信念打仗。那些推翻了国王的人——纳赛尔，甚至纳吉布和其他人——曾是入侵巴勒斯坦的埃及军队中的年轻军官，这并不是一种巧合。

《巴黎评论》：你何时认真地开始写诗的呢？

阿米亥：我在部队一直待到一九四九年底，然后回到耶路撒冷，又开始教书了。我还在希伯来大学上课，学习《圣经》和文学。大约就在这个时候，我开始认真写诗。直到那时为止，我从未把写作看成一种职业，因为我不太确定，我在干什么。我在部队里。我只是认为写作主要还是一种记录个人思想的方式。我打仗时未写一字，但在两次战斗的间隙，我写了几乎算是小遗嘱、小遗赠、最后遗嘱之类的东西，都是些我能随时带着的感情物品。我当时写的东西还不能拿出来给别人看。我还想，既然有别的作家代表我的思想和感情，我干吗要试着去做这件事呢。但在四十年代后期，在某个时间点上，我开始想：我干吗不自己来做这件事呢？我读到的作品并不代表我的需要，不代表我看到的和我所感到的。我当时大约二十五岁。我开始在五十年代初写诗了。我当时在上希伯来大学。由于战争，我那整整一代人在我们二十五六岁的时候都去上大学读书了。我一边教学校的孩子，一边上课。

《巴黎评论》：你跟其他作家有接触吗？

阿米亥：一九五一年——我二十七岁——我把我的诗给我一个文学老师哈尔金教授看了。他把其中一首寄给一份文学杂志，被杂志接受了。接着，又有一份学生刊物，是份月刊，赞助了一次文学竞赛，但该刊发表的作品质量参差不齐。我投了一首诗，参加竞赛，结果得了一等奖。我参加了一个年轻作家的团体，但该团体的大多数人都住在特拉维夫。耶路撒冷当时和现在，与任何鲜活的智识和文学场景都是隔绝的——特拉维夫当时是，现在依然是出版社、咖啡馆、剧院、作家团体等的集中之地。特拉维夫有些人开始出版诗歌——实际上是一个四到五人的团体。其中有一个人，名叫本杰明·哈沙夫（Benjamin Harshav），现在是耶鲁大学教授。戴维·阿维丹（David Avidan）、内森·扎克（Nathan Zach），以及已故的达利亚·拉维科维奇（Dahlia Ravikovitch）等，当时也在这个团体里。我比其他人年纪都大，因为我这个年纪的诗人认真写作的时间都比我久——其他人都十八九岁，或二十一二岁。没有一家出版社愿意发表，于是我们出版自己的小杂志，自己发表自己。我的第一本书实际上是一九五五年出的，就是这家杂志出版社出版的。这也就是说，是我自费出版的。出版社只出版现代希伯来文学的大家，如比亚利克（Bialik）和切尼克霍夫斯基（Tchernikhovsky）等，以及极受欢迎的诗人，如阿尔特曼（Alterman）、希隆斯基（Shlonsky）和格林伯格（Greenberg）——所有这些人可以说都受到俄国、德国和法国诗歌的影响。

《巴黎评论》：你那一代人处于一种能够塑造你们语言的绝佳境地。当时就现代希伯来语是不是谈得很多？

阿米亥：是的，但我不大参与这种谈话，因为我写作是为了我自己的需要。我的想法是，干吗不使用我说的语言，以及我正统派背景的语言——祈祷文、《圣经》——把二者结合在一起，加以并列与混合。我发现，这就是我的语言。我觉得，这是因为我独特的个人背景——我是在一个非常正统的家庭中长大的，而祈祷文和《圣经》的语言，都是我自然语言的一个组成部分。我把这种语言，与现代希伯来语并列，后者在被用作祈祷语和犹太教堂语的两千多年后，非得成为日常语言不可。这对我来说很自然——没有任何程序化的东西。这种混合的感受性或语言的想象力，都是我写诗的自然方式。

《巴黎评论》：当时也受到了欧洲和美国的影响吗？

阿米亥：受到了。我还受到英国和德国现代主义作家的影响——奥登、艾略特、埃尔莎·拉斯克-许勒（Else Lasker-Schüler），在某个时间点上还有里尔克。我觉得，他们能用他们语言做的，我也能用希伯来语做。就像我那个团体中其他人一样，我摈弃阿尔特曼、格林伯格、希隆斯基等作家的美学观，他们写作带着一种很受马雅可夫斯基、布洛克及法国诗人影响的感伤。我还摈弃那种典型的浪漫的社会主义和共产主义的感伤，这种东西当时很受欢迎，受的是艾吕雅这类诗人的影响。我发现其乐感、其修辞、其"面包和酒"的形象，有着某种虚假的东西，这都是那种拳头向共产主义举起的朴实农民或普通人的形象——我觉得是一种虚伪的感伤。当然，希伯来诗歌有着悠久的传统，但我们经验到的是一种面向现代主义的自由落体，恰逢犹太国始建之时。这已经超过了希伯来语的转折点了——这是一个剧变的时期。除了《圣经》和祷文的语言之外，我还在我的诗歌中，学习和运用了中世纪的希伯来诗歌——其形式和语言。希伯来诗人在"黄金时期"都受到阿拉伯诗歌的很大影响，特别是西班牙南部的影响，那时，犹太文化和阿拉伯文化是公开融合在一起的。

《巴黎评论》：你第一本书得到的反应如何？

阿米亥：基本上是遭到攻击。一家报纸事实上攻击了一位称赞该书的年轻批评家。我的风格，我的技巧，令大多数批评家动怒——攻击我使用口语，攻击我尝试没人尝试过的技巧。但过了一年左右，两年之内吧，突然都谈起我来，我居然"流行"起来。我的第二本书一九五八年出版，几乎立刻就卖了四千本，在以色列这样的小国，可算是某种畅销书了。我三十四岁，但我的读者来自各年龄层次——一直都是这样。这本书的出版社与一家基布兹有关，当时是很左翼的。我把第三本诗集也交给了这家出版社——但他们的选择是不出版，尽管之前他们出版的那本书是畅销书，而且他们也说很喜欢我的这些诗。为什么？因为我们已经出版过你的一本书了。这就是社会主义。已经出了我的，就该轮到别人了。因此我找了另一家出版社，名叫舒肯（Schocken）——其实是他们找我的。我想，他们是以色列最老的一家出版社，很小，但很好。它原先是一家德国出版社——出版卡夫卡和阿格农（Agnon）的首家以色列出版社——这家小文学出版社，延续了吸收与出版社有联系的作家的伟大传统。我的第三本诗集一九六二年出版，其中有一半内容包含了头两本书，另一半的内容都是新诗。其实这是我的首部选集，从一九四八年到一九六二年。该书一定有五百首诗，依然没有绝版，还是卖得很好——已经卖掉了五万多册。

《巴黎评论》：你还写过散文和小说。

阿米亥：是的。五十年代中期，我跟我第一位妻子去美国后，写了两篇散文，某种印象式的东西。第一篇的标题是，《奥登在 Y 市朗诵诗》，写的是在九十二号大街青少年夏令营纽约市诗歌中心听奥登朗诵并在朗诵后与之简单会面的印象。然后，在六十年代中期，我们又见面了，成了朋友。我对迪兰·托马斯也很感兴趣。他的诗歌并未影响我的诗歌，但我爱他的诗。因此，我们在从美国回以色列的路途中，经过了威尔士，我专门去迪兰·托马斯生活过的威尔士南部拜访。我拜访了他母亲，以及他工作过的房舍——说起来令人难以置信。房舍开着门，地板上就摊着手稿，无人料理。我过于天真，关于此事什么都没做。我跟他母亲聊天，那是一次极为动人的体验。我回以色列后，为一份报纸，就拜访迪兰·托马斯出生地一事，写了一篇文章，一位编辑说，你干吗不写短篇小说呢？于是我就开始写短篇小说了，顺带也写诗。一九五九年，我发表了一本短篇小说集。大约这个时候，我还开始写了我的第一部长篇，用希伯来语写就，有六百页。译成英文约有八百多页。一九六二年出版，与我第三本诗集同时出版。哈珀出版社在六十年代早期，在美国出版了这部长篇——事实上，这是我出版的第一本英文书。但我为了翻译而不得不几乎将该书减半——也许当时要翻译整本东西，价格太昂贵了吧。

《巴黎评论》：这段时期的作品产量是惊人的。你是否停止教学，投身全天候写作了呢？

阿米亥：绝非如此。我教书期间，就在写这各种东西——我从希伯来大学拿到学士学位的五十年代，全职教小孩。凡是教过小孩的人，都知道这种工作是怎么回事。我教的是"问题"孩子，难教的孩子，别人都不想教的孩子。我实际上很善于教，我似乎很能帮助这些孩子，但工作很辛苦。我真的不知道我与此同时是怎么写诗、写短篇和长篇小说的。真的不知道。

《巴黎评论》：你的作品什么时候以英文翻译出现的呢？

阿米亥：六十年代早期。两个以色列诗人——邓尼斯·希尔克（Dennis Silk）和哈罗德·西梅尔（Harold Schimmel）——开始非常成功，也相当奇妙地把我的一些诗译成英文，在以色列的杂志上发表。希伯来大学有几个人也开始翻译我。在六十年代的英格兰，特德·休斯和丹尼尔·威斯伯特在为其《现代诗歌翻译》杂志第一期寻找诗歌时，碰巧看到发表了我两三首诗的一个杂志。他们与我联系，在一九六四年发表的《现代诗歌翻译》杂志第一期上，收了我这几首，同时收入的还有波帕（Popa）、赫伯特（Herbert）和沃兹涅辛斯基等诗人。该杂志在英格兰引起很大注意，因为特德·休斯和丹尼尔·威斯伯特（Daniel Weissbort）的勃发精力。其实是因为特德·休斯让我进入了这个轨道。通过他，我在一九六六年受吉安·卡洛·门罗蒂（Gian Carlo Menotti to）的邀请，参加了意大利的斯波莱托国际艺术节。这是当时最时髦的国际节——戏剧、音乐、国际先锋的最佳一切。因此，我继《现代诗歌翻译》之后的首次国际亮相，是在斯波莱托，我在那儿与奥登、埃兹拉·庞德、艾伦·金斯堡、翁加雷蒂、兹比格涅夫·赫伯特（Zbigniew Herbert）、休斯等人同台朗诵。接着，一年之后，又邀请我去斯波莱托，以及一个伟大的国际诗歌节，即特德·休斯和其他人在伦敦主办的一个节。办得很盛大——到处都有很多钱——来的人有奥克塔维奥·帕斯、奥登、庞德、罗伯特·格雷夫斯、阿尔维蒂、沃兹涅辛斯基，以及聂鲁达。突然一来，我发现我见到的和一起朗诵的都是我多年来欣赏的诗人。

《巴黎评论》： 你的作家朋友多吗？

阿米亥： 我住在耶路撒冷，这个城市跟特拉维夫相比，一点都不艺术。特拉维夫是一个鲜活的城市，非常活跃，文学、戏剧、新闻、出版、绘画、摄影、电影等方面的活动都在特拉维夫。耶路撒冷环境封闭，艺术活动很少，我就是因此才住在那里的。我在那儿深居简出，跟大家一样——我不在任何文学咖啡馆逗留，因为其实没有这种咖啡馆。我认为，诗人交朋友，是很自然的，但我也认为，过了一段时间之后，诗人很难保持友谊长活不衰——例如，我一向觉得，两个诗人若结婚，这婚姻几乎是不可能的。不，我个人认为，诗人跟用其语言写作或生活于其地的诗人，是很难结成真正友谊的。我是这么认为的。我是带着这个想法长大的——我想，这种想法受着济慈和雪莱、华兹华斯和柯勒律治等人之间那种神秘的浪漫主义关系的滋养——这个想法就是，诗人才会成为密友。不过，对我来说，跟诗人交朋友很难，因为诗人非常自我，而且妒心很重。我不认为我有一个用希伯来语写作的朋友是诗人，是我能算作最亲密、最好的朋友的。我认为，作家，特别是用同一种语言写作的作家，实际上与其是朋友，不如说是同行——就像外科医生中的外科医生。说好点，是一种专业关系，却是那种充满敌意的关系。最好避免这种关系，远离这种关系。我的作家密友——如特德·休斯——从性情上来说，也基本上都是各顾各的。休斯从不需要伦敦的文学、艺术场，而我敢肯定，有不少人由于嫉妒或其他原因不喜欢他。我有其他一些很好的朋友，他们以别的语言写作，我跟他们交往很开心——如德国的克里斯托弗·默克尔（Christoph Meckel）、斯坦利·莫斯（Stanley Moss）和菲利普·舒尔茨（Philip Schultz）。我在以色列最亲密的密友，大多是跟科学有关的人——一个地质学家、一个生物学家——可能是因为我对物理科学抱有大敬和大爱。

《巴黎评论》：我们谈谈你的诗歌、你对诗歌的看法吧。你写诗时，有任何初始的想象关切吗？

阿米亥：对我来说，写作中最重要的维度是时间。时间完全是相对的、相关的。我喜欢用来描述我对时间感觉的那个词是"比较时间"，是"比较文学"的一语双关。时间对我来说，具有想象的比较性和持续性。我唤起记忆，有着一种几乎身体上的感觉。我可以拾起我生命中的任何一点，就能从身体上立刻抵达那里，但只是在情感的意义上。我很容易地就走捷径，回到我的童年、青少年、我经历的几次战争。这实际上是一种很犹太的时间感，来自《塔木德》，其中有句话说，《圣经》中没有迟早的东西，这也就是说，任何东西——所有事件——都是现在，过去和未来都在现在汇集，特别是在语言中汇集。这对阿拉伯文化和阿拉伯语言来说也是如此。在希伯来语中，这种语言不像英语或德语，甚至也不像拉丁罗曼语系的语言，没有复杂的时态和语气结构，所有那些我在学校学习觉得非常麻烦的结构都没有，如将来现在时、将来过去时、过去完成时等，如"我本来应该"（"I should have been"）或"你明天会已经做了什么"（"What will you have done tomorrow？"）等这类结构。在希伯来语和阿拉伯语中，大多数时态围绕的都是现在——你可以很容易地从现在时变到过去时，或从现在时变到将来时。有时似乎之间几乎没有区别，《圣经》文本中经常发生这种情况，未来时常用来描绘过去发生的事。把过去和未来带入现在的这种感觉，确定了我的时间感——这在我本人和我的诗歌中非常强烈。

《巴黎评论》：你的诗歌也熔铸了一种锐敏的历史意识，既是公共的，也是个人的。

阿米亥：是的。重大事件对我来说非常非常重要。我看重大事件——形象、记忆等——几乎是从身体意义上看，如小徽章、偶像、物体等，每一个都有其自身的描述、描写，其自身的代码。而其中的每一样东西，无论是在哪儿发生，都在另一样东西旁边或之上，想象地强加或叠置。因此，如果我是在纽约的但丁咖啡馆写诗——我在纽约逗留的几次，在那儿写过几首——我也同时在写其他地方、其他时间。在纽约的但丁咖啡馆，想着我身边的纽约，想着我二十年前吻过你的特拉维夫附近的柑橘果园。这就是我思想在时空中穿越诗歌的方式。而我的时间感也与我的历史感连接起来。我认为这对大家来说都是如此。我认为这对犹太人来说尤其如此，他们的历史感才真正地使他们长活不衰。我试图在个人历史和我周围的历史之间，创造某种平等，因为历史事件的发生，往往是在隐喻集中的时光。例如，如果要我说，我还记得一九四〇年逾越节时，我父亲坐在桌边，听这个，听那个，那么，一提逾越节，我就调动了以色列人出埃及之旅的全部历史，以及在特定的时间、特定的地方，对逾越节特定的庆祝。通过折叠内容和语言本身，全部的复数历史，都能含在语言之中——例如，我可以切换至《圣经》的希伯来语，来描述特定的、个人的逾越节记忆，那它这时就带上了不同的历史意义。这给了我在语言本身中巨大的时空范围。但我也有仇恨历史的一面——这是我的政治的一面、人文主义的一面。历史，我的个人历史和集体历史中，有太多的东西牵涉战争，而我是仇恨战争的。因此我仇恨历史。我经历了、我这一代人也经历了令人痛苦的历史的种种失望。我这么说不仅带着讽刺，而且带着一种更强烈的感觉。我这一代人——其中许多人，包括我自己在内，从理想上来讲，都非常左翼——不需要戈尔巴乔夫来向我们解释某种历史思维的暴力。我还记得斯大林真相出笼时的情景。我也见过右翼思维的暴力。我常说，我自认为是一个"后愤世嫉俗的人文主义者"。也许，在如此之多的恐怖之后，在如此之多的理想被粉碎之后的现在，我们又可以重新开始——既然我们现在都浑身铠甲，能够抵挡失望。我认为，我的对历史和上帝的感知是非常犹太人的，即使我反对历史、反对上帝。我认为，就是因为这个原因，我的诗有时在教会学校讲授。跟上帝斗，冲着上帝大声吼叫，这是一个很古老的犹太想法。

《巴黎评论》：在一个高度政治化的社会，在世界的一个高度政治化的部分，你的政治是什么？

阿米亥：因为，还是个孩子时，我就远离政治，我父母要我远离政治，我从未被意识形态或意识形态的思维所吸引。我总是抱着这样一种深刻的感觉，认为我有我的世界，我外面有个世界，我得接受它，即使它并非总是美好。但我保持我自己的内部世界，我从很小起就意识到这个世界。这并不妨碍我在后来的岁月中变得相当左翼，但这种政治总是主要基于个人政治，而非"党派"政治。我从未加入任何政党。我认为，我是从我父亲那儿继承的这种感受。尽管他笃信宗教，他也从未加入一个宗教派别。凡是任何靠意识形态为生的人，包括拉比，他都总是加以怀疑。我继承了他对意识形态的怀疑。他相信宗教必须是非常隐私的，非常个人的。因此，从我个人来说，我相信，当某人因为某种理想而成了一个行政人员——你别弄错，社会必须有这样的人，我并不是一个无政府主义者——他就会变成某种政委，肯定会失去他的理想感。因此，我一向总是怀疑官方的政党，并总是远离之，尽管经常有人请我加入。我总是加以拒绝。我的政治非常植根于人文主义的语境，不是基于马克思主义理论，而是基于人民中的最大正义和平等原则。当然，我总是意识到，人们并非一出生就具有同样的天资和能力，但我相信，一种社会制度非得为所有人把机会和自由最大化才行。

《巴黎评论》：是否经常有人要你对政治事件作出评论？

阿米亥：有的，有人要求我作为作家，作出政治声明，而我有时也同其他作家共事，通过在报纸上发表声明来这么做。我还写过几首政治上很直接的诗，作为对特定政治事件的回应，但我不收进我的书中，因为实际上，我认为这些诗与其说是诗，不如说是标语。我总是公开大声疾呼，要求和平，但我充分地意识到，作家对和平的感觉，并没有那么重要。经常的情况是，作家想要相信，他们具有自己并不具有的力量，更糟的是，作家自我感觉良好，因为他们宣布，自己反对这，支持那，但我从来不想成为那种卷入政党的知识分子，就像君特·格拉斯在德国的社会民主党所做的那样。我总是充分地意识到，如果你在某个时间点进入政治，你就得跟恶人做交易。因为政治牵涉到钱，政治就是肮脏的交易——你就得变脏。我从来不喜欢在有组织的政治语境下，行使充当纯粹的先知的角色。

《巴黎评论》：你是和平主义者吗？

阿米亥：一般来说是的——但我的和平主义不极端，也不绝对。一个绝对的和平主义者，是不会为了创建一个国家打仗，也不会为了保护这个国家打仗的。我在纳粹方面，总是看到这种和平主义——对我来说，它在某一点上引向了默许、引向了邪恶，但我绝对相信非暴力原则。我相信，人必须极力避免暴力。必须尽一切力量，防止战争发生。我们应该找到防止进一步战争发生的方法。这对我来说似乎是关键所在。我经历了如此之多浪漫政治理想的背叛——我现在所相信的主要的事，就是尽可能地防止战争。

《巴黎评论》：你是否因你的立场而被孤立？

阿米亥：我的立场并不是一个孤立的立场，根本不是。这在以色列是按世俗人文主义来确定并在政治上被认可的一个立场。在以色列社会成为一个世俗的人文主义者，实际上意味着某种政治的东西。但我必须强调，我知道我生活的空间不是空的——其中还有其他方面。我不像如此之多的西方思想家，想通过某种方式，免除亚洲人和非洲人的暴力，因为亚洲国家和非洲国家都是"第三世界"，因此涉及暴力时，可以降低其道德标准。我认为这种思维是种族主义的。我对阿拉伯人从未有过任何种族方面的感觉，但某些阿拉伯人和阿拉伯国家却是反对犹太人的一个悠久而恐怖传统中的一个组成部分，特别是穆斯林中的原教旨主义者。我对此有充分的意识。我对此不抱幻想。但也就是因为如此，我们能够与阿拉伯人交谈——也就是那些跟我们一样，处于原教旨主义者暴力威胁之下的阿拉伯人。我非常害怕，这些因意识形态或种族原因而致力于暴力的人开始掌握一个社会时，社会裂变成暴力。这不仅在中东发生，也在全世界发生。我害怕人们以正确的思想的名义，用绝对的语汇说话，无论这些人是谁。

《巴黎评论》：你的政治和你的诗歌有何关系？

阿米亥：首先，任何阅读过我诗歌的人，永远也不会抵达原教旨主义、绝对主义的思维。如果有人被我的诗歌吸引，他或她就会被我反对暴力的所有隐喻背景而吸引。处理政治现实，是我们为了作为正常人幸存而需要做的事。你不得不实事求是地认可政治现实。有一句古老的犹太格言说：如果你碰见魔鬼，那就带他去犹太教堂。要试图把邪恶的政治带入你自身，以便在想象中去影响它——给它一种人的形体。这就是我对政治的态度。我常说，所有诗歌都是政治的。这是因为，真正的诗歌，都是处理人对现实的反应，而政治是现实的一个部分，是正在构成中的历史。即使诗人写的是坐在玻璃房中喝茶，它反映的也是政治。

《巴黎评论》：你是否觉得，你对诗歌和政治的关系之感——你的啮合之感——是植根于你作为一个以色列人的身份之中的？

阿米亥：是的。事实上，有些人，有些诗人，我在全世界都见到这些人，很嫉妒我的政治现实。这与以色列的特定政治没有关系，但与嫉妒我的情况有关——我可以是一个深度卷入、深度啮合的作家，因为我不主动寻求啮合。我在政治上啮合，因为在以色列，人人——无论左翼，还是右翼——都承受着政治压力和存在的紧张。而这是真的——我无法想象有人不与政治发生啮合。政治是正在构成之中的历史。我一向都感到是其中的一个部分，是它庞大过程中的一个部分。我曾试图从一开始，就把这种感觉结合进我的诗歌。我从某种方式来说，就像以色列国——我有一首诗中说："我年轻时，国家也很年轻。"这个国家还未创建，我就已经在以色列了，我还参加了它的几次战争，经历了一切之后，我还依然活着，意识到已经发生过的事和现在正在发生的事。从一九三五年起，一九四〇年——我最后的五十到五十五年的历史，能与美国两百多年的历史相比拟。两百年的战争、变化、移民、一代代人等，都浓缩进了一生。这就是我置身其间写作而承受的那种压力。我常常问自己，假如不是因为这所有的压力——比如，假如我是在美国长大的——我是否还会写诗。我的个人历史适逢了一个更大的历史。对我来说，这一向都是同一种历史。

《巴黎评论》：你不觉得这一切很累人吗？你的生活被政治化了，你对此不心怀怨恨吗？

阿米亥：不，一点也不。作为一个诗人，我并没有因为所有这些政治压力，这些政治现实而感到筋疲力尽，因为我经历这一切时，并没有自觉地意识到我自己。我并不觉得自己是一个诗人，我就是因此而能写我自己经历的诗。我并不是自我意识到我是个诗人，而自愿参加犹太部队或突击队在我们的战争中作战。我从来没有说过：你是一个诗人，你必须成为士兵、成为犯罪分子，为了体验生活。我一向都有足够的生活体验。我做了我做的，因为做的是正确的事，因为我不得不做。我全神贯注的是要清理爱情和战争。我就像某个在大街上走路的人，在一块石头上绊了一下——这人要么倒在地上，要么快走几步，来抗衡倒下的影响。诗歌就像快走几步，以抗衡倒下的影响。我心里想着爱情，与此同时，历史却充满恒久的危险、谋杀的消息、大屠杀的消息。这就是我写进诗歌的内容。与埃及签订了和平条约时，一个美国记者问我，既然我的诗歌写了那么多的战争，关于现在我还想写什么。我回答他说，如果和平的唯一牺牲是我的诗歌，我宁可很高兴地停止写作。但当然，和平并不存在，我的生命中也没有足够的战争压力和私人压力，来创造诗歌。与那些相信历史已走到尽头的人完全相反，我并不认为如此。

《巴黎评论》：你对巴勒斯坦国的感觉如何？

阿米亥：从政治上来说，我与之结盟的人，都相信领土妥协，创建巴勒斯坦国，与约旦形成联邦。我相信，经历了四十年位于大多数阿拉伯国家打击清单中最高处之后，以色列有权十分谨慎。但我也相信，我们不应在那些领土中。尽管我们没有侵略生活在那儿的人——我们在一九六七年被打击后，他们被征服——我们不应统治不想要我们统治的人。我不认为以色列人应该统治不想受以色列人统治的阿拉伯人。无论有何种辩解，我都认为这是错误的。这个立场既不左翼，也不右翼——我认为，它比政治更为道德。我当然在很深的程度上，关心黎巴嫩、叙利亚和伊拉克已经发生并正在发生的事。我不像西方的许多自由主义者，我不因暴力是非洲人、亚洲人、印度人造成的就免除暴力。我对阿拉伯人现在没有偏见，也从来不抱偏见。我不认为跟阿拉伯人的问题是种族问题，正如我不认为英格兰和德国之间的战争是种族战争一样。我们是敌人，但我们成为敌人是有原因的，种族主义不是原因之一——肯定不是合理的原因。当然，领土上的阿拉伯人，特别是以色列的阿拉伯人，其实是处于最糟的境地。你可以把他们的情况，跟第二次世界大战中加利福尼亚的日本人所经历的做个比较，那时，日本人都被关进了集中营。以色列的阿拉伯人的忠诚想必都是多重的——我不怪他们，根本不怪。所有这一切逼着人要达到某种妥协，让以色列的阿拉伯人发挥至关重要的作用，因为他们知道两个世界的冲突，但冲突不可能只由想要和平的阿拉伯巴勒斯坦人来解决。别忘了，我们正处于跟约旦、叙利亚、伊拉克、利比亚等国的交战状态。因此，这是一个需要小心谨慎进行的过程。

《巴黎评论》：海湾战争是否影响了你的思维？

阿米亥：海湾危机基本上改变了我对在阿拉伯国家、巴勒斯坦人和以色列之间达成某种对话可能性的态度。不过，战争使我更加怀疑巴解组织的真正目标。他们准备与那些答应要"烧死"以色列的人结盟，正如过去的巴勒斯坦人与希特勒、墨索里尼结盟，后来又与埃及的纳赛尔结盟一样。

《巴黎评论》：还是更明确点吧，回到你的诗歌策略上来。你的诗含有一种永动感，在不同经历和现实的领域出出进进。这是你美学的中心信条吗？

阿米亥：是的。作为诗人，我一向认为自己是一个行者——我在一首长诗中，直接表达了这种感觉，即《最后一个土德拉的本杰明之旅》。第一个土德拉的本杰明，是伟大的中世纪犹太行者，他在十二世纪后半叶穿越了黎凡特和中东，为的是寻找失落的犹太部落，经过了中东，甚至到了也门。第二个行者是意第绪语和希伯来语作家门德尔·莫克尔·赛弗里姆（Mendele Mokher Seforim）。本杰明第二很滑稽，是个堂吉诃德式的傻瓜，他出行前往圣地。我认为，当你是诗人时，你得忘掉你是诗人——真正的诗人不会让人去注意他是诗人这个事实。诗人之所以为诗人的道理，就在于要写诗，而不是打广告，说你是诗人。

《巴黎评论》：然而，尽管你的主题很严肃，你还是一个深具讽刺的诗人。你怎么把讽刺安在这幅图画里呢？

阿米亥：讽刺是我诗歌的一个不可分割的部分。讽刺对我来说，是一种清污材料。我从父亲那儿，继承了一种幽默感和讽刺感。他总是使用幽默和讽刺，作为一种澄清、清理、打扫周围世界的方式。讽刺是一种聚焦、不聚焦、再聚焦的方式——总是想看到另一面。我就是这么看的，我就是这么想、这么感觉的，我就是这么生活的——聚焦、再聚焦，把不同的、移动的、变动的透视点加以并列。

《巴黎评论》：你认识以色列籍阿拉伯诗人和巴勒斯坦诗人，还翻译过他们的作品。你是否在他们的诗歌和希伯来诗歌之间看出相似之处呢？

阿米亥：基本上来说是的。我认为以色列籍阿拉伯诗人和巴勒斯坦诗人，都试图在他们的传统中，做以色列诗人在他们自己的传统中所做的同样的事情。某种方式上讲，我们在共同场域中工作——不仅实际上是在同样的现实中，同样的风景中，而且是作为诗人，在同样的精神场域中。令我感兴趣的主要是巴勒斯坦诗歌。穆罕默德·达尔维什（Mahmoud Darwish）、塞米赫·阿尔卡西姆（Samih Al-Qasim）这样的诗人，是很强大的诗人，能把传统和现代形式，以及技巧和语言，与政治主题结合起来。我和穆罕默德·达尔维什在好几次国际活动中同台朗诵。尽管我不太接受他作为政治人物在巴解组织扮演的角色，但我很尊敬他、佩服作为诗人的他。就我所知，他对我也是如此看。我敢肯定，他并不同意我的很多政治观点，尽管我在政治上并非直言不讳的。我更多的是一个讲道义的诗人，处理政治现实，而不是根据政治语境来写的诗人。但我不抱幻想。在一个像我们这样在政治上被撕裂的社会中，诗人很难互相交流。我有一个医生朋友，他跟我说，医生也是如此。例如，他在国际会议上碰到叙利亚的医生，在医生这个层面上，一切都很诚恳，一切都很亲善，但这是一种幻象，因为最终政治还是会闯入。在某个时间点上，以色列和叙利亚都得回到本国的政治现实上来，无论做什么交换，都是短暂的。这对阿拉伯诗人和希伯来诗人、犹太诗人、阿拉伯医生和教师来说都是如此。在专业层面上进行交换是有帮助的，但在政治层面上——在真正的政治效果方面——结果都是幻觉。

《巴黎评论》：你读很多诗吗？

阿米亥：我大部分只读诗，读很多诗，不时也读长篇小说或短篇小说集。我年轻一点时，更爱看小说。我也读报纸和杂志。以色列的一些报纸相当不错，文化和政治评述等版面非常好。

《巴黎评论》：你看批评理论吗？哲学？神学？

阿米亥：不看，从来不看。我不会让一个年轻作家去读理论，但我也从未感到，理论对我有什么用。

《巴黎评论》：你的作品被翻译成多种语言——大幅度地翻译成了英文。你对作品的译文怎么看？

阿米亥：说实在的，我对这一切都很放心。我四次造访美国，去那儿教书，我还被邀请到全美朗诵诗歌。我朗诵时，朗诵的是我的译文，但我的规矩是，我总是要用希伯来语朗诵两三首已被翻译的诗。有意思的是，我读的译诗，总是离我而去，远离了我的自身。有时，我朗诵这些诗时，感到了一种惊异，就好像在听录音机上录制的我的声音——起先，你自己都不知道是不是你的声音。有时，该诗完全分离，成了一首用英文写成的诗，在我听来，就像一首用英文写就、自身就能发挥作用的诗，仿佛是一首别人写的诗。我不是那种老是抱怨诗歌翻译后丢失了什么的人。首先，如果我认为一首诗翻译后丢失得太多，那我就不会让人翻译了。我觉得诗人说诗歌不能翻译，这是很虚伪的。诗歌当然能够翻译——只是不是全部翻译。但我的译者都小心地选择能够翻译得最好的诗。我有一些押韵、有音步的诗，深度地基于复杂多层的希伯来语，这些都未被翻译。如果翻译时有什么弄丢了，那就弄丢了。但同时也取得了增益。

《巴黎评论》：你经常被人归类为"爱情诗人"……

阿米亥：是的。或"耶路撒冷诗人"。我讨厌这一点。"爱情诗人"——好像我特别专精爱情似的，这使我听起来像个拉皮条的！把我自己归类为诗人的概念，都让我感到恶心——我的现实涉及我周围、我内心的那么多东西。但人们——学者、记者——都喜欢归类，因为这样做容易得多。以色列有一个作家，名叫阿哈龙·阿佩菲尔德（Aharon Appelfeld），他在美国名声很大，被贴上了"大屠杀作家"的标签。如果他写了一首以基布兹为背景的爱情诗，谁都不会去读的——他只应该写大屠杀。如果我写一首关于大屠杀的诗或一部分诗，就有人告诉我，我是爱情诗人或耶路撒冷诗人，不应该去写不属于我领地的东西——你被人弄成了一个销售员，不许销售别人经营的商品。伍迪·艾伦拍了一部不滑稽的片子，一部处理悲剧的片子时，他就会遭到嘲笑——他应该时刻都滑稽才行。不过，在这个意义上，我是一个爱情诗人：我的诗中有一种强烈的"他者"感，跟蒙塔莱的相差无几。意识到他人，常常是另一个人，一个女人，能让我以其他方式、不同的方式来体察现实——其他感觉、愿景的触角。只有这样，我才能更多地看到和感知。

《巴黎评论》：你是否认为自己是一个诗歌创新者？

阿米亥：我认为自己是个诗人。我一向锐敏地意识到形式，形式如何跟表现结成关系。我一向意识到，要把我的语言打开——在做好准备，要被打开的某一个历史点上打开——进入巨大的表现潜力。我想，我几乎从一开始写诗，就已经后现代了。我写了很多形式的诗。我总是被四行诗的形式所吸引，这是中世纪希伯来诗歌和阿拉伯诗歌中很流行的一种形式。我主要是从摩尔人统治期间西班牙一个中世纪犹太拉比诗人塞缪尔·哈纳吉德（Samuel Ha-nagid）那儿学习，他使用一种非常浓缩的韵律诗行，押很复杂的韵。我使用韵律，我也使用商籁体。实际上，如果我没说错的话，彼特拉克之后，以意大利语之外的一种语言写成的第一批商籁诗，就是彼特拉克的一个朋友用希伯来语写成的。我也用自由体写诗——当然，《圣经》里的诗歌就是以开放体写就的。我也使用过英文形式和德国形式，诗节形式、商籁体等，但我从不把这些形式强加在我的语言上——正相反，我是把它们置换到希伯来语，把它们与犹太形式和阿拉伯形式结合和混合。我喜欢混合不同的技巧和形式。一个现代或后现代作曲家，可能会拿住巴赫赋格曲的心脏，把它砸开，加以扩展。我所做的是，把爵士乐般的语言和技巧，放在古典形式中，把不同的有时是互相竞争的语言和形式并列在一起。我通常会在一首诗的最开头，就感到了该诗会形成的形状、形式——甚至在形象或特定文字之前就感到了。我能几乎以视觉感觉出形式或形状，就像一件雕塑品——能够触摸得到。然后，我就会从我主题的全部世界中，用我的主题来充满该形式。

（原载《巴黎评论》第一百二十二期，一九九二年春季号）

伊夫·博纳富瓦

秦三澍 / 译

蒙马特的这套小公寓就是伊夫·博纳富瓦的工作室，距他的住所仅几步之遥。后窗俯瞰一座小花园，那是蒙马特为数不多的未被建筑物破坏的遗迹之一。一棵巨大的枫树遮蔽着楼房和玫瑰花覆盖的墙面。公寓里挤满了书和桌子，诗人的书桌则占据了最大的一块区域，桌上堆着的东西直接挡住了诗人的身影。一座虫蛀的圣巴巴拉小型雕像，"十七世纪初的藏品"；一幅贾科梅蒂为妻子安奈特制作的石版画；一幅描绘魏尔伦、兰波和玛蒂尔德·莫泰（魏尔伦之妻）的油画；还有一些兰波和波德莱尔的照片贴在墙上，或是摆放在直抵天花板的大书架的壁龛里。"我每天都穿过马路，来这儿静心工作。"他解释说。

伊夫·博纳富瓦一九二三年六月二十四日生于图尔。他曾在普瓦捷大学和索邦大学修读过数学、科学史和哲学。他在法国国家科研中心工作了三年，然后全身心地投入写作和授课。

一九五三年，首部诗集《论杜弗的动与静》刚出版，博纳富瓦就凭着崭新的强势声音而赢得了认可。它和后续的三本诗集共同组成了《诗选》一书。一九八七年，他出版了诗集《曾经无光之物》，随后是一九九一年的《雪的开始与结束》。时至今日，他已被公认为法语世界最杰出、最具影响力的诗人。

一九五四年以来，博纳富瓦也创作了大量文学和艺术批评：《兰波》《曼托瓦遗梦》《罗马，一六三〇》《诗歌谈话录》。他翻译的莎士比亚迄今最受推崇，两年前他还出版了法译叶芝诗歌五十首。

过去三十多年来，博纳富瓦常以文学教授或者演讲者的身份造访美国高校，同时也在法国大学里短暂执教。他是法国弗拉马里翁出版社《观念与探索》丛书的主编。他曾主编《神话》一书，芝加哥大学出版社已发行了此书的英译本。他的太太、美国画家露西·瓦因斯（Lucy Vines）和他育有一女：玛蒂尔德。

去年秋天，法国国家图书馆为诗人举办了盛大的全景式展览，涉及他的手稿、初版书及影像档案。

一九九二年六月，慷慨的伊夫·博纳富瓦在书房接受了持续数小时的访谈。一年后，第二场在图尔城堡进行的谈话则主要触及他和画家们合作出版的书籍以及他的艺术评论。

——舒莎·格皮（Shusha Guppy），一九九四年

《巴黎评论》：你是在一个仲夏夜出生在图尔的，据说图尔的法语最为优美，那儿也是法国诗歌奠基者之一龙沙的出生地。你在图尔生活过吗？

伊夫·博纳富瓦：我二十岁之前都在那儿生活。后来除了去看望母亲，我很少回去，她一辈子都生活在那里。最近我才有机会重访旧地。

《巴黎评论》：你父亲在铁路上工作，母亲是小学老师。他们对文化感兴趣吗？在英国，类似的人群似乎对文化没什么偏爱。

博纳富瓦：确实没有特别的兴趣。我的祖父母在洛特河谷附近开了一家旅馆。就在火车站旁边，他们出租几个房间。祖母负责做饭，祖父负责照顾客人。他也顺便揽些理发和制作夹克的活儿。有一天，几个神父途经村镇，问谁家有小孩愿意跟他们去接受良好的教育，然后成为神父。祖父把我父亲交给他们，他就被带进了罗卡马杜尔神学院。

我父亲不喜欢学习，没过几年就跑回来了。祖父很生气，跟他说，如

果不想学习，就得学会照顾好自己。他就离家跟一位铁匠亲戚当学徒。服完漫长的兵役，他到铁道工厂去造机车。第一次世界大战期间，他工作得很卖力，但穷得叮当响。我觉得他应该没空关心文化。

我外祖父是个老师，对知识如饥似渴。他亲手做了一张很窄的松木桌，伏案写出了各种类型的书，包括一部历史学论著和一部讨论道德问题的书，他只为了享受写作的乐趣。他可能自认为是个作家，幻想着有朝一日这些书都能出版。我还留着他的手稿，内容非常驳杂，比如植物和花朵的图样，还有关于几何学透视的研究。他不信教，但写过一本论述宗教训谕和宗教史的小册子，题目叫《论邻家之爱》，我估计这是向牧师邻居表示友善的方式。

他希望两个女儿能成为老师。我姨妈很聪明，接受了父亲的人生规划。但我母亲十五岁就得了重病，中断了学业。所以她决意当个护士。当时这种职业并不受欢迎。战争期间她当了护士，跟我父亲结了婚，然后做了小学教员。

我十三岁时父亲就去世了。那时外祖父也已不在人世，但后者对我一生的影响显然很大。老人家藏有很多书，喜欢思考、阅读，也写作，是我的榜样和参照系。现在，出生在类似环境的孩子可能很难像我童年时那样接触到知识和教养良好的社群。当时的教育体系又好又高效：公立小学非常出色，我们真能学到东西，但今天，尤其在贫困社区，只剩下喧哗和哄闹。我外祖父毕生的事业归功于一个事实：他那个时代已经实行义务教育。他未婚先育的母亲在当地橡树林里放猪，儿子的任何事她都帮不上忙。但他考了整个地区的第一名，赢得教师培训学院的奖学金，成了一名教师。借用兰波的说法，他是"人权宣言之子"，所有人都有受教育——包括进小学——的权利。毕业后，我参加比赛并获得了一笔资助，继续在图尔市笛卡尔高中学习。现在教室里的学生太多了，但那时我们还能学习拉丁语、认真读书。

《巴黎评论》：你高中毕业后做了什么？

博纳富瓦：我进了专为高等专业学院入学考试而开办的备考班，分文科和理科。我选了理科，同时在普瓦捷大学攻读数学的学位。后来我意识到高等专业学院往往注重特定职业的培养——当工程师，采矿，从事数学教学——这些我都不太感兴趣，我已经确定了我的人生方向就是写作。所以我来到巴黎，原打算拿一个数学学位，结果混进了超现实主义圈子。在图尔读高中时我就对超现实主义有所了解，也读过安德烈·布勒东。

《巴黎评论》：你打算成为作家的时候，就已经确定做一个诗人了吗？

博纳富瓦：我至今保存着姨妈送我的一本小型诗歌选本，可能是我七岁生日的礼物。她题写了一句话："赠我的教子——未来的诗人"。倒没什么神秘色彩。学习阅读和写作之前，我就知道这一切都是为写诗做准备。为什么呢？大概我总感觉自己做不了平日里司空见惯的那些行当。

《巴黎评论》：你青少年时期读了很多诗吗？写过诗吗？

博纳富瓦：我从小学开始读诗——维克多·雨果，浪漫派，巴纳斯派——这是课程内要学的。我外祖父书房里还有一些十九世纪诗歌的选本。阿尔弗雷德·德·维尼（Alfred de Vigny）最让我印象深刻。我有一次在朗诵比赛上获奖，凭着激情打动了评委，读的就是维尼的《摩西》。这首诗和《牧羊人之家》都属于最优美的法语诗，但遗憾的是它们在今天被忽视了。

《巴黎评论》：巴纳斯派呢？有没有让你印象深刻的诗人？

博纳富瓦：他们的诗我读着有点没劲，但我喜欢勒孔特·德·李勒（Leconte de Lisle）翻译的荷马，尤其是《伊利亚特》，把我带进了古典时代。我时常感到和下一代之间有代沟，尽管五十年代刚满二十岁的那代人只比我略小几岁。我在外祖父书房里读到的书后来愈发无人问津。后一代读的都是二十世纪的作者：米肖、普雷维尔、艾吕雅之类。我很庆幸自己读过古希腊作品，以及拉辛和高乃依那样的法国古典作家。

《巴黎评论》：你什么时候读到波德莱尔和兰波的？你的作品很明显地受到他们的影响。

博纳富瓦：当你手头的书寥寥无几，选集就显得尤为珍贵。十四五岁时我读到一本《走向抒情炼金术》，发现了波德莱尔、奈瓦尔和圣伯夫那些代表早期现代性的动人诗篇。后来我读了一阵子瓦雷里。被瓦雷里迷住的远不止我一人，那是整个时代的现象。一九四三年十一月我一抵达巴黎，就跑去法兰西公学院听瓦雷里的讲座。礼堂里听众不多，我也不认识任何人。后来我发现齐奥朗和罗兰·巴特也在。我们都很痴迷瓦雷里，虽然他不是一个有趣的演讲者——可能因为他相当疲惫，生着病，或者他对其他诗人的作品其实并不感兴趣，只不过，这些作品能帮他撑完每年二十六小时的教学任务！这二十六小时不能都用来谈论自己，即使他是并且乐于做一个自我的见证者。不管怎么说，我依然钦佩他，依然喜欢他的一些诗，特别是那首漂亮的《海滨墓园》。后来我叛变了，写了一篇关于他的煽动性文章，叫做《变节者瓦雷里》，我指的是对诗歌的背叛。文章后来收进了我的文集《不太可能》。

几年后，齐奥朗也干了类似的事，当时杰克逊·马修斯（Jackson Mathews）在编美国版《保尔·瓦雷里全集》，想请他撰写序言。他一边写，一边怒火直冒，结果写成了一篇很刻薄的文章，出版社只好弃之不用。

《巴黎评论》：博尔赫斯说《海滨墓园》里著名的那几行（"海啊，海永远在重新开始/噢，沉思之后的奖赏"）简直是扯淡，沉思怎么还需要奖赏？这是虚张声势嘛。

博纳富瓦：说他虚张声势也罢，不过这也是一种忏悔：瓦雷里强调肉身性和感性，他觉得思想剥夺了他存在的最佳部分。这首诗结尾说："起风了！……须得努力活着！/巨型空气翻动又合拢我的书，/浪敢于将迸溅的粉末撒上岩石！/飞逝吧，全然目眩的纸页！"看来风、水、阳光对他而言比"书"更重要，即使后者每天都呼唤他。不论博尔赫斯怎么想，我们都必须理解这种合法性。

《巴黎评论》：所以你一九四三年末来巴黎见到了布勒东，尽管超现实主义已经终结——安托南·阿尔托（Antonin Artaud）和其他人早在二十年代就离开了，而路易·阿拉贡和保尔·艾吕雅分别是一九三一年和一九三九年离开的，随后加入了共产党。罗贝尔·德斯诺斯当时快去世了。那么超现实主义阵营还有谁呢？

博纳富瓦：一九四四年，布勒东和其他几位超现实主义者还留在美国，他们在那儿度过了战争年代。这场运动的参与者、画家维克多·布罗内（Victor Brauner）当时在巴黎，一九四六年布勒东从美国回来时把我介绍给了维克多·布罗内。但你要知道"帝国统治下的共和国多么美丽！"——他们这样说。战争结束后，我失望地发现布勒东心里不再有任何宏伟计划，甚至缺乏真正的信念。他满足于每周两次主持由二十几个年轻崇拜者组成的集会。我是仰慕者之一，但我不喜欢这种方式——冗长的咖啡馆漫谈没有任何启发。

布勒东一直很愧疚，他在法国被德国占据、丧失活力的时候离开了，不像某些超现实主义者加入了冒险的抵抗运动。但他错了，因为阅读过抵抗者诗歌的年轻人虽然对他们的情绪抱有同感，却认为这种诗歌的冒险精神还不够。他们认为伟大的炼金术、大胆的诗歌实验不能降解成对社会的直接关注。换句话说，他们在等一位保存着诗歌写作自由的诗人的出现，在期待布勒东领导一场新的实验冒险。相反，他回来之后显得很焦虑，整天只跟新的崇拜者混在一起，几乎停止了写作。直到他去世，二十年间他无缘写出任何有诗学价值的东西。何况他当时还年轻——只有五十岁！

《巴黎评论》：这群新的年轻信徒里，有谁继续把写诗当成事业吗？有谁写出过有分量的作品？

博纳富瓦：我会说乔治·埃南（Georges Hénin），已经去世的埃及的超现实主义领袖。我非常喜欢他，他是真正自由的灵魂。其他人都资质平平。布勒东为人礼貌但冷漠，又相当浮夸。他们的集会我去得越来越少。布勒东常说："我亲爱的朋友，我们很久没见到你了。"一年后，他让我们在一份新宣言上签名，我没签。这份宣言叫《最初的决裂》，说真的，这份决裂倒是挺适合我。不过我不该不和布勒东见面，我后来才知道，他一直很欢迎我，他在我心目中直到今天都称得上本世纪的大师级诗人。他把自己锁定在超现实主义领袖的位子上，其实痛苦不堪。我不该那样对他，害羞或傲慢都不足以成为借口。

《巴黎评论》：所以你是在德占期间到达巴黎的。你靠什么谋生？

博纳富瓦：为了拿到学位，我在索邦大学理学院和法学院登记入学。这是我留在巴黎的前提，但我没修完课程。我按自己的方法继续学了两三年数学，但没修规定的课程。其实我已经终止了大学学业，家里人为此很担心。当时有一家"强化学校"专门给准备高中会考的学生做补习，我谋到一份教数学的工作。条件是我同时教自然科学，虽然知之甚少。我把"知识"灌输给学生的前一夜，要临时恶补一下血液循环啊昆虫形态学啊什么的。效果还不错！

上课地点在一个昏暗的公寓，教室之间只容得下一条走廊。一九四四年，我本来要被征召到德国去参加所谓的"义务劳动"。我原计划等他们来抓我的时候，我就像很多年轻人那样逃跑，躲进一个农场。幸运的是还没被强征，战争就结束了。

《巴黎评论》：有段时间你也被艾吕雅的诗歌吸引。直到六十年代，他都是最受我这一代人欢迎的诗人。我们过去把他当成情诗之王，痴迷于他笔下的女人们。但最近重读时我没以前那么感动了。你受过他影响吗？

博纳富瓦：一九四二年艾吕雅出版了他的《诗选》。那是他最好的一本书，因为是亲自选的，选得也很漂亮。它给我的启发在于它缓和了波德莱尔和瓦雷里带给我的影响。艾吕雅清晰的意象帮我构想出一种更简单、更流畅、更明亮的诗歌。但你说得有道理，他的写作还不成熟。他的诗太简单了，所以我的评价也越来越低。

《巴黎评论》：我知道你不喜欢阿拉贡。当然没人喜欢他的政治活动，但他的战时诗除外。你不觉得这些诗很有力量，挺感人吗？

博纳富瓦：是的，我们都被一些诗句感动过，比如"我依旧是我苦楚的国王"。但那些献给他妻子艾尔莎·特里奥莱的诗在我看来非常虚伪，有一股朗诵腔，透露出浪漫诗歌最糟糕的一些方面。事实上，他的作品混合了无条件的斯大林主义和对流行的多愁善感的模仿，相当反动。

政治上我更接近一个托洛茨基分子，这么说的依据仅仅是我读过一本《走向自由的革命艺术》，这是托洛茨基在布勒东访问墨西哥期间与他合写的宣言。它一方面代表了革命的立场，另一方面也代表最自由、最具有黑夜性质的诗歌实验。因此我与朋友编辑的一本小杂志就用《革命夜》作为标题。只出了两期，我们甚至都没敢跟布勒东约稿。

《巴黎评论》：你什么时候开始学习哲学的？我这么问，是因为哲学是理解你全部作品的钥匙，它支撑着你作品的各个方面。

博纳富瓦：读高中时，准备高中会考的后半期，我选了哲学课和自然科学课。我对认识论、逻辑学和观念史感兴趣。后来我读了巴什拉（Bachelard）的作品，倒不是他的诗论，而是关于物理学和科学方法论的理论著作。我也开始读克尔凯郭尔，并且很偶然地读到舍斯托夫（Chestov）。我在巴黎遇到一个很有修养的人，他的藏书量堪称惊人——哲学，民族志，智者学派，印度和中国的大思想家——这些书他任我随意取用。他的慷慨让我发现了大学没法教给我的东西。在大学，读一本书是为了更好地应付考试，却无助于了解历史上就同一主题展开的林林总总的探讨。我在朋友的藏书楼里发现了希腊人的著作和让·华尔（Jean Wahl）的《克尔凯郭尔研究》。

我在那家"强化学校"赚得不多。我住在圣米歇尔码头上离巴黎圣母院很近的一家小旅馆，努力工作，努力去理解一些东西。我姐姐在索邦大学秘书处上班，她在那儿给我谋到一份工作。这意味着我能任意参加所有我想听的讲座，想请多少次假就请多少次，还能申请供我旅行的研究津贴。比如我拿着一笔补助金去意大利旅行了几个月，研究皮耶罗·德拉·弗兰切斯卡（Piero della Francesca）。还有两笔钱，一次去了荷兰，因为我喜欢荷兰雕塑家埃库莱斯·西格斯（Hercules Seghers），另一次是一九五〇年去了伦敦。

我还旁听了让·华尔和让·伊波利特（Jean Hyppolite）的哲学课。我很喜欢让·华尔，人品文品俱佳。我在他指导下写了一篇讨论波德莱尔和克尔凯郭尔的小论文，拿到哲学学位。他很高兴看到我的诗得以发表，他自己也用法语和英语写诗。

《巴黎评论》：你在各种杂志上发表诗歌，然后一九五三年出版了第一本诗集《论杜弗的运动与静》。它是怎么产生的？找出版人难吗？

博纳富瓦：幸运的是并不难，而且我几乎没有找出版人的打算。我想写的那种诗似乎只能吸引少数人，最简单的办法就是自费出版。奥岱翁街上有家书店属于阿德里安娜·莫尼耶（Adrienne Monnier），自第一次世界大战以来她结交了瓦雷里、克洛岱尔、布勒东等很多作家朋友。路对面就是西尔维娅·毕奇的英文书店——莎士比亚书店。两位女出版人也支持过美国和德国作家——海明威，瓦尔特·本雅明，当然还有詹姆斯·乔伊斯，乔伊斯的《尤利西斯》就是先在西尔维娅·毕奇那里出了英文原版，又通过莫尼埃出了法译本。

阿德里安娜·莫尼埃和她的经销商莫里斯·萨耶（Maurice Saillet）从一开始就很对我的作品表示出善意和兴趣。所以一九四六年我自费出版了长诗《论钢琴师》，他们直接把它摆在了荐书专柜，紧挨着《尤利西斯》！三年后，阿德里安娜·莫尼埃受邀主编法兰西信使出版社的一套诗丛，她邀我也出一本。就是后来的《论杜弗的动与静》。一九五三年它面世时阿德里安娜已经关掉了自己的书店，很快就自杀了。

《巴黎评论》：你迅速获得了认可，一下跃居于当代诗的浪潮中央。你后续的著作也得到了同样的关注和赞赏。与此同时，你开始撰写有关诗歌和艺术的批评文章，加入了包括波德莱尔在内的诗人评论家的伟大传统。是什么诱使你从事批评的？

博纳富瓦：我想理解什么是诗歌，一个人怎样通过写作去再次答复他所处时代提出的诉求。超现实主义沿这条线索推进了思考，而且理论性胜过了实践性，这也是为什么我会被它吸引。但思考诗歌意味着你要去理解那些伟大的诗人，比如在法国建立了现代性的波德莱尔、马拉美和兰波。我对画家感兴趣是因为必须去处理普遍意义上的创造性的问题。下一步就是把伟大的哲学家、把宗教经验中的那些关键时刻纳入考虑范围。

《巴黎评论》：巴什拉拿着别人送他的小册子进行私人化的沉思，结果发展出自己的诗学作品。

博纳富瓦：没错。所以我赞同他，这是我们对诗歌创作者所能抱有的唯一的同情。你刚才区分了韵文（verse）和诗歌（poetry）的写作。非常确切。即时性和统一性已经遗失。因为诗歌只能是一种局部方法，它用简单的形象去取代事物，用口头表达取代（我们的感受），因此就失掉了亲密性的经验。另一方面，在语言之前什么都不存在，因为没有意识，世界也就不可能在符号系统之外存在。实际上，恰恰是言说的生灵创造了这个宇宙，即使语言总将他排除在外。这意味着在词语中，我们远离了我们与我们所是（what we are）、与他者所是（what the Other is）之间的真实的亲密性。我们需要诗歌，不是要重获这种亲密性——这不可能——而是为了牢记我们失掉了它这个事实，并向自己证明：当我们能遇到其他人，遇到树，或遇到任何超越文字、在静默中存在的东西时，这些时刻是珍贵的。

《巴黎评论》： 我们下面谈谈诗歌形式。在一篇谈论翻译的文章中，你说唯有自由体能让你表达你想写的东西，而旧式格律已经失效。不幸的是，自由体虽然从格律限制中解放出了某些诗歌天赋，却也为大量的废话、甚至是骗术打开了闸门。难道你依然认为一些形式上的规范无关紧要吗？

博纳富瓦： 我曾在法国传统音律学的背景下讨论过自由体的问题。的确，规则的格律在今天没法实现。这是毫无疑问的，因为法语里没有重音音节，我们的韵律基于音节的数量。这意味着我们的规则格律是一种惯例性的形式，它存在的理由就是帮助诗人表达某种思想和感觉的统一性。这种统一性已经从社会中消失，因为宗教不再控制人们的心灵。规则韵文消失于尼采说"上帝死了"的那个时代。瓦雷里或许是二十世纪唯一使用它的伟大诗人。在法国，我们将其视为不合时宜之物。但这并未造成任何损失，因为一方面，没有人希望韵律的松绑导致坏诗的产生；另一方面，自由体并非对韵律法则的拒绝，恰恰相反！这些律法一直存在，真正的诗人总能遵守它们。规则韵律的特点是强制性地遵循某些惯例规则，但这些规则绝不会提高我们聆听其他更深刻的律法的能力。事实上，我们依旧能像以前那样使用诗歌形式的种种材料——尾韵、头韵、谐音——甚至可能用得更好。我完全同意你的观点，诗歌也是一种对语言的形式化的使用。的确，只有形式才能让我们听到词语的音调，更确切地说，因为诗歌是一种声音性的现实，它的词语不再受制于概念和思想的唯一权威。这使我们能通过语言之外的渠道去感知现实。诗歌中的形式让词语的概念意义沉默化了。这是我们直接凝视世界的前提条件。

《巴黎评论》： 你会不会觉得现在的诗歌变得太晦涩，太难以理解了？

博纳富瓦： 哪个时代都有晦涩的、封闭性的诗人，像奈瓦尔、莫里斯·塞夫（Maurice Scève），甚至但丁，还有一些作者把晦涩隐藏在清晰的表面之下。人们往往习惯于质疑那些哪怕是最容易读的诗人——比如荷马和维吉尔——写就的文本，总想着通过托喻① 去发掘潜藏的意思。

换个角度说，当代诗的晦涩未必是需要抛弃的缺陷；在某些情况下，它牵扯到一种意识，即在我们这样的社会里诗歌话语是什么？你可以看到，在古代，在中世纪，在法国大革命席卷之前的欧洲，我们曾经有一套人人都接受的信仰、宗教表达、仪式和道德价值观。诗人去参照它们，自然容易被理解，而不必以说教的方式去解释他们的思想——这与诗歌写作的自然、自发的运动背道而驰。十八世纪以来，这种参照系、这种思想的统一性已经被拆除。约翰·多恩已经预感到，从此以后，有多少个体，就有多少种世界观。当我们想在更深刻的意义上成为自己时，比如在诗中，我们就必须将自己放置在一个至少部分地与他人失去沟通性的平面上。最好接受这个事实，而不是假装它不存在。

比如我使用过"safre"这个词，在法国南部某个地区的土话里意思是"砂岩"。几乎我所有的读者都不认识它，但它代表了我生命中的一个重要时刻。这提醒我们：一个人写作时，他并不试图向自己解释他那些用词的涵义。

话虽如此，诗歌的职责终究是尽可能地普适，这要求我们去矫正、简化、拓展我们的生活经验，使我们的言语整体上易于理解，具有第二次生命。读者必须明白，诗中存在晦涩难懂的东西，恰恰说明词语不该被降格为概念游戏，后者反过来会催生意识形态，即死亡。我们不能用一个个观念去理解诗歌，那会让诗歌丧失自己的基点，这个基点是经验而非思想。

十六岁时，我第一次读到兰波和皮埃尔·让·茹夫（Pierre Jean Jouve）的某些诗，什么都读不懂。但我完全被征服了，被迷住了。我不断重温这些词，它们教会我以另一种方式更紧张地思考和生活。就像一道光穿透了这些词。我恢复了对词语的信任。

你反对的可能是为了掩盖经验的空虚而写得晦涩的诗。它们早晚要被

---

① 托喻（allegory）是一种具有比喻性质的间接表达方式，它使用一个事物（或一个人、一个有生命或无生命的存在、一个行动）作为其他东西的符号或象征，后者往往是难以直接表现的抽象概念或道德观念。

遗忘!

《巴黎评论》：一首诗是怎么得来的？是从外部给予的？还是某种东西从内部激发了你？是砂砾催生出珍珠，还是你催生出磨砺珍珠的砂砾？

博纳富瓦：诗中没有任何东西是被给予的。我从不知道一首诗在何种情境下由"灵感"口述而成，也不认为诗要表达的情感与思想会先于诗而存在。对我来说，通常是欲望以一种特定的诗歌话语和我相遇。为了实现这一点，词语就必须进入我那摆脱了概念网络的内心，而概念网络存在并活跃于日常的话语。这真能实现吗？真能。当一个人感受到的词语间的关系拒绝被分析，就像超现实主义者所谓的"图像"——因此，"疲倦之村"（"Villages of Weariness"）和"聪明的乌鸦比以往更红地重生"，艾吕雅的这两行诗是不能因转喻或隐喻的游戏而降格的。同时，这些作为诗歌劳作之开端的词语联想，又不能是无来由的或与个人现实无关的。我只能从我无意识的言语中期待它们到来，所幸，当我用触及纸的笔尖开始召唤它时，它会立刻出现，携带着既神秘又浓缩了我的过去、未知的现在和未来的词语片段。

然后我记下这些句子。我倾听它们。我看见它们彼此做手势。它们促使我理解自己内心的需求、记忆和幻想。这是一首诗的开端，它最终将成为完整的书，因为它关切着我所是的一切。我往往以这种方式开始一首诗，身处于未知中，发现我的言说起始于我对自己日常的行为和思考展开的简单观察。这是一项耗时颇多的劳动，也许会持续数年之久。标题通常最后才出现，像一份追溯性的声明。

《巴黎评论》：你决定写一首诗，然后记下声音和词。词语是不是先于观念到来？

博纳富瓦：是的。什么塑造了诗，什么就使诗成为诗……这取决于那些长期内在于我的动因，即便我还没意识到。只有当作品完成时我才能理解它们。

必须说明的是，我有时连续数年都不想重新开始写作：当上一本书产生的思想和图像与我和平相处的时候。除非我发现上一本书不再能表达或梳理我与世界的关系，我不是不会重启写作的。所以我有本诗集叫做《曾经无光之物》。某种程度上，它想表达的是："看，前一首诗里未被照亮的东西现在被面对面地澄清了。"

《巴黎评论》：不少作家都需要某种刺激物。你的写作需不需要什么刺激？比如，你家里某个特殊的房间？

博纳富瓦：我想说光很重要。白昼之光，来自天空的光线。光是可感知的统一体。当你身边有更多光线，你会更加敏感于世界的诸多情境，它的不同侧面，以及时间的奥秘。

《巴黎评论》：这是不是意味着你会去阳光更充沛的地方，比如法国南部？你会逐阳光而居吗？

博纳富瓦：我很想。的确，我喜欢世界上光线强烈的地区。我喜欢普罗旺斯的原因之一就是那儿阳光充沛，哪怕这不是最重要的原因。不幸的是巴黎没有美国那么明亮，这儿的光线更适合画家。

《巴黎评论》：所以在那儿，在东海岸，在新英格兰，你写出了最美的一批诗？

博纳富瓦：没错。因为光和雪。雪是一种光。我最新一本诗集《雪的开始和结束》写的就是新英格兰秋冬季带给我的记忆和图像。

《巴黎评论》：你用的是打字机还是新型的文字处理软件？

博纳富瓦：我没有文字处理软件！我用的是一台小打字机，也经常在同一种纸上用手写。旧打字机让纸张更有在场感，文字依旧属于它的一部分。而文字处理器的屏幕就像一层雾，不知道文字究竟在哪儿。

《巴黎评论》：我们再谈谈你诗歌的另一个方面：你翻译的莎士比亚和叶芝。你什么时候开始学英语的？

博纳富瓦：我在高中学的英语，但学得很有限，主要靠教材。高中会考之后，对科学哲学的兴趣激发我去阅读伯特兰·罗素。后来我迷上了意大利艺术和建筑，开始读一些英国艺术史家的著作，比如约翰·波普—亨尼西（John Pope-Hennessy）论保罗·乌切洛（Paolo Uccello），肯尼斯·克拉克（Kenneth Clark）论皮耶罗·德拉·弗朗切斯卡，等等。这些都是一九五〇年我拿着津贴在伦敦短暂逗留时发现的。我也开始读多恩、马维尔（Marvell）和艾略特。一九五四年，皮埃尔·让·茹夫——我曾把第一本诗集寄给他——把我介绍给皮埃尔·莱里斯（Pierre Leyris），也就是梅尔维尔、霍普金斯、艾略特、艾米丽·勃朗特的重要法语译者。他打算组织一批译者去翻译一大套双语莎士比亚丛书，就邀请我加盟。我欣然接受了，他让我试译了一些《裘力斯·恺撒》的选段。他很满意，就把整部剧交给了我，还追加了《哈姆雷特》《亨利四世》《冬天的故事》和莎士比亚诗歌。我很高兴。我沉浸在英语评注版和大辞典中，不打算参考任何现成的法译本。所以一九五八年访问美国时，我对伊丽莎白时代英语的了解比当代用语更深入——你该庆幸我没用"multitudinous（大量的）"和"incarnadine（肉红色的）"来代替"many（许多的）"和"red（红的）"这样的词。

《巴黎评论》：阅读这些评注版，是你对英美文学批评感兴趣的起点吗？

博纳富瓦：其实不是。还有另一个原因。五十年代初我想回归哲学领域做一篇博士论文。导师让·华尔待我很好，一心想帮我。他战争期间旅居美国时了解到美国批评的很多现状，建议我先把论文搁置一段时间。他替我找到一份研究员的工作，是在国家科学研究中心对新批评和英语文学创作论进行初步研究。我在那儿花了三年时间阅读瑞恰慈（I.A.Richards）、布莱克默（R.P.Blackmur）、肯尼斯·伯克（Kenneth Burke）等等。然后我写了一篇论述法语和英语批评之间关系的论文,一九五八年我首次访美前夕发表在《邂逅》杂志上。我受邀参加哈佛大学的研讨会,抵达剑桥时,我惊讶地发现自己竟然成了受人尊敬的专家——拜《泰晤士报文学副刊》所赐,它登出一个小专栏介绍我发表在《邂逅》上的文章!这似乎是个误会,不过也使我收获了不少持久的友谊。此后我经常来美国。

《巴黎评论》:你翻译的莎士比亚戏剧与你三年前出版的叶芝短诗译本之间隔了很久。为什么会选择叶芝?

博纳富瓦:我认为他是西方最伟大的诗人之一。倒不是我不喜欢艾略特。其实我很迷恋《荒原》和他那首关于"圣贤"的诗 ①。我喜欢艾略特能如此自我地、如此动人地身处本世纪重要的形而上问题的内部,那种内在的流亡,那种男女性之间的异化。但叶芝的欲望、狂躁、直觉、预言性的强调、神话、强烈的怪异以及他精湛的诗节(自莎士比亚以来无出其右)更让我着迷。

《巴黎评论》:艾略特触及了我们这个时代生存的不适感,不仅他言说的内容,就连他使用语言的方式也是奠基性的,开辟了新视野。他受过法国诗人的影响,尤其是儒勒·拉福格(Jules Laforgue)和纪尧姆·阿波利奈尔。你是否从这个层面观察到了他们在艾略特诗歌中的印记?

博纳富瓦:并没有。艾略特信仰宗教,甚至是个虔诚的新教徒和清教徒,而拉福格几乎相反——他是无神论者,非常感性,充满柔情却愤世嫉俗,他渴望将写作朝向无意识的低语,这尤其体现在那部法语文学杰作、他伟大的散文作品《传奇道德观》里。

艾略特喜欢的是拉福格在抒情诗中呈现的日常生活,这对于熟读莎士比亚和多恩的英国诗人来说很正常。他的确无法在拉辛、马拉美或波德莱尔那里找到诗意和琐碎之物的融合。而艾略特对阿波利奈尔的偏爱,大

---

① 博纳富瓦指的可能是艾略特 1927 年创作的《圣贤之旅》(*Journey of the Magi*)。

概因为后者比我刚刚提及的那些人更容易接近——当然他也是很伟大的诗人。通常——甚至在绝大多数情况下——法国诗歌不在乎生活情境的实验，而在意语言的实验，语言希望通过自身的变化来更新世界。它的运行依托于词语工具。这不仅适用于法语诗人，许多散文作家也是如此。为了理解或描述现实，法国作家使用语言时会质问它。因此他们在社会内部建立的联系非常有限。

《巴黎评论》：纪德在《法国诗选》的序言里说，存在英语诗歌，但不存在法语诗歌，只有法语诗人。

博纳富瓦：文学和诗歌不能划等号。不过，自维庸和克雷蒂安·德·特鲁亚（Chrétien de Troyes）以降，直到今天，法国诗人之间有很强的纽带。我撰写关于波德莱尔、奈瓦尔、马拉美、拉福格的文章时，不仅跟他们的读者谈论他们，还要与他们本人交谈。我觉得这是一场有关诗歌对象和方法的讨论，我有权参与其中。

《巴黎评论》：也许这就是为什么一些懂法语、读过法语散文的人声称："我不喜欢法语诗歌。"

博纳富瓦：我们可以说法语诗依托于智性而非情感和心灵。但这只是表象。不能陶醉在一种专属于少数内部人士的封闭的语言中，而要打破刻板印象，因为它不再真实地反映现实，只能显示一个浅表的现实，真正的沟通就无从实现。当然，正如你说的，它为冒名顶替者打开了方便之门，他们假冒真正的作品以威慑读者。

《巴黎评论》：诗歌尤其难翻译。罗伯特·弗罗斯特说，诗是在翻译中失去的东西。你同意吗？

博纳富瓦：我肯定会第一个站出来说诗歌不可译。但只要想翻译诗歌，这种欲望就参与了诗歌的翻译，而且，也许人们真的能用自己的语言重塑跟原文相似的东西。关键是不必追求某些虚无缥缈的东西，比如在法语里保留原诗的押韵和音律。我翻译叶芝时就在这个层面发挥了很大的自由度。另一方面，叶芝非常有普适性，复活他的一部分情绪并不难，即使不熟悉它们诞生时的情境。他诗中的很多元素我们都能在自身生存的深处感受到——《第二次降临》《驶向拜占庭》《库尔公园》和《库尔和巴利里》。

《巴黎评论》：你属于狄德罗到波德莱尔一脉的法国诗人评论家的传统。你说过，画家对现实的体验比诗人更直接，诗人必须先突破语言的屏障。音乐不是更直接吗？

博纳富瓦：你说得很对。音乐对我来说非常重要。它是诗歌写作很关键的部分，因为诗的词语也是声音，包括重音和节奏。但我文章里几乎没谈论过音乐，我不熟悉音乐家工作机制和语言的技术问题。不过我写了一篇文章研究如何聆听波德莱尔诗中的音色和声音。

《巴黎评论》：你会继续授课和写作吗？你如何兼顾两者？

博纳富瓦：过去十二年，法兰西公学院一直源源不断地激发着我，因为每年我都要开设一门新课程。我就必须研究并且更好地理解（我希望如此）莎士比亚、波德莱尔、马拉美，以及其他作家和艺术家。出于同样的原因，它可能与写诗存在着冲突。我不确定是否真的有所妨碍——我觉得没有。但往往是写作将我再一次召回。我需要长时间的闲暇，以便倾听最深层的无意识的声音——这些声音比我们自己更了解生与死。

《巴黎评论》：你的精力和各类作品的产量很惊人。有些人不太愿意谈论死亡，但这恰恰是你诗中处理的主题。是因为诗像爱一样是对死亡的超越吗？

博纳富瓦：死亡在概念性的语言里是消极的，犹如洞穴与虚空，但诗歌言语可以颠覆它，使其成为积极的东西。我同意你的看法。诗歌拉近我们和世界的距离，我们更容易感知它的统一性，体验到这种统一性的更多元素——就像叶子，即便从树枝上落下，那一瞬也是永恒。所以何为死亡呢？但我必须说明，这一切只在理论上成立。诗歌是不可被抵达的，否则它就超越了死亡；我们只能接近它。所以一个人不该自称为诗人。这太自命不凡了：这意味着他已解决了诗歌呈现的所有问题。"诗人"可以用在我们所钦佩的他人的身上。如果有人问我是做什么的，我会说我是批评家，或者历史学家。

（原载《巴黎评论》第一百三十一期，一九九四年夏季号）

切斯瓦夫·米沃什

李以亮 / 译

因为与周围环境失去和谐的联系，在这个世界上找不到家的感觉，因此，一个侨民、难民或移民——不管如何称呼他，假如他是一名艺术家，要他所置身的社会完全理解他，这是非常矛盾的。不仅如此，如果他要想表达现代人生存的处境，他必生活于某种流放状态之中。

——切斯瓦夫·米沃什《论流亡》

虽然诺贝尔文学奖获得者切斯瓦夫·米沃什认为自己是一个波兰诗人，因为他以母语波兰语写作，但他并非出生于波兰，也有半个多世纪不在那里生活。尽管如此，这位感性的神秘主义者，他的诗却被镌刻在位于格但斯克的纪念碑上，同时还被印在纽约城市交通运输系统的海报上。

一九一一年，他出生在立陶宛。他的祖父是一个农民，有一点薄产。在米沃什的记忆里，那个时期立陶宛偏僻的农村代表着"神话和诗歌的故乡"。他的童年因第一次世界大战被打断，其时他的父亲亚历山大，作为一名道路工程师被沙皇军队招募。米沃什和他的母亲一起，陪着他的父亲，在靠近俄罗斯的战区，从事危险的桥梁勘察工作。

一九一八年全家人回到立陶宛。有几年，米沃什沉浸在青春期的孤独之中，直到开始在维尔纽斯接受严格的正规教育，维尔纽斯当时是属于波兰的立陶宛的首府。他在二十岁出头时出版了第一本诗集《冰封时期的诗》。一九三六年出版第二本诗集《三个冬天》。米沃什在维尔纽斯大学获得法学学位，然后依靠奖学金在巴黎度过了一年时间，在那里他遇到了他的一个远房堂兄、法国诗人奥斯卡·米沃什（Oscar Milosz），后者成为他的导师。

维尔纽斯建起的苏维埃政权最终迫使米沃什逃离了他的青春之城。他逃到纳粹占领的华沙，在那里加入了社会主义者的抵抗运动。在那个时期，米沃什反抗纳粹的诗歌选集《不能征服的歌》在华沙的地下出版社出版；他还写下了《世界（一首天真的诗）》和组诗《可怜人的声音》。在华沙被纳粹摧毁之后，米沃什在克拉科夫城外住了一段时间。国家出版社出版了他的选集《救援》。

战争的结束带来了更多的混乱。米沃什在波兰共产党政府担任文化专员，服务于驻纽约和华盛顿的波兰大使馆。一九五一年他与波兰政府决裂，在法国寻求政治庇护，虽然这意味着必然切断与波兰读者的联系。在法国的十年，他与强烈支持社会主义和共产主义的知识分子阶层意见不合。这一时期他写了两部小说《夺权》和《伊萨谷》，以及他最著名的书《被禁锢的头脑》，研究极权主义思想危险的吸引力，同时刻画了一系列被极权主义思想诱惑的朋友的肖像。作为西蒙娜·薇依的倡导者，他将她的文章译成了波兰语。他还写作了两本诗集，以及一本精神自传《故土：对自我限定的寻找》。因为作品在波兰被禁，米沃什的诗由巴黎的文学机构出版。

一九六一年，五十岁时，米沃什更进一步走向西方，开始了一个新的职业，在加州大学伯克利分校成为一名斯拉夫语言和文学的教授。虽然只是一个小院系不知名的一员，他最终却因讲授有关陀思妥耶夫斯基的课程而大受欢迎，而对于那些大学之外的读者，米沃什是兹比格涅夫·赫伯特诗歌的译者。直到一九七三年，米沃什的精选诗集才以英语出版。一九七八年出版《冬天的钟声》，此后被授予了诺贝尔文学奖。一九八一年，在离开三十年后，他首次回访波兰；一九九二年，即在离开五十二年后，第一次回到了家乡立陶宛。

自从获得诺贝尔奖，米沃什出版了多部散文集和诗歌作品。他的诗和散文集，包括《旧金山海湾幻象》《从我的街道开始》《乌尔罗之地》，以及诺顿讲座文集《诗的见证》。诗歌集在一九八八年出版，其中包括《不可企及的大地》的一部分。此后，最新作品集有：《省份》、一九八八年的日记《猎人的一年》（1994年出版）、诗集《面向河流》（预计1995年出版）。米沃什一年之中大部分时间住在伯克利，夏季有部分时间生活在克拉科夫。

这次采访的主要部分是在米沃什家里进行的。他的家在伯克利山上，俯瞰着旧金山湾，他和妻子卡罗尔住在那里。他们有一只猫，名叫泰尼。本文另有一部分，是在位于纽约第九十二街的翁特贝格诗歌中心举行青年友谊会时面对现场观众的录音。第一部分，在伯克利的访谈，连续进行了四小时，直到诗人看了看手表，然后好心地瞧了瞧他疲惫的对话者，说："六点了，是时间喝点伏特加了吧？"

——罗伯特·法根（Robert Faggen），一九九四年

《巴黎评论》：在五十二年后，最近你首次回到了立陶宛。那里怎么样？

切斯瓦夫·米沃什：这是一次动人的经历。我受到了非常真诚的接待，作为一个土生土长的儿子。我被授予考纳斯大学的一个荣誉学位。然后参观了我的乡村，在那里我受到一个身着农民服装的边境地区代表团的欢迎——这在该地区是一个相当大的事件。我成为那里的荣誉市民，在我受洗的木教堂，参加了弥撒仪式。但是，许多村庄消失了。我不得不想到，大量的居民被驱逐到了西伯利亚。有一些干净的、红砖墙的小城镇。我访问了我出生的地方，但是那里没有房子，只剩一个公园光秃秃的残余物，一条河也被污染了。

《巴黎评论》：当你在立陶宛时，是什么样的文学，塑造了你的想

象力？

米沃什：请想象一个没有收音机、没有电视、没有电影的世界。我的童年就是欧洲一个偏僻地方。那时书籍的影响远远大于现在，我从祖父的图书馆获益良多，那里主要是一些十九世纪的书。唯一的地图册是过时的，非洲中部有很大一个白点。时间的神秘不是由马塞尔·普鲁斯特向我透露的，而是詹姆斯·费尼莫尔·库珀（James Fenimore Cooper）。像费尼莫尔·库珀这样的作者，当时非常受欢迎，适合儿童阅读的删节本和有些混乱的版本。比如，史诗般的《猎鹿人》被压缩成一卷。不过，它给我留下了巨大的印象，因为它是真正的故事，关于一个年轻猎人逐渐成熟，然后在他从东到西逐渐进行冒险的过程里，成为一个老人。他的悲剧在于，他是一个流放者，但是他无法逃离文明。我也阅读那些在美国从未听说过的作者，如托马斯·梅恩·里德（Thomas Mayne Reid）。他是爱尔兰人，作为一个猎人、教师，在美国度过一段时间，后来，他成为一个儿童书籍的作者，生活在伦敦。他的书充满各种各样的植物、动物、鸟类——每一种都有一个确定的拉丁文名字。这对我来说至关重要，因为当时我想成为一个鸟类学家。我知道所有那些鸟类的名字及其对应的拉丁文。我也读过卡尔·梅（Karl May），他受到整个欧洲小男孩的喜欢，作品被译成所有欧洲语言，但在美国不为人知。他是德国人，因为债务坐牢，在监狱里写作历险小说。

后来，当我生活在维尔纽斯时，常常看电影。在这方面，我的教育就像现在美国的孩子一样。玛丽·碧克馥、莉莉安·吉许、巴斯特·基顿、查理·卓别林以及后来的葛丽泰·嘉宝，都给我留下了深刻印象。在儿童读物和开始更成熟的阅读之间，很难画一条界线。但是，因为我在偏僻乡村度过的童年，因为这些十九世纪的书籍，我总是被有关自然的书籍迷住，特别是那些带插图和彩色木刻版画的书——奥杜邦（Audubon）、亚历山大·威尔逊（Alexander Wilson），等等。这些书定义了我对自然的态度。

《巴黎评论》：自然有什么迷住了你？

米沃什：我的大英雄是林奈（Linnaeus），我喜欢他发明的命名生物的系统，他以那种方式抓住了自然的本质。我对自然的惊奇，很大程度上就是迷恋它们的名称和命名。但我同时也是一个猎手。我的父亲也是。今天我深感羞愧杀死过一些鸟类和动物。现在我不会这样做，但在当时我很喜欢。我甚至是一个动物标本的剥制者。在高中时，大约十三四岁，我发现了达尔文和他的自然选择理论。我被迷住了，并在我们的自然科学俱乐部做过关于达尔文的演讲。然而，与此同时，虽然我读的是一所公立学校，神父仍然是非常重要的。所以，一方面我学习宗教、教会史、教义学和护教学；另一方面，我也学习科学知识，它在根本上是破坏宗教的。我最终背离了达尔文主义，因为它的残酷性，虽然起初我拥抱了它。在我看来，"自然"是一幅更优美的画。

《巴黎评论》：在一个博物学家对自然的欣赏和一个诗人对自然的欣赏之间有联系吗？

米沃什：大卫·瓦格纳（David Wagoner）写过一首诗，题为《一个美国鸟类学作者描写一种现已灭绝的鸟》。它是关于亚历山大·威尔逊的一首诗；威尔逊曾经是美国主要的鸟类学家，他射击、打伤了一只有象牙喙的啄木鸟，他不停地画它，因为对他来说，那是一个全新的标本。这只鸟在他的房子里慢慢地死去了。威尔逊解释说，他必须杀死这只鸟，这样，它们就可以活在他的书里。这是一首非常戏剧性的诗。所以，自然科学的关系，——我也怀疑艺术的本质，都是科学家头脑和艺术家头脑的一种结合，他们心中都有一种想要把握世界的热情。我更关心，由于科学的影响而导致宗教想象力的侵蚀。它触及我们这个时代一个基本问题的根源——当代人在以宗教方式思考上的无能。我也一直受到托马斯·默顿（Thomas Merton）的影响，我和他保持通信多年。我们主要讨论宗教和自然问题。我指责他过于乐观，很大程度上代表了美国人对自然的态度。

《巴黎评论》：所以，你接受的天主教信仰，超过了科学的影响？

米沃什：噢，是的。但麻烦的是，写作宗教诗歌在二十世纪是非常困难的。我们在很大程度上处于一个后宗教的世界里。我与当今教宗有过一次谈话，他评说过我的部分作品，特别是对我的《诗的六次讲座》。他说，你总是向前走一步，然后向后退一步。我说：圣父，在二十世纪该如何以不同的方式写作宗教诗歌呢？

《巴黎评论》：他怎么说？
米沃什：他笑了。

《巴黎评论》：在你的书《乌尔罗之地》里，你向你的堂兄奥斯卡·米沃什提出了那些问题，并且说明了它们对于你的重要性。他在多大程度上影响你了的创作？
米沃什：就风格而言，我意识到他的影响是危险的。他的风格是后期象征主义，那时我觉得，那属于不应该模仿的东西。但是他神秘作品的精髓，《使徒书信》和《大艺术》——即世界的创造是通过非物质的光转化成物质的光——这对我来说非常重要。他直觉性的构想，的确早于爱因斯坦，是一种相对论的宇宙学——其时还没有空间、没有物体、没有时间；此三者，在他关于运动的想象中结合在了一起。

《巴黎评论》：你曾经写过一首献给爱因斯坦的诗。
米沃什：我认识爱因斯坦。事实上，我非常崇拜他。我的堂兄奥斯卡·米沃什认为，爱因斯坦的相对论开辟了人类的一个新纪元——一个和谐的时代，科学、宗教和艺术之间达成了和解。爱因斯坦的发现，其积极的结果取消了牛顿式的无限时间和空间，而引入了时间和空间的相对性，它蕴含了一种新的宇宙学及宇宙大爆炸的概念。我带着无比的崇敬，接近爱因斯坦。所以我为他写了一首诗。当时，他确信因为原子武器，世界在走向毁灭，认为唯一的解决办法是建立一个世界政府来控制武器。在一九四八年，他依据这个精神，写了一篇论文，寄给在波兰弗罗茨瓦夫召开的世界知识分子大会。但大会只是一个斯大林军备政策的前线，俄国人反对宣读那篇论文。就是在那个时候，我询问爱因斯坦，我应该回到波兰还是待在国外。他认为我应该回去，非常坦率。

《巴黎评论》：你和他见面的情况怎样？

米沃什：其时，我是波兰驻华盛顿大使馆的一名专员。对我来说，这是一个困难的时期，正在犹豫是否与当时的波兰政权决裂。当然，爱因斯坦流亡于美国，于是，我向他寻求权威的意见。一天，我没有直接开车从纽约到华盛顿，而是转向去了普林斯顿。当然，我知道爱因斯坦住在那里。尽管我常有反讽感，我的天性却使我想要寻求一个可以崇敬和赞美的人。爱因斯坦一头白发，灰色长袖衫上别着一支钢笔，他的手和声音很柔和，完全符合我所需要的一个父亲的形象，一个引导者。他极有魅力，热心快肠。他反对我成为一个流亡者。他与我说话的方式，是从情感层面出发的，他说，你不能与你的国家决裂；一个诗人应该回到自己故国。我知道这是困难的，但是事情必须改变。它们不会永远像那个样子的。他乐观地认为，那种统治会过去。作为一个人道主义者，他认为，人是一种理性的生物，虽然我这一代人看到，人更多是作为某些邪恶力量的玩物。于是，我离开了他位于普林斯顿莫色尔大街的房子，有些木然地开车走了。我们都渴望最高的智慧，但是，最后我们还是不得不依靠自己。

《巴黎评论》：你是从什么时候开始想成为一个作家的？

米沃什：我在高中时开始写作，虽然这不能算是一种表达自己的尝试——只是形式的练习，缺乏激情，我想，我是受到十六世纪法国七星诗社诗人的影响，那是我从法国文学教科书上读到的——约希姆·杜贝莱（Joachim du Bellay）、雷米·贝洛（Remy Belleau）、皮埃尔·德·龙沙，等等。说我想成为一个诗人，这是不准确的。我只想与我的环境保持冲突，采取消极的态度，福楼拜所谓"保持对资产阶级的仇恨"。我想要一种不同的风格，以不同的方式生活。

《巴黎评论》：维尔纽斯是你的青春之城，它一再出现在你的写作中。

米沃什：它有非常持久的影响。我看到在外省小城长大的巨大优势。它给我带来一个不同的——也许是一个更好的——视角。当我发现自己身在国外的时候，我试着将维尔纽斯和立陶宛介绍给西方读者，这是困难的，因为这座城市在本世纪已经易手十三次。那里有着不同的种族、教派、语言，就像萨拉热窝。我一直被发生在波斯尼亚的事情深深地触动，因为我理解那里所有的种族冲突。

《巴黎评论》：但在你近年来的诗歌中，对历史的兴趣越来越少。

米沃什：是的，很明确。在波兰团结工会时期，当宣布实施戒严法时，我发表了一篇文章，题为《唉，高尚的头脑》，在其中，我警告说，在对戒严法一致的抵抗中，文学和艺术创造了某种被夸大的集体精神气质，那是危险的，因为它排除了其他人性的考虑，专注于当下的斗争。当时，知识分子和教会之间存在一种协议，它给许多文学艺术团体提供庇护。我的文章已经成为某种预言性的东西，因为国民的统一在过去几年里已经瓦解。年轻一代无法忍受诱人的崇高道德理想的出现。我很同情理想主义者，我深知，我的宗教地位是立足于一个天主教教徒。但是，我非常不喜欢把教会作为一个政治机构。

《巴黎评论》：早年，你是一个被称为"灾祸派"的文学团体中的一员，你们的世界观和诗学实践，被称为"灾祸主义"。

米沃什：我是那个团体的创始人之一。我们不知道自己是灾祸主义者。那是后来文学评论家的一个命名。那些年——一九三一年到一九三三年——是绝望的岁月。现在，我很疑惑，一种绝望的历史观，是否由于个人倾向于悲观主义或者悲观主义正好反映了一个历史时期的氛围。无论如何，那是欧洲一个可怕的时期。魏玛德国的文学是虚无主义的，充满讽刺、仇恨。苏联二十年代的文学，在社会主义现实主义被引入之前，也是极其残酷和消极的。有一些作家，比如赛甫里娜（Seifulina）、伊利亚·爱伦堡，他们当时就生活在巴黎。爱伦堡的虚无主义小说迅速被翻译成了波兰文。所以文学情绪非常悲观、非常消极；同时，政治消息也非常多——希特勒在德国、斯大林在俄罗斯掌权。这些当然影响了我们的团体。我们大学的校长马利安·兹切霍夫斯基（Marian Zdziechowski），一个老教授，也影响了我们，他也是极其悲观；他写过一本叫《面对末日》的书，其中预言欧洲很快将被两种极权主义力量毁灭。幸运的是，他在战争于一九三九年爆发之前就去世了。还有一些极其悲观的波兰作家，尤其是斯坦尼斯瓦·伊洛纳齐·维特凯维奇（Stanislaw Ignacy Witkiewicz），对于前景也是一个灾祸论者。所以，我们的诗歌表达了一个预感——一种关于恐怖的超现实主义的预言。它就像卡珊德拉的声音。我们想到了一种宇宙的灾难，而不是一个明确的政治灾难。之后，在华沙被纳粹占领时期，出现了一群非常年轻的诗人，对于他们，极点、末日天启，当然就是纳粹的占领。对于我们来说，它不是；它只是更大的灾难的一部分。

《巴黎评论》：你加入了华沙的抵抗。你出版了——或者主要编辑了——一部反抗纳粹的地下诗歌选集。战争岁月对你的诗歌产生了什么影响？

米沃什：作为一个诗人，我深感不安，因为我明白，诗歌不能如其所是地描绘世界——形式的惯例都是错误的。所以，我寻找不一样的东西。但同时，我写了一个长篇作品，由一组短诗组成，也就是《世界（一首天真的诗）》那部作品，一首组诗——虽然那时对于它，我不是太有自觉意识——就像布莱克之于《天真之歌》。我认为世界非常可怕，这些天真的诗歌是我的回答——我想说，世界应该是怎样的，而不是像它当时那个样子。《世界》是关于发生了什么的诗，它是一部深刻的反讽之诗。

《巴黎评论》：那就是副标题，"一首天真的诗"的意义之所在。

米沃什：这首诗正如一本给孩子读的关于泰迪熊的纯小说。当批评家和读者把它当作关于爱、信念、希望的诗歌，当作所谓积极的诗歌，并要求波兰学生阅读时，它让我深感不安。我收到在学校里阅读、背诵了这些诗的孩子们的来信——这些诗，它们实际上是挖苦性的。

《巴黎评论》：在《世界》的其中一首诗里，你写道："我们和鲜花把影子投在地上。/那些没有影子的事物没有活下去的力量。"

米沃什：在这些句子背后，有一些托马斯·阿奎那（Thomas Aquinas）的意味，他断言事物的客观存在。这是某种天真的诗——相信一朵花、一条河流和一座花园的真实。我那个时期的诗歌包含双重的探求：一个是对于天真之恩典的探求——"天真的"诗歌——另一个，见之于《可怜人的声音》那一组，探求的则是如何直面纳粹占领。同时还有一些中国诗歌的影响，当时我正在阅读它们，为了色彩、单纯的色彩。

《巴黎评论》：你是怎么碰巧接触到中国诗歌的？

米沃什：在华沙，我买了一本诗歌选集《中国笛音》，不是根据中文，而是根据法语翻译的。诗歌提供了清晰的意象，特别是强烈的色彩，我可以将它们注入一个黑暗的、被纳粹占领的黑色和红色的世界。从那时起，这两种颜色，黑与红的组合，对我来说，一直就是不祥的。

《巴黎评论》：哪些亚洲诗人最引起了你的兴趣？

米沃什：那时，我并不太了解一些个别的诗人。那是后来的事，通过我对美国诗歌的兴趣。如你所知，从古老中国和日本翻译的诗歌，对于现代诗歌的发展发挥了突出的作用。这方面，庞德是一位先驱：意象派诗人受到亚洲文学强烈的影响。所以，我受到的影响是一个渐进的过程，很大程度上，主要还是因为我创作的一些哲学前提。

《巴黎评论》：比如？

米沃什：好吧，我不希望听起来过于理论化，但是，我反对现代诗歌里完全朝向主观化的某些倾向。在亚洲诗歌里，有某种主体和客体之间的平衡，这在西方诗歌里很少实现。我所从属的一个诗学传统，历史从中起着重要的作用，我的诗在很大程度上涉及某些重大事件、历史悲剧的转换。中欧的传统是，个体很弱小，完全不同于西方国家，而西方非常强调个人。在我停止处理二十世纪的大悲剧后，我想找到一种平衡。我并不想写纯粹个人化的感知，这在今天许多的诗歌，是非常典型的，它们都是通过一个非常个人的角度来看世界，因此经常难以理解。我意识到，个人的弱点在诗歌里没有什么好处，而过度的个人主义也是很危险的。

《巴黎评论》： 然而，在《不可企及的地球》里，你表达了对惠特曼这样一个强大的自我主义者的赞赏，收入了对他的许多诗作的翻译。你如何看待他对自我的表现？

米沃什： 惠特曼是一个非常特殊的案例，因为他创造了一个人格面具。那个人格面具在说话；然而，在惠特曼和他在诗歌中模仿的复杂人格面具之间，存在一定的距离，后者大不同于诗人，他天真地相信，他在特定时刻感知的一切都能吸引读者。当然，惠特曼是一个极其复杂的诗人，混合了"好的"和"坏的"，正如我的堂兄奥斯卡·米沃什曾经说过，这是一切伟大诗歌的药方。当我们今天阅读大量的惠特曼诗歌时，我们会跳过许多天真的作品，特别是那些长长的列表。对我来说，惠特曼是这样一个诗人，从他那里，你可以"切出"很多优秀的短诗——他是一个极其丰富的诗人。

《巴黎评论》： 对于惠特曼传统的现代继承人艾伦·金斯堡，你也很赞赏。

米沃什： 我的诗《致艾伦·金斯堡》是很微妙的。在他的一个诗歌朗诵会后，他走到我面前，说："我猜，你也许并不像你所展现的自己那样一本正经。"我对金斯堡的态度是矛盾的。他的《卡迪什》，在某种程度上是一部非常可怕的作品，但是，非常大胆。作品叙说一个母亲的精神错乱，描述其不同的阶段……这令人难以置信。我一直公开抨击那种个人化的轻率。我感到震惊，又有点嫉妒金斯堡的大胆，这就是我在诗中想表达的东西。

《巴黎评论》：我注意到，在《不可企及的地球》里，你收录了惠特曼的诗《火花从砂轮上四处飞溅》。惠特曼在那首诗中使用了一个绝妙的词，"被忽视的（unminded）"，暗示一种未被注意又超然于一个人的注意的状态。这也是你在自己的诗歌里所做的。

米沃什：是的。一种反讽。让我们称之为浪漫的反讽吧。一个人常常同时一方面参与，而一方面又在观察：当一个人从楼梯上跌下来时，同时会感到这个样子很是好笑。我感到，当一首诗过于一般和普遍化时，它就会滑向某种感伤的自白，我想再说一句——不是什么形式的设计，更应寻求的是诚实。这种反讽是整体性的，对于我的写作来说，甚至很难把它和具体的过程分离开来。

《巴黎评论》：在你的《诗的艺术？》一诗里，你说，诗歌的目的在于提醒我们，一个人要保持自我是多么困难。

米沃什：我的诗歌一直被称为复调，也就是说，我有许多说话的声音；在某种程度上，我认为自己是一种乐器、一个中介。我的朋友让娜·赫什（Jeanne Hersch），曾经把我介绍给存在主义哲学家卡尔·雅斯贝尔斯，她喜欢说，"我从来没有见过一个人如此像一件乐器"，她的意思就是说，我被多个声音拜访过。在这一点上，没有任何天外来客式的东西，只与我内心的东西有关。在这一点上，我是孤独的吗？我不这么认为。陀思妥耶夫斯基，与弗里德里希·尼采一道，是第一个认识到现代文明危机的作家：我们每个人都被互相矛盾的声音、互相矛盾的身体冲动拜访过。关于维持自我的困难，关于这样一些客人进来、让我们成为它们的乐器，我写过一些作品。但是我们有必要，期望能受到良好精神而不是邪恶精神的鼓舞。

《巴黎评论》：你自视为一个中介，却是一个可疑的中介。这样说，你的意思是什么？你是何物的中介？

米沃什：回想起来，我认为我写下的一切，都是被口授于我的东西，我只是一个工具。我不知道我是何物的一个中介。我宁愿相信我是神的一个工具，但这样说，是狂妄自大的。所以，不管它是什么，我宁愿称它为"我的守护神"。我写了一首新诗，描述这种关系：

> 我的守护神，请稍事休息，
> 我即将结账，而我还有太多话说。
> 你有节奏的低语吓着我了。
> 比如今天，我阅读，关于我再次看见的
> 某个老妇——让我们称她为"普里西拉"，
> 虽然我惊讶我还可以给她一个名字
> 而人们不会在意。就是那个普里西拉，
> 她的牙龈状况不佳，一个老巫婆，
> 我再次见到的那个人，为了赞美
> 为了致敬她永远的青春，我想引入一条河，
> 青山，雨后湿润的彩虹
> 以及一段谈话。"你知道"，我说，
> "我永远不会知道你的头脑里是什么
> 而且永远猜不到。我有一个
> 不会被回答的问题。"而你，我的守护神，
> 就在此刻，干扰、打断了我们，
> 嫌恶我们名字和姓氏及所有的现实，
> 毫无疑问，你认为它们太乏味、太可笑了。

所以，这声音包含了我通过时间和距离而对往昔的提纯。它阻止我过

于现实、过于平凡地写我自己的生活。我转向了另一个维度。

《巴黎评论》：回到你的早年，你是华沙起义和大屠杀的见证者，但是，关于它们，你所写的，相对少起来了。

米沃什：我不时被要求朗读我的诗作《鲜花广场》，关于"苦难"的作品。最近，我拒绝了一个征求许可的请求，不让转载我关于那些事件的诗。我不想被人称为一个专业的哀悼者。

《巴黎评论》：作为一个流亡者，你生活在巴黎。你的诗《经过笛卡尔街》把巴黎描述为这样一个城市：它信奉许多你所说的"漂亮的理念"——那些理想，既天真又残忍。

米沃什：巴黎当然不是为一个来自东欧的人准备的地方。在巴黎，我经历了两个阶段。在一九五〇年，我是波兰大使馆的随员，参加有保尔·艾吕雅和巴勃罗·聂鲁达出席的派对。随后，在我与波兰政权决裂后，我是作为一个难民生活在那里。当时，法国知识分子完全爱上了共产主义和斯大林。任何像我这样来自东欧而不满的人，都被认为是疯子或美国的代理人。法国人认为，他们所谓的"普遍思想"（idées générales），对于整个地球都是正当的——我认为，它们都只是些漂亮的观念，但几乎不现实。在那时，欧洲的政治气候是阴沉的；数以百万计的人被投入古拉格；他们的苦难污损了欧洲的气氛、欧洲的空气。我知道发生了什么。西方世界还必须等索尔仁尼琴写出《古拉格群岛》才能了解它。

《巴黎评论》：你的观点给你造成了麻烦吗？

米沃什：这不是一个秘密。当我回到华沙时，政府拿走了我的护照。他们不希望我回到巴黎继续从事我的外交工作。护照最终还给了我，然后，我与之彻底决裂成为了流亡者。一个俄罗斯女人，她是一个外交部长的妻子，一个非常热心的共产主义者，她说，在我看来，一个诗人应该留在自己的国家，但是既然你已经做出相反的决定，就要记住，你有责任反对他。这样说是很危险的。但是，我觉得有义务说出来。我当时与阿尔贝·加缪关系很友好，但让-保尔·萨特和他的那个团体在围剿他，试图摧毁他，因为他在《反抗者》和其他文章里，提到了在苏联存在集中营。由于我的观点，能够翻译我的作品的人也拒绝了。他们说，如果他们那样做，他们会被排斥。所以，我当时处于一个非常困难的境地。

《巴黎评论》：诗歌是哲学的适当领域吗？

米沃什：这取决于是什么样的哲学。

《巴黎评论》：你认为什么样的哲学，适合于你的诗歌？

米沃什：有一些哲学让我想起在晚上开车的情况，有一只兔子在车灯前面跳。兔子不知道如何摆脱光束，它向前跑。我感兴趣的是那种在此情形下对兔子有用的哲学。

《巴黎评论》：那兔子的希望不是太大。当你还是一个学生时，你随身背包里带着一本关于教会的历史书，你似乎对摩尼教的异端学说特别感兴趣。

米沃什：摩尼教的观点不只是异端。在很长一段时间里，它是一个确立的宗教。从根本上说，它认识到邪恶的巨大力量，消解了古典神学关于“邪恶是善之缺乏”的解释。在这些时期里，邪恶的力量，被广泛地看成人类社会的一种共同的结果，以及个别人类灵魂的组成部分。当代无神论者的观点——一个仁慈的上帝不会创造如其所是的这么一个世界——这在本质上是非常摩尼教的。虽然它不一定是我的观点，但我意识到这是一个有效的论点；我很担心在我的诗歌里邪恶的存在。西蒙娜·薇依，她是一个非常强大的决定论者，也认识到邪恶的力量，这是我对她的思考感兴趣的主要原因。她还接着说，在人里，只存在“一粒恩典的芥末种子”。

《巴黎评论》：在你题为《歌》的一首诗里，女人渴望"没有生锈的种子"。你和薇依，似乎都是意指《马可福音》中的芥末种子。

米沃什：是的。一粒芥末种子，的确是恩典和善良、神的王国——与世界相比，很小。这是薇依的信念。那时吸引我的另一个作家列夫·舍斯托夫，他认为整个世界是由必然法则（laws of necessity）统治着。他反对斯多葛哲学。一个斯多葛主义者，无论是在古代还是在现代，会说，默默忍耐吧。但是，我们为什么要逆来顺受呢？舍斯托夫的观点是，恰恰相反，我们应该反抗，大声叫"不"！他非常有力的书《雅典和耶路撒冷》所描述的约伯，与希腊斯多葛哲学不同，舍斯托夫的约伯，大声叫"不"。

《巴黎评论》：你认为上帝从旋风对约伯的回答是充分的吗？

米沃什：不充分。它不是充分的。

《巴黎评论》：你认为约伯的神，和《新约》的神，是两个不同的神？

米沃什：我不知道。我想，我们已经进入了没有答案的领域。

《巴黎评论》：诺斯替教对待早期基督教精神的复杂性，是强调借由知识而拯救，而不是信仰。你对诺斯替教的兴趣，与你的诗歌如何相关？

米沃什：在基督教最初的几个世纪里，这个新的宗教，在很多方面，对于受过教育的人被证明是不够的，所以诺斯替教变得普遍起来。对于受过教育的人，那时，诺斯替教所做的，就像诗歌在今天所做的。但是，诗歌不应沦为单纯的唯美主义。在最重要的情况下，诗歌是对于人类在宇宙中位置的探索。自人类的堕落起，善与恶一直就是人的属性。最大的问题是：在那一刻之前，亚当和夏娃生活在哪一种状态下？"原罪"是一个巨大而极其困难的哲学问题。列夫·舍斯托夫说，而且我同意，这一问题是不同寻常的，而且几乎不可想象，那些原始的牧羊人如何能够想出一个如此神秘的神话，乃至一代又一代的人对它绞尽脑汁，直到今天仍然想不明白。

《巴黎评论》：在诗歌里你一直抓着一个问题：一个好的上帝如何允许这个世界上存在邪恶。我们能够通过理性、通过诗歌，为神辩护吗？

米沃什：舍斯托夫说，有一些问题不应该问，因为我们没有答案。西蒙娜·薇依为矛盾性辩护，通过她所称的"超然存在的杠杆"。我自己一直很矛盾；我是由矛盾组成的，这就是为什么，对于我来说，诗是比哲学更好的形式。

《巴黎评论》：西蒙娜·薇依对宗教里廉价的安慰充满怀疑。

米沃什：她是一个非常严苛的人，很少容忍人类的弱点，对她自己尤其如此。在某种程度上，她是一个纯粹的苦行者。比如，她把想象力的作用视为恶魔的运作而剔除，认为那是身患致命疾病而自认会变得好起来的人的幻想。可是，怀抱对于奇迹般治愈的希望，这是非常人性的。为什么因此拒绝它呢？在所有人性的事情上，我们都应该允许存在那样的慰藉。

《巴黎评论》：你的朋友维尔托德·贡布罗维奇曾经在他的日记里写道："米沃什常常在经受冲突、折磨，以及以前的作家完全不了解的怀疑。"你同意他吗？

米沃什：是的，我同意。他特别提到我的那本《被禁锢的头脑》，尤其是我与本世纪的恶魔——对历史必然性的黑格尔式信念，认为历史沿着注定的路线发展——所进行的斗争。我写《被禁锢的头脑》，是为了解放自己，找到反对那种哲学的论据。这可能就是为什么他说我所进行的斗争，对于以前的作家来说是前所未知的。

《巴黎评论》：你认为什么有助于那种解放？

米沃什：我的小说《伊萨谷》，其中并没有什么政治性的东西。情节发生在大约一九二二年的立陶宛农村。它讲的是一位神父，他有一个情妇自杀了，那个教区开始闹鬼。我最近参观了那个教区，这是我离开五十多年后第一次回到立陶宛。那个姑娘的坟墓位于当地的公墓，在我受洗的同一个教堂附近，那里发生了许多我在小说中描述的事情。但是这部小说不只是关于童年的回忆，而是一种哲学小说，关于魔鬼、关于从历史必然性与自然的残酷性中实现自我解放的渴望。

《巴黎评论》：自那以后，你就一直没有兴趣再写小说了。你跟体裁本身似乎有不和。为什么？

米沃什：小说是一种不纯的形式。我在伯克利教授陀思妥耶夫斯基二十年了。一个天生的小说家，他可以牺牲一切；他不理会维护名誉的义务。他会把任何东西放进一本小说。陀思妥耶夫斯基在《白痴》里创造了一个角色，伊沃尔金将军，他是一个骗子，由他讲出的故事——说他在战争中如何失去他的腿、他如何埋葬他的腿，然后他在墓碑上刻了什么。铭文其实取自于陀思妥耶夫斯基母亲的坟墓。这里，你发现他是一个真正的小说家。我做不到这样。

《巴黎评论》：尽管小说这种样式不适合你，你却很欣赏托马斯·曼，甚至写了一首叫《魔山》的诗。

米沃什：当我还是一个学生时，我对《魔山》就有非常深刻的印象。里面有一个角色，纳夫塔，他是一个耶稣会会士、一个极权主义者、一个启蒙运动的敌人。我着迷于他。我有很强的左翼极权主义倾向，我被纳夫塔对启蒙运动的怀疑吸引。虽然在今天，我可能会站在小说里纳夫塔的对手登布里尼那一边，后者代表了启蒙运动的精神。但是，我关于人类的洞察，比登布里尼更为灰暗。

《巴黎评论》：在被占领时期，你将艾略特从英语翻译成了波兰语。他的作品有什么吸引你的地方？

米沃什：《荒原》充满灾难的元素。当时，在被占领的华沙，它有某种力量，充满了崩溃城市的意象。这让异乎寻常的阅读，仿佛从燃烧的犹太人区发出的火光，照彻天空。它是一首深刻的讽刺诗，甚至可以说是一首辛辣的挖苦的诗。它于我的想象而言，是完全陌生的。但在《四个四重奏》里，我们看到的情况则是特殊而罕见的，我们看到一个人，经过许多挣扎之后，成功地和解，回到了他对艺术的信仰。我在伦敦遇到过艾略特，他热情接待了我。后来我在美国看到过他，并将他的更多诗歌翻译成了波兰语。

《巴黎评论》：你是否如艾略特那样，认为诗歌是对个性的逃避？

米沃什：对我来说，这一直是一个恒定的问题。文学产生于对于真实的渴望——不隐藏任何东西，不是像其他什么人那样展示自己。然而，一旦你写作什么，你就有了一定的义务，我称之为"形式律"。你不能说出一切。当然，人们的确常常说得太多，没有克制。但诗歌必然带来一定的限制。无论如何，你总有一个感觉，没有充分揭示自己。完成一本书后，它出版了，而我会觉得，好吧，下次我会更好地揭示自己。而当下一本书出来时，我又有同样的感觉。直到你的生活结束，就是这样。

《巴黎评论》：在你的诗里，有很多自白。你认为自白会引起什么吗？

米沃什：我不知道。我从未进行过精神治疗。就精神病学而言，我很是怀疑。坐在一个沙发上，说出我的梦，以及一切，而我很可能做不到，而且，它并不能通向什么地方。

《巴黎评论》：你的写作过程是怎样的？

米沃什：我每天早晨写作，无论是一行，还是更多，但是，只在早上写。我通常把草稿写在笔记本上，然后输入电脑。我在写作时，从来不喝咖啡，并且从来不会使用任何刺激物。我只适度地饮酒，但也只是在我工作之余。因为这些原因，我可能不符合神经质的现代作家的形象，但是，谁知道呢？

《巴黎评论》：你大幅修改你的诗作吗？

米沃什：没有一定之规。有时一首诗在五分钟内写成，有时则需要几个月。没有一定之规。

《巴黎评论》：你通常是用波兰语写作，然后把它翻译成英语吗？

米沃什：我只用波兰语写作。我一直只用波兰语写作，因为我认为，在使用我童年的语言时，我对语言的把握是最出色的。

《巴黎评论》：你认为你的诗歌可以被很好地翻译吗？

米沃什：我通常自己翻译，然后请我的朋友来修正，最近多是罗伯特·哈斯（Robert Hass），或者伦纳德·内森（Leonard Nathan）。但是，基本的节奏由我决定，因为他们不懂波兰语。我不相信我的诗歌可以被翻译。我感到非常荣幸，我可以与美国的爱好者交流。他们中间一半的人，通常是有抱负的诗人。作为一个诗人，他们对我很欣赏。对波兰人来说，更重要的，我是一个著名人物。

《巴黎评论》：你称自己是一个与外界隔绝的诗人。你不想拥有受众吗？

米沃什：我为一个理想的人而写作，我想象那是一个变异的自我。对于是否容易理解，我不关心。我会判断，我的诗有什么是必要的、有什么是适当的。我跟随我的节奏与秩序的需要，而且，我反对混乱和虚无，为了将多方面的现实尽可能转化为一种形式。

《巴黎评论》：在你的近作《蜘蛛》一诗里，在隐喻的意义上，你将诗歌界定为"建造小小的船只/……适于穿越时间的边界"。你这样看待自己的工作吗？

米沃什：我更喜欢使用"蜕皮"的隐喻，它意味着放弃旧的形式和假定。我感觉，这是写作令人激动的地方。我的诗歌总是在寻找一个更宽阔的形式。我一直与那些仅仅专注于审美目标的诗歌理论发生抵触。然而，在某种程度上，我感到高兴，我的一些旧作，它们独立于我很好地存在，不受到我以及创造它们这一行为的限制。

《巴黎评论》：那么，为什么在一个诗人或者画家被高度欣赏和器重时，你经常表达你的疑虑？

米沃什：问题是：公众通常想要的，是一幅完善的艺术家的画像，排除了所有的矛盾，超过了生命许可的不朽。这样一幅肖像与主体之间的差距，可能会令人沮丧。如果诗人的声望被限制在一个狭窄的圈子，那么，他的形象很可能不会被扭曲。圈子越大，扭曲的风险就越大。

《巴黎评论》：对于你的形象，怎样的扭曲是最令你烦恼的？

米沃什：将我当作一个道德家的形象。当我的诗在波兰被禁止，而我获得诺贝尔奖之后，对于许多人来说，我成了对抗出版审查的象征，因此成为了一个道德人物。我不知道，我是否依然是这样一副形象，它可能已经变得有点劣质了。让我给你看一样东西。（米沃什摸索口袋，翻出一个纪念章。）这是波兰的一个纪念章的复制品。它上面有四个符号：教宗约翰·保罗二世的徽章、波兰大主教的法冠、电工的工具——代表瓦文萨，以及一本书，代表我。

《巴黎评论》：你的同伴很不错啊。

米沃什：还不坏吧，对于一个二十世纪的诗人来说，尤其是考虑到所有那些关于诗歌在人类社会中位置的悲叹。但是，我很怀疑这一点。我不希望自己被当成波兰历史上一个伟大的道德运动的一个部分。对于"如何过一种道德的生活"这一问题，艺术不是一个充分的替代品。我害怕披上一件对我来说，过大的披风。

《巴黎评论》：你认为一个诗人最好是在一种默默无闻的状态里工作吗？

米沃什：我一直都在一种几近默默无闻的状态下工作了许多年。我在伯克利的岁月，实际上几乎没有听众，而在美国，我只可以依赖少数几个人的判断。我在巴黎和波兰有几个朋友，所以通信为我发挥了巨大的作用：收到几个朋友的来信是我唯一坚持下去的力量。我以波兰语出版我的诗集。这些书必须被偷运回波兰，所以我并不知道波兰读者的反应。

我知道我是谁，我知道我的价值，但是，在伯克利，我几乎所有的同事都不知道我，当然，除了斯拉夫语言系的教授。我只是一个不起眼的院系里一个名不见经传的教授。只是在我开始教授陀思妥耶夫斯基时，才在学生中间出名。有一个故事可以简要说明那些岁月。在斯坦福大学，我出席一个文学界的聚会晚宴，和耶日·科辛斯基（Jerzy Kosinski）一起，当然，他很有名。有一个女人是科辛斯基的热心读者，她在餐桌上与我相邻而坐。也许觉得有必要表示一下礼貌，她问我，你是做什么工作的？我说，我写诗。她厉声回答说：每个人都写诗。我不是特别介意，但仍然感觉受到了伤害。它代表了我那些年的状况，怀抱雄心的痛苦。

《巴黎评论》：你是怎么获得一个相对较大的受众面的？

米沃什：很久以前有一个时期，我因为写作一些取悦于人的东西，尝到过"知名"的滋味，但是，这个时期早已一去不复返了。当你写作政治诗时，就像我在战争期间所做的那样，你总会得到一些追随者。今天，对于"知名"，我感到吃惊和不安，因为我想知道，那些反响是真实的，而不仅仅因为我是诺贝尔奖得主。另一方面，我不认为诺贝尔奖已经影响到我，或者影响到了我的创作。

《巴黎评论》：你怎么看待华莱士·史蒂文斯关于现代诗的一个观念，他认为"心智之诗的写作在于找到自足的对象"。

米沃什：今天，文学和诗歌处在科学思维方式、实证思维方式的巨大压力之下。史蒂文斯的头脑具有穿透力和剖析性，我认为它用于诗歌是错误的。如果我们以史蒂文斯的一首诗《两只梨的研究》为例，我们会发现，它似乎试图向火星人、向一个来自另一星球的生物，描述梨子。这就是解剖。我觉得，这个世界的事物应该被沉思，而不是被解剖——在荷兰静物画里，可以发现那种对于客体的超然的态度。叔本华认为，这些是艺术的最高形式。那种沉思，也存在于日本的俳句。松尾芭蕉说过，写松树，你必须向松树学习。这是一个与解剖世界完全不同的态度。我觉得，叔本华真是艺术家、诗人的哲学家。

《巴黎评论》：为什么？

米沃什：因为他强调距离的必要。在宇宙的运转里，我们处于激情的地狱之火的循环中——奋斗和挣扎。叔本华受到印度宗教著作的影响；对他来说，解放意味着站在生与死的永恒之轮之外。艺术也应该站那运转的轮子之外，这样，我们就可以摆脱激情、欲望，以某种超然的态度，接近客体的对象。生命的激情，可以通过超然的沉思而被消除，它是一个很好的关于艺术的定义："超然的沉思"。这就是为什么叔本华认为艺术的典型是静物画、荷兰静物画。

《巴黎评论》：在两首诗里，《致雷杰·饶》是对一次谈话的回应，而最近的诗《卡普里》，你提到等待"真正的存在"，以肉体形式存在的神圣之神秘。这是否表明，诗歌是一种神圣的行为，通过诗歌我们可以唤起存在？

米沃什：是的，就我自己而言，我相信，我们所知的世界，是一个更深的现实的表皮，那个现实存在于那里。它不能被简化为纯粹的词语，这是我与本世纪一些作家的基本分歧。这是有区别的，一者是关注语言、关注他的内心生活的人，一者是猎人——如我本人——因为现实不能被捕获而痛苦。

《巴黎评论》：拉金的诗《晨歌》，你感觉如何？在诗中，他认为宗教是一种诡计，并且称之为"巨大的、虫蛀的、动听的锦缎/创想出来，只是为了假装我们永远不会死去"。

　　米沃什：我知道拉金的《晨歌》，对我来说，这是一首可恶的诗。我不喜欢拉金。他是一个出色的工匠，的确很好。作为一个具有独特风格的人，我把他排在很高的位置，因为他准确地示范了我的理想——以清晰的意义，写作清晰的诗歌，而不只是依靠主观的印象；但是，我不喜欢他的诗，我认为，过于病态，喜欢不起来。

　　《巴黎评论》：怎么病态？

　　米沃什：在当下的、绝望的宇宙观，或世界观方面，表现得过于病态。在我看来，在他的诗歌里，没有启示。甚至他的书信也使他的朋友沮丧，因为它们充满了仇恨，尤其是对于黑人、印度人、巴基斯坦人等等，持有种族主义的仇恨。他是一个非常沮丧和不快乐的人、绝望的人。他摆出一副渴望虚无的姿态，与生活作对——而这并没有给他带来太多东西。我担心，我们可能已经完全丧失了将道德标准应用于艺术的习惯。因为，当有人告诉我说，拉金是一个伟大的诗人，并且认为放弃全部人的价值足以写出伟大的诗歌，我是深表怀疑的。也许那是我的教养和本能在说话。我的座右铭是小林一茶的俳句——"我们走在地狱的屋顶/凝望着花朵"。落入反讽、挖苦，这有点廉价。空虚和残忍，这是拉金世界观的底色，它们应该被作为一个基础而接受，在此基础上你的作品应该朝向某种光明的东西。

　　《巴黎评论》：好吧，语言如何准确地捕捉世界？

　　米沃什：语言不能捕捉一切，语言也不只是任意的。某些词语，比在纯粹的习惯用法里，有着更深的含义。所以，我拒绝称语言是任意的，但是，我也不会将语言缩减为"写作"（écriture）或者写作的工具和写作的内容。

《巴黎评论》：在你的《省份》一书里，有一首散文诗，《一个哲学家的家》，你将"一名摄影记者的强烈热情"归之于神。这是否描述了你的理想——"作为见证者的神"？而它是不是一个诗人可以努力去做些什么的理想？

米沃什：是的。虽然我还应该说，诗人就像一只置身于一块大奶酪里的老鼠，兴奋于有太多奶酪可吃。正如我提到的，惠特曼是一个对我产生了强烈影响的诗人。惠特曼想拥抱一切，把一切都放进他的诗歌，我们可以原谅他无限的词语之流，因为他竭力想要拥抱尽可能多的现实。我想，在死后，我的生命的形象，从某种角度说，应该与"无限的追猎"——这是布莱克的一个用语——联系在一起吧。

《巴黎评论》：你曾定义"诗是对真实的热情追求"？在你的创造中，是否曾经获得了那样的"真实"？

米沃什：真实，我的意思是，神，一直是深不可测。

（原载《巴黎评论》第一百三十三期，一九九四年冬季号）

特德·休斯

范静哗 / 译

　　特德·休斯和他太太卡罗尔住在德文郡的一座农庄。那是座还在运作的农庄，有牛有羊，人们都知道休斯夫妇会为了照顾它们而提前离开聚会。休斯会说，"卡罗尔得把羊赶到圈里"。

　　他来伦敦接受访谈，就在采访者的餐厅里进行。诗人穿着斜纹软呢夹克，深色裤子，领带主要是蓝色，倒是与他的眼睛相配。他的声音有力。他经常受邀朗读作品，他流畅的语言令作品生动鲜活。乍看之下，他令人印象强烈，但神情上却不见咄咄逼人或威慑之感。事实上，一位崇拜者说她坐在他对面的第一个想法是，"你坐到上帝面前"，上帝就该是他这个样子。

　　一九三〇年八月十七日出生时，他名为爱德华·詹姆斯·休斯，在一个不大的工业小镇米索姆洛伊德，母亲伊迪丝·法拉尔·休斯，父亲威廉·亨利·休斯，一家三个孩子里他最小。他生命的最初七年在西约克郡度过，那个地区是荒瘠、多风的草泽。休斯曾说，他"永远无法摆脱一个印象，整个地区都在为第一次世界大战哀悼"。

　　他家搬到梅克斯布罗之后，他开始写诗，这时他七岁。在该镇唯一一所文法学校的老师指导下，休斯开始成熟 —— 他的作品进化得有节奏、有激情，这样的诗歌令他闻名于世。

　　在皇家空军服役两年后，休斯入读剑桥大学彭布罗克学院。他最初打算学习英语文学，但发现该系的课程太有限；考古学和人类学才是更适合他胃口的知识领域。

毕业两年后，休斯和一群同学创立了声名很坏的文学杂志《圣博托夫评论》——人们知道它，主要是因为它的创刊派对，而不是它的长命（它仅仅出了一期）。就是在那场派对上，休斯遇到了在英国留学的美国学生西尔维娅·普拉斯。普拉斯在日记中这样记录："我认识了世界上最强壮的人，前剑桥生，才华横溢的诗人，我遇见他之前就已经喜欢上他的作品，一个块头大、个子高、很健康的亚当，一半法国味、一半爱尔兰味，嗓音就像上帝的雷霆——一个歌手、说书人、狮子、浪迹天涯的人，一个永不停歇的浪游者"。他们一九五六年六月十六日结婚，婚姻持续六年半，有两个孩子，弗里达和尼古拉斯。一九六二年秋，因为休斯被指不忠，他们与他分开居住。一九六三年二月十一日，他们单独住在一个公寓，普拉斯用毛巾堵住房间门缝，给睡在房间里的孩子摆好零食，打开厨房的煤气嘴，把头放在烤箱里——窒息而死。

结婚几个月后，普拉斯将丈夫的诗歌投入 W.H. 奥登等人担任评委的一项诗歌竞赛，休斯以诗集《雨中鹰》获得一等奖。该诗集一九五七年由英国的费伯出版社和美国的哈珀出版社出版。随着他的下一本诗集《牧神节》在一九六〇年出版，休斯被确认为二战以来英国出现的最重要诗人之一，赢得了当年的萨默塞特·毛姆奖和一九六一年的霍桑顿奖。

他下一部引人注目的作品是《林怪》，收入五个短篇小说、一个广播剧和四十首诗。虽然它包含了休斯早期作品中的许多凶暴动物形象，但它反映了诗人对神话的不断增长的着魔。《林怪》使得休斯开始奇怪地着迷于民间传说中最孤独、最不祥的形象之一——乌鸦。虽然他想以此鸟为中心写一部史诗故事的抱负还未实现，但他一九七〇年已发表《乌鸦：来自乌鸦的生活与歌》，该书收录六十六首诗，或按休斯的说法，是"歌"。美国版由哈珀出版社于次年出版，颇受好评。《纽约书评》称，《乌鸦》"也许是比基督教继祷咏（sequence）更能可信地解释这个世界的现状"。

休斯对神话和民间传说兴趣极深，他一九七一年在伊朗与戏剧研究国际中心的成员一起，创作了《欧尔斯特》（Orghast），这是一部以普罗米修斯传奇为主要依据的戏。他用一种编造的语言写了剧本的大部分对话，以此例证仅凭声音就可以表达非常复杂的人类情感这一理论。休斯对这一主题的关注延续到了下一部诗集中，题为《岩壁上的普罗米修斯》，一九七三年该诗集由彩虹出版社推出。

他的下两部作品，《穴鸟》和《尽欢》明显依据格雷夫斯式观念，即人类否认"白色女神"，选择去培养一种有意识的、几乎不育的知识人文主义，就已经犯罪，因为白色女神是现代人的自然、原始的一面。

继一九八三年出版后的作品《河》，特德·休斯被任命为英国诗人桂冠。他近期出版的作品《花与虫》(1987)和《观狼》(1991)，显示他在回归早期以自然为导向的作品——饱含一种能够唤醒人类经验中肉身直接感的原始力量。

休斯已在作品中展示了他主题的宽广，他除了写成人诗歌外，还写过儿童故事《早期世界的故事》、儿童诗歌《北极星下》和儿童剧《列王莅临》。休斯还编辑其他作家的选集，最引人注意的是选编了已故的普拉斯的作品。休斯对普拉斯的诗歌和日记的编辑与改动顺序，对后者至少一本日记的销毁，以及据信她已写完的后一部小说的神秘不见，都引起满城风雨，争论不休。这都让两位诗人神话化，让休斯过不成他在德文郡农村寻求到的隐匿生活。

——德鲁·海恩兹（Drue Heinz），一九九五年

《巴黎评论》：你想谈谈你的童年吗？是什么塑造了你的作品，并促成你诗人的发展？

特德·休斯：嗯，就我的写作而言，也许至关重要的是我在英格兰北部西约克郡的一个山谷里度过了我人生最初的几年，那是真正意义上的一条工业城镇的长街，有许多纺纱厂、织布厂等。我出生的小村庄就有不少，再过去的一个镇子有五十家，如此类推。这些城镇周围景致就是很宽

广的草泽高地，与每个人每天隐身其间的行业形成鲜明对比。他们就那么凭空消失了。如果你不在学校上学，那么你就独自一人在空旷的荒野中。

我自打有意识的时候，兴趣就在野生动物。我最早的记忆就是当时可以买得到的铅制的动物玩具，非常精确的模型。我整个童年时代都在收集这些东西。我有一个十岁的哥哥，他的热情是射击。他想成为非洲的大动物猎手或猎物看护人，那是他的梦想。他屈尊留在西约克郡，在山坡和沼泽边缘放放步枪。他会带我一起去。因此，我对三四岁的早期记忆就是与他一起出去，帮他捡猎物。我被他的狩猎世界迷得神魂颠倒。他还是一个非常富有想象力的家伙；他将自己的狩猎世界神话化为北美印第安人的旧石器时代。我就活在他的梦境里。直到十七八岁，除了书本之外，射击、钓鱼以及对动物的沉迷构成了我的全部生活。听起来我像一个独来独往的人，实际上我没那么独行。十二三岁前，我每天晚上都和镇上的朋友一起玩，一个小团伙，在那年月里，算是蛮纯良的事，就在邻里游荡。但到了周末，我就自个儿玩。我有双重生活。

写作、阅读在这之后渐渐多了起来。大约八九岁往后，我差不多读了能够在英格兰找得到的每本漫画书。那时我父母有一家报刊经销商店。我从商店里拿走漫画，读后放回去。这持续到我十二三岁。然后，我母亲带回来一套儿童百科全书，其中有民间传说栏目。一些民间小故事。我还记得读这些故事时候的震撼。我无法相信存在着这样的奇妙事情。我们年幼时知道的全部故事都是母亲讲给我们听的，多数是她编的。我们早年的家，并不是书香门第。我父亲记得大段大段的《海华沙》，他曾经背诵过，那是他上学时学到的。这也产生了影响。我记得我上课无聊就按照《海华沙》的格律写了很多玩笑打油诗。不过，一生中，人一定受到某些文学震撼，民间故事就是我的第一次震撼。从那时起，我开始收集民间传说、民间故事和神话。这成了我的痴迷。

《巴黎评论》：你还记得刚开始写作的时候吗？

休斯：我十一岁时去了文法学校，开始写那些打油诗。我意识到我的东西有些会让老师和同学觉得有趣。我开始觉得自己是一个作家了，写作就是我的长项。但直到大概十四岁时，我发现了吉卜林的诗，我完全被那节奏震住了。那些诗歌有节律的机械动力直达我心，所以，突然之间我就开始写出有节奏的诗歌，具有吉卜林式节奏的长篇传奇。我展示给我的英语老师，那是一位二十出头的年轻女子，非常热爱诗歌。我想我十四五岁，哪怕对我的写作有一点点首肯，我都很敏感。我记得她可能在找什么鼓励的话，指着一个短句说，这真的很……有意趣。然后又说，这是真正的诗。那不是一个短语，而是一个复合称号，用来修饰一条平底船的枪冲子上，描写一次假想的捕猎。我立刻竖起耳朵。至今，那一刻似乎仍然至关重要。我突然间开始兴趣高昂，要创造更多那样的东西。她的话就这么给我指示出生活中的主要乐趣，那种我为之生存的经历。所以我有目标了。然后很快，你知道在那个年纪会有多快，我就开始想，好吧，也许这就是我想做的事情。到了十六岁，这就成了我唯一想做的事。

我当然以最简单直接的方式武装自己：无论喜欢什么，我都尽力记住。我模仿种种东西，大声朗读给自己听，大声读诗让我有点兴奋。渐渐地，这一切取代了射击和钓鱼。当我的射击伙伴去服役时，我常常坐在树林边，一边看书一边念叨。我就那样通读了《仙后》。弥尔顿的全部诗作。还有更多。这成了一种爱好与习惯。当然，我还读了很多其他东西，不断尝试写点什么。那位老师把她的艾略特诗集借给我看，还向我介绍了三四首霍普金斯的诗。然后我读到了叶芝。当时我还迷恋着吉卜林，但因为读到了《莪相的漫游》第三节而遇到了叶芝，这正是我一直在寻找的格律。叶芝那儿的爱尔兰民间传说、神话和玄秘行为，把我吸引得服服帖帖。上大学前到整个大学期间，我对诗歌的激情就是由叶芝主导的，这就是莎士比亚和布莱克麾下的叶芝。到我上了大学，那年我二十一岁，我奉若神明的经典基本固定：乔叟、莎士比亚、马洛、布莱克、华兹华斯、济慈、柯勒律治、霍普金斯、叶芝、艾略特。除了艾略特，我根本不懂美国人的诗歌。我有一套惠特曼全集，但仍然不知道如何阅读它。我所知的唯一一位现代外国诗人是斯彭德（Spender）和莱希曼（Leishmann）翻译的里尔克。

我被里尔克迷住了。整个国民服役期，我都带着一两本他的诗集。我可以看到那里打开了具有种种可能的许多庞大的世界，但我仍然看不到如何才能进入其中。我身边还有我母亲的《圣经》，一本包括《诗篇》《耶利米书》《雅歌》《约伯记》的小册子，以及其他零零星星的自由诗。随便遇到任何当代诗我都读，但除了迪兰·托马斯和奥登之外，其他当代诗我都很排斥。它没有给我带来什么引导，或者说我可能还没准备好。

《巴黎评论》：你刚开始时谋生难不难？你怎么应付？

休斯：我做什么事都能接受，真的。任何零工。我去美国教了一点书，虽然我并不想教书。我先前在英国的一所中学教过，十四岁的男孩。那种职业对人的消耗很恐怖，我经历过。我想为自己保持精力，似乎我有权这样。我发现教学很有吸引力，但我太想做别的事情。然后我发现写儿童书可以很快赚到许多钱。有一个故事说，是玛可欣·库敏写十五个儿童故事，每个故事就赚了一千美元，这故事也许不是真的。在我看来，这比尝试一部大部头小说或者一出问题剧更可取，写大部头小说或剧本会耗费大量时间，而现金回报却又很不确定。而且，我觉得自己有绝招，能够发明儿童故事。所以我就写了不少。但我没有库敏的魔法，我一个也没卖掉。好多年之后，我的诗歌为我赢得了某种声誉之后，我才卖掉。因此，直到三十三岁，我依然靠一个人能够指望的方式活着：写评论，为英国广播公司打工，写小广播剧，等等。写任何能立即换来现金的东西。然后，我三十三岁时，突然收到了亚伯拉罕·韦尔塞尔基金会的信件，他们给了我维也纳大学五年讲师的薪水。我也不知道怎么把这个职位给了我。那份薪水让我从三十四岁活到了三十八岁，而在此之前，我一直靠写作谋生。这是很关键的五年。那时候我有孩子，这笔钱让我免于出门找工作。

《巴黎评论》：你写东西有最喜欢的地方吗？或者你可以在任何地方写作？

休斯：酒店房间挺好。火车车厢也挺好。我有几个这样或那样的小屋。从我开始专心写作以来，我一直在寻找理想的地方。我想大多数作家都有过这样的经历。我认识的人中有几个会把写作当成一份工作，在离家蛮远的办公室写，准时准点。西尔维亚有一个朋友，是个小说家，总是离开她的豪宅，去波士顿市中心的一个小房间，只有一张桌子、一把椅子，写作时面朝一堵空白的墙。毛姆是不是也写到过面对空白的墙写作？细微的分心是大敌——一片宽阔的美景，潮起潮落。当然，你可以认为这不重要，有时这确实不重要。我的诗集《乌鸦》中最喜欢的几件作品是我和一个女人以及一个小孩一起在德国南上北下旅行时写的，我走到哪儿就在哪儿写。伊诺奇·鲍威尔（Enoch Powell）声称噪音和喧闹有助于他集中注意力。而另一方面，歌德所在的那所房子里如果另有一个人，他一行字也写不出来，或者他在某个地方这么说的。我在我自己身上试过，我的感觉是你的专注力是会欺骗你的。写作时，若以一种快乐的专注方式进行，在你自己家里，房间里有书，你生活所需的一切都在周围，我认为这会比在远离这一切的一个空荡荡的地方写，能产生明显不同的东西。因为我们的注意力无论多么集中，我们还会在某种程度上意识到周围的一切。熟睡时，我们依然意识到时间分秒流逝。在一张长桌一端交谈的人，会在一两秒钟里就不知不觉地使用桌子另一端那个人的某些不常用的词语，而那个人正在与另一个人交谈，他们发现了这一点很惊讶。而且，不同类型的写作需要不同程度的专注。歌德收到脑子另一边传来的讯息，来自他惯常思维的另一边，所需的调节方式与鲍威尔写演说词不一样。我估计，脑节律会向我们显示正发生着什么。但对我而言，成功的写作显示出来的样子，通常是给真正的、毫不费力的专注找到了良好的条件。我住在波士顿时，二十大几岁，我非常清楚这一点，以至于我用棕色纸盖住窗户，遮挡任何视野，并戴上耳塞——只是为了让自己免于干扰。我就这样工作了一年。回到英国后，我认为在最初一两年找到的最好地方是楼梯顶部的一个小隔间，真不比桌子大多少。但那地方用来写作很棒。我是说，通过我在那里写的东西，我现在可以看出来那是一个好地方。当时，它只是一个看起来很方便的地方。

《巴黎评论》：你需要什么工具？

休斯：只是一支笔。

《巴黎评论》：只是一支笔？你不用速记？

休斯：我第一次为一家电影公司工作时，发现自己有一个有趣的方面。我必须给小说和戏剧写一些简短摘要，让导演了解他们的电影潜力——每本书或剧本写上一页左右的散文，然后是我的评论。那是我第一次直接写到打字机上。大概二十五岁。我立刻意识到，我直接写在打字机上，句子变成了三倍长，甚至更长。我的从句开了花似的，成倍增长，沿着页面纷纷扬扬，比我用手写的任何东西都更加雄辩。最近我又有一个类似的发现。三十年来，我一直参加 W.H. 史密斯儿童写作比赛的评审小组。每年约有六万篇参赛作品。这些再筛选到大约八百篇。我们小组要在其中发现七十位获奖者。通常，每篇一页、两页、三页。这算正常。只是一首诗或一点散文，长也长不了多少。但到了八十年代初，我们突然开始收到七八十页的作品。它们通常是太空小说，总是很有创意，非常流畅，给人的明确印象是对词语和散文的把握，但毫无例外的是都很奇怪地乏味。几乎不可能通读到底。两三年后，这些篇什越来越多，我们意识到这是一件新事物。所以我们了解了一下。结果发现这些都是孩子们用文字处理器写出来的。现在正发生这样的事，随着将文字诉诸页面的实际工具更加灵活与外化，作者几乎可以把每一个想法或每一个想法的延伸记录下来。这本应成为一个优势。但事实上，在所有这些情况下，它只是将一切都延伸得有点过分。每句话都太长。每一点都有点太过，太薄弱。处处都有那么一点太过分，太薄。而你手写时，你会遇到你第一年写就发生的可怕阻力，你就是写也写不出来，同时你却在做各种尝试，假装在拼字母。这些古老的感觉就在那里，想要被人表达出来。当你握笔久坐，你人生的每一年也都在那里，与你大脑和写字之手之间的交流连着线。有一种自然的典型的阻力，产生的结果与你用手写字类似。当你强迫自己表达这内置的阻力，事情就自动地更缩减，更概括，也许心理上也更浓烈。我设想，如果你用文字处理器，回头再细致地修改，注意到这些倾向，应该有可能赚到两个世界的优点。

　　也许我所说的只适用于那些从二十多岁起就被笔头书写制约的人。对那些很早就在打字机上开始写作的人，或者像如今，在电脑屏幕上写，情况肯定是不一样的。那种连接肯定也不同。手写时，大脑由滑动的手调节，打字时由敲击字键的手指调节，听写机由声音风格调节，文字处理器靠的是触摸键盘与屏幕反馈。事实似乎是，这些方法都在同一个大脑上产生不同的句法结果。手写的关键要素也许是手在写的同时也在画。我知道我非常能意识到书写中隐含的意象感——一种本质的图像语言的潜文本。也许这更能强化来自大脑另一边的合作。也许来自右半脑的额外暗示会提示一长串词汇和想法。也许这就是我要说的。

　　《巴黎评论》：所以文字处理是一门新学科。

　　休斯：这是一个新学科，那些孩子们还没有学会。我认为有些小说家也还没学会。"简洁是智慧之魂。"它让想象力跳跃。我想我能在一些现代小说中认出文字处理器放任的超音速之手。当亨利·詹姆斯开始口述时，他的句子就变得冗长无边，是不是？就像他兄弟威廉所抱怨的那样，句子里的物理世界突然消失了。而亨利没意识到。他很惊讶。

　　《巴黎评论》：写一首诗需要多长时间？当然这取决于长度和运思时间，不过……

　　休斯：嗯，把全部作品放在一起看，最好的作品所花的时间也就是写下来的时间；不太令人满意的那些我有时会两三年里补缀补缀，但肯定是连续用几天时间，而且我会修改几个月。有一些我到现在还是想改。

　　《巴黎评论》：诗歌能真正地完成吗？

　　休斯：我的经验是，瞬间到来的事物我无法改变。它们就是完成的。有一首特别的诗，一首经常入选文集的作品——《栖息的鹰》，我只是把它按照出现在我眼前的样子写下来而已。写到中间时，有一个词我不确定。遇到这类事，我总有这样的内在磕碰，因为我必须在单数和复数形式之间做出选择，而无论哪一种都不对。

《巴黎评论》：这之后你有答案了吗？

休斯：没有，我不觉得这可以解决。这只是有趣的事情之一。如果我不能解决那个问题，那首诗就放弃吧。这就是一首除非我根本上改变自己的诗，否则就不可能想着再修改。诗达到了一种比你还要强大的程度。它们来自另一种深度，它们在页面上找到了自己的位置，而你不可能再次找到那深度，找不到那同样的权威和声音。我会觉得我很想修改点什么，但它们仍然比我强，我修改不了。

《巴黎评论》：作品还处于创作过程中，你会读给他人听或者展示吗？

休斯：尽量不。有一句犹太谚语，伦纳德·巴斯金（Leonard Baskin）总是引用：千万不要把半成品展示给傻瓜。说"傻瓜"有点苛刻，但我估计大多数创作者都知道这话什么意思。

《巴黎评论》：批评是否影响过你或你的诗歌？

休斯：我想第一本书的出版都给每个作家的生活带来震惊。给他们的人生带来震惊。他得作出某种调整，从一个默默无闻的人、一个伏击者，隐匿地工作着，变成要在大众注目之下生存和工作。这对我产生了巨大的影响。我的印象是，我突然走进了一道充满敌意火力的墙壁。第一年，我写的诗中，有三个韵神秘地回应了一行诗，目的就在于反驳某些批评家！现在读了那些评论，似乎它们也挺好的。所以，这不过是作家的偏执。对一个从未被报纸公开提及的人来说，这种震惊绝对是一种创伤。对其他人来说，这看起来挺无害的，甚至还令人羡慕。我能看到的是，它极大地加速了我的决心，即我自己的整个创作要按自己的意愿，要创造出自己的写作形式，要放弃很多本来可能遵循的更漫不经心的方式。如果我仍然完全默默无闻，是一个从未被人评论过的写手，我想我可能已经走过了其他各种方向。当然，谁也说不准。

《巴黎评论》：是否有过做做别的事的渴望？

休斯：是的，总会有。是的。有时我想，用一些化名写作，会不会是一个好主意。维持几条完全不同的写作路线。就像葡萄牙诗人费尔南多·佩索阿一样，尝试四种不同的诗歌人格，同时工作。他就是和四个人同住。艾略特怎么说来着？"舞蹈，舞蹈，/像跳舞的熊/像鹦鹉那样哭，像猿猴那样吱吱叫，/为了找到如何表达。"把写作固定在一个公众人格上，这肯定是一种限制，因为你一旦用自己的名字发表，你就失去了自由。这就像处在一个关系很近的家庭。你一旦做什么新异的事，整个家庭都跳出来，你一言他一语，取笑逗乐，提反对意见，一切都令你意识到你就是你自己。那不谋而合的一致反应让你保持一贯以来的样子。人们会设想任何有点傲骨的作家都可以大胆豪迈、无所畏惧、不予理会，但实际上很少有人能做到。我们都受到从小就塑造我们的群体的摆布。我们的社会性无可救药，就像一个肌体里的细胞。也许因此疯狂有时会起作用——它会摧毁太过敏感的关联。也许流亡因此是好的。我怀疑是否大多数作家都有这样的主观印象，无论何时他们有一个新举措，就会在读者中引发某种蛮大的无意识的反应，试图阻止他们，这往往还是同仁之间的有意识的巨大反应。就因如此，哈代才停止写小说。他晚年，站在一棵苹果树上修树时，幻见到一部非常宏伟的小说——所有的角色、许多片段，甚至某个对话——那是一部他绝对非写不可的终极之作。可发生了什么呢？他从树上下来时，整个灵视都消隐无踪了。再也没出现。再回到以前，甚至歌德也有过这样的说法，当一切都摆在公众面前、摆在狂热的铅字反应面前，就不可能产生完全成熟的自然而然的作品。当然，歌德本人也是其他年轻作家的可怕的拦路虎。莎士比亚戏剧是由某个不明人士所写，也许是因为一个如此创造力的脑袋和那种灵视得到了独一无二的完整展开，这也是史上最强的论据之一。

此外，作家有一种趋势，要为自己制定一些规则，想写什么样的东西——有关风格的理念、某种形式的真诚模范，或者对政治谋害的理念、无视陈规旧俗带来的释放感等等。一旦它们成为人们期待于你的作品，就成了陷阱。摆脱这种情况的一种方法可能是写某种预构戏，可以探索各种不同的预设的态度和声音。想一想契诃夫的《海鸥》里，特里戈林和特里波涅夫之间悬而未决的对立。契诃夫对特里波涅夫奇异的灵视有一种强烈的怀旧式认同。他在某个地方描述了他渴望写的那种作品——激情澎湃，女人声嘶力竭，古希腊悲剧的维度——他对性情温和的医生的关注充满哀叹，孕育成他的事迹作品。现在看来，如果他开始时就名不见经传，他可能会探索其他事情吗？写诗时，在作品中作为一个公众角色生活，可能更害人。一旦你规约自己只写你自己的真实——就像某些被认可了的现代诗类型或莎士比亚的十四行诗中那样——你就可以轻松随意地将自己局限于你所想象的自我真实，还可以声称它们构成你意识的传记。莎士比亚进入了他的剧作，而你相当于莎士比亚的那种对等身份却一去不返了。但做个实验派还不够，沉入必须是真实的。要想新就要做到不是你或似乎不是你，直到最终一个新的你或另一个你出现。

《巴黎评论》：你说每个作家都应该有一个假名，用来写一些不同于他们通常的作品。你曾经用过吗？

休斯：从来没有——除了上大学时有过一两次。我希望我有。我希望我构建过一两个放着。我设想，用假名的危险在于它会干扰人格统一的那种理想过程。歌德说，即使是戏剧写作，将想象力分给不同的虚构人物，也会损害他所重视的东西——思想的整体性。我搞不懂他究竟是什么意思，因为他也把他的思维方式描述为与不同人的想象对话。也许假名就像戏剧作品中创造的种种人物一样，可以成为一个初步阶段，让你指认和探索你自己的不同角色。下一阶段则是将它们融合到一个统一过程。承担他们的责任。也许这就是叶芝说要寻求他自己的对立面的意思。伟大的苏菲大师伊本·阿拉比（Ibn el-Arabi）将精神提升的必经方法描述为与不同人格的内在对话，这些人格似乎存在于你自认的极限之外……让那些人格说出你不知道的东西，或者你习惯的界限内不能轻易感觉得到的东西。当然，这在一些精神疗法中是常识。

《巴黎评论》：你和诗歌与散文的编辑们有什么样的工作关系？

休斯：总的来说，我很幸运。非常幸运。我能让 T.S. 艾略特成为我在英国的第一任编辑，可谓幸运之至。西尔维亚把我的手稿打好字，邮到第九十二街 Y 的首届诗集比赛，由玛丽安·摩尔、史蒂芬·斯彭德和奥登担任评委，一等奖是由哈珀出版社出版。获奖后，西尔维亚把打字稿寄给费伯出版社，并写了一封信，信是以美国风格写的，她称我为特德。他们回信说，费伯社不出版美国作家的第一本书。她告诉他们说我是英国人，他们就接受了。我就这样成了特德而不是什么别的名字。

艾略特的编辑之手对我下得不可能再轻了。对我的第二本诗集，他建议修改一处文字，但我没听。我应该照改的。他对我写的一本儿童诗提出了一些非常有用的建议，我当然都听从了。我在费伯社现在的儿童书编辑是珍妮丝·汤普森（Janice Thompson），非常出色，因为她绝对会让我写出更多作品，而我本可能不想写，她对我拿出来的东西具有敏锐的判断和建议。至于美国的编辑，我都很喜欢也相处愉快。但因为有这么远的距离，我对谁都一直没那么熟，比不上费伯社这一组。除了哈珀出版社的芙兰·麦卡洛（Fran McCullough）。芙兰在编辑西尔维娅的书和我的书时，成为我的亲密朋友。她编辑了西尔维亚的小说《钟形罩》和《家书》，后来她编辑了西尔维亚的《日志》。所有这些都有一种爆炸性戏剧。还仅仅是更大的爆炸的开始。我希望在爆炸余波之后我们仍然是朋友。

《巴黎评论》：有没有过无法写的时候？

休斯：我感受到最接近于写作阻塞，是一种体力意义上的不合适——需要一种全副身心的、持续写作的努力，就是要让自己在开始所想象的实实在在的东西之前能够达到状态。能让一本书在那样状态下写出来，不是一本很长的书，而是一本我觉得需要激发我的惰性的书，突破我所面对的巨大懒惰。为了激发我，我想象出一个小情节：九只鸟飞临堕落的亚当，敦促他起来，像鸟一样。我把整个作品写成一个音乐小品，激发自己走出惰性，想象自己有点像一只鸟。然后，突然就有东西浮现出来，就成了一本书《亚当和神圣九鸟组》。我写了一本书，这本书就是为了写写我可能要开始写一本书。不过，这是对某种实实在在的东西的突破吗？这是个问题，不是吗？写作阻塞是我们无法走出来，接近实实在在的东西。许多作家写得很多，但能写出超越那种实在的东西，少之又少。因此，大多数写作肯定是误置的行动。当公鸡面对面但又不敢打斗时，它们就忙于将想象中的谷物啄到一边。这就是行动的误置。无论在哪一个层面，我觉得我们的很多行动都有点像这样。但很难说清哪个是哪个。另一方面，机器必须保持运转。对写诗的人来说，最大的问题是保持机器运行而不仅仅是在逃避真正的对抗。如果芭蕾舞演员乌兰诺娃（Ulanova）停练一天，至少要一周苦练她才可能恢复巅峰状态。狄更斯对他的写作也说了同样的话——如果他停写一天，他就需要苦干一周才能重回正轨。

《巴黎评论》：可以问一下你和其他诗人的关系吗？你认识奥登和艾略特。

休斯：我和奥登超过打招呼性质的见面也只有两次。那是一九六六年的一个诗歌节上。我们的谈话非常简短。他说："你对大卫·琼斯（David Jones）的《咒逐》（*Anathemata*）怎么看？"我回答："这是一部天才之作，杰作。"他说："正确。"就这样。另一个场合是一九六六年伦敦南岸国际诗歌节晚会之后，当时他正在攻讦聂鲁达。我听到他诋损他。我们要求聂鲁达读十二分钟诗，或者十五分钟。他读的时间超过半小时，还要长，看来是照着一张约四平方英寸的纸上读。奥登读诗总是准时到分钟。聂鲁达和奥登几乎同一天去世；《新政治家》给了聂鲁达头版，而把奥登藏在内页。我对此感到痛心，尽管我毫不怀疑聂鲁达作为诗人属于不同等级，一个世界级诗人。我二十出头的某个时候，差不多整吞了奥登，或者试图吞下。大气候中处处感到他的存在。他有一些作品我一直非常佩服。我佩服他歌德的一面，他所有言论都充满了炫目的自然光彩。但我从未感到与他有任何真正的诗意投缘。我想他不是一个能够激发我挖掘自己东西的诗人。艾略特是。我和艾略特见面很少也很短。有一次，他和他的妻子瓦莱丽邀请西尔维亚和我一起晚餐。我们有点吓住了。幸运的是，史蒂芬·斯彭德当时也在，他知道如何处理。我记得什么？许多幽默的碎碎念。吃得很慢。他的手的大小——非常大的手。有一次我问他，《景片》（*Landscapes*）中那些彼此迥异的漂亮短小碎片是不是从很多类似的未发表作品中选出来的。我以为那些可能是他写较大作品之间随笔玩出来的诗。不，他说。全部在那儿了。它们就那么来了。是个谜。他如此轻松地赢得大赛——但他是怎么保持清清爽爽的呢？他怎么有型有款的呢？在我看来，他是非常伟大的一位诗人。极少的几个之一。

《巴黎评论》：你怎么看埃兹拉·庞德？他给你带来愉悦吗？

休斯：是，他能，仍然能。作为一个人物，他没有令人迷恋的人格力量，例如比不上艾略特或者叶芝。也许因为他内在的进化，或者不管叫什么，叶芝是支离破碎的，因为从外部承接来的好斗姿态而显得内在紊乱。人也许因为感觉到一种涣散所以退缩不前。但他的那么多诗歌在我看来都各有其精彩之处。

《巴黎评论》：你与马克·斯特兰德（Mark Strand）以及默温都有交往。和你的作品相比，你怎么看？

休斯：我非常了解默温的作品。对马克·斯特兰德就没那么熟，虽然我只要看到就会很认真地读。我和默温一直很近。我在五十年代末通过杰克·斯温尼（Jack Sweeney）认识了他，当时斯温尼管理着哈佛的拉蒙诗歌图书馆。默温夫妇在伦敦有一所房子，西尔维亚和我在一九五九年末回到伦敦时，他们在现实的以及其他诸多方面给予我们很多帮助。狄多·默温给我们找了公寓，然后半装修了一下，又在我们女儿出生后给西尔维亚煮东西吃。那是我与默温友谊的最高点。那时他对我来说是一位重要作家。那也是他诗歌生涯中的一个关键时刻——正在经历非常大的转变，正从它的蛹中蜕变出来。我觉得因为我们如此接近，住得相隔几百码，他的内在变化也是渗透我们之间感情流的一部分。对我来说非常重要。那时候我开始走出第二部诗集，进入第三部，也就是后来题为《林怪》的书。他也帮我从蛹中蜕变出来。部分蜕变出来。稍晚一点，当普拉斯在一九六二年初开始写《爱丽儿》诗作时，他对她也很重要。《爱丽儿》背后隐藏的一条供电线是默温当时为英国广播公司翻译的一组聂鲁达诗作。我还有她的副本。帮助她的不只是聂鲁达，而是她看出了默温借用聂鲁达的方式。这不是她唯一的供电线，但确实是其中一条。我认为默温比我想到的所有当代英美作者在这条路上都走得更远。惊人的资源和技能。

《巴黎评论》：你如何看待"自白派"这个标签以及越来越多的诗人倾向于写这种模式的诗歌？

休斯：歌德称他的作品是一场巨大的自白，不是吗？从最广泛的意义上看，也可以对莎士比亚的作品说同样的话：整个一场完全的自我检查和自我指控，一场彻底的自白——我认为，那是很赤裸裸的自白，如果你深入审察的话。也许任何具有真正诗意生活的写作都一样。也许所有的诗歌，只要它感动并连接到我们，就会揭示出作者实际上并不想说但是迫切需要交流、传达的东西。或许正是需要把它隐藏起来才能使它充满诗意，使它成为诗。作者实际上不敢把它诉诸于文字，因此拐弯抹角地渗漏，通过类比走私出去。我们认为我们是在写一些逗趣的东西，但实际上是说出我们迫切需要分享的东西。真正的谜就在于这种奇怪的需求。为什么我们不能把它隐藏起来，闭上嘴？为什么我们就是要多话？为什么人类需要坦白？也许如果没有对隐秘的坦白，就没有诗，甚至没有故事。也就没有作家。大多数诗歌似乎不具有任何意义上的自白，那是因为隐藏、隐晦曲折的策略太具有强制性，以至于它几乎彻底成功了。走私这个类比，装载着甚为有趣的货物，这些货物内置其中似乎是自为的，也就是普遍感兴趣的主题内容；但是，在例如《失乐园》和《力士参孙》这样的作品最深处，弥尔顿对我们说出了几乎令他被处决的事由。罗伯特·洛威尔《生活研究》中最感人的篇什、安妮·塞克斯顿的一些诗歌以及西尔维娅的一些诗，其新颖之处在于它们试图甩开辎重的方式，它们故意要剥脱掉类比面纱的方式。西尔维娅走得最远，因为她的秘密对她来说是最危险的。她迫切需要透露它。你怎么评估她这样写的迫切性都不为过。那些东西她不得不写，哪怕这违背她最重要的利益。她在知道《钟形罩》和《爱丽儿》对她的生活产生什么影响之前就去世了，但她不得不把它们掏出来。她必须告诉所有人……就像那些美国原住民团体一样，必须在整个部落面前定期把生活中的一切错误和痛苦说出来。这样的事私下做并不好，必须在其他所有人面前完成。也许这就是为什么诗人要竭力发表他们的诗歌。对神父低声说出或者做忏悔并不好。这样做不是为了名声，因为他们得知名声会导致什么之后仍继续做。不，诗人只有到了启示事实上公开之后，才会感到释放。在所有这方面，我想，西尔维娅是一个极端的案例。

《巴黎评论》： 你能谈谈西尔维娅吗？

休斯： 我和西尔维娅相遇，是因为她对我大学的那圈朋友感到好奇，而我对她也很好奇。我在伦敦工作，但我常常在周末回到剑桥。我们大约有六个人组成了一个诗歌小组，我们合作办的主要活动是在船锚酒吧喝酒；除了同伴情谊和互相吸引之外，我们主要的共同兴趣是唱爱尔兰、苏格兰和威尔士传统歌曲：民歌和印刷的民谣。我们唱了很多。那时候，录制的民歌很少见。我们理解彼此的诗歌趣味，并不是靠谈论。不过我们确实印刷了一份文学评论小报。我们小组有一个威尔士人叫丹·胡斯（Dan Huws），他在有一期里炮轰西尔维娅出版的一首诗《女像柱》。他后来成为她亲密的朋友，在她去世时写了一首美丽的挽歌。那次攻击引起了她的注意。此外，她遇到了我们小组的卢卡斯·迈厄斯（Lucas Myers），一个美国人，是与我特别亲密的朋友。卢克（卢卡斯的昵称）很黑、很瘦，他玩起来狂野得难以置信。符合我们对于田纳西州的期望。他的诗令我们很是震惊——有哈特·克兰、史蒂文斯的词汇，滑稽。西尔维亚对他很感兴趣。她偶尔会把梦记录在日志中，卢克确定无疑出现过。我们出版了一期《圣博托夫评论》，也仅发了一期，发的全是我们的诗，我们为了发布诗歌杂志办了一个蛮大的晚会。西尔维娅过来看看我们这些人是什么样子。在此之前，我从未看过她。我从一位英国女友那儿听说不少她的事，这女友和她有共同的指导老师。可她突然现身晚会，对着卢克高声背他的诗，对着我背我的诗。

我认识她、读她的诗之后，立即就看出她有某种天才。很突然地，我们就彻底倾心于对方以及对方的写作。一年前，在荒废了大学那几年之后，我又开始写作了。我刚写出一些后来经常被编入精选集的诗《思想之狐》、《美洲虎诗歌》、《风》。我现在看得出，我们相遇后，我的写作，像她一样，离开了旧的轨道，开始转着圈子寻找新方向。对我而言，她不仅是她这么一个人，更是美国和美国文学的化身。我不知道对她而言我是什么。除了具有纪念碑意义的经典之作——托尔斯泰、陀思妥耶夫斯基等等——我的阅读背景与她的完全不同。但我们的脑子很快就变成一同运作的两个部分。我们做过很多共同的或互补的梦。我们的心灵感应不请自来。如果说我们以这样的方式彼此影响，也不是在早期，我不知道我们的诗作有多少你来我往。也许其他人不这么看。我们的方法不一样。她的目的是收集一堆生动的物品和优美的词句并制成图案；那图案可能会从内部的深处某个地方突然投射出来，来自她进化得非常独特的神话。在一位当下的读者看来，它似乎进化得很独特，虽然在那时她可能完全意识不到。我的方式是找到一个线头，把其他一切从隐藏的一团中抽出来。也许，她的方式更具有绘画性，我的更具有叙事性。我们在一起的日子里，每个阶段都审读彼此的诗，这持续到一九六二年十月我们分开，她写出了《爱丽儿》诗篇。

《巴黎评论》：你知道西尔维亚如何运用她日志的材料吗？那是为诗歌

与小说而写的日记还是笔记？

休斯：嗯，我觉得珍妮特·马尔科姆（Janet Malcolm）在《纽约客》的文章中提出了一个有关日志的公允观点：日志中的很多内容都是练习……整出来是为了可能写的小说，几部小说的小章节。她不断地勾勒出发生过的事，并把它写成她认为可能塞得进小说的东西。她认为她的日志是某部小说的工作笔记，不过我认为，事实上没有一条写进《钟形罩》。为了让发生的事情能够用得上，她把一些事改头换面，以象征的方式表述情感。她并非记述这事那事；她试图着笔于某种古老的，即童年的，另类素材。她的一些短篇小说把这一技巧发挥到了另一个阶段。想要表达出那种古老的情感。

《巴黎评论》：普拉斯的最后一部从未发表的小说是怎么回事？

休斯：好吧，我知道有一部小说的片段，大约有七十页。她母亲说她看到了整本小说，但我从来都不知道。我所知道的是六七十页，不见了。说实话，我总是设想她母亲在某次来访时把它们都拿走了。

《巴黎评论》：你愿意谈谈烧掉普拉斯日志的事吗？

休斯：我销毁的实际上是一本涵盖也许两三个月的日志，最后几个月的日志。里面只有悲伤。我只是不想让她的孩子们看到它，不想。特别是她最后的日子。

《巴黎评论》：《爱丽儿》呢？你对里面的诗重新排序了吗？

休斯：好吧，美国没有人想按照她留下的样子出版这本诗集。有一个感兴趣的出版社想把它删成二十首诗。似乎担心整批出版可能引起某种强烈反弹——某种反感。你知道，在当时很少有杂志编辑会发布《爱丽儿》诗篇；很少有人喜欢。在当时诗的品质并不那么明显。因此，从一开始就有一个这本书如何示人的问题。我想要这本书展示出完整的幅度和种类。我记得写信给那位建议删成二十首的先生，明说我觉得根本不可能，我记得那是一封很长的语气激烈的信。我一直纠结要删除什么添加什么。我渴望把最后一批诗作放进去一些。但正如我所说，真正的问题是，我接触过的美国出版社不愿出版西尔维娅原定的诗集。英国的费伯社乐于以任何形式出版这本书。最后是两边让步——我删除一些，另外添加一些。结果是，我被强烈指责打乱了她的意图，甚至压制了她的一些诗作。但那些指控都是在事后二三十年里发展起来的，它们基于对背后所发生之事的一无所知。这本诗集出版六年内，她所有后期诗歌都已在诗集中出版——包括所有她自编的那本《爱丽儿》中收的和没收的。当然，确实是她诗中生长出来的框架才使得它们能够发表。几年前，为了回应好奇心重的人，我发表了她自己打字稿的内容和顺序，这样任何人想看到她的《爱丽儿》是怎样的，就很容易了。另一方面，她的最终顺序是怎样的呢？她一直在打字稿中重新排序——寻找不同的联系、更好的顺序。她知道总有新的可能性，都是流动的。

《巴黎评论》：你能再说一说你自己诗歌的缘起以及怎么开始写作的吗？

休斯：嗯，我有一种观念。只是一个想法的末梢，通常只是一个想法的线索。如果我能感到那背后有一种蓄势，某种冲力可以动用，那么我就一头扎进去。然后通常发生的事是——不可避免地——我走向一个完全不同的方向。那个想法的线索燃尽了，我则被蓄积在那里等待着的势头拽进去。然后，这种感觉打开了其他能量，我猜想是我头脑中的所有可能性。那就是乐趣所在——你从不知道那里有什么，总有惊喜。一旦我开始了什么，我通常会完成。从某种方面看，我满足了它的需求，它就会自己完成。可能需要几天、几个月。再之后，通常情况下，我确切地看到了它需要成为怎样，而我会在几个很短暂的时间完成，往往是删除一些东西。

《巴黎评论》：鸟对你意味着什么？鹰和乌鸦的形象如此震撼。是不是你已经解释得烦死啦？

休斯： 我不知道如何解释它们。有些事情就是令人印象深刻，不是吗？某一块石头可以令人印象深刻，而它周围的石头就不会。动物也一样。有些东西出于某种原因令人印象深刻。它们就是以一种奇异的方式进入了你。某些鸟显然具有令你着迷的额外品质。显然，鹰总是给我那样的感觉，正如许多其他东西也会，不仅它们自身令人印象深刻，而且因为史上积累了大量相关文字，使它们更加令人印象深刻。乌鸦也如此。乌鸦是许多神话的核心鸟类。乌鸦是一个极端，生活在地球上的每一片土地上，是最聪明的鸟类。

《巴黎评论》： 你的诗《思想之狐》被认为是你的诗学。你同意吗？

休斯： 我有一种感觉，写出来的每一首诗都是其自身创作过程的一种描写或戏剧化。在这首诗中，我有时会想，有着解释这首诗如何产生以及为何如此的所有证据。然后，每一首有效的诗都像是对整个写作的头脑的一个隐喻，是当时所有矛盾对立与不平衡的解决方案。当头脑找到这一切东西之间的平衡，并将它投射出来，那就成了一首诗。它是当时心理状态的一种全息图，然后立即改变并转向另外某种形式的平衡和重组。重要的是它必须是那个瞬间整体的一个象征。我的看法就是这样。

《巴黎评论》： 为什么你经常选择通过动物说话？

休斯： 我想那是因为它们从一开始就在。像父母一样。由于我花了我人生之初的十七八年不停思考它们，它们已成为一种语言———种象征性的语言，也是我一生的语言。这不是我上大学才开始学的东西，也不是我三十岁时发生在我身上的事，而是从一开始就成为了我思维机制的一部分。它们是将我最深切的感情联系在一起的一种方式。因此，当我寻找或把握某种感觉时，它往往会显现为动物的形象，仅仅是因为那是我的想象力所学到的最早的最深刻的语言。或者说最早、最深刻的语言之一。那里也有人类。

《巴黎评论》：相对于散文，你会说什么是诗歌的功能？

休斯：七十年代，我认识了一两个治疗师。我最了解的那位认为，由于每个人都能获得自身免疫系统的能量，因此有些人会产生盈余。他自己有超过四十年的强直性脊柱炎病史，因此他比大部分人都更需要这些能量。最后，他过了六十岁时，一位灵媒告诉他，没有人可以治愈他，但如果他能开始治别人，他就可以治愈自己。所以他开始治别人，然后六个月内他自己也就几乎治愈了。我观察他、倾听他，想到艺术可能也是这样——是自身免疫系统的心理组成部分。它作为一种治疗方法能对艺术家其作用，但它作为一种药物也适用于其他人。因此我们才会对它产生巨大的、永不满足的渴望。无论它的成果是什么，无论是地毯上的设计、墙上的绘画、门口的造型，我们都会因为其即时疗效而认识到那种药疗成分，我们称之为艺术。它会抚慰和治疗我们内在的某种东西。事物的这一方面因为这一点才如此重要，也因为这一点我们想要在文明和社会中保存的才是他们的艺术——因为艺术是我们仍然可以使用的活生生的药。它仍然有效，我们觉得它有疗效。散文、叙事等等可以自带这种治疗。诗歌的疗效则更强烈。也许音乐是最强烈的。

《巴黎评论》：再问一个完全不一样的事，你认为英国和美国的文学社群是否彼此不同？

休斯：是，不同的程度很深。美国作家的世界和体验的整个立足点与英国作家的十分不同。美国写作的腹地更加多样，其腹地范围非常广阔。美国作家可以接触到更多自然的与社会的世界。对每一代美国人来说，都有更多完全新奇的素材。我认为美国作家的问题是要应对得了素材，而英国作家的问题是找到一些新素材，找到一些真正意义上的非二手素材，还没有被用滥、翻遍、嚼碎的。有一种考察的方式非常简单，你看美英两国野外运动的写作，看看打猎和钓鱼。美国体育写作的范围、丰富性、多样性、数量和质量都令人神昏目眩。英国写这些主题的，有一些优秀作家，但给人的印象是，他们只是在简单地更新素材，把几代人都用过的材料现代化，而且素材范围非常有限。

《巴黎评论》：您对写作工作坊和写作硕士班课程有何看法？

休斯：有时它们能创造奇迹。当爱文写作基金会（Arvon Writing Foundation）——在美国被称为创意写作学院——于一九六九年在英国开课时，我被邀请作为创始人加入。我之前在马萨诸塞大学教过创意写作课程，那是一次非常棒的经历。我从学生那里学到了极其多的东西。我看到了这些课程是如何运作，学生如何在写作技巧方面互教互学，一个有才华的学生就能以某种方式改变整个班级的才能。但总的来说，我觉得这个想法在英国不实用。我觉得我了解得太清楚了，大多数年长作家对大西洋彼岸的创意写作观念抱着固执的抗拒。我常听到有人明说这话。所以我认为这个想法在这儿开展不了，就是因为作者不愿配合。但爱文会的两个诗人创始人先行一步，并邀请我在第一次上课时朗读我的诗。学生来自当地的一所学校，是一群十四岁的孩子。在那一周内，他们创作出的作品令我惊讶。事实上，只有五天而已。他们处于一种令人难以置信的创造性兴奋状态。在英国，这个想法以我在美国从未见过的方式运作了，因此爱文会发展起来了。年轻一点的作家，甚至很多老一辈作家，用一种近于自然的技巧辅导这个课程，经常有惊人的成绩。经验告诉我，爱文会这样的创意写作课程在这里有更大的影响，也许是因为英国人的个性和性格相对说来更固定、更合乎成规，所以任何一点变化都能带来大爆炸。你在那些想都没想过能写下一个字的人身上，都能得到天才的启示。惊人的转变。

《巴黎评论》：你想在一开始时就有这样的课程可资利用吗？

休斯：我也经常想这个。我不确定我是否会用。我想要做的是按自己的方式和步调来摸索一套出来。我不想受别人影响，或者说至少我想选择哪些影响。在我开始认真写作的年岁和我二十四岁离开大学时的那段时间，我除了读大师或我认为的伟大作家之外，很少读其他诗歌、小说和戏剧。我读文学作品，是那种一百部杰作的读者。我第一次真正遇到当代诗歌，发现其可能性，是到了一九五四年或一九五五年，企鹅版美国诗选问世。当然，我已经晓得一些名字——弗罗斯特、华莱士·史蒂文斯，甚至西奥多·罗特克（Theodore Roethke）、哈特·克兰。正当我已经准备好向外看的时候，这本诗选出来了。因此，除了奥登和迪兰·托马斯之外，我完全绕过了当代英国诗歌，直接接触到了当代美国诗。对我来说，那本书中的所有内容都很令人兴奋——既令人兴奋又觉得熟悉。威尔伯（Wilbur）、默温、伊丽莎白·毕肖普、洛威尔。但最重要的是兰瑟姆。有两三年，兰瑟姆令我痴迷，在我遇见西尔维亚的时候，我还很痴迷他。我努力促动她读，以至于兰瑟姆在一段时间里实实在在影响了她的风格。但那本诗选中的许多东西都让我震惊，例如卡尔·夏皮罗（Karl Shapiro）的《汽车残骸》那样的诗作。我遇到西尔维亚后，也就接触到了她的藏书，整个那一批书都击中了我。我开始吞食美国诗人的所有东西。但我的看法是，到那时为止，我在诗歌中令我兴奋的新发现，就像是《两个高贵的亲戚》第一幕里的事情一样（通常这个剧不包括在莎士比亚的全集中），或者像格雷戈里夫人（Lady Gregory）对阿兰岛民歌的翻译："昨晚很晚的时候，狗的嘴里说到你。"我觉得我想做的事情似乎并不存在，我意识到的主要是一种音乐能量。我的想法是把含有音乐能量的东西做得真实而且坚实——就像我给自己读诗时产生的东西那样。

《巴黎评论》：所以你最终破茧而出了。

休斯：我保留下来的最早的作品是一首名为《歌》的抒情诗，我感觉这样的东西就应该是你十九岁时的东西——实际上它是我刚服役后某一天值夜班，大约凌晨三点钟时我听到空中传来的一个声音。那篇之后，我保存的诗作是那首名为《思想之狐》的诗，这期间是六年的混乱。六年！这是我读书读到自己也碎成一地的时期，尼采说学生就会如此。另外，我还必须硬着头皮应付剑桥的文学荣誉学位第一部分考试。我很快就跳出文学系，跳进人类学系。我一直在写，但很困惑。我用贝多芬的音乐清理了我内在发生的一切。整个那段时间，他是我的治疗法。大学毕业后，我住在伦敦，打各种各样的零工，但我远离朋友也不能经常听贝多芬，多年来我第一次除了想写的诗之外什么都不想。然后有一天晚上，《思想之狐》翩然而至，之后我提到的其他诗篇相继而来。但我认为这还不是一种进发，而更像是调到了我自己的传输频道。关闭了影响、静电和干扰。不是靠爆破。我对此的解释是，我全凭专注捕获到了它。

《巴黎评论》：二十世纪后期，是否有一种有别于其他英语国家的英国诗歌传统？

休斯：嗯，我开始写作时，当然觉得是有的。传统有它自己的大神，历史上神圣的民族伟人。一些没那么伟大，但是他们监管了年轻诗人的行为，监管了读者的口味——最重要的就是对读者口味的监管。是的，在五十年代还仍然有一个影响力极强的正统感。艾略特和庞德提出了挑战，但他们没有打碎它。我甚至说不准他们是否改变了多少。主要是你意识到这个传统明显既不是欧洲大陆的，也不是美国的。它含有超级过敏检测器，可以检测这两种源头的任何一丝污染。总的来说，我认为，它具有防御性。罗伯特·格雷夫斯在五十年代初就令我们非常清楚这一点。他在剑桥做了一系列讲座，清除了其异教徒传统——以华兹华斯糟糕的一面等等为代表——以及外来偷渡者艾略特和庞德。直到五十年代末，格雷夫斯一直拥有一种奇怪的权威——作为传统的人，学识渊博的代表英国传统的一号人物。我觉得他甚至对奥登也有影响，奥顿对他很是欣赏。然后六十年代来了。在英国，六十年代的冲击通常与披头士联系在一起。但就诗歌而言，我认为他们的影响是微不足道的。六十年代袭击英国的诗歌冲击在披头士之前就已经开始了。西尔维亚对它的第一波涟漪做了回应。从某种意义上说，《爱丽儿》是对那第一波迹象的回应，而她从没听过披头士。诗歌世界同时发生了两件大事——第一件整个世界从战争的冰河时代突然醒来。因为阵营不同而被分隔或被共产主义冰层所碾碎的国家，似乎突然醒过来了。他们在诗歌中热切地相互拥抱，首先是翻译的惊人繁荣，然后是在那十年的中期各种国际诗歌节上。也许五十年代后期的帕斯捷尔纳克大爆发就是开始。但总的来说，默温已经翻译了一大批不同作家的作品。我们看到了罗伯特·勃莱在《六十年代》杂志上的最初几卷。我们结集出版了兹比格涅夫·赫伯特和赫鲁伯（Holub）的第一批译文，我想那是由阿尔瓦雷兹（Alvarez）在一九六二年挖掘出来的。我不确定企鹅译丛始于哪一年，但他们的第一个洛尔迦译本问世于一九六〇年。翻译兴盛得很早，然后就蓬勃了整整十年。

另一个重大事件来自美国——这波冲击不是流行音乐，而是垮掉派诗人的生活方式，艾伦·金斯堡是其大祭司。五十年代末席卷美国的冲击波，在六十年代初袭击了英国。披头士在某种意义上是它的英国放大器，但当时的实际情况是其生活方式。你看到你所有的朋友都在慢慢变换。随着生活方式而来的是诗歌、超验主义、垮掉派出版物。这两个大浪潮——一个是国际诗歌，一个是加州革命——合二为一。真正奇怪异常的是，新流行音乐和民间音乐热潮的粉丝都乐于购买诗集——特别是翻译的现代诗歌。企鹅增加了新书目；每个出版社似乎都在邀约新的外国诗人译本。那些粉丝买了大量这类图书。它们在一九六六年艺术委员会第一次大型国际诗歌节上首次亮相，我有幸帮助组织这些诗歌节。我们的节目基于丹尼尔·维斯波特（Daniel Weissbort）的新杂志《现代诗歌翻译》，我想那是英国第一本这样的杂志。一个了不起的日子。我邀请的大人物几乎每一个都接受并亲临现场。说来凑巧，诗歌节那天，伦敦恰好到处是来自各地的诗人。我们邀请了不少人，而他们又加入其中。英国任何一位知道这件事的年轻诗人都肯定被狠狠击中了。种类繁多的诗歌令人惊叹不已，不仅突然唾手可得，而且高调呈现于眼前。

早期国际诗歌节的狂热气氛只持续了一两年。可能是一九六六年的那场以及早一年的更具自发力的一九六五年那场，是最了不起的。但余热一直延续到七十年代初，直到翻译热潮终于开始偃旗息鼓。尽管如此，最好的书并没有退藏。各国诗歌之间相互唤醒，都没有沉睡。像赫鲁伯这样的诗人几乎成了英国的名誉诗人。在许多方面看，一切并没有闭关锁国。它改变了英国传统吗？嗯，它肯定以某种方式改变了：起码所有英国年轻诗人现在都知道，英国传统并不是全球传统中的唯一。如今，一切都完全开放了，每一种方法都打开了，都含有无限的可能性。显然，英国传统仍然存在，作为历史上一些得之不易的品质的主心骨而存在，如果谁知道该如何继承，那么谁就在那样的传统中。雷利（Raleigh）作品的品质并没有一无所用。我读到普里莫·莱维（Primo Levi）的诗句时，我会想起雷利。但对于年轻的英国诗人来说，那不再是唯一的传统，不再是自我封闭、自我防御的传统。

《巴黎评论》：你刚从马其顿回来，参与一个显然非常重要的诗歌节。他们那儿对英国诗歌的理解是什么？

休斯：我在回程飞机上有一个奇怪的经历。我在斯科普里登机，注意到走道那一边一位年轻女子，噢，大约三十五岁。我看到她看着我，我想，因为斯特鲁加的整个诗歌节都在马其顿全国宣传并电视转播了——也许她觉得见过我，甚至认识我，因为今年他们给了我金桂冠花环，也有为数颇大的集中曝光。但我们都没有说什么。后来，下一段航程，她的座位刚好在我前面，她问我是不是某某人。她曾在电视上见过我。最后她说，他们把大奖颁给英国诗歌令她很吃惊。我自然就问她为什么。她回答说，好吧，我认为英国诗歌已经死了。原来她是迪拜的一名医生。我手头刚好有一本我的马其顿语诗集，马其顿出版，很华丽。所以我就把书递给她说，现在你有一个检查病人的机会了。半小时后，她还给我，态度非常友善。十分钟后，我看到她在阅读最新一期《泰晤士文学副刊》！

《巴黎评论》：这就像英国诗人每隔几年就死一样吧？

休斯：让我难忘的是，她能这么随口说出来。成了一种显而易见的老生常谈，好像整个欧洲大陆上是人就知道似的。在《泰晤士文学副刊》中，她可以像手指按着脉搏一样了若指掌。

《巴黎评论》：诗歌对当下的人是否还像三十年前那样至关重要？诗歌

销售是不是看涨啊？

休斯：嗯，除了儿童写作比赛的评委之外，没有多少人观察到的事实是这样的：教人如何写诗，现在正产生出非凡的成果。主要是在较低的年龄层。这在美国可能不是什么新鲜事，但在英国，这是过去十五年的一个现象，尤其是过去十年。爱文写作基金会二十五年来的影响不容忽视。你只需要问问出版过诗集的诗人，看看各种比赛的获奖者就知道了。爱文会已经催生了许多做类似工作的其他机构。这一切都必然有助于英国诗歌的销售。这种全新的阅读和写作公众，在七十年代早期之前的英国根本不存在。它们肯定不是仅限于大学。

但我敢说真正的原因肯定是更深层的。诗歌销售按说在战争期间会上扬，是不是，那时人们被迫意识到什么才是真正重要的。我肯定你可以编出一个理由。也许这与我们所有人都生活在两个层面上有关——表层原因是，我们穷于应对各种印象、要求、机遇对我们一刻不歇的轰炸。而底层原因则是我们最后的人类价值观的所在——如本能这样的长期情感、我们人性的最基本点。通常，我们可以开开心心地生活在表层，而忘记底层。但是，所有这一切只需要一场战争，就会将所有人从表层打到底层的深坑，他们的所有价值观和所有想法都会彻底改变。我可以说，诗歌是发自底部的一种声音。

我以为，六十年代的诗歌翻译热潮与越南战争密不可分。那场战争感觉就像冷战终于吐出了火焰——从此开始了与共产党联合体的战争。现代诗歌翻译的繁荣与这场灾难密不可分。它渗透了一切。美英这两个社会显然位居上层世界的榜首，试图对东南亚地区的底层现实进行占卜预测。你记得那些试图把它现实化的种种企图吗？记得让它成为二手生活的努力吗？记得要以某种方式成为它的一部分吗？

帕斯捷尔纳克是俄罗斯冰层之下发出来的第一个强大声音。随后是叶夫图申科和沃兹涅辛斯基在西方世界的读诗之旅。他们的受欢迎程度、他们的魅力，是惊人的。我记得斯诺（C.P.Snow）在南岸舞台上介绍叶夫图申科时，将他描述为"我们谓之名流的真正意思"。在此之后，曼德尔施塔姆、阿赫玛托娃、马雅可夫斯基以及其他人都突然成为最伟大的名字；翻译开始如雨倾盆。对他们的渴望巨大。我还记得这一重大冲击——我生命中又一个重大的文学冲击——发现了赫伯特、赫鲁伯、波帕等俄罗斯受害者的诗歌，与此同时还有阿米亥、策兰的诗歌……所以你可以说，美国和英国在最高层面的巨大渴望，期待并要体验底层的现实，确实以某种方式显现为对翻译诗歌的狂热，对这条热线传来的任何新信息，几乎毫无挑剔的胃口。这些书的市场是巨大的。

现在巴尔干地区发生的事情正在让底层再次荡起响声，同时还有非洲的饥荒、三十多场吱吱冒烟的小战争，而这一切背后还有一些从未有过的感觉，如正在逼近的全球灾难、环境和政治崩溃的隐约交错、流亡人口、远东的经济威胁。无论如何，人们感觉大麻烦就要来了，第一阶段的所有证据已充斥于电视屏幕。在英国，我们仍然只是位于高层的观众，旁观着底层发生的灾难。但我们是每天二十四小时的高层观众，底层生活的印象已经让我们超饱和了。南斯拉夫的战争已然揭开了这一切的帷幕。因此，有了这一双层级模型，对诗歌的胃口应该会再次上升，一点点。或者慢慢来。

《巴黎评论》：最后，这种发展在形式方面意味着什么？你对与形式化的诗相对的自由诗有怎样的想法？

休斯：你所提出的"形式化"意味着使用有规则的韵律、有规则的分节以及通常有的押韵。但它也暗示了某种绝对的形式，尽管它并没有上文所说的这些明显特征；它暗示的是任何一种形式，只要是受到了一种强烈的、不可随意变更的内在法则的约束，只要是作者不得不服从、不能像对一封信的措辞那样随便玩。这种更深层、更隐蔽的形式，虽然没有显示为有规则的格律、诗节的构筑或尾韵，但不能从任何角度称为"自由诗"。你随便拿出《荒原》的一段或者艾略特的《玛丽娜》可能是个更好的例子。这些诗中的每一个字都是形式上固定的、锁定于灵活的内在法则中的。这些词的音乐、音调的音乐必然性、音高、节奏分布以及变音组合——所有这些在某种程度上是绝对的、不可变换的，是对异常强大的诗性力量最终的完美收纳。你可以举出许多其他例子：斯马特（Smart）的《欢愉于羔羊》、莎士比亚的无韵诗中的任何一段、莎士比亚的散文。在我看来，通常被称为"自由诗"中最好的诗一直渴望具有那种形式必然性——一种固定的、不可变换的、具有音乐性但隐藏着戏剧性的形状。这种诗歌与有规则的、有格律的、押韵诗节之间的一个区别是，它为读者的初读定下调子。有规则的形式特征给予读者一些瞬间可见的意义，给阅读指明了最简明的方向，或者像儿歌那样易于表演；从第一次见面开始，一首诗就有一种熟悉的、友好的外观。但是当这些特征缺失时——没有常规的韵律、没有分节的形状、没有明显的押韵——读者就不得不摸索，寻找那些不那么明显、更深层的音乐戏剧规律。这需要时间，读一两遍不够。它需要富有诗意的想象力——或需要对节奏感、富有表现力的话语的才分。如果那些规则实际存在，就像在艾略特、斯马特和莎士比亚作品中那样，它们的必然性迟早会在读者的脑海中脱颖而出，而读者也会开始认识到某种绝对的内在形式的存在。当然，如果这些规则不存在，它们就永远不能冒出来。那么这件作品就永远不能抓住读者。初读之下，可能会很有趣甚至令人兴奋，但随后会逐渐散架。读者开始认识到它没有任何规则，没有促成一首诗成为此诗而非彼诗的规则……也就是没有隐在力量的任何更深层次的构筑。那么这东西就不会再被人读。

从长远来看，形式上很合规合矩的诗也有着相同的命运——被拒绝、被遗忘——无论其音律多么严格、其韵律多么准确灵巧。好的格律诗如果想抓住想象力并保持可读性，就必须不仅具有外在形式特征，还需与明显的自由诗同样具有隐在的音乐戏剧规则的动能。

话虽如此，我认为你还可以对采用不采用有规则的音律、诗节、押韵这些特征提出赞同或反对的论点。在我看来，不采用这些特征的主要论点是，它们所封闭了的音乐构筑形式，非常巨大多样，而我们必须进入。想象一下，如果莎士比亚只采用十四行诗和长韵诗，而从未进行过无韵诗的探索，从未探索过那些精彩对话或散文的音乐性飞行。想象一下，如果英雄双行体的格式要求不那么绝对，那么英国十八世纪还能出现什么。如果惠特曼死抱着他那糟糕的押韵，又会发生什么？在我看来，这是一个有力的论点。但使用音律、押韵，诗节的主要论点似乎也很强。这倒不仅仅是押韵和音律的要求实际上刺激了创造——显然它们在某些层面上确实做到了——但那不过是制作八宝箱并且包起来所产生的奇怪的满足感。或者像制作镶嵌宝石与肖像的项链盒。或者制作镜片精确排列的潜望镜盒。这其中自有一种神秘，我对此很确定。也许是数学上的满足感。以民谣的诗节为例，这基本上是英国的一种古老对句。这些四行诗中的佳作具有一种原始力量，不仅仅是音乐确定性，而是内在力量，是大多数人都能认识到的有偿体验的重量。然而，当你打破这种音律，消除或弄乱这些韵脚时，一切都消失了。再举一个普里莫·莱维的话为例。他发现，在死亡集中营，当人们从记忆中挖掘诗歌变得非常重要时，韵律规则的押韵诗更能忠实地记起，我不确定他是不是还说过这样的诗更抚慰人。他这话你不会忘记。

（原载《巴黎评论》第一百三十四期，一九九五年春季号）

加里·斯奈德

许淑芳 / 译

在美国，加里·斯奈德是个罕见的现象：一个广受读者欢迎，而其作品又被其他诗人认真对待的诗人。他是美国最主要的赞颂荒野的诗人，是鼓吹环境主义和佛教禅宗的诗人，也是以"太平洋圈"为国度的诗人公民——第一个几乎只从西方朝东方观看而非从东方望向西方文明的美国诗人。斯奈德的诗风一望而知，别人却很难模仿，因为他的诗是一种高度个性化的融合体，其中有威廉斯的平实，庞德式的自由漂浮、极度视觉化的意象，和两者都有的纪实性信息；还有最早由罗宾逊·杰弗斯和肯尼斯·雷克斯罗斯（Kenneth Rexroth）带入诗歌的西海岸风景；中国古代诗人对日常生活准确的、非寓言化的观察；以及他那些"垮掉派"伙伴们的口语化写作风格。

他很有可能是自梭罗以来第一位对应该如何生活投入了这么多思考并且使自己的生活成为一种可能的样板的美国诗人。他本人充满幽默感，而且令人惊讶地不默守成规，他具有这样一种领袖气质：不管别人问什么，似乎他都已深思熟虑。斯奈德是一部囊括自然万物和人工制品的百科全书：它们是什么，该如何制造它们，它们有什么用途，它们如何工作。而且他能迅速地把每一样东西放进一个最大意义上的生态系统之中。现在他六十五六岁，为人敏捷、明智、热情，并且出人意料地善于倾听，正是一位有血有肉的智者形象的合适人选。

加里·斯奈德一九三〇年出生于旧金山。不久之后，他搬到太平洋西北地区，在父母的农场里劳动，也季节性地到森林里干些活。就读里德学院期间，他做过伐木工、海员和国家森林局的防火守林员。一九五一年，他大学毕业，获得文学和人类学学位。他在印第安纳大学学习了一学期的语言学之后，再转到加州大学伯克利分校学习东方语言。在那里，他积极地卷入了正在蓬勃发展的西海岸诗坛。

一九五五年夏天，斯奈德在约塞米蒂国家公园护路队工作，并且开始写作第一批他认为真正属于自己的诗歌。在旧金山的六画廊朗诵会①，他初次登台朗诵了他的诗歌《酱果盛宴》，激发了诗人们对禅宗的兴趣，后来禅宗成为"垮掉派"创作的一个标志。一九五六年，他离开美国，开启了长达十二年的海外旅居生活，大部分时间住在日本。在京都他参与了禅修强化营的活动。在此期间，他还在一艘环太平洋航行的油轮的轮机舱工作，随后和艾伦·金斯堡在印度游历了六个月。他们和达赖喇嘛举行了一场关于迷幻药的著名讨论。一九五九年，他的第一本诗集《砌石》在日本出版，接着出版的《神话与文本》（1960）和一九六五年出版的两本小册子（《砌石与寒山诗》和《山河无尽》中的六个部分）为他赢得了众多读者。他最引人瞩目的非虚构作品包括《地球家园》（1969）、《古老的方式》（1979）和《真正的工作》（1980）。一九七五年他因诗集《龟岛》获得普利策奖。

一九九六年斯奈德回到美国，他在内华达山脉北麓盖了一座房子，至今居住于此。自一九八五年以来，他一直在加州大学戴维斯分校任教，在那里他帮助学校开发了一门以自然和文化研究为基础的新学科。作为"那些在政治进程中的无法发声者——树木、岩石、河流与熊"的代言人，加里·斯奈德——如美国桂冠诗人罗伯特·哈斯所说——已经成为美国文学中的"一位主要诗人和一个道德的声音"。

这次的访谈讲座一九九二年十月二十六日在纽约市九十二号街 Y 的昂特伯格诗歌中心进行，文字稿在校订后发表。但谈话不时被笑声打断的

---

① 1955 年 10 月 7 日在旧金山费尔默街 3119 号的"六画廊"举行的一场诗歌朗诵会，它标志着"垮掉的一代"的诞生。

情形，则是文字稿所无法呈现的。

——艾略特·温伯格（Eliot Weinberger），一九九六年

《巴黎评论》：当加州的杰瑞·布朗（Jerry Brown）竞选美国总统时，人们开玩笑说，如果他当选，你将会被任命为内政部长。现在，关于这件事情，我感兴趣的是，不管多么牵强附会，你是美国诗人中唯一一个有可能真正介入政治权力的人。这种事你认为是诗人应该做的吗？你会去干吗？

加里·斯奈德：我从未认真想过这个问题。也许不会，虽然我足够愚蠢地认为，如果我真的去做，我会做得很好，因为我非常一根筋。但是你不会想在次要的天赋上牺牲自己。我的确有一个次要的天赋，就是我的管理才能，所以我真的不得不努力逃避事务性工作的纠缠。我看我的工作应停留在诗性智慧的层面，去理解社会、环境、语言之间的相互作用，我想继续做这些是有价值的。

《巴黎评论》：但诗人不顾社稷是不正常的。美国是个例外，在世界上很多地方，诗人常常会当外交官或在其他什么政府部门任职。

斯奈德：那倒是。整部中国诗歌史充满了在社会上扮演重要角色的伟大诗人。其实，我也是。我就在自己的县里参加了好几个委员会。我总是在地方政治中承担一点力所能及的工作，而我对公民生活深信不疑。但我不认为作为一名作家，我能够在涉足州或国家层面的政治的同时继续做好作家。我的选择是继续做一名作家。

《巴黎评论》：让我们回到写作上来，回到大约四十年前吧。你的工作中令人吃惊的事情之一是，似乎你以《砌石》和《寒山诗》初涉文坛便

已完全成形，这两本诗集在分别在一九五九年和一九五八年出版，但写于五十年代早期，当时你二十多岁。两本书中的作品都是如假包换的斯奈德诗歌，而显然地，不像我们其他人，你不会为你的少作感到不好意思，因为你从《砌石》的二十三首诗歌中选了十八首，收进你的《诗选》里。

斯奈德：事实上《砌石》中的诗歌不能算我的少作。我把那些诗歌保存下来是因为它们是我诗人生涯的起点。我十五岁开始写诗。在《砌石》之前我已写了十年。第一阶段：浪漫的青少年诗歌，写的是女孩和群山。

《巴黎评论》：你现在依然在写这些！

斯奈德：话一说出口我就意识到不该那么说了。我想我该说它们不是关于女孩和群山的浪漫诗歌，而是古典诗歌。第一位深深打动我的诗人是 D.H. 劳伦斯，当时我十五岁。我读了《查泰莱夫人的情人》，感到这本书很棒，于是我跑到图书馆看看他还写了些什么，发现一本叫《鸟·兽·花》的书。我把它借了来。我失望地发现这不是一本性爱小说，但不管怎样还是读了那些诗，它深刻地影响了当时的我。

然后是第二阶段：大学。写了一些模仿叶芝、艾略特、庞德、威廉斯和史蒂文斯的诗歌。整整五年都在爬格子，追随二十世纪文学大师们的各种写作模式。这些全都被我废弃了；仅有一鳞半爪的痕迹留存下来。我二十五岁左右时把它们大部分丢进桶里烧了。

所以，写《砌石》中的最初那些诗，是我已经停笔一段时间以后的事了。一九五五年夏天，我作为美国公园管理局的一名护路工去山里工作，并且已经开始学习中国的古典文学。我以为我已经与诗歌决裂了。然后我到了山中，开始写那些有关岩石和冠蓝鸦的诗。我看看它们。它们不像我之前写过的任何诗歌。于是我说，这些必然是我自己的诗了。我认为我作为一名诗人的工作始于《砌石》中那些诗。

《巴黎评论》：在那一刻是什么把你拉回到诗歌创作中的呢？主要是因为风景吗？

斯奈德：不，它就这样发生了。把我拉回到诗歌上来的是，我发现自己在写一些我之前甚至从没有打算去写的诗。

《巴黎评论》：当时对你来说哪些诗人比较重要？在那时，谁算你的师傅？

斯奈德：我二十二或二十三岁开始学习中文，发现自己正受到从中国诗歌中学来的东西的影响，有的是译文，有的是原文。同时我还一直在读印第安人的文本，并且学习了语言学。

《巴黎评论》：那时候你在中国诗歌里找到了什么？

斯奈德：世俗生活的特色，对历史的参与，对神学体系、煞费苦心的象征主义和隐喻的规避，友爱精神，对工作的开放态度，当然，还有对自然的敏感。对我来说，这是一股可与西德尼（Sidney）、《仙后》、文艺复兴文学、但丁相平衡的非常有益的力量。西方人的传统是象征的、神学的和神话的，而中国人的传统反而是更加——我们是否可以说——更加现代，因为它是世俗的，把焦点放在了历史或自然上。这一点对我是个推动。

《巴黎评论》：你是从庞德那里还是直接从中国诗歌中学到表意法（ideogramic method）的？

斯奈德：直接从中国诗歌。我从没有弄懂过庞德那篇文章。我当时已经认识足够多的汉字，能够意识到他在某些方面有所偏失，因此我从未过多地关注它。我从庞德那里找到的是《诗章》里的三四十行诗歌，它们让人目瞪口呆——不像英语诗歌中的任何诗句——它们深深地打动了我，我至今依然受惠。

《巴黎评论》：是作为风景诗人的庞德吗？

斯奈德：不是，是作为耳朵。作为一种移动诗行的方式。

《巴黎评论》：既然我们在谈论中国诗歌，我想问问你关于寒山诗歌的翻译，《寒山诗》。令人奇怪的是，中国诗歌的经典榜单一清二楚，而寒山却没有被载入其中。我知道在当时有人认为他是由你发明出来的。我想知道你是如何发现他的？

斯奈德：噢，他只是对欧美人来说不够经典。中国人和日本人都很喜欢寒山，作为一个古怪的或许是唯一一位会被严肃的远东文学认真对待的诗僧，他在该地区广为人知。他们不喜欢其他的佛教诗歌，就绝大部分而言，这种不喜欢是有充分理由的。

给你举个例子吧：一九八三年我和一群美国作家在中国——有托妮·莫里森、艾伦·金斯堡、哈里森·索尔兹伯里（Harrison Salisbury）、威廉·加斯（William Gass）、弗朗辛·杜·普莱西克斯·格雷（Francine du Plessix Grey），以及其他一些人——在一座大楼里，我们被引介给政治局的高层人物。为我们做同声翻译的女士把我介绍给这些政治局成员时——不好意思，我不记得那些令人敬畏的中国人是谁——她说："他是那个翻译寒山的人。"他们立刻开始放松下来，微笑着用中文引用寒山的诗句给我听。他很有名。所以，我们在谈论谁的经典呢？

《巴黎评论》：你没有继续翻译更多。是因为这些是你当时感到你该做的，但后来有太多其他工作要做了吗？

斯奈德：什么地方有这样一句话——是威廉斯说的吗？——"你做翻译。我能歌唱。"不管是对还是错，当我读到它，不知怎么的就把它当作了一种对我的教导：不要过多地卷入翻译中去。我喜欢做汉语翻译，其实我译了更多尚未出版的，包括汉语中最长的诗，白居易的诗歌《长恨歌》。所以我并不只是翻译这些小东西的。我目前正在努力完成《琵琶行》的翻译，白居易的另一首诗，写一位弹奏琵琶的女子。我还译了少量唐诗。或许有一天我会做更多的中文翻译吧。

《巴黎评论》：回到早期诗歌：挺有趣的是，美国西部基本上是由你的两位几乎同时代的前辈——罗宾逊·杰弗斯和肯尼斯·雷克斯罗斯——在美国诗歌中发明出来的。你是否觉得他们在某种程度上为你开了先河，让你感到去写西部是可接受的？

斯奈德：绝对如此。杰弗斯和雷克斯罗斯两人，正如你所说，是仅有的两位写过美国西部风景的有分量的诗人，这无疑给了我勇气去做同样的事情。

《巴黎评论》：能谈谈当时的诗人团体（community）吗？菲利普·惠伦（Philip Whalen）、卢·韦尔奇（Lew Welch）、艾伦·金斯堡、迈克尔·麦克卢尔（Michael McClure）、罗伯特·邓肯（Robert Duncan）和其他人。人们感觉这是唯一一个你曾经积极参与过的诗人团体，因为自那时起你就卷入了其他很多事情。诗人团体对你或其他任何一位诗人来说究竟有多重要？此后又发生了什么？

斯奈德：我认为与其用"团体"这个称呼，不如用诗人"网络"（network）更准确些。"团体"用于形容一群住在同一地方的形形色色的人更为恰当，他们被无法避免的联系绑在一起，并自愿长期参与其中。不过我这么说只是在吹毛求疵。

当你二十几岁时，尤其是，当你还是一个活跃的、持异见的知识分子和艺术家时，你需要滋养。在波特兰，我上大学的地方，只有少数几个人你可以跟他们聊诗歌——菲利普·惠伦、卢·韦尔奇和威廉·迪基（William Dickey）。我们最初听到了一点来自加利福尼亚的回声，结果索性去了那里，我们所有人——出于志同道合，为了交流想法。这些发生在"垮掉的一代"登台亮相之前。我结识了杰克·斯派瑟（Jack Spicer）、罗宾·布拉泽（Robin Blaser）、罗伯特·邓肯、玛德琳·格利森（Madeline Gleason）、汤姆·帕金森（Tom Parkinson）、约瑟芬·迈尔斯（Josephine Miles）、威廉·埃弗森（William Everson）、肯尼斯·雷克思罗斯——"旧金山文艺复兴"圈的全部精彩绝伦的人，如此闪耀的头脑，如此热忱的艺术追求，以及如此问心无愧的激进的政治主张。二战期间他们中的大多数人都是有良心的反战人士，更早的时候还反对过斯大林主义，而肯尼斯·雷克思罗斯曾阐述过反国家主义、新无政府主义政治哲学，即安那其和平主义，这在当时的美国历史上是很有意义的。那时候我以自己是这个圈子中的一员而感到自豪。

当艾伦·金斯堡和杰克·凯鲁亚克出场时，这个圈子壮大了，而我们通常听说的所谓旧金山"垮掉的一代"这一诗歌现象也出现了。但它并不是由艾伦和他的朋友们创造出来的，而是源自邓肯、斯派瑟、雷克思罗斯和布拉泽的群体，这一群体已存在八到十年之久。通过艾伦，我开始接触来自东海岸的人。我结识了肯尼斯·科赫（Kenneth Koch）、埃德·桑德斯（Ed Sanders）、安妮·沃尔德曼（Anne Waldman）、杰罗姆·罗森堡（Jerome Rothenberg）、唐·霍尔（Don Hall）、詹姆斯·劳克林（James Laughlin）、罗伯特·克里利、埃德·多恩（Ed Dorn），还有其他很多人。我仍和其中许多人保持着联系。一个绝妙的圈子。

《巴黎评论》：在你后来的生活里，"垮掉"这东西是一种负担吗？你厌倦听到有关"垮掉派"的事吗？

斯奈德：有一段时间是的，但近来没人再用那东西烦我了。

《巴黎评论》：令我感到惊讶的是，相较于"嬉皮士"运动，现在的年轻人竟然小小年纪就迷上了"垮掉派"。作为一名资深"嬉皮士"，我觉得还是我们更好玩一些。你认为他们看中了"垮掉派"什么呢？

斯奈德：呃，我不知道应不应该对你说这个。当我看两者的差别时，头脑里浮现出来的一点是，西海岸"垮掉派"的政治态度是明确的。他们公开表明政治立场，拿冷战来说吧，他们持的是"你们两家都见鬼去吧"的立场。诚然，我们是反对极权主义的，但同时也绝不与公司资本主义同流合污。今天你可能会说："好吧，还有什么新花样？你们提出了什么解决方案吗？"当然，我理解这种质疑。但在当时，单单是我们这些异议的性质就足以将事情推向略微有点新的方向了。在诗歌上它引向的是平民主义精神，一种急切寻求受众的意愿，以及与美国公众的紧密联系。始于一九五六年左右的诗歌朗诵运动不断扩张，走进了所有大学城和大城市，改变了美国诗歌。这是口头朗诵的回归，拉近了诗歌与广大受众的距离。

我的确感到"嬉皮士"现象中有一种政治和思想的幻象成分，但难以探察究竟。它没有被明确说出来，太过于乌托邦。而"垮掉的一代"的政治立场——如今回想起来——更加实用主义，更加脚踏实地，也更易于传播，而且它不过多地依赖精神上的夸饰。所以，这可能是原因之一，就像朋克们摒弃了"嬉皮士"的精神夸饰而去追寻更强硬、尖锐的政治态度，嗯，"垮掉的一代"有更强硬、尖锐的政治态度。

《巴黎评论》：既然我们谈到了嬉皮士，你对毒品有什么看法？你在五六十年代参与过致幻剂试验，这是实情。它对写作是有帮助还是有损害？是破除了障碍还是竖起了新障碍？抑或是毫不相干？

斯奈德：这本身是一整个话题，应该找时间单独讨论。我只能说，我以一种恭敬、谦逊的心情去感恩自己曾经遇到皮约特、迷幻蘑菇、LSD，及其他致幻剂。它们的力量曾恰到好处地给我留下了深刻印象，我害怕过几回，我学到了很多，等有点过头的时候我就戒掉了。

《巴黎评论》：回到之前的话题——你在一九五六年差不多撇下一切去了日本。

斯奈德：一九五六年五月我搭上一艘旧轮船横渡太平洋，前往日本。

《巴黎评论》：你为什么要走呢？你离开时，似乎美国正处于一个激动人心的时刻。

斯奈德：嗯，尽管当时的场面看起来激动人心，但我已完全准备好要去日本了。我早已制定了去远东的计划，嗯，早在三年前吧，其间有过一些周折。因为我先前一些政治上的牵连，美国国务院拒绝给我颁发护照。

《巴黎评论》：如果当时的政治形势不是那样，你会去中国吗？

斯奈德：我肯定会的。

《巴黎评论》：那将会彻底改变你后来的人生历程。

斯奈德：我确信那会改变我的人生，虽然我不知道会改变多少，因为我去远东的主要目的是学习佛教，而不是去弄清楚社会主义是否行之有效，而在当时我能在中国找到的仅有的佛教徒可能都已躲藏起来，而且说不定遍体鳞伤。所以那可能不会是一步好棋。

《巴黎评论》：我有这种感觉，中国诗歌比日本诗歌更吸引你。

斯奈德：某种程度上是的。这是一种无法解释的"业力共情"①。我也喜爱日本文学和日本诗歌，但在中国诗歌里感受到了深深的共鸣。

《巴黎评论》：你在日本待了十年？

斯奈德：我在日本定居了差不多十年，但前后居住了差不多十二年。我中途离开过，有些时间在油轮上工作，还在加州大学伯克利分校教了一年书。

《巴黎评论》：那你在日本的寺庙里住了多少年？

斯奈德：寺庙我是时进时出的。那是我的老师住的地方，而我住到庙里去是为了"摄心"②——冥想几个星期——然后出来，然后又住进去。我租了一间小房子，从我的住处到大德寺③只需步行五分钟。

《巴黎评论》：你现在依然是一名日常修行的佛教徒吗？你每天都打

① 业力共情（karmic empathy），宿命般的共情关系，类似于缘分。
② 摄心（sesshin），禅宗的一种修行方式，在僻静处打坐、冥想，时间为一周左右。
③ 斯奈德曾在京都大德寺跟随小田雪窗学禅多年。

坐吗?

斯奈德：几乎每天。"打坐"成为你生活的一部分，你生活中非常实用又美好的一部分——每天早晨怀着一点虔敬之心坐会儿，至少二十分钟，二十五分钟，是开启全新一天的美妙方式。我和妻子抚育一个十三岁的养女。当你有了孩子，你会成为一名更好的佛教徒。因为你必须向他们展示如何在供桌上置香，如何鞠躬，以及如何对食物鞠躬致谢，诸如此类。这些都是我们文化的组成部分，我们以这种方式延续着佛教文化。当人们问我已成年的儿子们他们是哪样的人时，他们会说："嗯，我们属于佛教徒这个族群。我们不知道自己信仰与否，但那是我们的文化。"因为他们是以这种方式养育长大的。

《巴黎评论》："打坐"对诗歌有什么作用呢？你认为它对写作多多少少有点帮助吗？

斯奈德：有很多年，甚至连想一想这个问题我都很犹豫，这是出于一种赌徒式的迷信，对于可能对你有用或能给你带来好运的事情，不想说得太多或想得太多。我现在不再那么迷信了，而要阐明打坐冥想是什么，可以这么说，它是一种非常简单又平常的活动，它让人保持沉默，把注意力集中到你自己的意识和呼吸上，暂时不听不看那些从外界进来的东西。有事情发生，就让它们一掠而过。毫无疑问，花时间与自己的意识相处是有益的。你从中学到很多。你只要观看自己脑海里播放的东西就行了，会产生一些有益的效果，你会厌烦某些"录像带"，而不再对自己回放。你还会认识到——我想每个打坐的人都会形成这种认识——我们有很强的视觉想象力，很容易全身心沉浸到视觉王国里去，你在那里面的风景中漫步，在那里，不管发生多少事情，都是那么栩栩如生。这教给了我有关思维的一些本质的东西，使我得出这样的结论——抛开某些语言学家和法国文学理论家的观点——语言并不是我们的思想开始的地方。我们的思考先于语言，在某个特定的点上，思维—图像（thought-images）转化成语言。我们有"前语言的"（prelinguistic）基础思维过程。我的一些诗作返回到那里。

《巴黎评论》：你曾写文章说过，语言是野生的，而有趣的是，在你的散文和部分诗歌中，你寻词觅句，好像是在打猎或采集。那么，你是否真的相信语言更属于自然而非文化呢？

斯奈德：好吧，非常简单地说一下，我认为语言很大程度上是生物性的。而且这不是什么激进的观点。实际上，当前在很多方面它是被"科学语言学界"重新认真考虑的一个视角。所以，如果说它是生物性的，如果能够学习语言，在四岁就能够毫不费力地掌握复杂的句法是我们生物属性的一个部分，那么它便是自然的一部分，正如我们的消化系统是自然的一部分，我们的四肢是自然的一部分一样。所以，在这个意义上说，是的，语言是自然的。当然，现在语言在某些方面也在很大程度上受文化影响。但它的结构具有野生系统的性质。野生系统极为复杂，无法通过思考加以掌握——这是说，它们过于复杂，无法简单地用思想术语或数学术语去把握——它们是自我管理、自我组织的。语言是一种自我组织的现象。描述性语言学追求事实，是一种描述已然发生的事情的努力。所以，如果你把"野生"定义为自我管理、自我组织和自我传播，那么所有自然的人类语言都是野生系统。想象力，我们可以说，出于类似的原因，也是野生的。不过我同时想要指出，存在着一种"前语言"的思考层面。并非总是如此，但很多时候是这样。而且对一些人来说更甚于其他人。我想有些人更多地用语言思考，有些人更多地用视觉思考，或者也许，用肌肉运动来思考，在某些情况下。

《巴黎评论》：我们回到佛教问题上再来聊几句吧。对许多诗人而言，诗歌是二十世纪的宗教。我好奇的是，从这一意义上说，你从佛教里得到了什么诗歌无法给予的东西呢？

斯奈德：多年前，当编辑兼诗人克莱顿·埃什勒曼（Clayton Eshleman）还在京都的时候，我和他有过一次好玩的谈话。克莱顿当时正热情洋溢、滔滔不绝地谈论诗歌。我对他说："但是克莱顿，我已经有宗教信仰了。我是一名佛教徒。"就像教宗对克莱尔·布思·鲁斯（Clare Boothe Luce）说："我已经是个天主教徒了。"我不认为艺术可以成为一种宗教。我不认为它能帮助你教导你的孩子如何对食物表示感谢，如何看待是非问题，以及如何不给他人造成痛苦和伤害。艺术的确可以帮助你探索你自己的意识、心灵和种种动机，但它没有一套程序去解决上述问题，而我也不认为它应该有。我想，艺术十分接近佛教，可以把它当作佛教修行的一部分，但有一些领域是佛教心理学和佛教哲学必须探索的，而如果艺术也试图去做那些，就太愚蠢了。

《巴黎评论》：所以，你主要是从伦理道德的角度来划这条界线的？

斯奈德：应该说，不但有伦理道德的角度，还有哲学，有虔敬精神，还有单单是它作为文化土壤的能力方面，在那片土壤上，你能传递一种存在的方式，而宗教在其中起着十分重要的作用。再者，宗教实践和佛教禅修还有一个目标，即超越艺术。它能使人进入万象完整而皆美的王国。一旦你真正进入那个世界，你就不再需要艺术了，因为每样事物都那么非凡、新鲜、令人惊叹。

《巴黎评论》：那么，你为什么还继续写作呢？

斯奈德：因为多数时候你并不想生活在那里。我们生活在形式（"色"）的领域里，我们应该在形式的领域里行动。吉姆·道奇（Jim Dodge）和我曾去看莫里斯·格雷夫斯（Morris Graves）在奥克兰的画展，在那里他和我争论相对于艺术而言宗教所处的位置。我当时说："从某种意义上说，你不需要艺术，吉姆。"于是，他去了莫里斯·格雷夫斯的展览，欣赏莫里斯·格雷夫斯的画作，而我穿过展厅，观察画作之间的空白，跟他一样专注，并指出石灰墙上美妙的发丝一样细小的裂缝、光线的纹理，等等。你可以得出这样一个结论：带着爱和专注的目光去看，任何事物都会变得很有趣。

《巴黎评论》：所以，你认为人们应该读你书页边缘的空白吗？

斯奈德：这是一门口头艺术。他们应该倾听那些在诗歌边缘共振着的言外之意。

《巴黎评论》：就像中国诗歌充满了"留白"（empty words），故意留出空白，为了让"气"——那种呼吸——循环流通。一九七〇年你搬回内华达山，此后你就一直住在那里。我想是从那一刻起，在你终于安居下来以后，你开始更多地谈论植根于"地方"的诗歌。

斯奈德：的确，一九七〇年以来我写的一些诗歌反映了一种身处某地的姿态，世上一个我常常要回去的地方。然而，我也还有很多诗歌源自去其他地方打猎和采集的游历。归属一方的想法并不排斥云游四海。相反，它对归属某地的人们是一种提醒——世界上除了加拿大人、澳大利亚人和美国人之外的每个人——他们知道自己来自何方。他们有一个可以回去的地方。他们可以毫不费力地回答"你从哪里来"这个问题。但美国人往往无法回答这个问题。他们会说："嗯？你是问我在哪里出生，在哪儿上的高中，我父母现居哪里，我在哪里上的大学，我在哪儿工作，还是我明年要搬去哪儿住呢？"这是个美国困境。所以归属一方的意思是你知道那地方意味着什么。如果有人问你："你来的那个地方唱什么民歌？"你就有一首歌可以唱给他们听。比如，在日本，你总是会被要求唱一首来自你家乡的歌曲。

《巴黎评论》：是的。我们的歌曲是《我爱六月的纽约》。你认为地域感是诗歌的重中之重吗？

斯奈德：不能作简单的或字面的理解。更恰当地说，它是一种"根基感"（grounding）。而"地方"这个词的含义伸缩度很大。事实上，如果现在有人问我："你认为哪里是你所属之地？"我会给出的"宽泛"的答案是："如果有一个地方，我认识那里的大多数树和鸟，大致知道那里眼下的气候，正在发生的事情，而且我花过足够多的时间去亲近它、熟悉它，那么它就是我的所属之地了。"鉴于此，"地方"对我而言便是：从加州海岸的大苏尔地区周边出发，沿着太平洋海岸一路向上，穿过不列颠哥伦比亚省，穿过阿拉斯加东南部，从阿拉斯加西南穿出，一直到阿留申群岛，然后向下进入北海道和日本列岛，再往下穿过台湾。目前而言，那是我去过的、生活过的、并且对之有所了解的地方。所以，那就是我的地方。

《巴黎评论》：既然我们谈到了你的世界版图，人们对你作品中基本上不谈欧洲文明——或者说，至少是缺乏旧石器时代之后的欧洲——感到疑惑。对我而言，这并没有比其他人的作品不涉及亚洲——更别说非洲了——更叫人震惊。但问题还是提出来了。这是对欧洲中心主义的蓄意批评，或者你只是追寻着自己的兴趣走？

斯奈德：的确，我欧洲去得不多，但我的诗歌并非完全不写欧洲。我作品里有一些关键点是与西方文化的洞察力相联系的，它们是古典的，如果不说是旧石器时代的话。学者罗伯特·托兰斯（Robert Torrance）甚至还写过一篇小文章，论述我作品中的西方因素。不过，我在西方文化中发现的大多数价值都是在前基督教时代、异教和母系氏族当中。而且，我追踪一些我认为自己能看到的相互联系，比如我发现一条从希腊诗学到西班牙的阿拉伯诗歌，再转到洛尔迦，然后再转到杰克·斯派瑟这里的线索。当然，我感谢波格米尔人、韦尔多教派、阿尔比教派、蒙塔尤的牧羊人、再洗礼派、贵格派、卢德派、孟诺教派和沃伯莱斯[①]。现在，我已经老到可以像享受露营那样享受酒店了，我想我会开始访问欧洲。我爱西班牙——我最近去了那里。

《巴黎评论》：我想换个话题，谈谈"工作"这个词，它是你所有创作的核心。从众多例子中选一个，你曾这么写："换过滤器，擦车头，参加

---

① 沃伯莱斯（Wobblies），世界产业工人联合会会员，该组织于20世纪20年代的美国吸纳了大量外籍劳工，致力于推翻资本主义制度，活跃于20世纪前半叶。

会议，收拾房屋，洗碗，检查浸油尺，不要让你自己以为这些琐事会干扰你追求更严肃的事业。"一位作家如果把写作当作她／他"真正的工作"，而所有这些其他事务又如此应接不暇，这对她／他而言意味着什么？

斯奈德：如果一个人真正的工作是写作，而且如果这个人是一位小说家的话，我想作为一名写作者，他的工作的确会把他实实在在地箍牢在书写、想象、假设、研究和按照预定的思路推进等等行为上。然而，如果他是一位非虚构散文家或者诗人，那么他会更倾向于把处理日常事务作为"真正的工作"的一部分，而他真正的工作实际上就成了生活。而生活终归要落实到日常生活。这也是一个很有影响力的佛教观点：我们学习的，甚至有希望让我们开悟的，是对我们自身所是以及我们必须去做的事务的全然接受，身心两方面都不逃避、不躲藏。正因如此，佛教教导人们从日常活动中寻找仪式化的、近乎神圣的品质。这就是日本茶道的全部意义所在。日本茶道是圣礼式饮茶的典范。喝茶被看作厨房和餐厅的隐喻。你学习如何喝茶，而如果你学会了好好品茶，你便会知道每天如何打理厨房和餐厅。而如果你学会了打理厨房和餐厅，你便学会了持家。而持家的本事，差不多是一条分界线。"Ecology"（生态学）这个单词的意思是房屋，oikos，你知道的，它源自希腊语。"economics"（经济学）这个词也是从oikos发展来的。Oikos nomos 的意思是"管理家宅"。所以，这是看待工作的一种方式。我知道其他诗人说过其他的话，从其他角度看待工作，我对他们表示尊重。我绝不会认为只存在一种诗歌。

《巴黎评论》：我这里有句话，是奥登说的："每个人的目标都是不必工作地活着。"而在剩余的篇幅里他所说的意思大体就是：工作是别人强加给我们的某种东西。

斯奈德：我会同意奥登的观点。生活的目标是不把工作当工作，而是把它当作你的生活和玩乐。这是看待它的另一种方式。

《巴黎评论》：但是从颂扬工作的美德这个意义上来说，这与加尔文教有什么区别呢?

斯奈德:嗯,工作本身并不带来救赎,也不会自动变得高尚。它更有一种认可、识别以及把必要的变成迷人的品质。而它并非总是迷人的,而我说过的话没有一句应该引导人们这样想:一个受压迫的工人必须吞下和接受他的生活现状,毫不还击。丝毫没有这层意思。你的问题让我有点惊讶,因为不管从什么角度说,成为一名清教徒离我十分遥远,顺便说一下,佛教也一样。在佛教中有一种很有趣的品质,它享受坏,承认坏。于是,你可以是坏人,却同时又是一个好的佛教徒。所以,我说的每句话也都可以反过来说。我可以说,"我讨厌工作",让他滚吧。也可以像菲尔茨(W.C.Fields)说的那样,"如果一件事情真值得做,那么做得再糟也值"。

《巴黎评论》:说到做事,让我问问你的写作方法。我听说你拥有一些体系复杂的文件卡片,甚至用于写诗。你能描述一下吗?

斯奈德:我认识的大多数作家,尤其是散文作家,都有一家井井有条的工作间。在较长篇幅的诗歌项目工作中,有些环节跟做研究工作很像。我对想要成为诗人的年轻人说,不要害怕整理,它的琐碎并不会让你变笨。我使用一些从人类学家和语言学家那里学来的整理系统。现在我也用电脑。我有位朋友是个水文专家,他给了我很好的警示:"每天结束时整理好你的田野笔记!"然后尽快输入硬盘,并且一定要备份。但是主要的事情是让思维有广阔的空间,并且学会在记忆和想象中四处漫步,闻一闻,听一听。

《巴黎评论》:你的诗歌以高度凝练和音乐性著称。这些诗句是一出现就这么紧凑的吗?还是一开始更长些,随后你把它们砍削成了这样?你是否会有意识地数音节和重音数,还是你只是主要靠旋律感来写?

斯奈德:我写的诗有一类是高度凝练的,并且有很强的旋律感。当一首诗光顾我,在吟它和写它的过程中,那些句子自己会为整首诗建立起基本的格律,甚至是一种音乐性的或富有节奏感的词句。我写好后会把它搁好长一段时间，然后修改时再反复微调。在朗诵会上读新写的诗会把诗歌律动和乐感方面的细微瑕疵呈现出来，让你立即意识到。我不数音节和重音数，但是我会去探寻一首诗赋予了自身怎样的形式，然后在那个方向上进一步努力。当然我也写一些其他种类的诗歌——更长的、不太抒情的、正式的、引经据典的或戏仿讽喻的，诸如此类。在我目前正在写的一些诗歌中，我在试验如何在散文语言和抒情语言之间来回切换。

《巴黎评论》：我听说，跟其他许多作家不同，你发表作品的速度很慢——在作品面世之前你会把它们搁置几年。为什么要这样？目前你有什么作品正晾着等干呢？

斯奈德：嗯，我发现如果你把一首诗搁置得够久，你能更好地看见它，听见它。并不是说一首放在那里不断修改的诗无法达到差不多完成的程度。我不急于发表——是为了让直觉和品味发挥作用；你守着一首诗，等待幽微洞见的乍现。散文写作也是如此。但让它等着有时候或许是一种奢侈，因为常有一些紧急原因，迫切需要你的作品面世，尤其是那些评论时事的文章。我最近完成了一部作品，我把它叫作《山河无尽》——一系列长诗，我写了几十年。我为自己让这些作品等了这么久感到高兴，它变得更有味了。

《巴黎评论》：你认为是什么原因让它花了这么长时间呢？

斯奈德：是这样，当我一九五六年积极投入这项工作时，刚刚完成那首书本长度的诗《神话与文本》——那本书只花了三年——我以为需要五六年才能完工。我开始学习《法华经》和一些地形学、生态学书籍，作为一点起步研究，同时我坐船去了日本。事情比我预想的要复杂得多，而那些诗歌东躲西藏。所以我索性放松下来，心想，爱等多久等多久吧。当我走路、思考和研究的时候，一直挂心于它，但也没有对山神缪斯提任何更高的要求。就这样我每年完成一部分，干了四十年才最终完工。

《巴黎评论》：完成像《山河无尽》这样一项长达四十年的工作，什么感受？

斯奈德：完成它有什么感受？我满怀感激。虽然我现在还有更多的事情要做——我在研究如何朗读它，还要继续搞清楚它是怎么运转的。

《巴黎评论》：就像庞德和《诗章》那样，你是否发现无法让自己从《山河无尽》中抽身出来去做其他事情？

斯奈德：如我所说，很长一段时间我对结果如何颇为放松。但我的确一直凝心于它，从不敢稍加轻忽。在那些年里我还撰写并出版了十五六本书。然后，一九九二年至一九九六年间，我看见《山河无尽》的整体样貌已成形，就把它放到了首位——停止其他所有写作，荒芜了花园，让松针堆积在路上，停止了诗歌朗诵，不回邮件，不参加聚会，我的旧卡车也停止了奔跑——直到这本书写好。

《巴黎评论》：四十年写一本书，这个过程有没有带来下一个项目的萌芽？你接下来打算做什么？

斯奈德：我接下来想做的事情是重整花园、重启卡车，和年轻人一起去沙漠、河流，也许城市，和一大群老朋友重新联系上，然后回到散文写作上去，解决我们时代的棘手问题。

《巴黎评论》：你是不读诗歌的大众也能接受的少数诗人之一。然而你在什么地方说过——在你谈论罗伯特·邓肯的时候——你说那些你永远无法完全理解的诗歌最吸引。我在想，你是否出于对普通读者的考虑，有意识地删去了一些朦胧、晦涩的内容，让你的诗歌更明白易懂？

斯奈德：半有意半无意吧。我写过很多不同种类的诗歌，其中一部分——也许百分之二十五，也许百分之四十——是容易读的。我想部分原因是我想到了读者，我想要创作一些我知道可以与那些跟我一起生活和工作过的人分享的诗歌。毫无疑问，很多工作诗歌、旅行诗歌和一些与地方相关的诗歌是我可以并且确实跟我的邻居或者工作伙伴分享的作品。我一直非常享受这个过程。与此同时，也有一些不容易理解的意识领域和挑战。我写过一些相当费解的诗。一般来说，我不会在朗诵会上读它们。

《巴黎评论》：让我很快问一下你那本诗选的问题吧。《无有自然》，作为题目，显然会让很多人吓一跳。它看起来像世界末日，直到你意识到这类似于佛家谐语：真正的自然是没有自然，一个人的本性是无本性。① 这么说对吗？

斯奈德：对的，它同时也是一个批评理论的玩笑。

《巴黎评论》：从什么意义上说呢？

斯奈德：由于有些人认为每件事都是一种社会建构，于是我补充了一条：社会是一种自然建构，包括工业和有害物质。

《巴黎评论》：有趣的是，像你这样一个积极投入环境运动的人，你的作品中却没有灾难，这很出人意料。在你的诗歌中很少有坏消息——没有博帕尔②，没有切尔诺贝利。你是在树立正面榜样吗？或者因为你就是生性很乐观？

斯奈德：有几首诗里有一些特别坏的消息。回溯到一九五六年，我写了一首叫《这个东京》的诗。还有一九七二年我为《纽约时报》的专栏写的《地球母亲：她的鲸鱼们》也是。不过，我感到我们的社会状况和生态状况已是如此严峻，我们最好还是有点幽默感。情况太严峻了以至于无法感到愤怒和绝望了。而且，坦率地说，过去二十年的环境保护运动过度暴露末日场景，并没有把工作做好。末日场景，尽管它们可能是真的，但在政治上和心理上都不会起什么好作用。我想，第一步是让我们爱这个世

---

① 即禅宗六祖慧能所说的"本来无一物，何处惹尘埃"。
② 指 1984 年 12 月 2—3 日晚上发生于印度博帕尔的毒气泄漏事件，5 万多人接触到一种叫甲基异氰酸酯（MIC）的有毒气体。

界，而不是为世界末日感到恐惧，这也是为什么我这样写诗的原因。让我们热爱世界，意味着既爱人类，也爱非人类，然后开始更好地照料这个世界。

《巴黎评论》：很多人惊讶地发现你不是素食主义者，也不是卢德分子①，而是使用苹果电脑的食肉动物。这一方面把你跟很多佛教徒区分开来，另一方面又跟环保运动中的某个分支区分了开来。有什么要说的吗？

斯奈德：噢，不，我不是食肉动物，我是杂食动物。食肉动物的肠子短得可笑！我是一个非常节制的杂食者，正如大多数第三世界国家的人民很少吃鱼吃肉，但他们并不拒绝肉食。我全面探讨了这个问题——为佛教徒们——发表在最近一期的《十方》上，这是一家洛杉矶禅学中心办的刊物。重要的仍然是第一条戒律：把伤害降至最小。在关心可怜的家禽、家畜的同时，我们必须考虑到农业综合企业对全球环境的恶劣影响。道德行为并不只是遵守某条规则的问题，而是检验一条戒律如何在实际生活中切实地指引人。

现在，说说环保主义者，我在《地球优先！》和《蛮荒地球》②的朋友们虽然观点不一，但有一点是共同的，他们不是道学先生，也不是清教徒。他们从事生态政治，就好像它是一种横冲直撞的体育运动似的。对此我完全赞同。

至于计算机：文字处理器无法促成转变，语言才会。文字处理器仅仅是一种便捷设备。一定要盯住最要紧的事情！

观众：今天下午我跟我的老师通电话，她是拉科塔人③。我提到我将见

---

① 卢德分子是 19 世纪英国工业革命时期因为机器代替人力而失业的技术工人，现指强烈反对机械化和工业化的人。
② "地球优先！"是 1979 年兴起于美国西南部的一个激进的环保团体，该运动的杂志《地球优先！》于 1990 年停办，由《蛮荒地球》杂志接替。
③ 拉科塔族是美国西部的一个印第安人部落，自 1974 年以来一直在争取独立，多次与美国官方交火，曾起草自己的《独立宣言》。

到加里·斯奈德。她说："噢，加里·斯奈德。他是个印第安人。问问他他是否知道这点。"你可知道你是个印第安人，一个美洲原住民？

斯奈德：她那么说真是太友善了。我不知道我是否知道我是印第安人。不过，我的确知道我是一个美洲本土居民。这又是一个龟岛生物区视点。从比喻意义上说，每个"在龟岛重生的人"都是美洲本土居民，每个有意识地、慎重地选择居住在这个洲，这个北美洲，对未来，以及对如何正确地在这里生活满怀豪情，本着这样一种意识："是啊，未来几千年我的子子孙孙和所有一切都将生活在这里。我们不是即将迎向什么新疆界，而是我们现在已在这里。"这样的人都是美洲本土居民。在这个意义上，非洲美洲人、欧洲美洲人、亚洲美洲人聚齐到一起，都是美洲本土居民。于是你明白，那些你的祖先们离开的大陆是你可以去参观的好地方，但它们不是你的家。家在这里。

《巴黎评论》：那么，你认为诞生于这里的神话属于每个人吗？

斯奈德：它们属于这个地方，而且它们还将属于那些把自己融入这个地方的人。然而这并不是很容易，需要花力气。

《巴黎评论》：我刚刚是在故意抬杠呢。我知道在七十年代有美洲原住民批评你——我不认为他们的批评是公允的——大致是这么说吧："喂，白种男孩，把你的手从我们的土狼身上移开。"

斯奈德：你知道，土狼这个狡猾的形象，在地球上到处可见。在神话和民间传说中，它从四万年前开始就已覆盖了这个星球。我们都知道，它完全是世界性的。因此，从这个意义上说，神话和民间传说是古老的国际性的世界遗产。问题是要认识到如何处理它们，以及如何对它们做出回应。"土狼老人"的系列故事诞生于地道的美洲本土经验，突破了文明—历史的时间藩篱，而现在完全在二十世纪文学中扎下了根。这是某种实现了跨越的东西。这相当神奇。而我确信其他事情也将会像这样适时证明它们能跨越时间。你不能反对这样的事情发生。它使得新旧两个世界都更丰富了，而且它证明了想象力的开放性。

《巴黎评论》：当前正有很多事情在分裂这个国家。这让你感到害怕吗？

斯奈德：嗯，和其他任何人一样，想到美国和我们社会的未来，我有时候也会非常不安。要说我已经找到了什么简单的答案，那就太愚蠢了。对那些能够做到的人来说，一件可以做的事情是不要搬迁。留在原地不要动。原地不动并不意味着不去旅行。它的意思是归属于某个地方，卷入在那个地方能够做的事情中去。因为如果不这么做，我们将不会拥有一种适用于美国的代议制民主。我们现在是寡头政治，不是民主制。滑入寡头政治的部分原因是没有人在任何地方居留得足够长久，担当起对社区和地方的责任。

观众：几年前的一次电台采访中，有人问你的政治立场，你回答说你是个无政府主义者。你能解释一下吗？以及无政府主义究竟是怎么回事？

斯奈德：你知道吗？我真的很后悔在电台里说那番话。那是在"新鲜空气"① 那档节目里。我尽量不在电台说这个。事实上，我甚至尽量避免使用"无政府主义"这个词，因为它立即会激起你刚才提出的问题，那就是："你能解释一下吗？"这个术语不应该用，因为它有太多令人困惑的联想。无政府主义可以指非国家主义的、自然的社会，与依靠法律条文组织起来的社会形成对照，作为人类组织的另一种可供选择的模式。不要完全从字面意思去理解，而是要做诗意的理解，把它看作朝向建立更好、更行之有效的社群的一个方向。在政治史上，无政府主义并不意味着混乱，它意味着自治。因此一个真正的无政府主义社会是一个自治的社会。我们都需要更好地学习如何管理自己。我们可以通过实践去做到，而实践的意思是你必须去参加会议，而参加会议会让你感到无聊，所以你最好学习如何

---

① 美国费城公共电台 WHYY 的王牌清谈节目。

冥想。

《巴黎评论》：为官之"道"（tao）。

斯奈德：对。为官之"道"。任何一个冥想的人都知道如何打发无聊，于是你就可以去开会。这也是我参与政事的方式。

《巴黎评论》：在你的宗教实践、语言学习和诗歌研习中，你必须遵守非常严格的纪律。你发现你的学生们现在还愿意遵守那些纪律吗？

斯奈德：嗯，这个，我从没感到自己在遵守纪律。自我十六七岁后，我再没有做过我不想做的事了。一直是我自己的选择。当我学习汉语，那是我自己想学。我随时可以停下来，没有人付钱让我那么做，我的父母也从没有执意要我做那些。所以，我不知道该怎么回答。我总是依据自己的自由选择去行动。然而，我肯定会说，在我遇到的学生中，热情高涨，愿意积极投身到某事中去的人，是不容易找到的。但是总会有几个人内心深处燃烧着某种火。

观众：关于眼前的世界，您会对十六岁的孩子们说些什么呢？他们该做点什么？

斯奈德：这是作为诗人的职业风险之一。你会被问一些你完全不知道答案的问题。我会说我对我十八岁的继女说过的同样的话吧：你将不得不接受大量正规教育。但是不要以为四年的教育是终点。当今时代你必须走得更远一些，否则意义不大。但是即便你在接受教育，也不要以为你比那些未受教育者或文盲更高一等，因为在第三世界，在文字尚未出现的世界存在着大量的文化智慧和技艺，本质上完全跟欧美社会已然创造出来的任何东西一样行之有效。而后告诉他们最基本的道德戒律：无论做什么，尽量不要造成太大伤害。

（原载《巴黎评论》第一百四十一期，一九九六年冬季号）

谢默斯·希尼

罗池 / 译

谢默斯·希尼一九三九年生于北爱尔兰的德里郡，是一个天主教家庭九个子女中的长男。一九六一年从女王大学英文系毕业后，希尼做过中学教师，数年后成为自由作家。一九七五年，他受聘到柏林一家教育学院英文系，在那里教授师范课程至一九八一年。一九七九年，哈佛大学邀请他短期访学，不久达成兼职协议，让希尼在每年春季学期任教然后回爱尔兰与家人团聚。一九八四年，他遴选为哈佛大学修辞学与讲演术波尔斯顿讲席教授，同时，一九八九年至一九九四年，他还担任牛津大学诗歌教授。一九九五年荣获诺贝尔文学奖之后，希尼辞去波尔斯顿讲席，但仍作为访问驻校诗人与哈佛大学保持关系。他和妻子玛丽亚现居都柏林，他们育有三个孩子。

希尼已出版十二部诗集，包括：《一个博物学家的死亡》(1966)、《通往黑暗的门》(1969)、《越冬》(1972)、《北方》(1975)、《田野作业》(1979)、《迷途的斯威尼》(1984)、《苦路岛》(1985)、《山楂灯笼》(1987)、《灵视》(1991)、《水平仪》(1996)等。他的散文收录在三本集子里：《全神贯注》(1980)、《舌头的管辖》(1989)、《诗歌的纠正》(1995)。他的作品还包括：根据索福克勒斯《菲洛克提忒斯》编译的《特洛伊的疗救》(1990)，以及与斯坦尼斯拉夫·巴兰恩恰克(Stanislaw Barańczak)合译的扬·科哈诺夫斯基(Jan Kochanowski)诗集《哀歌》(1995)。

以下访谈发生于一九九四年五月中旬哈佛大学亚当斯宿舍楼希尼房间的三个上午。（在希尼荣获诺贝尔文学奖后略作了补充。）一棵野苹果树在他的起居室窗外开得正旺。当月末，希尼就要返回爱尔兰。在我们整个谈话期间，大学生的欢声笑语从走廊外飘进来。电话铃响个不停，直到把它拔掉为止。红茶佐以"非凡农庄"曲奇饼。一张咖啡桌和两张橡木大书案上都堆满了一摞摞的书信、手稿、文件、文学杂志、书籍，等等。希尼坐在灯光笼罩的沙发上。一种整洁和凌乱的舒适混合体让我们的谈话变得轻松。一束紫丁香在近旁的花瓶里低垂。壁炉架上摆着家庭快照：他的两个儿子在威克洛的农庄，三个孩子和母亲一起在都柏林，他的好友伯纳德·麦卡比（Bernard McCabe）在意大利的空气中欢喜雀跃。此外，还有一个绘着丁登寺图案的斯波德瓷盘，一幅题为《第欧根尼大桶》的挂画，都是珍贵的生日礼物——希尼刚满五十五岁。还有一张亨利·卢梭画作《缪斯和诗人》的明信片。每次见面，希尼都穿着套装、熨过的白衬衫和领带。他的马丁鞋擦得锃亮。他的白发尽管剪得很标致，却是乱蓬蓬的。他最近几周都在四处旅行，尽管他的眼袋深重，但他的头脑灵敏而且淘气。每次谈完话，我们会喝一杯杰克丹尼威士忌。

——亨利·科尔（Henri Cole），一九九七年

《巴黎评论》：你在哈佛大学已经满十二年了，对美国学生都有什么印象？

谢默斯·希尼：第一次来这里的时候我就特别注意到他们都很热切地要和教授进行接触。在爱尔兰老家，却有一种回避的习惯，一种对权威人士的反讽态度。在这里，是随时准备冲上来，迫切地大肆占有教授所提供的一切。这让我刚开始有点心慌，但现在我很欣赏了。还有，美国学生的自我评价会更高。他们是带着对自身能力的积极肯定来上大学的，不管是谁。

《巴黎评论》：你觉得当了这么多年老师对你的写作有影响吗？

希尼：嗯，这肯定对我的精力有影响啊！我记得罗伯特·菲兹杰拉德[①]在这一点上警告过我，或至少是担心我。但有好有坏——我现在觉得坏，但原先我是觉得好的——我相信诗歌的到来有如神恩，也会在它需要的时候把自己硬逼出来。我的世界观，我对生命中已被安排好的事情的看法，总是包括要找份工作。这其实就跟我的出身、我的成长、我的背景有关——我是从农村出来吃奖学金的读书郎。事实上，我生命中最为出乎意料、最不可思议的事情就是诗歌的降临——有如天命和简拔。一九六二年我开始在贝尔法斯特当中学老师。我在圣托马斯初级中学教了一年。我有女王大学英文系的优等文凭而且感觉自己有些文学潜力，但我并没有真正的信心。然后在一九六二年十一月我才开始进行认真的、有点满怀希望的写作。读大学的时候我曾在文学协会的杂志上登过诗作。我参加过一个社团，同仁中有谢默斯·迪恩[②]，他是全班的明星，还有乔治·麦沃尔特（George McWhirter），现为温哥华卑诗大学驻校诗人。还包括女王大学周边的其他一些有文学抱负的人——比如斯图特·帕克（Stewart Parker），他后来成了剧作家——我也是会员之一。但我并没有任何上进或者决心或抱负的意识。我在女王大学的杂志上发表作品时的笔名是"Incertus"——拉丁文的"不确定"之意——我不过是在罚球区胡乱踢，没有费劲射门的意思。到了一九六二年这种心思才开始活泛起来。我记得当时在贝尔法斯特公共图书馆的架子上拿到了特德·休斯的诗集《卢帕卡》，翻开它读到《一头猪的观点》，然后马上就动笔写了几首，基本上就是在模仿休斯。第一首叫《拖拉机》；我记得有一行写道"他们忧伤地漱喉"——当时让我感到非常满意。于是我把它寄给《贝尔法斯特电讯报》——不是世界著名的文学报刊，但不管怎样，他们发表了那首诗。这件事无比重大，因为我

① 罗伯特·菲兹杰拉德（Robert Fitzgerald，1910—1985），美国诗人、翻译家、古典学者、哈佛大学教授，希尼接任他的教职。
② 谢默斯·迪恩（Seamus Deane，1940—　），爱尔兰诗人、小说家、都柏林学院大学教授，希尼的中学和大学同学。

不认识这家报社的任何人，这意味着那首诗是因为它本身的优点而被接纳的，尽管不怎么样。

《巴黎评论》：你出身于一个不善言辞的家庭。而你又说过你最初是从你的母亲那里欣喜地获得了韵律的概念。你能不能说一点你小时候在家里的情况？

希尼：我的父亲是那种来自古老世界的生命，真的。他最适合待在一个盖尔人的土堡里。他那一脉的亲戚，与我有关的他那一脉家族，都处于一个传统的农业爱尔兰社会。而且，到现在，我越来越认识到他就是那种过早失去父母关爱的人。在他还非常小的时候，他的父亲就突然去世了。他的母亲死于乳腺癌。然后他和兄弟姊妹都由叔叔婶婶们收养和抚育。我的父亲跟三个单身汉叔叔一起长大，他们用一种相当实在的方式做贩牛生意，在英格兰北部的各个市场走来走去，他跟着他们学会了贩牛。所以在他的人格形成阶段，家庭就是一个没有女人的地方，一个风格内敛和克制的处所。所有影响了他的东西，当然，也因他的存在、他的个性而影响到我们。

《巴黎评论》：那你的母亲呢？

希尼：嗯，我的母亲更像一个现代社会的生命。她家人住在道森堡村，那边可以说是个工业村。那边很多人都在克拉克亚麻厂上班。她有一个叔叔是厂里的司炉，有一个兄弟也在那儿上班，还有一个是开面包车的——曾经是贝尔法斯特一家烘焙厂在道森堡地区的总代理。她有一个姐妹上了护士学校，另一个去了英格兰，那是战争时期，后来嫁给一个诺森伯兰来的矿工。我猜你会说，我父亲的世界是托马斯·哈代，而我母亲的是 D.H. 劳伦斯。道森堡是那种有排屋的村子，新崭崭的工人阶级。那里还有麦凯恩家族的讲究的繁文缛节——就是我母亲的家族；他们很注重着装规矩、餐桌礼仪之类的东西。他们喜欢你把皮鞋擦锃亮、头发梳整齐。他们在后院有分配的小花园和装了绞干机的洗衣房。我想我应该把麦凯恩家称为民主派。他们对正义和民权有强烈的意识，他们都是了不起的辩论家。他们对自己在争吵和吹毛求疵方面的天赋有着名副其实又自知之明的嗜好。

《巴黎评论》： 希尼家呢？他们也是民主派？

希尼： 希尼家是贵族派，因为他们遵从的行为规范是多做事少说话。辩论、说服以及言谈本身，看在上帝分上，对他们根本就是多余和无益的。你要么加入要么就不属于他们。对于他们的农村背景，那种不宣之于口但仍遗留至今的盖尔人传统，必须要这样做。

《巴黎评论》： 他们说盖尔语吗？

希尼： 不，根本不会。爱尔兰语在阿斯特地区已经一两个世纪没有人讲了。但它对我来说经常就像是班恩河谷①的基因库，几千年来从未被人扰乱。

《巴黎评论》： 家里有什么书吗？

希尼： 不多。读书的环境是在我莎拉姨妈家。她在二十年代读过师范然后还自己弄了个小图书室。比如，她有全套的哈代小说，还有早期的叶芝三卷本全集——戏剧、故事和诗歌。

《巴黎评论》： 你的玛丽姑妈呢？

希尼： 玛丽是我父亲的姐妹，她跟我们一起住在家。因为我是长子，我很得她的宠爱。她是一个情感丰富同时又非常老练、冷眼看世界的女人。希尼家的女人都怀有这种根深蒂固的现实主义，只能靠她们的仁慈来加以平衡。她们无可指责，而且——并非被动地——非常警醒。她们身上有一种鲜活的东西，尽管她们同时也具有一种毁灭性的轻蔑，一种极端

---

① 班恩河源自希尼家乡一带，从内伊湖北流入海。

的、不屑一顾的轻蔑。不过，在两者之间，就是宽容和傲慢。玛丽对我们所有人都影响很深，但就我而言，我是受宠的，因为我是长子。

《巴黎评论》：你在家里肯定很快就成为第四个大人。

希尼：确实如此。才十来岁我就获得了某种代表资格，代表家人去参加一些守灵和葬礼之类。下地干活的时候我会被算作一个成人劳动力——比如夏天收干草。但我记得这种代表资格是在我弟弟克里斯托弗将要正式下葬的那个早晨加到我身上的。他才四岁就死于交通事故。我那时应该有十三四岁。总之，我从学校赶回家参加葬礼，其他弟弟妹妹都在。我进到卧室想要哭的时候，我的父亲对我说，"坚强点，如果你哭了，他们全都要哭。"

《巴黎评论》：你的诗作《期中短假》就是纪念这件事。

希尼：是啊。

《巴黎评论》：这些年你在大西洋两岸奔波，是什么样的感受？这对你作为一个丈夫和父亲是不是一种压力？

希尼：其实一九七九年玛丽亚和孩子们是跟我一起在美国的——坎布里奇四个月，然后长岛一个月——其实我们在坎布里奇的时候都是跟早在爱尔兰就认识的朋友们在一块，比如海伦·文德勒 ①，还有艾尔弗雷德·奥尔康（Alfred Alcorn）和他的妻子莎莉，这在我对是否接受聘书而犹豫不决的时候起了重要作用。当爸的不能突然跑到人生地不熟的地方去。这里的很多人不光认识我还认识玛丽亚和孩子们。问题在于四个月的分离是否值得换来另外八个月的在家团聚。在做出决定的那天晚上我做了一个梦，真的。我梦见自己在沙漠里，天很黑。我要找地方歇下来，找个庇护所，然后就来到一个用木杆斜搭在某种墙壁或悬崖边上的窝棚。木杆上盖着兽

---

① 海伦·文德勒（Helen Vendler, 1933— ），美国诗歌理论家、哈佛大学教授。

皮之类的遮盖物。我爬进底下去睡了一夜然后在梦里转到了大白天，阳光灿烂，悬崖消失了，窝棚也不见了，我站在一片空地上。先前我当成了土墙的东西实际上是停泊在苏伊士运河岸边的一艘客轮，晚上的时候客轮已经开走了。后来我觉得这个梦意味着万物变易，我也应该随之而变——尽管我知道也有别的方式去解释它。

《巴黎评论》：也可以把哈佛大学视为客轮，对吗？

希尼：啊，那确实！不久，大概就在那段时间，我们见了瑞典诗人托马斯·特朗斯特罗默和他的妻子莫妮卡，他们对我们说："嘿，没事的了，只要你们每隔六个星期能见上一面……可别超过六个星期呀。"于是就签了合同。玛丽亚有个姐妹当时住在都柏林，她可以说是孩子们最心爱的姨妈，她承诺每个春季都照顾孩子一两个星期，这样玛丽亚就可以到坎布里奇这边来陪我。

《巴黎评论》：你的房间，虽然很明显你已尽力把它做成你的小窝，但还是能看得出来你的生活是在很遥远的别处。

希尼：是的，没错。我觉得，比如我去另找一套灯塔山的公寓，然后按自己的喜好来装修布置，把我的书柜、宝贝还有图画都搬进去，构筑一个舒舒服服的异乡，那会严重影响到我跟家里的关系。所以说罗伯特·凯利（Robert Kiely）提供的这套亚当斯楼公寓真是棒极了，他从那时到现在都是主管。关键在于这个公寓不是一种替代性的生活。它就像墙梁上的一个鸟窝，实际上，是候鸟借住在别人的房子。我是凯利夫妇的客人，差不多吧。我住在这里不管怎么说都不是对我在都柏林的生活的一个替代。它就是个临时安置所。这对于我以及对于家庭都有非常重要的心理意义。我想也可以这么说，我每年独自来赴约任教的这段时期是工作时间而不是创作时间。我要做的是上课、朗诵，是忙碌、上班，不能太操心要写什么。每年的另外三分之二在家里就是写作时间，做白日梦的时间。事实证明，夏天最适合我写作。当我回到家，那里的实际植被和夏季气候经常能创造奇迹。有一种因离家而生的绝对需求增长。还有一种因回家而生的满足。就是这样的节奏。

《巴黎评论》：其实从你离开北爱尔兰以自由写作谋生到现在也不算太长时间。你刚过完五十五岁生日，已经写出那么大量的作品，又被聘为哈佛大学波尔斯顿讲席教授以及最近的牛津大学诗歌教授。我想知道你对这样两种相反的经历有什么感受，还有对你来说现在坐下来写一首诗有没有什么不同呢？

希尼：二十年前的经历嘛，当时我离开北爱尔兰去了威克洛全职写作，但显然不可能重来了。那时真是情势所迫。当我冒险迈出第一步的时候不能不这样。一九七二年我辞去女王大学的工作就有点故意在考验自己的能力。很幸运我那段时期出了两本书，还有第三本也即将完成。我还很幸运地得到了艺术家和诗人朋友们的支持。当时有两个人对我非常重要，就是特德·休斯，还有画家巴利·库克（Barrie Cooke），他正巧也是特德的朋友，钓鱼协会成员。总之，他们都对我这一行动大有帮助。然后，必须要说的，就是玛丽亚，即便是遇到举家迁往荒野这样的情况，仍然在非常简朴的条件下操持整个家。我们要节衣缩食吗？我有没有本事写出东西来证明辞职是对的？那几年就是这样急迫，真的。后来当我决定告别自由作家生涯重新回到都柏林教书的时候又面临一个完全不同的决断。我在威克洛的农舍待了四年，从一九七二年到一九七六年。头三年我在自由写作。第四年我开始在卡利斯堡的师范学院教书。当然，我那时很不情愿这样。我知道我远离中心才找到了自己的写作状态，但我又有一种强烈的、相反的渴望，要做一个父亲该做的事。我并不厌恶又回头去教书，但我非常明白我是在放弃某些东西。不过，我知道我在做什么，所以让我略有安慰。不管怎么说，在三年后出版了我的下一本书，那是我的挚爱之一。它也可说是一本变化之书；它让我从《北方》的激烈转入某种更有分寸的东西，既在形式上也在情感上。

《巴黎评论》：你是说《田野作业》？

希尼：对。《田野作业》告诉我，转入职场也是行得通的。它也许不会带来《北方》那种硬邦邦的写法，但《北方》是一个不可重来的时期的产物，那时我埋着头像猎狗一样嗅着兔子洞，寻找最新鲜刺激的东西，扒拉着泥土。这种事情不会再次发生了《北方》是一本"在中途"[①]。但即便《田野作业》少了些强迫症，多了些形式上的宽松，有很多公共性的挽歌、个人的爱情诗以及格兰莫十四行诗系列，它仍旧证明在新的境遇下我也能够写出诗来。三年后我跟哈佛大学签约，情况就更加好了：八个月做我自己的事情，四个月教书。跟我在卡利斯堡全职教书的时候也是同样的，我想方设法才生下了《苦路岛》。也许我的回顾把这一切说得太过头了，一年跟另一年是完全不同的呀。我已开始把人生设想为从最初的中心扩展去的一圈圈涟漪。在一定程度上，不管这圆圈扩得多宽，不管你从起点向外荡漾多远，你生命中那最初的搏动仍会在你身体里穿梭，所以尽管你还是可以说起你人生的这个阶段那个阶段，但你最初的自我和最后的自我并没有截然不同。

《巴黎评论》：不过，你说的好像是有明确的阶段和划分。你有没有对离开北爱尔兰感到内疚？在《暴露》一诗中你承认，"我不是囚徒也不是奸细；/一个内心的流亡者，头发长/心思重……"让人看到你在内疚。但如果你不曾离开的话能不能写出诗集《北方》里边的那些作品呢？

希尼：我想不会。我那时是鼓足了勇气才离开的。我有一种强烈的挫败感。也许该说脱离，而非分开。一个切实的决定。就是说，迁居威克洛并不是什么突然转变。我们一九七一年从加利福尼亚回来就有点打算要离开贝尔法斯特，到北爱尔兰之外的地方当个自由作家。但即便如此，离开北方并不让我伤心。独处有益健康。毕竟，焦虑和坚决是可以共存的。比如在《暴露》一诗中焦虑的就是因这次迁居而产生的创作还过不去。

[①] 原文 Nel mezzo del cammin，出自但丁《神曲》第一行"在人生之旅的中途"，原指 35 岁。

诗中自问，这边的东西是否足以抵御那边正在发生的残暴之事？而诗人说，当情势需要彗星的时候，我在做的是不是仅仅擦出几颗小火花？[①]

《巴黎评论》： 是什么导致了《北方》中的戏剧性改变？

希尼： 我想，挫败感的必然结果就是有点紧张分分。写这些诗的同时，我也在对自我和情感施加压力，正如《暴露》所暴露的那样。《北方》中的诗要联系到一个特定地点，那座农舍的阁楼[②]，我在那里一支接一支抽烟，赶稿子，看看窗外的阳光又继续埋头，焦虑不安。我觉得，焦虑就体现在四行诗的压缩之中。

《巴黎评论》： 读罗伯特·洛威尔、W.C.威廉斯、罗伯特·克里利对你有影响吗？或者是不是翻译《迷途的斯威尼》才导致你开始写更为凝练的诗。

希尼： 那些轻盈的小四行诗始于我在伯克利的时候，它们在诗集《越冬》中出场。比如《西行记》《安阿霍利什》等诗。但同一类型的翱翔的四行诗节更早就有，比如《沼原》以及诗集《通往黑暗的门》后半部的一些诗。我曾对威廉斯充满了真挚的好奇心，在加利福尼亚的时候我就相当系统地读他。怀着深情同时也带着迷惑去读他。我想我在不知不觉中就一直希望诗行能有回声，能在它结束的地方之外还继续低声吟唱，但威廉斯带来的似乎是一种正好在诗行结束之处就戛然而止的音乐。没有反响，没有回声，没有悦耳音符。我不断寻找和追问，这就完了吗？然后我认识到答案就是，没错，这就完了。不过我觉得所有的诗歌当中都蕴涵着诗行短促的强力和诗行绵长的魅力之间的一种对话或平衡。确实，在诗集《北方》之后，我非常有意识地开始写一些更加讲究韵律和句法的诗。十四行诗。五音步韵诗。还有从中提取的一些东西。歌的元素。在诗集《田野作业》

[①] 参见《暴露》一诗：桦树林承继着最后的阳光……一枚彗星的逝去应在日落时显而易见……吹燃火花以求微渺的暖，却已错过一生一次的异兆，彗星那搏动的玫瑰。

[②] 希尼在威克洛郡格兰莫小镇的住所。

中有一首诗叫《歌手的家》，它实际上是讲诗人以及诗歌的歌唱权，哪怕他们周遭的世界无歌无曲。歌手叫大卫·哈蒙德（David Hammond），他是我的好友也是我们早年在贝尔法斯特那时候的捣蛋大王。动乱时期造成的问题之一，当然，就是让所有的狂欢痛饮和自由放荡都悄无声息了。晚上没有人出门。然后，因为陈旧的政治残渣在每个人的体内被翻腾起来了，一些小小的冷漠、隔阂和疏远也就开始在人们中间增长。所以心情晦暗。然后过了十年，我突然来到哈蒙德在多尼戈尔海滨的夏季别墅，我们度过了一个兴高采烈的傍晚。唱歌，喝酒，整个儿"快乐伙伴"①的情调。这让我牢牢记住了我们在抽象的"歌"一词中所指的是一个至关重要的范畴，应当义无反顾地去追求。《歌手的家》就从中诞生了。事实上，《田野作业》中很多诗的形式冲动正说明我身上同时存在的这种骑士党信条和圆颅党②相对抗。我是说，谁不想写出莫扎特式的诗呢？

《巴黎评论》：莫扎特式的诗是怎样的？

希尼：它会容纳所有的日常生活。但它会有强大的形式加速度。我最近在读克里斯托弗·马洛的《赫洛和勒安得耳》，它在神话资源中天马行空的方式让我感受到这惊人的提升力。它呈演了一种恣意蹦跳的、迷人、精妙又自省的音乐。诗文中有名副其实的甜美和富丽，但在那招展的一派喜乐欢闹之下，是饱经风霜的认知。对伤害、仇恨和暴力的真切体认。还有狡诈。我想一个年轻人③写出这样的诗已是至臻成熟。这首诗既有一个悉知所有刑罚的普罗斯帕罗但还有一个让它甜美可爱的爱丽儿。

《巴黎评论》：你不认为你写的作品里边有莫扎特式的吗？

希尼：没有，真的。

---

① "快乐伙伴"（Jocund company），出自华兹华斯诗《水仙咏》：有这样的快乐伙伴，诗人怎能不满心欢喜。
② 骑士党（保王派）和圆颅党（议会派）是 17 世纪英国内战时期的两大对立派系。
③ 早夭的英国戏剧家、诗人马洛（1564—1593）写《赫洛和勒安得耳》时才二十多岁。

《巴黎评论》：写作的时间久了会不会有新的危险，就是太像自己，太多重复自己？

希尼：我觉得人总不可避免会陷入习惯性的表达。但实际上当你投入写一首诗的亢奋状态，就不再有三十五岁或五十五岁的差别了。先热身然后完全沉迷于写作，就是它本身的回报。

《巴黎评论》：那现在还一样难写吗？

希尼：当然了。可能更难。刚开始写作，我想每个人都是奔着结尾的高潮。那是一种追求完整的心理；你急切需要一个回报，即时的满足。但我现在最享受的是实际过程。当我有了一个构思，我就想让它尽可能地保持发展。刚开始写作，如果我想到一个意象那我就简直要扑上去，一头冲进它的意蕴之中，通常用六或八个四行诗节就展开了。但现在，一个个初起的意象会引出另一个意象，诗歌也许会间接进入状态然后用一种更曲折的、积增的方式发展下去。我更钟意那种开场的瞬间，把事情分段处理。

《巴黎评论》：你有没有觉得是一个自传诗人，或社会诗人、田园诗人、政治诗人等等？

希尼：如果是某个对诗歌一无所知而且毫无兴趣的人来问我，"你写的是哪一类诗歌"，在那种令人抓狂的情形下我会倾向于回答，"啊，大概是自传体的，基于回忆。"但我还想坚持说，自传性内容在本质上不是写作的要点。重要的是造型冲动，亦即一种要塑造整体的亢奋感的勃发和汇聚。我不认为我是一个具有政治主旋律和特定的政治世界观的政治诗人，以某个方式，贝尔托·布莱希特是政治诗人，以另外的方式，阿德里安娜·里奇（Adrienne Rich）或者艾伦·金斯堡也是。

《巴黎评论》：叶芝是政治诗人吗？

希尼：叶芝是公共诗人。或者以索福克勒斯是政治戏剧家那样的方式他是一个政治诗人。两者都对城邦感兴趣。叶芝不是一个宗派性的政治诗人，即便他确实代表了爱尔兰社会文化的某个特殊部分，他的想象被马克思主义者斥为反动的、贵族气的偏见。但那种想象的整个努力方向是包容性。预想一种未来。所以说，他当然是一个具有重大政治意义的诗人，但我认为他是幻想而非政治。我会说巴勃罗·聂鲁达是政治的。

《巴黎评论》：W.H. 奥登呢？

希尼：若我说奥登是一个公民诗人而不是政治诗人会不会太圆滑了？

《巴黎评论》：我记得你在一篇文章中说，奥登给他那个时代的英语写作引入了一种对当代事务的关注，从前那是被忽视的。

希尼：有些诗人就像抓住读者的手按到现实的裸线上电击那样来激活。这通常是节奏和措辞上的问题。但奥登有一度确实非常有意识地把自己设定为一个政治诗人。直到四十年代初为止。然后他成为，你可以说，一个内省的诗人。有点像华兹华斯。先是一个具有革命气质的政治诗人。然后又产生第二种想法。但就像约瑟夫·布罗茨基从前对我说的，强烈不是万能的。我相信布罗茨基想到的是奥登，晚期奥登。早期的奥登确实强烈，有一种热病状的断断续续喷涌的东西，在词语之间、韵律之中有着极度的亢奋。有某种压力在推进。但后来消失了。在五十年代和六十年代你可以看出事情正受到来自上面的审查。我想转变就发生在三十年代末他写那些十四行组诗的时候，比如《战争时期》《探索》这样绝妙、清醒的组诗，充满活力、洞察和知性的闪光。有一种得到来自极高处的审视和提炼的体验感，但在中期仍旧存在的是语言的底层能量。到最后就消失了。然后开始有一种词汇的湍鸣取而代之。

《巴黎评论》：你会怎样描述你自己的声音？

希尼：我在《田野作业》中非常有意识地尝试着从一种忧思忡忡的、在语音上自我陶醉的写作转向某种更接近我自己说话的声音。我想，从

《田野作业》之后我一直循着这个方向。跟《一个博物学家的死亡》《越冬》《北方》相比，这是一种完全不同的语言理想。之前那几部诗集是追求有质感，全是辅音、元音和发声法，它们追求词语的纯物质性。刚开始，我想尽量写得具体，鼓励我这样做的是菲利普·霍布斯鲍姆[①]，他就喜欢我的诗在六十年代中期他组织的工坊上朗诵的那样。工坊叫做"小组"（Group）。

《巴黎评论》：我听说你的新作——组诗《画方格》——是一个回归纯真的诗歌动作，不是华兹华斯式的，而是回到一个前语言、前民族、前天主教的地方。在一切被编码成文化之前。是这样吗？

希尼：嗯，《画方格》里面有一个明确的急切和明确的欲望就是要写出一种不会立刻就陷入所谓"文化辩论"的诗。这种辩论对爱尔兰的诗人来说已成为一种束缚同时又是一种奖赏。他们的每一首诗要么被拉入阵营，要么就被揭露有其秘密政治关联。

《巴黎评论》：出于这个原因，《画方格》就去除了地点的指涉，是吗？

希尼：但我认为它有强烈的、亲切的地方性。

《巴黎评论》：不过没有地名啊。

希尼：确实如此。

《巴黎评论》：比如，有关打弹子的章节，发生在德里郡或密尔沃基都是可能的；似乎诗中的行动或经历是诉诸普适性，而非地方性。

希尼：我很高兴你这样看。我对这些诗的钟爱之处是对一种精神的

---

① 菲利普·霍布斯鲍姆（Philip Hobsbaum，1932—2005），英国诗人、批评家，1963 年至 1966 年在贝尔法斯特主持每周讨论组，他离开后曾由希尼接办。

古老认识。十二行的格式不过是在开头碰巧撞上的，但后来就成了刻意为之。我有一年时间没上课，全力去追寻那份精神冲动。这些诗在一定程度上是对着时钟来写的。两小时，一小时，甚至更短；过后我再回头修改一下。有点鬼才在乎的感觉，放任自流，一蹴而就。我很享受这种方式，因为此前的组诗《苦路岛》是完全不同的另一种写法。某种缓慢增长的东西。

《巴黎评论》：那是长诗的另一个范例。

希尼：但也是一部慢诗。有些章节放进来了，有些章节被拿掉了。它的写法，可以说，是负责任的。诗中的叙述者跟它背后的写作者言行一致。有一种当众忏悔的意味。

《巴黎评论》：但其中有好些人物和声音。

希尼：确实如此。它带有某种生命之重。我说过，它不同于《画方格》那种鬼才在乎的轻率。指针一直在我的两个极端之间摇摆。一边是主题的重大，有点像猎犬满地乱嗅，简直是非诗的，另一边是词语本身的振奋和嬉戏。我喜欢诗歌不太把自己想象成诗歌的样子。

《巴黎评论》：你是不是指它的主题性质？

希尼：对，但我也喜欢语言中有一分粗糙和便捷。词语中有些东西能让你再一次认识到路易斯·麦克尼斯 [①] 为什么会说，"世界比我们想象的还要急促"。

《巴黎评论》：在《画方格》中，很多要素被剥离了，你是不是感觉你已经用尽了讽喻和神话，在早期诗集中频繁出现的那些？

---

① 路易斯·麦克尼斯（Louis MacNeice，1907—1963），爱尔兰裔英国诗人。这句引文出自麦克尼斯的《雪》(1935)。

希尼：我并没有打算避开讽喻和神话。那些样式是永远有用的，而且我讨厌把自己跟它们切割开来。《画方格》更是一个"天赐之音"①。一个不期而遇。第一章得来纯属意外，但感觉它似乎是早已预制好的。那时我刚完成一项牵挂已久的任务，给《菲尔戴版爱尔兰文学作品选》编的叶芝诗选加一个长篇导论。我在都柏林的国立图书馆忙了几个星期，然后我完工那天，就在图书馆，《灿烂》第一章的第一组词降临了，仿佛它们早已刻在我的舌头上："辉光变幻。时有冬阳／照进门道，而门前石阶上／一个乞丐瑟瑟于剪影。//故可作出特殊审判……"我兴高采烈。这些句子跟我以前写的都不一样。于是我就跟着它往下走。让我亢奋的是一种声调，让我感觉自己能够像老鹰那样直扑而下，并把那些在记忆之中的但从没想到要写出来的东西都串联起来，就像打开了历史宝库。比如，有一章写到跨越旧金山海湾大桥。以前我从旧金山机场过来——我那时在伯克利大学教书，一九七〇年、一九七一年——会有一两个年轻士兵坐在巴士后面，他们要去对面的金银岛军事基地，然后开赴越南。我记得当时的感觉就像坐死囚车一样。但不知怎的我并不觉得这属于我的主题范围，它牵涉的是美国人的危机。不过它一直留在我的脑子里，然后在我写那些十二行诗的时候我就抓住了这张闪光照片。这个时候我已经能够翱翔在整个地域，各种各样的融合、掠览或瞥视都得心应手。我还允许自己，俗话说的，随波逐流。十二行形式的恣意独断，它的冲动和敏锐让我一时间感觉到自己身上的不同。但我并没有任何要超越神话或讽喻的计划。

《巴黎评论》：你是否认为失去双亲影响了你的创作？在《画方格》中，可以说，有一种往昔岁月的抹消感，那常是父母去世带来的。

希尼：他们去世的时候我都在身边，跟弟妹们一起守在屋里。功德圆满。他们都安然辞世——"走得顺"，就像他们自己说的。没有太多折磨或痛苦。我的父亲死于癌症；当然，有个恶化阶段，但到最后那真正以小

----

① Given note，参见希尼同名早期诗，收入诗集《通往黑暗的门》(1969)。

时计的衰竭是相对可预知的、相对平静的。我的母亲死于中风，快很多，不到三天。我们家人又有时间聚在一起。有一种将近正式圆满的认识。但同时也承认，没有什么东西可以学到，面对死亡就是面对某种绝对简单、绝对神秘的东西。就我而言，这段经历让我恢复了使用"灵魂"和"精神"等词的权利，我曾对它们感到过分的羞怯，一种文学上的羞怯，我想，源于对禁用抽象词语的盲目服从，另外这种羞怯也源自我与自己的天主教过往的复杂关系。在很多方面我热爱它，从未远离它，但在其他方面又怀疑它提供给我的使用补偿性超自然语汇的捷径。但父母辞世的经历却恢复了这些语汇的某种真理性。我发现这些词并不含混。它们和我们内在的生命之灵密切关联。

《巴黎评论》：在《界标》一诗中你描述了一种标志着你看待世界的方式的居间状态。也许有人会认为居间状态对于作家、诗人来说是必需的。你有没有感觉到你在政治公共舞台上的居间状态让你遭受了一些同胞的敌意？

希尼：我想，敌意是来自那些认为我还不够充分居间的人。比如有些北方联合派的人会把我看作一个对于联合派在北方的多数地位缺乏充分体认的典型爱尔兰民族主义者。居间状态在关系到爱尔兰的民族派和共和派传统的场合就更加成问题了。我这个人的政治观当然是爱尔兰中心的。我更希望我们的认识、我们的文化、我们的语言、我们的信念以爱尔兰为中心，而不是英国中心或美国中心。爱尔兰政治的两大派系由此发源。一是立宪民族主义；也就是说，他们所践行的民族派政治就是选举爱尔兰议员，十九世纪在威斯敏斯特①，一九二一年之后在北方的斯多蒙特②和共和国的多伊尔③，最近三十年最惹人注目的践行者是约翰·休谟④。另一系则

①　英国议会所在地。
②　北爱尔兰议会所在地。
③　爱尔兰共和国议会。
④　约翰·休谟（John Hume, 1937—　），北爱尔兰社会民主工党领袖。

是共和分离主义，一个更不挠追求民族独立的路线，最有名的代表是格里·亚当斯①和新芬党，最残暴的代表是爱尔兰共和军。现在有些怀着共和派坚定理念的人可能会认为我没有充分地投身他们的事业和政策，没有充分地发声反对他们眼中的大英帝国在北爱尔兰的所作所为。比如一九七九年，在火车上，我遇见的一个新芬党官员就在这一点上斥责和质疑我。为什么我不为那些正在梅兹监狱进行所谓"污秽示威"②的共和派囚犯写些什么？这些人在奋力争取获得政治犯待遇的权利。撒切尔则坚持把他们当作她所谓的"一般罪犯"。保王派企图将共和军定义为根本没有任何政治地位的杀人犯，企图剥夺他们的行动中的政治动机或解放的光环。监狱正在发生很大、很大的骚乱。囚犯们的生存状况惨不忍睹。忍耐是为了坚持原则和尊严。我可以理解这一切并且承认他论据有力。"有力"一词名副其实，因为我被要求做的事情是向共和军宣传活动出借我的名字。我对那家伙说，如果我要写什么我只会为我自己写。他后来在某个地方用这话来抨击我，说我曾拒绝为反抗暴政去写作或发声。对北爱尔兰作家来说，一旦共和军临时派开始向人民施加他们那种暴力，那一切就都改变了。早在一九六八年至一九七〇年的时候，我也曾经是一个宣传家，但那是我自己的宣传，这么说吧，在《新政治家》《倾听者》等刊物上表达一个少数派的观点。

《巴黎评论》：你说的少数派，是指在北方吗？

希尼：对。天主教徒。首先，天主教徒就有这种站在道德高地的感觉，很自命不凡。体制已经被人操纵来限制我们，当民权大游行③开始的时候，官方要反对的是作为少数派的少数派。国家机器就是那样运转的，而新运动的关键是改变它。你会觉得充当这一历史转折的发言人是光荣

---

① 格里·亚当斯（Gerry Adams，1948— ），北爱尔兰新芬党领袖。

② "污秽示威"（the dirty protest），拒绝离开囚室，阻止清洁，随地便溺等，主动恶化监狱卫生状况。

③ 1968年民权运动继而引发派系骚乱，是当代北爱问题的开端。

的、而且，的确义不容辞。然而一旦共和军开始用炸弹为你说话，所有的确实性就变得复杂了。但应该说，我从没想过我的受众仅仅由北方天主教徒组成。一切创作所指向的读者，曼德尔施塔姆称他为"后世读者"（the reader in posterity），对我来说他是一个北方新教徒也没什么区别。但请注意我说的！新教徒、天主教徒——关键是要在那些雷达网之下或之外飞行。在理论上，我们的创作都指向某个公正的、无利害关系的接收点。一个公正场所，某种监听站和终审法院。我关注我从北爱尔兰天主教少数派背景中知道的而且必须讲述的很多东西，但我并不关注是什么形势在决定我的受众或我的立场。

《巴黎评论》：你是否觉得诗人在政治艰难时期会有一种义务？

希尼：我想一个诗人若在政治艰难时期没感觉到压力的话那不是蠢货就是麻木不仁了。我非常赞赏罗伯特·平斯基（Robert Pinsky）一篇关于诗人职责的文章中的表述。他把"职责"（responsibility）一词追溯到它的词根"回应"（response）以及它的盎格鲁-撒克逊语同义词"回答"（answer）。平斯基说，只要你感到有回答的必要那你就在负责任，因为在回答的基础上就建立了诗人的职责。当然，你实际上怎样发表这个回答则是另一回事。有个人气质的因素。还有艺术能力的决定性因素，你在艺术上是否适合去承担那个通常很棘手的主题。

《巴黎评论》：但你是否认为诗歌可以影响政治？

希尼：是的，我认为可以影响。在这方面已经有太多拐弯抹角的话。奥登的名句"诗歌不能让任何事情发生"老是被人用来取消问题。但我相信诗歌有政治影响，比如罗伯特·洛威尔。我说的不是因为他的作品的主题，而是他树立了一个作为诗人的姿态和权威。

《巴黎评论》：你是说引人瞩目？

希尼：引人瞩目，是的，但只有引人瞩目还不够。别的诗人也引人瞩目。洛威尔体现了一种尊严。他的敌人也许会说他是自命不凡，但这毫不相干。让人感觉他在支持某种东西。当他介入公共事务，比如，当他决定婉拒白宫的邀请，那就有了政治影响。而当他参加五角大楼游行，那就有了意义，因为他作为诗人和名士受到关注。想起来，菲利普·拉金也有他确实的政治影响力。他强化了某种执拗的英国做派。他的假面助长了英国生活中的一种仇外情绪和一种庸人习气。我倒不是说他的曲调里有什么平庸的东西，而是他对艺术和生活的说辞中毫无可取之处，那些声明就像是在说："噢，我不知道。我只爱玛格丽特·撒切尔。我不看翻译的诗，我也从不希望出国。"这类庸俗至极的玩意儿，他还在《巴黎评论》访谈中大肆炫耀，这类东西事实上已经进入了文化。拉金的反英雄风格和他对一切有想象或有勇气之物的避而远之都有其影响。我想说休·麦克迪米德（Hugh MacDiarmid）对苏格兰也有一种完全不同的影响。诺曼·麦凯格（Norman MacCaig）说过，苏格兰民族应该在每年麦克迪米德祭日那天闹腾两分钟来纪念。在爱尔兰，当然，我们每年办两周暑期班来怀念叶芝。理当如此。

《巴黎评论》：你在一篇文章 ① 中以耶稣在沙地上写字为例，主张诗歌有制止暴力的权能，对吧？你提出，重要的不是耶稣在沙地上写了什么，而是他不顾要砸死妓女的石刑只管在沙地上写字，这种出人意料的姿态才阻拦或制止了石刑。

希尼：对。辩论不会真正改变事情。它只让你陷得更深。如果你能有什么新东西，有什么不同的角度，再去提出或重谈话题，那样才会有些希望。比如在北爱尔兰，要有一个关于我们所面临的道路的新隐喻，一种新语言会创造新的可能性。我坚信这个。所以我援用耶稣在沙地上写字的典故，就是要例证这类能叫人转念的创新。他所做的不过是对那一时的强迫症掉头不顾。有点像驱魔舞。

---

① 希尼讲演稿《舌头的管辖》(1986)。

《巴黎评论》：这是对写作的绝妙比喻。

希尼：人会突然盯着别的东西然后停下一会儿。在这注视和停顿的时间里，他们会像镜子那样照出他们自身的知识和 / 或无知的总和。诗歌能为你做这个事情，它可以让你有片刻出神入迷，让你超越你自身的意识和你自身的可能性的小池塘。

《巴黎评论》：你是否把你那些所谓的"沼地诗"看作这一类转念和出神的例子？

希尼：我把沼地诗看作一个"回答"，如平斯基所言。它们是一种拦阻行动。它们确实有点像画在沙地上的线条。不是和正在发生的事情完全对等，而是企图让当代与古代和鸣。例如《图伦男子》，它是我写的第一首沼地诗。本质上，它是一个祈祷，为那些在现代爱尔兰，在二十世纪第一个十年、在二十年代以及刚过去的年代里被各种各样的战斗和暴行杀害的人，祈祷他们能得到某种回报，某种新的和平或决议。当理解了他在铁器时代的同辈，图伦男子被献祭的遗体便在春天里萌发，于是诗中希望在当下的暴力中也开出类似的花朵。当然它承认这很可能不会发生，但诗歌的中间部分仍旧是一个祈祷在期待它的发生。沼地诗是在抵御时代的侵蚀，我想。但其中也一直有真实的个人牵涉——比如《惩治》一诗。

《巴黎评论》：在哪些方面？

希尼：这首诗写到当共和军在阿尔斯特①对那些姑娘浇柏油、粘羽毛的时候人们束手旁观。但它同时也写到当英国人在贝尔法斯特的军营和审讯所拷打犯人的时候人们束手旁观。写到站在这两种凌辱形式中间。所以有自责的因素，这使得诗歌具有一种非常敏感的个人性。它的关注点是眼

---

① 阿尔斯特（Ulster），爱尔兰古代省份之一，泛指北爱尔兰。

下和当代，但出于某些原因我却不能把军营或警局或博赛区^①的街头生活写进这首诗的语言和地形图之中。我发现，写沼地古尸和铁器时代刑罚景象反而更有说服力。如果我把焦点从那些形象上挪开，写作的压力似乎就耗尽了。

《巴黎评论》： 你的诗中经常写到被剥夺者（如《仆役》）或受害者（如《惩治》）——作为一个来自充满坦克、哨卡以及种种堕落的国家的爱尔兰天主教徒，你有没有感觉自己是他们中的一员？

希尼： 我没有故意那样想。我讨厌把诗歌设想成一场受害者冠名大游行。有很多当代作品让我厌烦的就是在显摆苦难。威尔弗里德·欧文（Wilfred Owen）是对我最重要的诗人之一，现在我相信我还一直低估了他的影响。这种影响不完全在风格的层次上，更多是理解一个诗人应该做什么。我想说的是，欧文抨击那种叫人流血的正义，还有他的诗中与底层人民同呼吸的全面抗争，我想这一切影响了我对诗歌在世界上应处于什么位置的认识。总之，在七十年代初我就认同了天主教少数派身份。比如《恐惧部》一诗便是对少数派问题的细心处理。试图囊括民权现实的因素。它是用素体诗写的；没有太多文字游戏。

《巴黎评论》： 你是否认为对爱尔兰身份的探索是爱尔兰诗人的一个共同主线？是否有一种爱尔兰性的真正载体？是农民、中产阶级还是名门望族？

希尼： 我不认为会有某种单一的爱尔兰性的真正载体。会有各种版本，各种叙述，也就是说，你生下来就拥有其中一种。也许名正言顺地成为，比如叶芝那样的益格鲁—爱尔兰人，所谓"不是小人物"^②，或者是我这

---

① 博赛区（Bogside），北爱尔兰德里市的天主教居民区，1969 年爆发骚乱。

② 出自叶芝 1925 年 6 月 11 日在爱尔兰参议院的发言，其中谈到他的新教出身，大意：我们不是小人物，我们是伯克的族裔，我们是斯威夫特的家人，我们是艾米特的家人，我们创造了本世纪的大部分现代文学，我们创造了它最杰出的政治智慧。

样的"大嗓门的杂佣"①。但你当然还要培养一种对他者的认识，并努力找到一个对总体的想象方式。这是一大挑战，要开放界定，要在爱尔兰建立爱尔兰性的领地——我讨厌"多元主义"这个词，它太一本正经、理所当然了——要让它开放和可用，现在我认为它有点像那么回事了。问题在于有些人最憎恨的就是被归入爱尔兰的范畴。北爱尔兰新教徒保王派，出身联合派背景的人——他们根本上排斥被称为爱尔兰的概念，毫不理会爱尔兰国家统一愿景的召唤，无论是强制还是立宪。所以你需要尊重他们的选择权，因为那也是有切实的历史和民族基础的。但与此同时，五十年来，这种选择权的另一面是他们对民族主义少数派的霸凌态度，其实就是说，"因为我们不想做爱尔兰人，所以你们也不能做爱尔兰人。我们拒绝这种身份认同。在我们北方六郡，你们就是英国人，没得选择，你要么接受，要么就滚。"所以虽然我相信新教徒必须拥有种种文化权、人身权和人权来界定他们自己，但他们无权否决政治未来（几十年来就是如此，通过威斯敏斯特跟联合派的意识形态联合）；他们无权把新的北爱尔兰民族精神仅仅建立在他们的保王派效忠上。

《巴黎评论》：在《泥淖幻象》一诗中你描述了一个泥水玫瑰窗的幻境。那个幻象是什么，你相信吗？

希尼：它叠印了两件事。首先是在五十年代的时候传说圣母向蒂龙郡的一个女人显现。这件事轰动全国。我还记得那一时间扑面而来的振奋、关注、期待和怀疑之情。人潮汹涌在一个小小的地方，内伊湖畔的阿波村，那里实际上也是我妻子的家乡。虽然我并不相信圣母会站在那里一个花园尽头的山楂树丛上，我仍然被那种振奋感染。一个在幻象四周围聚着、期盼着、活跃着的社群，诗歌的背后就是这段记忆。但在现实中泥淖幻象的概念来自英国艺术家理查德·朗（Richard Long）的一个作品，那是墙上的一个巨大花盘，全部由泥浆手印组成。开始是一组六或八个泥浆

---

① 出自希尼诗《在贝格湖滩》，收入诗集《田野作业》（1979）。

花瓣，然后绕着圆心不断往外扩展，形成一个巨大的脏兮兮的玫瑰窗。所以你问的这首诗，它的作者早年曾熟悉阿波村的亢奋，后来他又在都柏林健力士啤酒纪念馆的墙上欣赏了这个东西。我想写的是当代爱尔兰，爱尔兰共和国，一个具有宗教潜意识但被世俗宿命注定的国家——它正处在从一个虔信宗教的共同社群向一个现代性和主观性的孤立状态进行转变的关键点。在诗中，社群已失去了它原有的宿命感以及所有形而上的感召力。它要面临在一个更世俗化的世界生存下去的挑战。诗中有一种失落感。一种错失了机会的感觉。

《巴黎评论》：回到你的天主教根源，我想知道，你相信有撒旦吗？

希尼：这是个好问题。已有很多年没想到他了。但他的名字还是非常惊人。这的确让我又找回了感觉。

《巴黎评论》：但你没说你信不信呢？

希尼：我不知道。如果我想起用于弥撒结束时吟唱的古老祷文，说撒旦漫游世界寻找毁灭灵魂的时机，那他仍旧是活生生的。

《巴黎评论》：说到漫游世界，你爱收藏吗？

希尼：不系统，但我也有点恋物癖，所以我身边堆满了东西。石头、木棍、桦树皮、明信片、纸箱、绘画，多年收集的大量绘画，当然还有书。比如，我有来自新英格兰的两块桦木。一个是浑然天成的拾得物，有点像一个后倾的人体身躯，一段中空的桦木块，一个桦树皮的阿波罗。是我多年前去鹰湖拜访唐纳德·霍尔和珍妮·肯庸 ① 的时候在地上捡到的。还有另外一块是我最近跟威廉·科贝特（William Corbett）夫妇一起前往新罕布什尔州顿巴敦祭扫罗伯特·洛威尔墓地时得到的。我在墓园旁边捡了

---

① 唐纳德·霍尔（Donald Hall, 1928—2018），美国诗人，曾任《巴黎评论》诗歌主编，他的妻子珍妮·肯庸（Jane Kenyon, 1947—1995）也是诗人。鹰湖农庄是霍尔家的住所和祖产。

一根桦树枝，然后就一直握着它。就那么回事。我还有比尼悬崖①的石头，乔伊斯碉楼的花岗岩碎片，叶芝塔楼的海绿色板岩。一块德尔斐的石头。一个丁登寺瓷盘。俄耳甫斯画瓶。还有碟子的。还有铜牌的。

《巴黎评论》：你是在农村长大的，我想知道你在家养过宠物或动物吗？

希尼：啊，在德里郡，我们对猫猫狗狗的态度，主要是一种亲切的忽视。宠爱，但又不露出宠爱的痕迹。狗和猫是生活的一部分，宝贝得很，但它们不是真正的宠物。它们不许进屋，基本上。但在都柏林我们养了一条狗叫卡洛（Carlow），它就整天待在屋里。没有农场给它去浪呀。它是一条牧羊犬，同时也是一条跟绵羊一样乖的狗。我们家人还在争论它到底是土老帽还是雅痞。

《巴黎评论》：什么叫土老帽？

希尼：噢，就是一个进城讨生活的外粗内细的乡下人。我们家有人认为它是 Carlo，没有结尾的 w，大概就像一个有志于成为歌剧演唱家的雅痞阶级；但对我来说它保留了 w，就像爱尔兰的郡名，一个踢盖尔式足球兴许还玩玩爱尔兰曲棍球的 Carlow。

《巴黎评论》：如果你能变成一只动物你想成为什么？

希尼：我愿意成为一只信天翁，可以整天地翱翔，随着气流上升千百里一路发梦。到了，还能像一种磨难挂在某人颈脖上。②

《巴黎评论》：那建筑呢？如果你能变成建筑，你想作什么？

希尼：万神庙。真的。保罗·马尔登③曾用各种奶酪来比喻每个诗人

---

① 英国西南海滨的一处风景地，托马斯·哈代有同名诗。
② 参见柯勒律治诗《古舟子咏》。
③ 保罗·马尔登（Paul Muldoon, 1951— ），北爱尔兰诗人。后文指他的诗《小天使奶酪》（1984）。

的特点，分给我的是"宏伟的埃门塔尔干酪"。当然，在罗马的时候我去过圣伯多禄广场，感觉非常震撼，既因为建筑的恢弘气势，也因为我曾在图片上见过无数次，还因为我知道如果我的父亲和母亲还活着，他们一想起我去了那里就会欣喜若狂。那里对他们来说有一种真正的宗教维度……我想我只能尽量解释为什么我进入那里会泪流满面。一次猛然的涤荡。但我恐怕自己最后还是会一次次重返万神殿。①

《巴黎评论》：你对意大利有一份特殊感情？

希尼：确实如此。这个地方让我感觉我可以安居于斯——尤其是托斯卡纳。还有，那里所有的基督教形象还和早年的情境密切关联着。在北欧和北美，它们已经全都从现实环境剥离开了：教堂、雕塑、十字架、圣母像和神圣家庭画，等等——哪怕在爱尔兰这些东西也都已经丧失了地志学意义。跟它们一起消散的是大一统的梦想。但在意大利，这些形象以及使之产生的人道主义/基督教文化似乎还在说着，梦想仍有可能变成现实。并非意大利人就更加虔诚，而是这些形象仍旧在那里显示、在那里承诺；它们并未感到从环境上或建筑上被淘汰，它们仍旧在宣扬着意义的可能性——至少对我这样的四十年代农村天主教家庭出身的孩子来说。也许只是在意大利受到了太多的审美熏陶吧。

《巴黎评论》：你是否曾感觉自己被禁锢在那些不尽真实的个人神话中？比如，在公众看来，一个德里郡农村出身的半野人，投奔了南方，混得不错，最后当上哈佛大学的波尔斯顿讲席教授？

希尼：啊，我想先回到那个一圈圈涟漪的意象。它们不停地扩展而自己却一无所知。只有在岸上观察池塘的人才能看到这个图案的成型过程。公众的看法便是这样，你根本无法参与进去，不管你想不想参与。而你对自己的看法又总是完全不同的。假设你是一只牡蛎。公众会把你看作一个

---

① 相对圣伯多禄广场（梵蒂冈）而言，万神殿是异教的所在。

颠扑不破的硬核，一个海难庇护所，你却感到自己不过是珠母蚌一样的内向和脆弱。至于你说的波尔斯顿讲席教授还有"混得不错"之类的问题。我这辈子大多都是在体制内上班谋生。我没觉得有什么错。当然，如果你是一个诗人那会有点风险。当你拿着一份薪水和一份"稳定生活"，当然就在安逸中失去了冒险打拼的新鲜刺激。但最好接受这一点，继续上班，而不是明明生活安逸却还要四处去假装你有什么自由的波希米亚精神。一些学院作家就有这种"我们作家怎样怎样"的心态，他们领着丰厚的津贴还有各种捐赠、差旅补助和古根海姆基金，却偏要摆出某种"勉为其难"，不肯承认他们依附学院是他们自愿的事，其实就是，却反而到处去嘲弄他们选择的这个沉闷场所。这样的心理防卫机制是可以理解的，但我很厌烦。这标志着他们已经在自己的创造力神话中不能自拔。对于你所说的公众看法的问题，他们会极度焦虑——因为那种神话需要的是亭子间而不是古根海姆基金。

《巴黎评论》：你知道，特德·休斯的一首诗中说，一切承袭着一切。[1] 也许有人会认为谢默斯·希尼的诗歌有三条文学血缘：一是杰拉德·曼利·霍普金斯、D.H. 劳伦斯、迪兰·托马斯、特德·休斯的脉络，一种激情喷涌的诗；一是机敏的知性化路线，来自奥登、拉金和洛威尔；最后一条是农田和农村生活的某种记录风格，如托马斯·哈代和帕特里克·卡瓦纳（Patrick Kavanagh）。我知道这样问你有点儿戏了，而且贬低了一个完整意义上的作家，但是如果我再重复一遍刚才的名字，你能不能用一两句话说说他有什么地方吸引你，比如霍普金斯？

希尼：霍普金斯让英语的输电线在韵律诗行之下震颤。像高压电。

《巴黎评论》：迪兰·托马斯？

希尼：当然是狂想曲。我不记得我是不是在看到托马斯的诗集之前就

---

① 　出自特德·休斯诗《女孩日记》（1966）。

听过他的朗诵。《十月的诗》对我大有影响。还有《蕨山》《约翰爵士山上》《白垩巨人的大腿》《我看见夏季的男孩》。

《巴黎评论》：劳伦斯？

希尼：劳伦斯也曾经对我大有影响。但是跟托马斯和霍普金斯的原因不一样。我喜欢直白。我想说的是他的诗集《三色堇》。他加强了我的排斥。"我没有的感觉，我不会说有。你说你有的感觉，你并没有。如果你真想有点感觉，我们最好把要有感觉的观念统统丢掉。"[①] 就是这类东西，你懂吧？劳伦斯通过《儿子与情人》达到了作为散文家的最高峰。真是颠覆性的。但在二十岁出头的时候我响应了他的反浪漫主义号召，他的那些诗就是说，"我们清理这片感情沼泽吧。让我们把所有的滥情都扫干净。"

《巴黎评论》：特德·休斯？

希尼：他是一个接通了霍普金斯的电源插座然后大放鲜活能量的诗人。

《巴黎评论》：奥登？

希尼：我大概用了二十年时间断断续续地读奥登，到现在我才对他有高度评价。他对我青年时代没有什么影响。但是当我年纪渐增，经历了爱尔兰在我三四十岁那些年发生的一切，奥登所受的艺术以及伦理上的惩罚让我非常感兴趣。还有他那套二元论。他把每个诗人分成爱丽儿和普罗斯帕罗的成分配方。形成了欢乐歌手、音乐家和智慧导师三种。还有他为什么封杀自己的《西班牙》一诗、这样做对不对的一系列问题。他还封杀了《一九三九年九月一日》。也许一个人要年长以后才能认识到他做出这些决定的戏剧性变化以及他所关切的严重性。实际上，从奥登对自己的文本认真重视来看，他并不真正相信"诗歌不能让任何事情发生"。他极度关切

①　出自 D.H. 劳伦斯的诗《致女人，在我看来》，有改动。

诗歌的真理性言说，关切一个词语或一件作品公之于众的效果。他会同意切斯拉夫·米沃什所说的，作为诗人，你当尽力保证你写作的时候是善精灵而不是恶精灵在支配着你。

《巴黎评论》： 那么拉金呢？

希尼： 作为读者来看我觉得他丰富多彩。但作为一个诗人我不确定能有什么收获。当年我们贝尔法斯特的一帮青年诗人，迈克·朗利（Michael Longley）和他的妻子艾德娜就一直在推动拉金和威尔伯（Richard Wilbur）的路线。而我则站在洛威尔和休斯那一边。部分是因为我诗歌中的声音更接近休斯的盎格鲁-撒克逊式粗放以及洛威尔的直率的、没那么美妙的音调。在另一面，朗利还有德里克·马洪（Derek Mahon）是完美音律的推崇者。不过，这样说就让我的态度显得比以往要偏激太多了。拉金是少数几个能在呼吸中闭气的诗人。

《巴黎评论》： 洛威尔？

希尼： 我念大学的时候洛威尔就是经典了。我在《企鹅版美国当代诗选》中读到洛威尔的《贵格会墓园》，可以说是瞪着眼睛、竖起耳朵那样。后来又看了休·斯特普斯（Hugh Staples）关于他的研究著作，书中将《贵格会墓园》和弥尔顿的《利西达斯》相比较。所以你可以想象我见到他时的敬仰。还有我与他为友时的喜悦。那是在七十年代初。当时，他的诗集《笔记簿》《历史》《致丽西和哈莉特》和《海豚》接连问世。奇怪的是，洛威尔对我写作的最大影响是这些素体十四行诗中的钝器式的率直。我内心的那个文学评论者会说，《生活研究》棒极了，还有《致联邦烈士》和《毗邻海洋》，我们时代的杰出公共诗篇：我称为骑士洛威尔，以时代为背景的洛威尔高贵侧影。这些诗成就非凡，但在诗集《生活研究》及其后续作品中他对自己的雄辩风格进行了报复，我在他的刚愎和斗胆中看到一种豪气。

《巴黎评论》：说来，在你给洛威尔的挽歌中①，他在结尾处为什么要说，"我会为你祈祷的"？

希尼：其实那句话的出现没什么理由……他的确这样对我说过，就在一九七五年我和他在基尔肯尼艺术节共度一周之后。我们来到我家在威克洛的小房子，确实很局促；二室一厅加一个厨房。卡尔进来的时候孩子们正到处乱跑，我记得他对我说，"瞧你这群孩子"，因为他家住在肯特郡米尔盖特的大宅子，保姆带着谢里登住在西厢，卡尔和卡洛琳各有独立工作室，晚上吃饭才聚到一起。②

《巴黎评论》：他见了你的小孩才说"我会为你祈祷的"？

希尼：那是他辞行的时候说的。他没提及小孩，但话语中是有慈爱的。我觉得他的话有几分是说，"我也曾是天主教徒"。还有就是说，他明白我隐居于农舍是要让自己经受成为一个作家的考验。或许他能从冒险中看出某种孤立和脆弱。但又说回来，他的话里或许是有着最细微的反讽意味，戏仿天主教徒的老调子，我不知道。但确实是有慈爱，我明白，也许他能预知他的告别辞会被记住。不管怎样，我把这话当成一个正面的、刻意反讽的美言。

《巴黎评论》：哈代如何？

希尼：自从我读到《牛群》那一刻，读到《还乡》开头部分那一刻，我就对他一见如故——那种萦绕不散的谣曲之美，那种从词语背后和内部流露的亲昵和老成，那种探察、迷惑和孤冷。他就像我学童时代的精神伙伴。我记得十一二岁的时候在英国广播电台听过《气候》一诗的朗诵，从此无法忘怀。《牛群》我大概也是在那段时间用心学习的。我爱它的英语古怪和早熟。"山坳那头的孤零村舍"——至今仍叫我感到忧伤同时又留神，

① 希尼诗《挽歌》，收入诗集《田野作业》(1979)。
② 卡尔是罗伯特·洛威尔的昵称，卡洛琳（Caroline Blackwood, 1931—1996）是他的第三任妻子，文艺名流，谢里登是他们的儿子。

带着本地口音的"深深林中的号角"。①

《巴黎评论》：卡瓦纳？

希尼：我算是卡瓦纳的门下弟子。我一九六二年才读到他，那时我已经从女王大学毕业在圣托马斯中学教书了，我的校长是短篇小说家迈克·麦拉维提（Michael McLaverty）。他借了卡瓦纳的诗集《灵魂待售》给我，里面有《大饥荒》一诗，于是求知的帷幔拉开了：它给我带来重大突破，从英语文学进入家乡主场。

《巴黎评论》：你有没有注意到爱尔兰和美国诗歌之间有大量的互相助长？你是否认为还存在一个盎格鲁-美利坚母体？

希尼：确实如此。但这不是新东西。五十年代的爱尔兰诗人已非常有意识地开始对美国诗歌进行吸收和适应。约翰·蒙塔古（John Montague）在伯克利大学读过研究生；他认识并接受影响的美国诗人包括斯奈德、克里利和 W.C. 威廉斯等。那是真正的互相助长，因为蒙塔古明白这些作家有助于建立爱尔兰诗歌的新生态，更性感，更奥尔森化②，一个"全球性的乡土主义"，如他所言。早在保罗·马尔登奔向那个领地之前，就有了西进运动。比如托马斯·金塞拉（Thomas Kinsella）原是受奥登的支配，但后来非常有意识地转向庞德。这在根本上是一种审美转向，一种更老练处理个人素材和神话素材的选择方案，但其中也有爱尔兰式的反文化成分，一种对英国标准的嗤之以鼻。

《巴黎评论》：多看几所美国大学就会发现，里边有保罗·马尔登、德里克·马洪、埃蒙·格伦南（Eamon Grennan）、伊文·博兰（Eavan Boland）以及谢默斯·希尼等等爱尔兰诗人。

---

① 原文为法文，出自法国诗人阿尔弗雷德·德·维尼的诗《号角》（1825）。
② 奥尔森化（Olsonian），指美国诗人查尔斯·奥尔森（Charles Olson，1910—1970）的风格。

希尼：还有约翰·蒙塔古在阿尔巴尼大学那儿呢。也许爱尔兰诗歌以及爱尔兰社会的状况在关系到英国和英语以及整个盎格鲁传承的决定性力量和示范作用时仍旧有些心神不安、自疑自省。爱尔兰有一种短暂易变的东西，尤其在年轻人身上——他们的心灵感应，可以这么说，连接着"噢我的美利坚，我的新大陆"①这样的诗句。保罗·马尔登是这方面的典型。他的走马幻灯始终关注着两个美国：一是亲历的美国经验，另一个是洛杉矶-好莱坞-雷蒙德·钱德勒式的戏剧场景。还有从美国传到妇女运动中来的澎湃巨浪。西尔维娅·普拉斯和阿德里安娜·里奇在激励和赞许伊文·博兰。埃蒙·格伦南是一个真正的双重国籍公民，他在纽约的瓦萨学院跟在克立郡的温特里海滨一样保持爱尔兰性。而德里克·马洪在七十年代就已经来到了洛威尔的家乡，那时他在坎布里奇四处游荡然后紧跟着洛威尔的诗集《毗邻海洋》写出了自己的马维尔式②八音节诗。

《巴黎评论》：你的评论家如何？你有没有发现哪一位独具慧眼？

希尼：啊，读海伦·文德勒（Helen Vendler）绝对错不了。她像信号接收站那样监测每一首诗，从词语电波里解读出东西，把它弄懂，把它搞清楚。她能够猜透一首诗的第六感。她有惊人的本领，能全频捕捉一首诗在内心发出的传呼讯号，敏感于词语的私密和隐含以及你使用它们的方式，同时她还能创造一个声学环境让你从中听到一首诗的最佳状态，能将它置入历史文脉之中并找出它的文学坐标。然后还有一种永不黯淡的狂热之情。海伦既是评论家也是我的朋友，这份友谊叫人鼓舞奋进，因为所有的批评热情都源于她那社会自我以及强振人心的才智。海伦的卓越之处不仅在于她的文学禀赋，还有她的坦诚、正直和真实。我深感这些优点形成了她可贵的为人品质，当然，这些也是她身为评论家

---

① 出自约翰·邓恩的诗《哀歌》。
② 马维尔式（Marvellian），指英国诗人安德鲁·马维尔（Andrew Marvell，1621—1678）的风格。

的信念的组成部分。

《巴黎评论》：你的《雨的声音》一诗，给友人理查德·埃尔曼（Richard Ellmann）的挽歌，你说到自己"沉湎在幸运中"，身体健康、爱情甜蜜、事业成功。你是否已不再感到"沉湎于幸运"了？

希尼：不。我仍旧享受着过分的幸运。首先，我把自己能找到一条走进诗歌写作的门径视为幸运。然后是我的早期作品赢得了赞赏，还有我人生的方向和身份随之而来的稳固，与爱情谐调发展——我把它视为真正的赐福。当然，这一切还有友谊、家庭美满和心爱者的信任。

《巴黎评论》：你是怎么认识你妻子的？

希尼：我在贝尔法斯特女王大学与她相识。在一个驻校神父的欢送会上，她是别人带过来的。我跟她隔着餐桌说话，餐后又被安排跟她一对。我送她走回她的公寓，半路上经过我的住所就顺便进去拿了我要借给她一本书，我说这书我下周四要用。于是那个星期四我们又见面了，我们去参加了一个派对，主人是个绝妙的人物，叫肖恩·阿姆斯特朗（肖恩在动乱时期刚开始不久就被枪杀了，诗集《田野作业》有一首诗写到他，写到在他家的那个晚上，诗名叫《寄自北安特里姆的明信片》）。反正，我们在派对上玩了很久，然后我又在她的公寓里耗得还要久，到凌晨的时候我们就差不多要互相求婚了。

《巴黎评论》：你们结婚多少年了？
希尼：二十九年。

《巴黎评论》：你写过很多关于妻子的诗，但相较而言写孩子的非常少。你是不是发现为人父的经验不适于赋诗？

希尼：有一种约定俗成的习惯是把女人当成爱情对象，当成抒情诗的中心。人人都会重弹那老调，不假思索。但对孩子我想我是怕打扰了他们。我最近看过一篇迈克·叶芝①的访谈，他已经七十多了，他说一个诗人在他的孩子读书毕业之前不应该去写他们。做父母的会占据某种情感优势。并不是说孩子们不是我的心头肉。

《巴黎评论》：你的孩子有人在写作吗？

希尼：迈克在都柏林当自由记者，报道流行文化的各个领域，乐队评论和访谈，演唱会和电影的专栏。干得很带劲，但根本不算创造性写作。

《巴黎评论》：你有个儿子在摇滚乐队是不是写歌？

希尼：没有，他是近年在都柏林蓬勃发展的乐队潮流的一员。他是鼓手，而且很不错。而凯瑟琳还在上大学。谁知道凯瑟琳会干吗呢？

《巴黎评论》：你写诗是怎样开头的？写的时候，你是把所有的开头全都写完吗？

希尼：我几乎把它全都写完。但我不是总能达到那种恰如其分地完成，并满足心中长久的渴望。跟大家一样，我也不明白恰如其分感最初来自哪里。诗人生来就为着那种特定的喜悦，那种言出法随、词即是道的感觉，就好比你是神谕的主使，能颁布律令那样。我是汤姆·波林（Tom Paulin）曾说过的暴食作家。我典型的创作高潮会持续三四个月。不是每天坚持写一些，而是一整段连贯密集的自给自足的行动，只要我产生那种旧癖发作的畅快感。就像风筝高飞，真的，在一个只有诗歌才能带来的高空。

《巴黎评论》：你写作的时候，比如开始写一首诗，你心中会想到多少形式和诗律？

希尼：这个难说得清。形式和诗律不是经常挂在人的头脑里的，直

---

① 迈克·叶芝（Michael Yeats，1921—2007），爱尔兰律师和政治家，诗人 W.B. 叶芝的儿子。

到写出一两行之后才产生。在开头的那些语词里面会有一种传召；它们就像音叉，如果写得对头那一整首诗的调子就在开篇的走步或乐章中得以建立和强固。实在说，通常我只听我的耳朵。如果我在写五音步诗，我就用手指把诗行的节奏敲出来——玛丽亚经常见我边开车边拍方向盘就会提醒我：看路。但早期我更着重我声音里的曲度和音色，不太注意重音的一致或格律正确。实际上，我倾向于有点不那么合辙的东西，有时还会避免这一类的正确。如果说多年过后现在发生了什么事情，那就是我变得更加重视规范了。我更加关注一拍拍二拍拍的玩意。我不确定这是好事还是坏事。霍普金斯是我的初恋嘛，毕竟。

《巴黎评论》：反讽是你在诗歌中重视的东西吗？

希尼：我对它没有偏爱。这个词最糟糕的时候可以暗示一种令我厌烦的万事通腔调。我喜欢的反讽是悲剧性-历史性的而不是心理防卫。比如兹比格涅夫·赫伯特。或者尖刻到近乎残忍的，如乔伊斯或弗兰·奥布莱恩（Flann O'Brien）或米沃什的诗比如《欧洲之子》。

《巴黎评论》：你认为你能对爱尔兰诗歌作些概括吗？它富于音乐性或韵律性，自觉如此？或者它缺乏实验性？没有它的阿什贝利或金斯堡？情感表达被抑制？或者它在探寻一种爱尔兰意识？它是乡村的而非都市的？

希尼：我不认为这些东西有哪一样还能继续理直气壮地坚持。比如，梅芙·麦古奇安（Medbh McGuckian）的诗就代表了实验性。在我看来她似乎达到了一种可称之为克里斯蒂娃①式的语言，可与阿什贝利比肩。但不是受阿什贝利的影响。梅芙自成一派。还有保罗·杜尔坎（Paul Durcan），他在爱尔兰共和国，保罗把这种解放派的破坏性的超现实的讽刺元素加以施展。这不是众所周知的爱尔兰性。当然也不是乡村的。它既

---

① 克里斯蒂娃式（Kristevan），指法国文学理论家克里斯蒂娃（Julia Kristeva，1941—　）的风格。

面无表情又感情热烈，它仿佛在说，"戏讽令人自由"。它以它的方式尽力锻造全新的民族意识，但它非常清楚，这锻造也始终是一个难题在纠缠着新意识。当然也可以这样去谈另一个保罗的作品——我曾经叫他保罗·马儿铛。马尔登是依恋和游离的复合体，他的才华很大程度上就跟乔伊斯一样。他是斯蒂芬·代达勒斯身上那种尖刻之物的继承人，但他也畅游在《芬尼根守灵夜》之后的英语熔浆。他同时也畅游在爱尔兰语的觉醒之中，身为码字人，找到文学技艺的那份非感伤、非悲悯的骄傲。他是严格的专业意义上的吟游诗人范儿。他在"嬉闹"（ludic）一词中找到了爱尔兰太阳神鲁（Lugh），这还只是开头。然而一切都是基于他对回答（answer）的需要。但如果他听到我这样说，他大概会想起"anser"是拉丁文"母鹅"的意思然后就嘎嘎大笑。他用轻快的方式处理沉重的东西。很多人学他——比如夏兰·卡森（Ciaran Carson），他很文青又很无赖，串联起贝尔法斯特的地方场景。我之所以谈到这些年轻作者是因为他们让爱尔兰诗歌的图景复杂起来。使用爱尔兰语的诗歌作者也是如此。翻译打开了大门。诺拉·尼洪奈尔（Nuala Ni Dhomhnaill）已经借英语赢得大量读者，吊诡的是这又使得爱尔兰语成为一种世界语言。我想说，诺拉的作品中就没有一点情感抑制。

《巴黎评论》：我听说你最近被爱尔兰女性主义作者批评了。你有什么话说？

希尼：这是基于正常冲动的批评。它强调重审各种比喻——例如把爱尔兰比喻为消极受苦的女性，比喻为被摧残的少女等等……所有爱尔兰诗歌中的传统意象都要接受审查。被这类东西传染了的美学趣味也要接受质疑。它发源于解放运动，这种颠覆性能量正在全国风起云涌。我写过的一些诗难免要遭遇意识形态的棍棒。还有你先前提到一个知名作家的瞩目。我想我是被当作一个不仅显而易见而且彰阳较著的众矢之的，所以我的身上若能开几个窟窿就可以算是为一种新照明方案作出贡献了。

但更宽泛地说，比如伊文·博兰所批评的靶子是一个源自男性虚构传统的诗学权威。她想揭露它不过是一种虚假意识，一种从浪漫派、从某些特定的爱尔兰习轨发展而来的构造，一直阻挠和淆乱着女诗人，并扭曲了她们可能获得自我认知和蜕变的机会。博兰在这条阵线上集结了大量的对抗思维，并成为在诗歌中和通过诗歌的女性复兴的象征，我想男性诗人也已经认识到这在全国的智识生活中是一个大要素。它参与构成了爱尔兰意识的新气象。比如，它是前几年女性主义者攻击《菲尔戴版爱尔兰文学作品选》时的后盾。如果你考虑到菲尔戴剧团出版社的编委会——我也是其一——都是男人，所有的编辑都是，那么她们的愤怒和控诉当然就可想而知了。令人发指，确实。整套文选没有一个章节关注到近三十年来层出不穷的爱尔兰女性主义话语的全新群体。所以这是女性主义者的奇耻大辱。

奇怪的是，这套文选还是对爱尔兰局势的一个非常后殖民主义的解读，它本该敏锐地感知到女性以及女性写作曾遭受的噤声抑制，但我想对每个编辑来说他们视野中的压迫是来自北爱尔兰政治而不是性别政治。菲尔戴文选的透镜之所以扭曲，在根本上是编委们的北爱尔兰背景造成的。但另一个事实是，这套文选曾是且仍是一个辉煌的三卷本总览性大作，它批判性重审了十五个世纪以来用拉丁文、诺曼底法语、爱尔兰语和英语创作的爱尔兰文学，从圣帕特里克时期直迄二十世纪九十年代。它依旧是主编谢默斯·迪安（Seamus Deane）的才华的丰碑。若因遗漏一个章节而毁灭了全书四千多页所呈现的其余一切，那就是一件憾事。我认为，完全由女性来编辑的第四卷正在筹备中，这就是一个最好的结果。但这几年观看那些抵制行动也颇有教益。有些已经入选的女作家说的话就好像她们被排除在外一样。有些人则好像她们更希望被排除在外一样。它就是一个替主人受罚的苦孩子。一个真正的"她"。

《巴黎评论》：在接下来的年度休假你有什么计划？

希尼：我计划尽量一动不动以便养成在威克洛农舍生活的习惯——我们一九八八年终于把它买下来了。我想要读一大堆书然后碰到什么事情再做吧。上一次年度休假我就决定不要设置太多写作目标。我基本说服自己啥事都不用做。这很有效。最后我得到了《灵视》中的那些十二行诗。所以我现在还是同样的方针：看书，发呆，也许写日记，信赖诗歌。

在这篇访谈准备发表的时候，谢默斯·希尼获得了诺贝尔文学奖。以下的简要更新应该是很有必要的。

《巴黎评论》：在你的新诗集《水平仪》中，你感觉你的创作把你带到了新方向吗……比如《卡桑德拉》一诗？

希尼：《卡桑德拉》写得很快。当我的钻探进入《迈锡尼瞭望哨》之下的《俄瑞斯忒亚三部曲》①岩床，它就像一道熔流从探点冒出来了。一九九四年我从哈佛回到家的时候，就是我们五月访谈之后不久，有一个重大转折——无论对个人还是对社会都非常重大——就是共和军宣布八月份停火。这真是圣母往见之喜啊，百灵欢歌，霞光万丈。万物都变得美好了一些，然而我却不能享受到事态好转的惬意，我发现自己反而越来越愤怒，因为在此之前白白枉死的那些生命、友谊和希望。都一九九四年了，我们在政治上并没有比一九七四年走得更远。不过是倒退回去，真的。然后我就老在想做一个《俄瑞斯忒亚》的编译版能不能成为一条彻底走出旧体系的途径，以及，一条开启二十世纪末版本《感恩赞》的途径。埃斯库罗斯这三部曲也许能作为某种仪式去拟想一个大转折的可能性，从复仇文化转为相信未来建基于某种更大公无私的东西。反正，我就开始读埃斯库罗斯了，但读着读着我又开始对全盘计划灰心丧气。它开始显得陈腐不堪——艺术是要跟生活握手的。在观念上，我需要的是安德鲁·马维尔写克伦威尔从爱尔兰回国的那一类诗歌，我要着手的是琼森式②的假面剧。至少我开始是这样感觉的。后来，《阿伽门农》第一场开头的那个瞭望官形象开始萦绕不散，他那种居间状态、他的职责和内心冲突、他的沉默以

---

① 古希腊作家埃斯库罗斯作品，包括《阿伽门农》《奠酒人》《复仇女神》。

② 琼森式（Jonsonian），指英国戏剧家和诗人本·琼森（Ben Jonson，1572—1637）的风格。

及他的见识，这一切不断累积着直到我非常刻意地开始用一种押韵对句来写他的独白，就像风钻一样尽力一唷一颤地向着未知掘进。经过了第一步骤之后，效果良好，其余部分就顺顺当当了，从不同的角度和范围写了出来。对我而言，那些素材跟沼地古尸一样富有力量和隐秘生活。

《巴黎评论》：你是怎么确定你的诺贝尔演讲词的呢？

希尼：有两件事帮我开始写讲稿。首先，我读了一九九四年大江健三郎在瑞典学院发表的演讲，他那种直率的、私人的气质推动我也采用类似路线。还有就是有一天晚上在都柏林，跟德里克·马洪聊天的过程中，我们戏谈了要不要在演讲词中提及叶芝的问题。不提的话有点太自以为是，但提他的话可能有点难以承受。不过，我们决定他是不能不提的。我就是这样开了头。但应该说，演讲词是在狂乱舞步中写完的。从新闻公布到你必须递交演说稿以供翻译的截止日期只有六周时间，那大概是一生中最忙乱最涣散的时期。我就像一块跳跳石掠过世界的表面。什么都顾不上了，只管一头冲向领奖台。

《巴黎评论》：你对获得诺贝尔文学奖有什么话说？

希尼：有点像遭遇了一场极为有益的雪崩。人都完全吓傻了，当然啊，只要一想到在你之前获奖的作家。然后再想到那些没获奖的作家也一样吓傻。仅就爱尔兰而言，叶芝、萧伯纳、贝克特属于前者，詹姆斯·乔伊斯是后者。你马上就会明白你最好别去想太多了。你没有什么事先备好的对策。宙斯要打雷，世界只能眨眼，你再次迈开腿，继续往前走。

（原载《巴黎评论》第一百四十四期，一九九七年秋季号）

罗伯特·勃莱

赵嘉竑/译

罗伯特·勃莱自一九六二年发表第一部诗集《雪野中的宁静》以来，又出版了十二部诗集，其中包括获得一九六八年国家图书奖的《周身之光》，最近的《晨诗》(1998)以及他的诗歌选集《食语之蜜》(1999)。他的翻译作品将聂鲁达、巴列霍、特朗斯特罗默和迦利布（Ghalib）等人引入美国读者的视野中。自五十年代起，勃莱开始经营一份文学杂志和一家小出版社，以此挑战了更大型的出版社，促使它们推广主流以外的作家及刊物。通过他对越南战争以及海湾战争的抗议，通过他的散文作品《铁约翰》(1990)、《同胞社会》(1996)以及与玛丽安·伍德曼（Marian Woodman）合作的《少女国王》(1999)，勃莱已成为我们时代提出社会与政治问题的一个重要声音。

一九二六年十二月二十三日，罗伯特·勃莱出生于明尼苏达州西部一个挪威裔美国社区的家庭农场里。毕业于当地高中后，他应征加入海军，被安排在一个研发雷达和声呐的特殊小组里。一九四六年退伍后，他在圣欧拉夫学院待了一年，之后转学去了哈佛。

一九六八年十一月，我第一次见到罗伯特，那时我在明尼苏达州伍斯特市附近执教，他参观了我的高中班。在接下来的十五年里，我帮他安排他在波士顿、伍斯特一带的朗诵会。我十分感激他和他的妻子露丝，为我这次为期三天的访谈而敞开他们在明尼阿波里斯市的家门，但我也没有为他们这特有的慷慨而惊奇。

罗伯特在一套位于车库上方的四居室房子里工作。中央最大的房间正是他与他的助手——诗人托马斯·史密斯（Thomas Smith）处理手稿和答复信件的地方，他们每天要回的信多达四十封。在我逗留期间，有两部诗集以及一篇给当地书店的实时通讯文章在打印；当然屋里还有成堆需要阅读和评论的书与等待宣传的手稿。

铺着印度印花布的门道通向客厅。这间客厅装饰简单、秩序井然。地上铺着阿拉伯地毯；沿左墙排列着书架，上面摆满了杂志、笔记本和一套罗伯特的书与小册子。屋里还有一张空桌，上边只放了一盏台灯和一支钢笔，另外还有一把摇椅，他最近的诗歌都是在这把摇椅上诞生或修改的。从一面大落地窗里能俯瞰沿途载了树的车道。墙上有文学大家和朋友们的小相片。

主房是有八间屋子的旧农舍，如今它被其他住宅所环绕。房子里遍洒冬日的阳光。楼上有一间闲置的卧房。我正是在那里完成了大部分的采访。房间里摆着一张大床和两只床头柜，一张双人沙发和一张小桌。左墙上有一个嵌入式书架，上边放着一些罗伯特自己的作品，但多数是他喜爱和经常查阅的书；艾略特的《四个四重奏》，史蒂文斯、叶芝和弗罗斯特的文集，还有零散的欧洲与南美作家以及许多伊斯兰和苏菲派诗人的作品。

我们每天在固定的时间进行访谈，大致从九点至正午，然后是两点至六点。期间勃莱一直都很放松，热情而坦率，但在回答那些大致依循着他人生轨迹的问题时，他总是要给出准确的答案。我们让话题从书中产生。这篇访谈由三天的交谈精炼而来。

——弗朗西斯·奎恩（Francis Quinn），二〇〇〇年

一、哈佛时光

《巴黎评论》：你能谈谈你与诗歌的最早接触吗？

罗伯特·勃莱：一位美丽的高中老师让我对诗歌产生了兴趣。我想我为她写了一首诗，说东条英机是个坏人。在海军部队里，我遇上了第一个我认识的真正写诗的人，他叫艾希·艾森斯坦（Eisy Eisenstein）。我们合谋退出雷达项目，理由是我们是诗人，诗人不能被科学打扰。但我们没能成功。一离开海军，我就进了圣欧拉夫学院，那是一个古老的挪威路德宗聚集地——一位系主任就是勃莱家族的。让我惊喜的是，当我交上第一首作品，我的大一英语老师就让我免修了一年级的英语课程。那真是慷慨之举；我加入了一个高年级学生的创意写作小组。一个和我年纪相当的女人写诗；我就爱上了她，还为她写了一首诗。我体会到一种最奇异的感觉。我感到诗里存在着我并不有意加入的东西。那就好像"另一个人与我一起"。

《巴黎评论》：我们能聊聊你在哈佛写的早期诗歌吗？

勃莱：在海军待了两年后，我在一九四七年秋天来到哈佛。罗伯特·克里利前一年正在那儿，他后来评论说，我们这代的每一位作家都有些英雄气质，这大概是源于我们赢了战争的意识。他在哪儿提到过，那时美国文学的标准很高——尤多拉·韦尔蒂（Eudora Welty）、海明威、艾略特、史蒂文斯、肯明斯（Cummings）、查尔斯·奥尔森。他认为将那些高标准延续下去正是我们的职责。

《巴黎评论》：他还说过，你们这代人感到将文化再次聚合起来是你们的任务。一切都是破碎的。

勃莱：是的，是有这样的氛围。《哈佛之声》刚刚复刊，刊文回忆和纪念了艾略特与史蒂文斯，他们曾经为它供稿。鲍勃·克里奇顿（Bob Crichton）和比尔·艾默生（Bill Emerson）把我招进去，我又让唐纳德·霍尔（Donald Hall）加入，然后我们俩又让约翰·阿什贝利加入，我得补充一下，这是顶着《哈佛之声》理事们的巨大压力的。比尔·艾默生和鲍勃·克里奇顿代编委会面试我的那个晚上，我在回答他们所提的一个问题时，对一九一〇年以来的美国诗歌概况进行了批评。当我说完，他们中的一个说："谢谢你告诉我们这些。"不过他们还是招了我。我们发表了阿德里安娜·里奇的作品，她那时在拉德克利夫学院，还发表了约翰·阿什贝利的早期诗歌《一些树》。我们熬夜争论下一期的内容。顺便提一句，那时新建的拉蒙特图书馆的诗歌室不允许阿德里安娜进去，因为创办人说那是给男人的！这真是疯了！竟然没人严肃地质疑这件事。

那时，一群很棒的作家都在哈佛。因为战争的缘故，一九四九级、一九四八级和一九四七级的班被合并到一九五〇级的班里。阿奇博尔德·麦克利什从国会图书馆馆长的位子上被雇来哈佛。年轻作家们聚集在他和艾伯特·格拉德（Albert Guerard）身旁，格拉德是一位教论文和虚构写作的好老师，一个欧洲知识分子范儿的美国人。我记得作家队伍里有约翰·霍克斯（John Hawkes）、鲍勃·克里奇顿、肯尼斯·柯克、唐纳德·霍尔，弗兰克·奥哈拉、L.E. 希斯曼（L.E.Sissman）、约翰·阿什贝利，一位叫米尔顿·休斯（Milton Hughes）的很好的小说家，但我再也没有听说过他，阿德里安娜·里奇、乔治·普林普顿（George Plimpton），还有其他好多人。年长一些的理查德·威尔伯在城里，而罗伯特·弗罗斯特春天和秋天都待在波士顿。

阿奇博尔德·麦克利什和我们之间有些小麻烦。他是个大方的人，但没准备好要和一群退伍老兵相处。我们比正常学生要年长一些，即便许多人，比如我，从来没有上过战场，我们也不会仅仅因为一个人很出名就听从他的命令。在课上，麦克利什要是评论说，我的朋友埃兹拉·庞德写了这首诗："看哪，他们归来；啊，看那踟蹰的／动作，和那缓慢的脚步，／苦恼的步伐与迟疑的／摇摆！"①有人就会说："这太糟糕了。这就是废话。你还有更好的诗人朋友吗？"等等。我们喜欢他，但我们使他骑虎难下。课堂和国会图书馆里的场面可不一样，是富有对抗性的。

---

① 出自庞德《归来》第一节。

《巴黎评论》：你是那些刺儿头中的一个？

勃莱：噢，那是当然。我像只鬣蜥一样鼓起喉咙。麦克利什对我们表现得过于平静，不够激烈。我不是最坏的那个，但我是其中之一。某天，大约上了三节课后，他把我叫到办公室说："罗伯特，你明白，事情不能再这样下去了。要么你改变你在课上的表现，要么我去跳窗户。"我就说："好吧，那就跳吧。"我当时还年轻；想要出风头。他和其他人谈了类似的话，但结果是那一年他再也没有上课；我们只能挨个地去见他。我想他接下去的三年里没有上课，直到这些退伍老兵都毕了业。但是，麦克利什认识海明威甚至庞德，这鼓舞了我们。我们觉得自己和那些真正重要的作家有了些许联系。当然，我们和他们没有接触，但我们离他们也不是那么遥远。

《巴黎评论》：你成了《哈佛之声》的文学编辑？

勃莱：是的。我们有大量的来稿可以选择，我们从有关诗歌和小说的争论里获益良多。我们也发表自己的作品。我想起我给威廉·卡洛斯·威廉斯的一本新诗集写过评论。

《巴黎评论》：那不是有点儿不同寻常吗？那时候他非常过时了。你的老师们肯定也不会提到他；他们都是罗伯特·潘·沃伦（Robert Penn Warren）和艾略特那一阵营的，或者是麦克利什的阵营。

勃莱：我想是那样的。威廉斯的确感到被忽略和厌恶。我想我是在格罗里埃书店找到他的诗歌的。戈登·凯尔尼（Gordon Cairnie）经营着这家书店。艾略特曾在这里和康拉德·艾肯见面；那儿有一种诗人沙发。诗人们坐在上边。戈登可能会和某个刚闲逛进来的生客说，你能帮忙看十分钟店吗？然后他也许二十四小时都不回来！对诗人们来说，这家书店就是一个家。

威廉·卡洛斯·威廉斯对我来说最为重要，所以我搭便车去看他，从坎布里奇到帕特森，穿着我的卡其裤，我从附近的一家酒吧给他打电话：

"我能来见见您吗?"——"当然,来吧,孩子。"于是他让我进了家门,说:"在那儿坐吧。你写诗吗?"——"嗯,是,我想算是吧……要我说是的。"他去忙他的事,计划着交稿,用打字机打些东西。他时不时瞥一眼我。大约十五分钟后,他说:"好了,孩子,现在你可以走了。"他明白我只是想要看看他。我飘飘然地走了出来,沿着大街游荡。那感觉太美好了。

但我们也仰慕艾略特,并且感觉离他很近,因为他在《哈佛之声》上发表了他最早的诗歌。我毕业那年,《哈佛之声》差点倒闭,我提议我们推出绝对会成功的一期——重印艾略特的诗歌。由头是用这一期来"庆祝他六十大寿"。但我给封面做的校对太糟糕了,写成了"十六大寿"。这太诡异了。几周之后,我收到了艾略特的一封信,上边写着:"亲爱的勃莱先生,最近我打开一份《哈佛之声》时吃了一惊,发现上面刊登了我早期的诗歌。如果我想重印这些诗,我自己就已经印了。你真诚的,T.S.艾略特。"好吧,这太丢人了。但是,甚至收到一封艾略特的责备的信,也使我们感到我们是严肃作家群中的一员。大概一年之后,唐·霍尔去了牛津,他有了机会向艾略特道歉,还在他狭长的办公室里与他愉快地聊了一番!

二、纽约岁月

《巴黎评论》:你也去了牛津或类似的地方吗?

勃莱:没有。我想我在大学里交际太多,花完了能动用的资金,我得自己谋生。我原本打算读一年,但最后读了四年。开始的时候,从秋天到冬天我都住在明尼苏达北部的一间小屋里。我靠非法猎松鸡维生;我想像弥尔顿那样写作。第二年,也就是一九五一年的夏天,我搬到了纽约,在那里我又生活了三年,极其孤独。"薄暮时如祭坛般,于中途的小客栈"①,就像迪兰·托马斯写的那样。

---

① 出自狄兰·托马斯《薄暮时如祭坛般》第一节。

我住在小屋子里——好一点的屋子带电炉——决心一天写十二小时，一周至少写六天。而且我做到了。为了维持生计，我一周工作一天，做档案管理员或打字员，有段时间，做油漆工，带着装了连体工作服的漆匠包到处跑。当一个人过着法国人所说的阁楼生活时，他总是碰上有古怪的助人天性的人，真是令人惊讶。我会去某家职业介绍所找刷油漆的工作，但常常在中午时就会被炒鱿鱼。那家介绍所里的杰克从来不生气。他会送我出来说："被炒了没什么。"他以为我想要独处。最后，他派我一个人去给布鲁克林一座大仓库的内部刷油漆。每周四，我会把某堵大墙上的一块刷成蓝色，然后下周四再来，周周如此。我不知道他怎么和仓库主人说的："为什么这个活一直没干完？"——"我不清楚，有些伙计生病了。要找到好帮手不容易。"我在海军部队得风湿热后患上了心脏杂音，在一次退伍军人的每年身体检查查这一项时，一位医生甚至也想要帮我。作为一种残疾，这个病带来一张小支票。他说，呃，我没有听见任何声音。但是杂音可能还会复发，我就写你还有杂音，这样你就能继续获得支票。你看起来有这个需要。

《巴黎评论》：你有试过靠你的写作来挣钱吗？

勃莱：在那几年我唯一靠写作挣的钱，就是来自印在《巴黎评论》上的两首诗。几天前，我找到了那时我写给我母亲的一封信，从信里可以看出，我密切留意着那一期在纽约卖了多少本。

《巴黎评论》：你试过写小说吗？

勃莱：我想过成为剧作家，还写了一部叫《马丁·路德》的剧。但问题是我家里没人谈这个。尤金·奥尼尔的家庭遭受苦难，但他们谈论剧本。我的那种努力从一开始就是无望的。

　　如果你一周只工作一天，你就负担不起一间好屋子。有一段时间，我从一个在布鲁克林学院教艺术的女人那儿转租到一间工作室，在华盛顿广场东边一座大楼里；她周末使用这间工作室。她把她的工作室租给我白天使用，没有意识到我睡在那儿并且也没有其他的住处。晚上我去楼下的厕所时，不得不躲着门卫。而周六晚上，我睡在中央火车站。我把大部分日子都花在写抑扬格十行诗上了。

《巴黎评论》：是些自然诗吗？像你所仰慕的理查德·威尔伯写的那种？

勃莱：不是。我不想写个人化的诗歌。因为叶芝，我想要把历史融入诗歌。所以我会从希腊或罗马的历史里选取某个事件，比如阿基米德被一个粗心大意的士兵杀死，并且设法使它代表一种更宏大的东西。我的工作可以说不合时宜。我也翻译品达，这又是一个令人绝望的目标。

《巴黎评论》：这段时期里，你有见过其他诗人吗？

勃莱：那时候纽约的诗人不多。诗人们只在九十二街 Y 朗诵。我有一两个大学朋友，但没有见过新的诗人。有一段时间，我住在西六十七街上的一间屋子里，那是向一位南方来的老肖像画家租的。他每天都认真地在那儿作画，但又感到失望，因为萨马冈帝俱乐部不再将他的画挂在前厅。他大约六十五岁或七十岁；而我二十六岁。我们一起向西走五六个街区买面包店出炉三天的面包，再走回家。我们处于成功的两边——太年轻与太年老。

《巴黎评论》：你这样生活了多久？

勃莱：在纽约？

《巴黎评论》：是的。

勃莱：三年。我没法告诉你这有多古怪。我有时一个月都不说话。我就是一个在家修士，但没人为我提供食物。不，我不是个修士。我被困住了。

这段独居是多年活跃后的一个大停歇。然而我也失去了许多。我在

414

哈佛写的诗并不出色，但它们拥有某种语言，我们秘密地群居其中；人们能听清我在说什么。上个月，我读了些我在那三年间写的日记。我那时变得焦虑不安，因为我能看见自己正在失去我们作为人类所拥有的共同的语言。词一个接一个消失在某个巨大的洞穴里。后来，一位好朋友，韩国作家金容益（Kim Yong Ik）说，你在这首诗里用了很多次"眼泪"，但你用这个词表达的意味和我们其他人的不同，所以这首诗没有效果。他是对的。我已经花了好多年来重获一种共同的语言，一种能够穿越人与人之间距离的语言。

所以那些独居的年月有黑暗的一面。不过，其中也有某些值得深思的东西。毕竟，这种共同的语言我们说得那么少，为何我们不该失去它呢？有时候它就只是社交中的饶舌。巴尔扎克在《路易·朗贝尔》里提到某些"反对社会潮流的"思想。当他的人物遇上路易·朗贝尔，他感到"一种要投入无限之中的欲望"。所以这三年的独居没有提供许多生活，但与水平式的对日常社会生活的体验相比，它是一种纵深式的生活体验。

《巴黎评论》：这段在纽约的时光是如何结束的？

勃莱：它结束于我在坎布里奇拜访了麦克利什之后，他让我去爱荷华争取一些洛克菲勒基金会提供给作家们的资金，结果却徒劳无获。他发觉我有些憔悴，就说，我会为你争取这项经费。只要再找一位前辈作家推荐你，就能搞定。我花了六十五美元买了一辆车，驾车西行，在布卢明顿停下来，去听约翰·克罗·兰瑟姆的讲座。他真是太好了。我寄给他一些诗作，他说了些像这样的话："亲爱的勃莱先生，感谢你寄给我这些诗歌。其中一些我很喜欢。我想你应该在任何地方都能够发表它们。很多诗都不错。你真诚的，约翰·克罗·兰瑟姆。"他竟然会写信给我，这真是非比寻常。

同时，另一位作家忘了寄他的推荐信；因此，当我来到爱荷华市，经费已经没有了。我记得第一次开车进爱荷华市，我看着那些低矮又毫无特色的建筑物说，这是个怎样的国家啊，像罗伯特·洛威尔这样的一位伟大诗人竟然得在这么个地方教书？我一定期望的是像英国国会大厦或卢浮宫那样的建筑。

我想找一份教学的工作，他们说虽然我没有资格证书，但如果我加入作家工作坊，我就可以有一份工作。我教一门大一英语课和一门叫作"希腊与《圣经》"的课。教书就是突然浸没在社交的烫水里！我怕极了，花了两周才能够站在我的讲桌后边。我喜欢教书，但过多地参与到学生的生活里。那一年我几乎没写什么诗。我能恢复到用标准的语言来教学，但诗歌的语言依然没有踪影。

《巴黎评论》：那年约翰·贝里曼不是也在那儿教书吗？

勃莱：是的，他在。他总是有点酗酒的问题。一天早晨我在买牙膏，药房广播说前一晚警方在约翰·贝里曼准备破门进入他自己的公寓时逮捕了他。那是一所声誉良好的州立大学。我说，约翰就这么离开了。他说，这个国家只有一个人会不问一个问题而理解所发生的这一切；他打电话给在明尼阿波里斯的艾伦·泰特（Allen Tate）。艾伦说，来明尼阿波里斯吧，约翰。于是约翰在明尼苏达大学人文系教了几年书，而且教得很好。菲利普·莱文（Philip Levine）写了一篇文章叫《我自己的约翰·贝里曼》，收在他的《时间面包》这本书里，文章讲了贝里曼在爱荷华的教学，清楚地表现了他研讨会的高压气氛。这是最好的一篇写老师兼诗人的文章。

《巴黎评论》：你在爱荷华待了多久？

勃莱：我在那儿待了一年。一九五五年，我和卡罗尔·勃莱（Carol Bly）结婚了，在哈佛和纽约时我就认识她。我们搬到我父亲为我保留的一处旧农场。我们在那儿待了二十五年。这座农场离我长大的那座农场相隔半英里。我仍然没有摆脱我那种与世隔绝的状态；我的父母难以亲近，无所事事也令我困扰。我成日坐在外边的田野里。不过那儿有安宁。我依旧非常热爱宁静。我在一九六二年出版的《雪野中的宁静》里收录了在那儿写的诗歌。我喜欢那本诗集，要不是搬回我童年时的乡村，我就写不出那样一本有趣的书。

三、《雪野》

《巴黎评论》：五十年代后期的诗歌有怎样一种氛围呢？

勃莱：前几天我写一首诗，是这么起头的："一九五八年有那么一刻 / 我们想——/ 且我们是对的——那诗 / 我们的诗——将赐福每一个人。"这不容易解释。在整个国家你都能感受到某种新鲜的东西。当你读到说，五十年代是个沉闷的年代，你可千万别信；并不是那样，文学肯定不是那样。罗伯特·克里利正在发表那些后来被收进《为了爱》的诗歌，是些很棒的作品！西奥多·罗特克正在修订他那些生气勃勃的诗，而加里·斯奈德正在发表那些后来收进《砌石》中的诗。罗伯特·白英（Robert Payne）已经出版了他那本很棒的选集《白驹集》。李白说："问余何意栖碧山，/ 笑而不答心自闲。/ 桃花流水窅然去，/ 别有天地非人间。"洪业关于杜甫诗歌的书①也出版了——那本漂亮的绿皮书我至今还保存在身边。当时的气氛里有某种渴望。詹姆斯·赖特感受到了："忽然间我意识到 / 如果我步出我的身体 / 我就会开出花来。"②

中国诗歌和詹姆斯·赖特的诗句，正是对应该存在着"别有天地非人间"的这种渴望的语言表述。全美国的年轻诗人都满怀期待地去信箱中取一些有野性的东西，比如《爱斯基摩皮艇》或是佛教冥想者写的一些小文章。并没有如潮水般的邮件——只是一两个悦人的篇章，或者什么也没有。

我不知道为什么那种渴望的氛围会出现在五十年代后期。也许它的出现是因为我们赢了战争。成千上万我这般年纪的人已经死去。有很强烈的

---

① 指洪业于 1952 年出版的著作《杜甫：中国最伟大的诗人》。
② 出自赖特《幸福》最后一节。

对那种巨大牺牲的感激之情。敬畏和感激存在于当时的气氛里。也许我们
觉得——像克里利说的——尽管文化崩解了，但我们还是有可能将它再次
拼合起来。比如，在战时，《诗刊》曾只有大约六位订阅者。一切都在重
新开始。

也或许完全不是这样。也许没有战争的时候，人们在空气、风和诗
歌中感到的单纯的快乐就是寻常普通的。也许在电视机将人们聚在家里喂
给他们糟糕的精神食粮之前，他们的感受就是那样的。有几年，我们的感
受，正如叶芝在他诗里所表述的那样，"有二十分钟，或多或少，/仿佛我
的幸福如此强烈/我有福了并也可以祝福。"①

一九五六年，我接受了富布赖特奖学金，去把一些挪威的古代诗歌和
现代诗歌翻译成英文。像我这个年纪的作家知道好的英文诗，但不知道智
利、秘鲁、瑞典、德国、意大利的那些富有力量的诗歌。在奥斯陆图书馆
我发现了巴勃罗·聂鲁达。那一刻我还历历在目。是这样的诗句："女孩
儿们/手捂心口沉睡，/梦着海盗。"②

其中的夸张实在太美妙了。它内核充满生机而外在又耀眼夺目——和
T.S.艾略特是多么不同。我曾在哈佛度过了三年却从没听说过聂鲁达的名
字。新批评——虽然我还是很钦佩——的一个问题是他们对非英语的材料
视而不见。

一种新的意象已经出现，它是一种全新的诗歌的动力，或是其守护
神，或者说是这种诗歌的身体。塞萨尔·巴列霍说："我将死在巴黎，在
一个雨天，/那将是某个星期四，因为今天，星期四，记下这些诗行，/我
安错了我的上臂骨。"他没有说，我穿错了我的西装。没有，"我安错了我
的上臂骨！""我从未像今天这样发现我自己的/孤独，当全部道路都在我
面前。"③

---

① 出自叶芝《踌躇》第四部分最后一节。
② 出自聂鲁达《性水》第三节。詹姆斯·赖特与勃莱合作的译诗见勃莱编辑的《聂鲁达与
　巴列霍：诗选》。
③ 出自巴列霍《白石头上的黑石头》。约翰·克诺普夫与勃莱合作的译诗见《聂鲁达与巴列
　霍：诗选》。

这是聂鲁达有关死亡的很棒的诗：

> 那儿有荒僻的墓园，
> 装满无声骨殖的坟茔……
> 那儿有尸首，
> 冰冷黏土做的脚，
> 死亡在骨头中
> 如无狗之地的一声狗吠……①

太震惊了！"无狗之地的一声狗吠。"

我接受了较好的文学教育，但我为这些诗篇震惊，所以我想我这个年纪的其他诗人也会被触动。一九五八年，当我回来，比尔·达菲（Bill Duffy）和我创办了一份叫《五十年代》的杂志。在封面内页，我们宣称"今日在美国发表的绝大多数诗歌都已非常过时。"我们想出各种各样的方法来激怒那些用过时诗歌来投稿的人。一种方式是写一张卡片："待阿尔弗雷德·丁尼生勋爵之新书甫一出版，特许您持此卡购买。"

每一期，我们都授予蓝蛱蟆勋章给一位令人讨厌的当时的文学名流；我们弄了个"杜莎夫人蜡像馆"。里边有约翰·克罗·兰瑟姆、艾伦·金斯堡和朗费罗（Longfellow）等人的诗句。整件事有点儿青春期不成熟的性质，但其中还是有某种志气的。

创刊号的每一个印本都会花掉我们一美元，而我们卖五十美分，所以我们在钱的方面做得不太好。但我们给每一位出现在《英美新诗人》上的人都寄了一本，相比于英美以外的诗人，他们是传统的——我也是其中之一——此书由唐纳德·霍尔、路易斯·辛普森和罗伯特·派克（Robert Pack）编辑。我们也在封底列出我们打算翻译和发表的欧洲诗人。

---

① 出自聂鲁达《唯有死亡》第一、二节，中间有省略。勃莱的译诗见《聂鲁达与巴列霍：诗选》。

《巴黎评论》：你们从"权威人士"那里得到怎样的回应？

勃莱：一个人写信给我，说："你以为你是谁？你什么也不是，不过是个勃莱船长，在排水管上撒尿！"这真是个奇特的比喻。艾伦·泰特说过这样的话："所以人们能写不是抑扬格的诗咯？猫也可以用它的前脚走路。那又如何？"这是另一个奇特的比喻。

詹姆斯·赖特那时候在明尼苏达大学，也拿到了那期的一个印本。他注意到格奥尔格·特拉克尔被列在那些将要被翻译的欧洲诗人里，他接受富布赖特奖学金前往奥地利时偶然发现了他的作品，他回了一封长信来描述他企图使英语系成员对特拉克尔感兴趣时所面临的绝望。之后的一周他就来农场拜访了一回；我们于是着手翻译特拉克尔，并开始了一段延续二十二年的亲密友谊，直到他在一九八〇年去世。如果我只能从杂志工作中获得一份馈赠，那么这段友谊就已经足够。

《巴黎评论》：你们怎样获得《五十年代》的稿件？

勃莱：我们在《诗刊》上登了一则小广告，大约花了二十五美元，立即收到了加里·斯奈德和大卫·伊格内托（David Ignatow）的诗歌，我们就发表了。

我们发现自己也成了美国之外的作家小团体的一分子。有一天我们收到了一封鲍里斯·帕斯捷尔纳克用紫色墨水写的信。他感谢我们在希望翻译的诗人中提到了他，并称赞了我对戈特弗里德·本恩（Gottfried Benn）的翻译，然后说了这些话："但我必须告诉您，不要再为我保留任何篇幅。您不要为此事操心。我已经偏离了我原先的道路，变得过时。您真诚的，鲍里斯·帕斯捷尔纳克。"

《巴黎评论》：他说"偏离了我原先的道路"，是什么意思？

勃莱：他的直觉告诉他，而且也的确是这样，我们感兴趣的是他在我们这个年纪时所致力于的那一类诗歌，也就是晦隐、典雅而注重内心的诗，它和法国象征主义那种语言渴望与心灵融合的诗歌有关。他和安娜·阿赫玛托娃以及玛琳娜·茨维塔耶娃曾想使俄罗斯诗歌加入国际化的潮流。但是，俄国的苦难后来将他引向更为俄罗斯所独有的问题，正如人们可以在《日瓦戈医生》里看出来的那样。那是一个更为民族主义的、平凡的世界。他认为他的诗歌不会再令我们感兴趣。他非常谦虚地提醒我们注意这一转变。

《巴黎评论》：杂志人员还有谁呢？

勃莱：嗯，卡罗尔·勃莱总是承担杂志的大量工作，还编这样的广告："锶90强筋骨。"我们都在想各种各样能惹恼得势或处于核心的权威。詹姆斯·赖特做了许多编辑工作。我们在一九六二年出版了《狮子的尾巴与眼睛》，比尔·达菲、吉姆·赖特和我各有十首诗，这正好是在我们出版《格奥尔格·特拉克尔诗二十首》的前一年。

编辑工作充满乐趣。有时候，比尔和我拿一瓶占边威士忌上北边的一间小屋，花一晚上退回我们收到的所有诗歌。他是个写退稿通知的天才："亲爱的史密斯先生，这些诗歌令人想起假牙。您真诚的，威廉·达菲。"或者，"这些诗歌就像被切断电源的冰箱里融化了的冰激凌"，"这些诗歌像放了三天的生菜"。接着他们就会写辱骂信回来，而我们则把这些信印出来。

我们刊登了许多保罗·策兰和胡安·拉蒙·希梅内斯的非常棒的诗歌。几年之后，我们准备好了《巴勃罗·聂鲁达诗二十首》，是由詹姆斯和我翻译的，于是我给聂鲁达写信请求允许刊出西班牙原文与译文。我们给特拉克尔基金会付过七十五美元版权费。我对卡罗尔说："你怎么看？聂鲁达更伟大，我们就出一百五十美元吧。"她说："好主意。"于是我向他提到我们没有很多钱，但我们可以承诺，美国的许多年轻诗人都会读这本书。他回信说："我非常了解你们的出版社。你们是率先出版我的兄弟塞萨尔·巴列霍的出版社之一。你们当然可以出版我的诗。我只有一个请求：你们直接将一百五十美元寄给巴塞罗那的一位书商。我欠他许多钱。

你们的，巴勃罗·聂鲁达。"

《巴黎评论》：这真是个好故事。收在《雪野》中的诗歌……它们是怎么来的呢？

勃莱：我常常走出去到某个地方坐下。通常，一首诗要到某些事发生了才开始："我起床走出去，到夏夜里。/ 草丛里一个黑暗的东西在我身边跳跃。"诗歌并不按我想要说的东西而发展。通常第二节要到另一件事发生时才开始。也许是一片叶子掉了下来，或者是日落暗淡了树木。

我们已谈到的感激出现在六十年代初，在伍德斯托克。人们开始感到有什么东西可以满足这种渴望，也许是音乐，或者是毒品。但是渴望的本质就是无法获得满足。不过无论怎样，那时正是这种渴望依附于流行文化之时。

《巴黎评论》：我记得关于《雪野中的宁静》，乔·朗兰（Joe Langland）说过，他认为你和詹姆斯·赖特为美国诗歌所做的事正是印象派画家为绘画所做的事，也就是把诗人带到户外，让她或他精确地记录他们在外边时那里所发生的事——所以诗歌说，那就是现在正在我面前发生的事。在这种意义上，它就好像某种在户外的画布，而你正在上面精确地画出眼下正发生的事。

勃莱：噢，乔·朗兰说的真是一番很高的赞誉。我不知道我们是否做到了那点。我们做了我们能做的。那些年我写诗的时候，我不是像聂鲁达那样，努力穿越回好几个世纪，体会人类长久以来的磨难和悲痛。我坐在一棵树下，意识到这样令我快乐："我乐于待在这个古老之地，/ 玉米地之上能轻易看到之处，/ 好似我是一头黄昏时准备回家的幼崽。"[①] 那种感激和渴望只持续了四五年。如今我在这个国家不再感到许多感激之情了。

---

① 出自勃莱《玉米地猎野鸡》第四部分。

那几年里，我们偶尔去纽约，在西十一街的格林尼治村待两个月。我记得那时一个有趣的下午。唐·霍尔从英国回来为《巴黎评论》采访T.S.艾略特。路易斯·辛普森和我想让他带我们一起去采访。他不同意。"行啦，唐，我们快死了！这是我们见他的唯一机会！"——"不行。罗伯特不会老老实实的。"看来已成定局。但采访那天早上，唐过来说："磁带录音机坏了。我能借你们的吗？"啊哈！我们可逮住机会了。路易斯和我上了科恩太太的公寓，艾略特和他的妻子正住在那儿。她请我们进去等一会儿，我意识到几分钟后T.S.艾略特就会穿门走来。多么不可思议的事。他来了！唐向他打招呼，然后介绍了我们，没说名字，说我们是两位磁带录音技术员。艾略特对我们很和善："你们想要苏格兰威士忌还是波本威士忌？"——"波本。"——"要不要加冰？"——"要。"——"我自己没喝过加冰的波本。"接着唐就把录音机放下。艾略特坐在沙发上，他的妻子离开走到右边近旁。每当讲起一个笑话，他都朝她投去温柔的一瞥。就这样唐和艾略特进行着他们的采访。艾略特回答了些他以前回避的问题，比如，《荒原》是一首基督教诗歌吗？"——"完全不是。"他说以前从没有一位美国诗人采访过他。路易斯和我待在房间远处的尽头，挨着冰桶，被波本酒灌醉了。当采访结束，我走到艾略特面前说："你真是个了不起的人！"我记得我把他的帽子递给他——我以为他要出门。我忍住没将帽子戴在他头上。我知道他会说："如果我要戴这顶帽子，我自己就已经把它戴上了。"但这真是美好的一天。

四、翻译

《巴黎评论》：我能问问你的翻译吗？你译了很多。为什么？

勃莱：拿托马斯·特朗斯特罗默来说。翻译他的作品对我而言真是一段不可思议的经历，因为他这儿有一种我以前从未见过的意象。有意思的是欧洲人认出了这种意象；在几年时间里，他就享誉全欧了。你能如何描述他创作出来的奇特意象呢？"我们准备好了，展示我们的房子。/来访者说：'你们住得真好。/ 贫民窟一定在你们心里。'"① 有段时间他被招入瑞典军队服了几周兵役。《站岗》："任务：在我所在之地。/ 即便当我负有这庄严而荒诞的 / 职责：我依然是创造 / 创造其自身之处。"② 这和法国超现实主义很不一样，法国超现实主义的意象没有中心。它们像没有辐条的车轮。

《巴黎评论》：你能给我们说说这个中心可能是怎样的吗？

勃莱："黎明到来，稀疏的树干 / 如今披上了色彩，霜打的 / 林花组成一支寂静的搜索队 / 寻找消失于黑暗中的事物。"③ 他迅捷得不可思议！他就像个跑步的人，你懂的，他进入森林，突然他跑开了，他就在你前边，但我不知道他在哪儿。"林花组成一支寂静的搜索队 / 寻找消失于黑暗中的事物。"这不是种戏谑，不是，而是有这样的一种感觉，特朗斯特罗默比我们余下的这些人更接近宇宙中心的某种寂静的能量。"从未发生之事已在此处！/ 我感受到了。它们正在外边：// 栅栏外低语的一群。/ 它们只能一个一个溜进来。"真是不可思议。"它们想溜进来。为什么？它们进来了，一个又一个。我是一座旋转栅门。"真是奇妙；他在说，他是这些物品、造物以及想进入世界的意象的中心。但他没有说他是一个非常重要的中心。他只是座旋转栅门。这首诗真美，它和米开朗基罗的是多么不同，米开朗基罗说，我造了这一切。我是上帝。

我想这儿我已经给出了我的观点，通过翻译像这样的东西，诗歌深入你的内心，意象深入你的内心，而你不再说，嗯，特朗斯特罗默是一位伟大的诗人，或者说，这很新奇。你不那么说。由于你为意象所做的工作，你觉得你自己被意象入侵了。你觉得它已成为你房子的一部分，就像某人搬进了你的房子，接着你的房子就变样了。你的房子变了样，因为这些意

---

① 出自特朗斯特罗默《解散的集会》第一节。勃莱的译诗见勃莱编译的《长翅膀的快乐能量：译诗选》及《完成一半的天堂：托马斯·特朗斯特罗默诗选》。

② 出自特朗斯特罗默《站岗》第五节。勃莱的译诗见《完成一半的天堂：托马斯·特朗斯特罗默诗选》。访谈中勃莱将诗题译为"Sentry Duty"，而书中版本为"Guard Duty"。

③ 出自《站岗》第六至八节。

象进来了。这就是我关于翻译的感受。它是一种赐福。

五、反越战诗歌

《巴黎评论》： 一九六五年，你写了你第一首反对越南战争的诗歌。这些诗在一九六二年的《雪野》之后马上就出版了，这似乎有些奇怪。

勃莱： 我也这么觉得。突然一切都改变了。那是一段艰难的岁月。没人知道该做什么。一些前辈诗人——贝里曼是其中之一——认为一位诗人参与公众集会是不得体的。（我不这么认为。）一开始，我们没有一个人自己写抗议诗歌，因此我们朗诵 e.e. 肯明斯、威廉·斯塔福德（William Stafford）、I.F. 斯东（I.F.Stone）、罗宾逊·杰弗斯等人的作品。瑞典诗人约然·桑纳维（Göran Sonnevi）写了关于越战的第一首好诗，我们用英语朗诵了这首诗。几个月后，各派诗人加入到大卫·雷（David Ray）和我建立的一个叫"反越战美国诗人"的组织中。我们办的第一次朗诵会是在里德学院——我想费林盖蒂（Ferlinghetti）当时在那儿。路易斯·辛普森帮了许多忙。当右翼分子从楼厅向我们叫嚣："你们都是懦夫！滚回俄罗斯去！"，二战的退伍老兵，像路易斯——他的连队在巴斯通① 被摧毁，他们给了有力的回击。

高威·金奈尔和我有时会参与举办一系列的朗诵会。有一次在纽约州北部，我们一天开了三场朗诵会，从奥尔巴尼飞到雪城再飞到布法罗。那一晚我们结束吃晚餐。突然，餐厅里一个完全不认识我们的醉鬼说："你们想知道我在朝鲜战争的时候干了什么吗？"——"噢，你干了什么？"——"我是个后射手。我们从一场轰炸中回来，飞行员为了什么原因在这个朝鲜小城的主街上空低飞。我还剩下些弹药。你们知道我干了什么吗？我把枪头放低，朝每个我能看见的走在街两旁的朝鲜人射击。你们觉得怎么

---

① 巴斯通（Bastogne）位于比利时卢森堡省东部阿登地区，二战中突出部战役即发生于此。此次战役尤为惨烈，使美军伤亡巨大，但最终盟军还是粉碎了德军突破阿登战线的计划。

样？我为什么要那么干？那时候就是这样。没什么好稀奇的。"

大学里的绝大多数英语老师都讨厌我们做"政治诗歌"，他们是这么叫的。现在还这么叫。现在，当我出现在一所大学的招待会上，一位英语教授可能走到我面前问："你现在觉得战争期间你写的那些诗怎么样？"他们想让我否认那些诗。我说："很遗憾我当时没写更多这样的诗。"

《巴黎评论》：当你在写《最后裸露的牙齿妈妈》时，你是想到了惠特曼吗？

勃莱：嗯，惠特曼的长句似乎更合适。"翅膀出现在树木上空，翅膀有着八百颗铆钉。"①

罗伯特·邓肯写了这些诗句："那地狱／美国未承认、未悔过罪行／之地狱，我曾在戈德华特眼中见过／如今它从总统的眼中／在国家的自负里发出光芒。"②因此惠特曼的作品是范本。较长的诗句需要被一种持续增长的力量所抬升，就像惠特曼的诗句那样。长诗句是被用力抛出来的。这就好像它们是被托举着机翼的那种力量所托举着似的——在漫长的战争中，这种力量支撑着抗议者。

事实上，我在战争开始前的几年里就已经在写政治诗歌了。我用雅各·波墨③的观点来审视美国历史，波墨强调要将外在之人与内在之人区分开来。这些诗歌和一些关于越南战争的诗一起印在一本叫作《周身之光》的集子里。

《巴黎评论》：那本书在一九六八年获得了国家图书奖，促成了你在国家图书奖颁奖之夜所做的著名演讲。

勃莱：那次演讲的确引起了一些争议。我那时说，当我们在毁灭一

---

① 出自勃莱长诗《最后裸露的牙齿妈妈》第一部分第一节，"翅膀"指机翼。
② 出自邓肯《起义》最后一节。戈德华特指巴里·戈德华特，为美国政治家，保守主义者，曾在美国总统竞选中败于林登·约翰逊。诗句中的"总统"即指时任总统约翰逊。
③ 雅各·波墨（Jacob Boehme，1575—1624），德国哲学家，基督教神秘主义者。

种可能拥有比我们更悠久的文学传统的文化时，我们还赞美自己文学的伟大，这是有问题的。

《巴黎评论》：我记得，在演讲过程中，你把一千美元的支票给了一位"抵制征兵"组织的成员。

勃莱：我去了位于下曼哈顿的"抵制征兵"组织办公室，说："我知道你们这帮伙计怎么能得到一千美元了。"他们说："太棒了！我们要怎么做？"——"只要明晚派一个人去国家图书奖颁奖典礼，我就会把支票给他。"他们说："那得是个有正装的人。我知道有个人有正装！"太有意思了。

《巴黎评论》：如果越南战争再次发生，或者在现在发生，你还会花所有精力和时间抗议它吗？

勃莱：当然会。

六、诗歌中的声音

《巴黎评论》：我能问问关于声音这个要素的东西吗？它在诗歌中有什么样的意义？近来，你正在做相关的讲座。

勃莱：华莱士·史蒂文斯这么说过，一首诗应该几乎成功地摆脱智力。而只有音乐才能做到这一点。所以一首诗如果没有声音方面的特异之处，那么讲求实用的智力就会禁锢它，打个比方，就像把它放在盒子里展示给参观者看。

《巴黎评论》：你在把一首诗当作思想或情感的载体时，也把它当作一项音乐性的活动？

勃莱：正是如此。诗歌能够以许多方式成为音乐性的活动。两种我一直在思索的方式是这样的：第一种是七个神圣元音，古时候它们就被认为是神圣的。（乔斯林·戈德温［Joscelyn Godwin］写了一本很有意思的书，是关于七个元音的奥秘的。）当伟大的元音出现时，它们带来光辉增添活力；它们甚至鼓励手脚以某种方式舞动。有人会说，这七个元音，穿透智力进入了身体。于是就有了一种"谐音"。"谐音"意味着在诗句里小的音彼此和谐地呼应鸣响。这是一种内在的韵律，作者在写作时不会提醒或甚至告诉读者。

假设你像史蒂文斯那样决心呼应"in"这个音节。那么你就能说："信风使围在岩石上的渔网里的铃铛叮当作响／在印第安河上的码头旁。"① 正是对"in"的选择才最终决定了这条河的名字。

我的一首"谐音诗歌"是这样开始的："用所有这些元音衡量诗行多么美好：／身体，托马斯，鳕鱼赞美诗。形式的／欢乐在于它嬉闹中的劳作。"后边是这样的："被拣选的音复现如夜空中的星，／于庄严中回归，为观星者所爱。"② 大多数好的诗歌都有重复的音。而人们可以让谐音成为一种规则。如果谐音重现了三次，那么它就成了一种调子。然后整个诗节就变成了音乐。

七、樟脑与歌斐木

《巴黎评论》：当战争结束，你是不是终于能有更多时间用在你的写作上、你的妻子和你的孩子们身上？那时候你写了什么？

勃莱：我努力写一首启蒙或是自传体的长诗，叫《睡者手牵手》。我花了很长时间写它，但它一直没能真正连贯起来，也许因为那几年我没有足够的独处时间。抗议占用了许多时间，我也需要为孩子们挣钱，他们最后是要上大学的。

---

① 出自史蒂文斯《印第安河》第一节，原文应为"The trade wind jingles the rings in the nets around the racks/by the docks on Indian River"，勃莱似乎将"rack"（架子）错记成了"rock"（岩石）。
② 出自勃莱《元音观察者》。

《巴黎评论》：那时候你难道不也同时开始写那些收录在《这具身体由樟脑与歌斐木制成》中的散文诗？

勃莱：噢，那些诗更好！那些诗很美妙！我把它们归功于卡比尔（Kabir）和鲁米。《樟脑与歌斐木》是我最早的"心爱的"诗歌。我坐在我冥想角落的地板上，啃读泰戈尔译的卡比尔和阿伯里（Arbery）译的鲁米，写出了它们。大约有四年时间，我沉浸在写作的纯粹快乐中，写这些《樟脑和歌斐木》诗歌，同时写一些收进一本叫《从两个世界爱一个女人》的分行诗。

一九七二年，露丝·康塞尔（Ruth Counsell）走进了我的生活。一九七九年，卡罗尔·勃莱与我协议离婚，而露丝·康塞尔和我在次年结了婚。

《巴黎评论》：对我来说很奇怪，这些爱情诗——如此热情——竟然在你人生中较晚的时候才出现——一九七二年你肯定已经差不多四十六岁了。为什么那些诗不是在你二十岁的时候被写出来呢？

勃莱：我人生的有些事是来得比较迟缓的……许多事都不合时宜地发生了。我想我花了——或者说浪费了——我二十岁时的许多时间独自待在纽约的房间里，就是在那些我已经讲述过的岁月里。那时，我不能同时成为一个爱人和一名艺术家，所以我决心只做一名艺术家。不过，这些迟到的事给别人造成了许多痛苦和悲伤。

《巴黎评论》：《从两个世界爱一个女人》收到了怎样的反响？

勃莱：带着警觉的冷漠。弗雷德·查普尔（Fred Chappell）在《纽约时报书评》上发表了评论，说这不是一本真正的爱情诗集，因为里边没有足够的爱与愤怒。在某种程度上，他是对的，但只是在一种完全"现代"意义上。这部诗集与十三世纪法国和德国的行吟诗人有联系。它过时了大约七个世纪。

《巴黎评论》：为什么现在的爱情诗那么少？

勃莱：许多愤怒的爱情诗被写出来。这算个答案吗？

《巴黎评论》：对我来说不算。

勃莱：叶芝在他的诗歌《两棵树》里思索。他说一棵树，一棵圣树，生长在心中。另一棵树上满是"思绪躁动不宁的乌鸦"。不论你是个男人还是个女人，要离开乌鸦所在的树都很困难。正是卡比尔和鲁米帮我离开那些思绪不宁的乌鸦。《从两个世界爱一个女人》里有一首诗这么写道："恋爱着的男人，和恋爱着的女人／每吸取的一口气，／都使水槽充盈／精神之马于此饮水。"[①]

八、关于男性的工作

《巴黎评论》：你的生活完全被写诗、编辑和翻译诗歌占据了，你有关男性的工作是怎么开始的呢？

勃莱：它开始于我的教学中。在农场上，我从来没能靠写作来维生，即使我从丹麦语翻译了一本叫作《世界上的爬行动物与两栖动物》的书，在这之后我还从挪威语翻译了克努特·汉姆生（Knut Hamsun）的《饥饿》。之后，我译了《古斯泰·贝林的故事》，从塞尔玛·拉格洛夫的瑞典语翻译的。我还译了一点斯特林堡的短篇小说，但是没有出版。我喜欢翻译小说，但最终我没法靠这个来养家。

在七十年代，我热切地想要学一些神话学的东西，所以我印了海报宣布要开一个关于大母神的会议。那是在一九七五年。大约有四十五个人来了在科罗拉多的森林营地。正是在那里我讲了我的第一个童话故事。这是一个凯尔特故事，里边有城堡、老妇人和一些癞蛤蟆等等。它对一个成

---

① 这首诗的标题是《我们所提供的东西》。

年人的成长的潜在影响是惊人的。我的故事讲得很糟糕，但我们讨论得很好。许多经典的童话故事展示了由启蒙进入成年期的各个阶段，我不是第一个发现这一点的人，我们已经全然忘记，但我们的祖先显然十分了解这一点。我们对此的认识降低到了只知道法定可以喝酒的年龄和可以拿驾照的年龄。

在七十年代，一场极其有益的围绕治疗、童话故事、神话、成长阶段以及启蒙的意义的大讨论也在美国持续进行。一九七五年在多伦多，我第一次听到了约瑟夫·坎贝尔（Joseph Campbell）的讲座，他那本叫《千面英雄》的书是这些讨论的圣经。他把不同的故事和神话连缀在一起，以此来强调英勇的男性，也就是离开自己村庄的年轻男主人公，与各种各样的多头怪搏斗，得到了恩赐返回村庄。可以说，这就是对这个英勇男性的启蒙。女性有不一样的启蒙阶段吗？这没有被讨论。艺术家们有不一样的启蒙阶段吗？这没有被讨论。有没有男性学习悲伤的精神之路？这没有被讨论。每一本书都只能包含广阔的神话领域中很小的一部分。约瑟夫·坎贝尔使人们意识到神话与启蒙间的联系，这样的讨论持续了好多年。

洛杉矶疗愈艺术中心、荣格学会旧金山分会还有其他的组织邀请我去给一群群男男女女讲童话故事，将它们和普通的生活联系起来。适合这一目的的最佳故事来自凯尔特部落、格林兄弟和阿法纳西耶夫（Afanasev）搜集的俄罗斯童话。有两点特别明显。与男性相比，女性更愿意讲述她们的不幸和快乐。我们知道的多数故事——《白雪公主》《白雪与红玫》《莴苣姑娘》《牧鹅姑娘》《千兽皮》《睡美人》《没有手的姑娘》《井边的牧鹅女》《少女玛琳》等等——在女性看来特别有意思。第二，参加这些周末研讨会里的男性开始要求听专门有关男性成长的故事。我找到了《铁约翰》或者叫《铁汉斯》。我向这些男人承诺我将写一本和这有关的书。八九年过去了，这些男人一直说，书在哪儿呢？直到那个年代末，我才开始举办一些专门为男性开设的研讨会。第一期开在新墨西哥的喇嘛公社。期间，比尔·莫耶斯（Bill Moyers）听说了这项工作，有兴趣对此做一个美国公共电视台的节目。当他的节目一播出，我和许多其他老师已经做了十年或十二年的工作就浮出水面进入了公众的视野。似乎时机刚刚好。发展起来的对弗洛伊德和荣格疗法的严肃敬意意味着男性和女性都愿意公开地谈论一些他们的苦难，这是人们，尤其是我父亲这一辈的男性，从来不会做的。

我们发现，男性对诗歌和神话有强烈的兴趣。我认为这太好了。媒体认为这项工作就是在森林里打鼓和跑步，不值得关注，把它贬低为可笑的事。我认为男性的研讨会完全没有威胁到女性运动，但许多对《铁约翰》的批评都没有领会到这一点。各种的横向力量近来已经把关于女性的工作拖离情感，而把关于男性的工作拖向原教旨主义。不过，据《基督教科学箴言报》的估计，纽约-康涅狄格-马萨诸塞地区已有十万男性正在参与"无领导男性小组"。我依然做许多关于男性的教学，还专门和玛丽安·伍德曼一起，为有男有女的小组做些教学。

《巴黎评论》： 在关于男性的工作里，让我感到意外的一个特点是，你和詹姆斯·希尔曼（James Hillman）以及迈克尔·米德（Michael Meade）朗诵或背诵了许多诗歌给男性小组听。许多诗都被你们三个收进了《心灵废品站》里。在某种意义上，关于男性的工作相当于大学校园以外的大学教育。

勃莱： 媒体不想了解这一点。媒体试图给事情抹上点不一样的颜色。男性的开放，最强大的敌手是生意人。三四年前的一个春天，纽约有上百张海报写着，你不必靠打鼓或拥抱一棵树来成为男人。底下落款是：帝王威士忌。商业世界知道年轻男性多么想要成为男人，才竟敢向他们说男子气概的唯一必要条件是成为一个酒鬼。这真是令人作呕。那是一个小迹象，说明弹药正瞄准着那些努力学习交流和感受的男性。我想到目前为止，关于男性的工作，它最好的成果就是指导的观念，也就是给没有父亲的人提供年长者，这超越了对痛苦的重视。鲍勃·罗伯特（Bob Roberts）已经在新奥尔良发起了一个"重返社会项目"，这个项目把有过前科的年长者介绍给即将出狱的年轻人。这些年轻人再次犯罪回监狱的比例是百分之十五，比普通政府项目实现的百分之八十五低很多。两者主要的差异即鲍勃·罗伯特的计划中启用了导师。

九、《晨诗》

《巴黎评论》：一九九八年，你出版了一本叫《晨诗》的诗集。你为什么取这个名字？

勃莱：那本集子里的诗是我清早在床上写的。你知道，比尔·斯塔福德（Bill Stafford）每天早晨写一首诗，写了大约四十年，我是从他那儿拿来这个计划的。

《巴黎评论》：对你来说，这种晨间的写作是否产生了一种不一样的诗歌？

勃莱：嗯，情绪很放松。这很好。你对你自己说，好吧，这首诗不怎么好，但不管怎样我还是要把它写出来。把最先到来的细节当做一根线的线头，当一个人跟随着这根线，接下来不论出现什么，它都会被接纳进诗歌里。它可能是三条腿的狗，或者是一根老拐杖，或者是出自《包法利夫人》的一个人物。不论是什么，我都欢迎它进入诗歌。以后，你总是可以再把它从诗里拿掉。一个人不知道诗歌会向哪里发展。这就是我喜欢的地方。你正跟随着一根线。有时候，诗句顺畅地流淌出来——弗罗斯特不是说"诗歌恰如热火炉上的一块冰；它随自身的融化而行进"①吗？正是那样。斯塔福德喜欢布莱克的这几句诗："我给你金线的一端。/只要将它绕成一个球；/它就会领你走进天堂之门/它被筑于耶路撒冷的高墙中。"②

《巴黎评论》：从最初的冲动到最后成诗有哪些发展阶段呢？你能说说那个过程大概是怎样的吗？

① 出自罗伯特·弗罗斯特的文章《一首诗的行迹》最后一节。
② 出自威廉·布莱克长诗《耶路撒冷：巨人阿尔比恩的化身》第四章。

勃莱：这里需要说明的很重要的一点是，我们正在语言的小波浪上冲浪，我们语言的非凡之处即它在日常表达方面的持续发展。

"它就会领你走进"……某物。因此，已经有人认为，这根线将会带你走进记忆，甚至可能超越个人记忆而进入文化记忆或宗教记忆。于是像这样的一首诗中就有很大的风险；其中几乎没什么个人意志。你在你所拥有的全部经历中跳荡，在你从你的家庭、更广阔的文化、你的阅读中所得到的天赋里跳荡。然后你就希望你能开始把自己拉回自己的生活里。

《巴黎评论》：这些诗里的"形式"，和你许多年来作品中的形式相比，似乎变得更重要了。出现了四行诗。

勃莱：啊，是。也许"联想"中有足够的自由，所以回归形式也是一种调剂吧。在这些诗歌中，事物运动得非常迅速——就好像手在画一幅速写。我没有特意计划写四行诗；它们恰好出现了。总之，我们当今的一项工作，就是摆脱自由诗体。

十、新的诗歌

《巴黎评论》：你创作一种与伊斯兰伽扎尔诗体有关的诗歌至少已经有三年时间了。你能谈谈那些诗歌吗？

勃莱：我的女婿苏尼尔·杜塔（Sunil Dutta），出生在斋普尔，几年前他请我帮他翻译一些印度诗人迦利布的诗。迦利布生活于十九世纪，用乌尔都语写作，这种语言是波斯语和印地语的混合体。我不想做更多的翻译，但最后我们还是开始了，并译成了三十首他的伽扎尔诗歌。迦利布很厉害。他说："他们的葬礼日期已经决定，/但人们依旧抱怨无法入睡。"[1] 这种伽扎尔诗体，通常包含三到十五个诗节，有两个显著的特点。诗人能

---

[1] 出自迦利布《我的心灵状态》第二节，勃莱与苏尼尔·杜塔合作的译诗见《长翅膀的快乐能量：译诗选》。

改变每一诗节的风貌。一个对句或者说诗节，可以是一首爱情诗，下一个对句可以是智慧文学，第三个可以是关于诗人私人生活的抱怨。第二个特点是，诗人从来不点明诗歌的主题。在我们的传统中，诗人可能这样开始：来与我同住吧，做我的爱人，他或者她会坚持这个论点。一首诗可能这么开始："有个什么东西不喜欢墙。"①弗罗斯特会添上奇闻轶事、议论、意象直到主题被充分表达。

《巴黎评论》：但是弗罗斯特把太多的情绪带进单独的一首诗歌里。

勃莱：他的确这样，是的。我们知道弗罗斯特相信宇宙中有某种力量希望墙倒塌。这种坚定的看法深入弗罗斯特的内心。但同样深入弗罗斯特内心的还有这样一种观念，我们在某种程度上被抛弃，被留在一个尤其孤独、危险的宇宙里生活。在弗罗斯特内心里，他同样也认识到，两个人之间的联系可能如此强烈，以至于当他们步上一座高山时，观察他们的雄鹿会感受到这种联系。弗罗斯特在三首单独的诗歌中分别说出这些观念；但在伽扎尔的传统里，所有这三种观念将会进入同一首诗歌。

《巴黎评论》：所以我想读者需要做得更多。当一首诗的主题没有被声明，它就会留给听众更多的工作。也许，当朗诵诗歌时，它鼓励他或她听得比原来更认真一些。

勃莱：是的，确实是。伽扎尔的语言也特意变得复杂。通常，伽扎尔属于一种文雅诗歌，会提到其他诗歌和诗人。每一个意象都很夸张，有人会说，它们可能暗示相反的含义。所以伽扎尔诗节提供了一个可以谈论对立物的空间。

《巴黎评论》：伽扎尔诗歌是出自贵族世界吗？

勃莱：伽扎尔这个词意味着爱情诗，它似乎最早是一种阿拉伯的爱

---

① 出自弗罗斯特《补墙》第一句。

情诗。它的形式经由波斯人之手而变得复杂精细。在十二世纪的波斯和印度，伽扎尔有了更大的发展。不过整个伊斯兰世界依然在使用这种形式。一些伽扎尔诗出自一无所有的苏菲派。萨纳伊（Sanai）说，如果你不能五日不吃食，那么就不要吹嘘自己是一个苏菲派。所以，它不是贵族式的。但它也不是普通的。关于这种诗，你是想问什么呢？

《巴黎评论》：嗯，我想你提到的伽扎尔有很多学问。

勃莱：确实是，它们的确有很多学问。我们需要更多像这样的诗。拥有丰富的过往的文学和文化，然后忽视它，这有什么用呢？

《巴黎评论》：所以伽扎尔不是自由诗体。

勃莱：根本不是！我已经说过，伽扎尔在每一个新诗节里常常跳跃到一个新的主题；这本身就是野性的一种形式。伽扎尔有大量形式上的规则，但是，这好像是为了平衡那种野性。比如，它有一种"拉笛夫"①元素。前两行有一个"拉笛夫"词，比如"夜"或者一个意思是"于我们而言已经足够"的词。诗歌中的每一个对句都会以那个相同的词结尾。有意思的是，不论"夜"在什么时候到来，一个完整的世界就好像随这个词一同出现了。这样就和韵律有点儿不同。哈菲兹有一首诗，里边一个重复的波斯词语可以翻译成"于我们而言已经足够"："草地上一棵高大柏树的树荫，于我们而言已经足够。"接着他继续写道："你已见识过金钱的流动与世界的苦痛。/如果那损益于你而言尚未足够，于我们而言已经足够。"②他用"我们"指整个群体，因而以这样的方式，这个群体每一次都出现在诗行的结尾："于我们而言已经足够。"读者知道一个词语将被重复，也乐于看到它在每一个对句中都有些许不同。它也有些韵律，当然也有格律，不

① 指伊朗传统音乐中世代流传的短小的音乐片段，在即兴表演中可以此作为基础旋律来创作乐曲。
② 出自哈菲兹《一枝玫瑰已经足够》，勃莱与莱昂纳德·路易逊合作的译诗可见两人的《天使敲着小客栈的门：哈菲兹诗三十首》。

过对我们来说，"拉笛夫"是最陌生的。

《巴黎评论》：你能背诵一首吗？

勃莱：爱看海边树丛的人于黎明时现身，
去看夜晚从鹅翼降落，并去听
夜晚海洋的交谈，它说与黎明。

如果我们无法找到天堂，但总有冠蓝鸦。
现在你明白我为何用我的二十来岁叫喊。
那些人们需要叫喊，他们被吵醒于黎明。

亚当被喊来命名红翅膀的
黑鸫，菱形斑纹的响尾蛇，和尾巴有环纹的
浣熊，它们在溪流中为上帝施洗于黎明。

百年后，美索不达米亚的诸神，
全卷着发竖耳倾听着出现；身后是将军们
同他们着蓝衣的儿子，他们将死于黎明。

那些吃蝗虫的隐士们多么好，
整日待在洞穴中；但那也很好
看篱笆桩渐渐出现于黎明。

爱着沉落的星星的人们崇拜
有着马厩气味的婴儿是对的，但我们知道
即使沉落的星星也将消失于黎明。①

———————————————

① 本诗为勃莱的《黎明》。

可以说，作者在每一个诗节都跳上一匹新的马。但随后骑手在每一节的结尾下马，握起读者的手。它促成了一种依旧关心读者的野性，这种野性近乎是礼貌的。

《巴黎评论》：你决定把通常的两行波斯诗节变成一种三行的诗节。你为什么这么做呢？

勃莱：在波斯语和阿拉伯语里，诗人最常用的诗行一般有十六或十八个音节。如果你有两行十六个音节的诗行，你事实上有三十六个音节。相比之下，英语中的典型诗行，比如十四行诗里的，有十个音节。英语中的一行诗如果延长到十八个音节就会变得笨拙。通过改变成三行有十一或十二个音节的诗行，你最后就有三十六个音节。我想伊斯兰作家觉得三十六个音节是一个有用且完整的富有表现力的单元。这就是我用三行诗形式的原因。

《巴黎评论》：这首诗暗示，当我们变老，野性仍旧可以与我们同在。也许伽扎尔特有的野性与形式的融合，对七十岁的人比对二十岁的人来说，更合适。

勃莱：谢谢你这么说。

十一、尾声

《巴黎评论》：你以前有想过进入大学吗？

勃莱：我有关诗人的看法是在一九五〇年成形的！我想独立于大学，像威廉·卡洛斯·威廉斯那样，或者华莱士·史蒂文斯或者艾略特那样。我不愿去的一部分原因可能是傲慢。但当我有大量一个人的时间时，我的确写得最好。有时候，我仍然对我的妻子说，你知道，我真应该加入一所大学。这样我就能在新英格兰的某个镇子里有一幢白色的小别墅，就会有阳光门廊和薪水；而当我走进学校，就会有这些快乐的脸孔渴望看到我！

"啊！"她说，"你怎么样都会被炒鱿鱼的，因为你从来管不住你的嘴！"这也许是对的。也许我在大学之外会比在里边更快乐。

《巴黎评论》：不久前，你因为高威·金奈尔的缘故在纽约大学教了一段时间书，还为本宁顿学院教了写作班。

勃莱：是的，我给高威的班教了一年"诗歌的技艺"。周一六点到八点，我会见见写作班的学生。我会说说七个神圣的元音或者给他们读史蒂文斯或者马维尔，然后在八点时兴致勃勃地走出来。我也喜欢不驻校的写作班，像利亚姆·雷克托（Liam Rector）在本宁顿的那个班。那些作家，常常已为人父母或者是工人，他们定期地和老师通信，然后每年去两次本宁顿，每次待几天。唐·霍尔和我是"驻校诗人"，所以我们可以随心所欲。唐和我可以共处些时间，与年轻作家见面，还听一些讲座。

《巴黎评论》：你和唐·霍尔是好多年的朋友了吧？

勃莱：四十年来，唐纳德·霍尔和我每周都来回寄两次诗歌。有一段时间，我们定了一个四十八小时规则：必须要在四十八小时内回复对方。我这一代人写了许多信。高威·金奈尔和路易斯·辛普森和唐和我和詹姆斯·赖特，常常会寄五到六页打印的信件来评价和争论我们每个人的诗歌。我很惊讶，我们竟然有时间做这个。特朗斯特罗默和我通了几百封信。这其中的要点就是，没有人是独自写作的：人需要一个共同体。

（原载《巴黎评论》第一百五十四期，二〇〇〇年春季号）

杰克·吉尔伯特

柳向阳 / 译

在杰克·吉尔伯特参加公共朗诵的极少数场合——无论是纽约、匹兹堡，还是旧金山——并不意外的是，听众中有男人有女人告诉他：他的诗歌曾怎样挽救了他们的生活。在这些集会上，或许还能听到关于吉尔伯特的野故事：他是一个瘾君子，他无家可归，他结过好几次婚。事实上，他从未吸毒成瘾，他一直贫穷但从未无家可归，而且，他只结过一次婚。对吉尔伯特的着迷，说到底，是对他的诗歌魅力的回应，但也反映出一种完全不考虑文学命运和名声等惯例的人生的神秘之处。

杰克·吉尔伯特一九二五年生于匹兹堡，高中辍学后开始工作，帮别人家薰除害虫，当上门推销员，后来，由于校方一次笔误，他被录取到匹兹堡大学，在那儿遇到了诗人杰拉德·斯特恩，他的同龄人。吉尔伯特开始写诗，他说：因为斯特恩写诗。离开大学后他到巴黎旅行，有一段时间为《先驱论坛报》工作，后来在意大利待了几年；他在那儿遇到了吉安娜·乔尔美蒂（Gianna Gelmetti），他生命中的第一场伟大爱情。但对方家人发现吉尔伯特不可能为她提供多少金钱或家庭保障，就劝他结束这段关系，于是吉尔伯特返回美国——先到旧金山，然后到纽约——他的诗人生涯在那里开始。

一九六二年，吉尔伯特的第一本诗集《危险风景》获耶鲁青年诗人奖而出版，与罗伯特·弗罗斯特和威廉·卡洛斯·威廉斯的诗集并列获得普利策奖提名。《纽约时报》称吉尔伯特"才华不可忽视"，西奥多·罗特克和斯坦利·库尼兹（Stanley Kunitz）赞扬他的坦率和控制力，史蒂芬·斯彭德夸奖他的作品"机智、严肃，富于技巧"。他的照片甚至上了美国的《魅力》杂志和《时尚》杂志，在文学圈内广受欢迎。但此后二十年，吉尔伯特一直没有发表作品，虽然他仍在写作。

一九六六年，吉尔伯特与他的伴侣、诗人琳达·格雷格（Linda Gregg）一起远走希腊，住在帕罗斯岛和圣托里尼岛，还曾到丹麦和英格兰短期居住。"杰克想知道的一切，就是他是清醒的——那些开花的树是杏树——沿着小路去吃早饭，"一直与吉尔伯特关系密切的格雷格说，"他从来不关心他是否穷，是否不得不睡在公园凳子上。"

五年的海外生活之后，这对伴侣回到旧金山，分了手。吉尔伯特很快遇到了比他小二十一岁的雕刻家野上美智子（Michiko Nogami），并和她结婚。他们住在日本，吉尔伯特在立教大学教书，直到一九七五年被美国国务部任命为美国文学主讲，与美智子一起开始了一趟十五国旅行。一九八二年，在他的朋友、编辑戈登·利什（Gordon Lish）的坚持下，吉尔伯特出版了第二本诗集《独石》。同年，美智子因癌症去世，时年三十六岁。吉尔伯特出版了献给她的一本纪念册《美智子我爱》，然后，再次沉寂——这一次是十年，其间断断续续住在北汉普顿、旧金山和佛罗里达。

吉尔伯特的第三本诗集《大火：诗1982—1992》于一九九四年出版，其中的说话人经常恳求再给他一次机会："让我最后一次/陷入爱情，我乞求他们。/教导我必然的死亡，恐吓我/进入当下。帮助我发现/这些日子的重量。"（《我想象众神》）《大火》备受好评，为吉尔伯特赢得了雷曼文学奖。此后再没有诗作发表，直到去年《纽约客》在七个月内发表了他的八首诗作，作为第四本诗集《拒绝天堂》（2005）的前奏。"杰克像条泥鳅一样跳起来了，"《纽约客》诗歌编辑艾丽丝·奎因（Alice Quinn）如是说，"他掌控着世人什么时候、以什么方式看到他的诗作。"在这本新诗集中，吉尔伯特表达了对短暂生命本性的深深满足："我们抬头看星星，而它们/并不在那儿。我们看到的回忆/是它们曾经的样子，很久以前。而那样也已经绰绰有余。"（《被遗忘的巴黎旅馆》）

如今吉尔伯特在北汉普顿过着一种朴素、孤独的生活，他在一个朋友亨利·莱曼（Henry Lyman）家租了一个房间。是一座雪松瓦的房子，俯瞰一条蜿蜒的河和一片宽阔的草地——吉尔伯特说，这是一个田园诗般的地方，他感到非常舒适。

这个访谈分两次进行：今年一月和七月。八十岁的吉尔伯特显得虚弱——白发在风中吹动——但他的眼睛亮得让人惊讶。两次访谈中，我们吃了同样的午餐，那是他和莱曼几乎每天吃的：意大利烤面包和熏制的三文鱼。吉尔伯特的嗓门高，他谈到自己时有些迟疑。他倒是想知道我来自哪里，我研究什么，我想从生活中、从他那儿得到什么。当话题回到他的作品时，他坦言他希望自己的诗能让人认识到多种可能的生活。

——莎拉·费伊（Sarah Fay），二〇〇五年

《巴黎评论》：你曾说过，你是你知道的唯一给匹兹堡留下一种真正的浪漫的人——一个醒来就快乐的人，虽然每天都知道自己是一个必死的人。

杰克·吉尔伯特：是真的——在匹兹堡不容易。但我确定还有其他人。

《巴黎评论》：你曾想过你会活这么久吗？

吉尔伯特：我曾梦想过我会活到六十岁。以前你只能活那么大岁数。但我的好几个祖先活到了一百岁。我有这体格，这身体，对我太好了。我从没有去过医院，除了一次——我摔着了。

《巴黎评论》：有一首诗，《由彼至此一路上》，写到了这件事。

吉尔伯特：当时以为我会死掉。头朝下从九十英尺高处掉下来。看

我没有马上死，他们让我回了家。是我坚持要回家，因为正是圣诞节。如果要死的话，我想死在圣诞树下，跟琳达在一起。我没有死，但我的躯干支持不住了，因为脊椎和胸部骨折了。琳达和我想去欧洲，所以我让他们做了什么装置，像虾蟹的外骨骼。跟医生说了再见，我和琳达一起朝门口走，走到一半时负责医生说：噢，有件事，如果你感到手指发麻，就表示开始瘫痪了。没发生这事。所以我很幸运。

《巴黎评论》：你在九十英尺高处做什么？

吉尔伯特：炫耀！我跟琳达在一起，她爸爸根本不同意。我是说，他非常憎恨，说我没有任何正式权利却跟他女儿上床。圣诞节那天我们到他的山上找一棵适合琳达的树。我们一起走，他举止还得体。我们一直走到那些树边。他对自然着迷。他说，你知道，如果你砍掉那棵树的头——如果你只砍掉树梢——树就不会死，而且没有了细弱的树梢，还会让这棵树更有魅力。

作为跟他可爱女儿在一起的坏男孩，我立刻拿了绳子和锯，开始爬树。其实我一窍不通。我熟悉苹果树，因为我在苹果园待过很久。但我没在森林里待过。我爬上树梢，可我不傻——我把自己绑到树干上。我想的是树梢断裂时我再拉，没想到这么做的中间一阵大风把树梢刮断了，正好打在我身上，把我往下推。一开始都正常，因为我绑了绳子，只是太快了，我没来得及——我的腿开始不行了。我干这些很勇敢，但我的腿不行了，然后绳子也松了。我直直掉下去，把树枝都折断了。我掉得非常快，速度屠戮了那棵树。幸运的是我落在泥土上了。

《巴黎评论》：你熟悉苹果树，怎么样？

吉尔伯特：我在祖父母的农场待了两个夏天。那时我十三岁，我们住在匹兹堡郊区一栋大房子里。我不知道是不是我爸爸偷来的，那是大萧条时期。白天，爸爸妈妈去城里，把我们兄弟姊妹留在这栋大房子里，三层楼高，除了我们再没人了。我们在屋顶上玩，在洗衣槽里玩。这特别危险。那种生活很好玩，有些传奇。我们拥有那个小世界。那栋房子后面有两个果园，一个种了桃树，另一个种苹果树。我们总是在苹果树上玩——经常摔下来。

《巴黎评论》：你觉得如果一直待在匹兹堡，你会成为诗人吗？

吉尔伯特：为什么不会？在匹兹堡，我是那种奇怪的男孩。我花了许多时间阅读。如果我开始读一本书，哪怕枯燥，我也几乎不可能不把它读完。我没办法把头脑里的故事赶走，除非我知道了结果。我的好奇心就这么强。也许你不这么觉得，但匹兹堡的力量，那种气度，那三条大河，都恢宏壮丽。甚至在钢厂工作。你不可能在钢厂工作而心眼很小。几百英尺的大高炉。每天晚上，天空看起来都是无边无际。火焰的洪流。匹兹堡那地方曾经有如此规模。我父亲从来没有往家里带回过三磅土豆。他往家带东西总是成箱成箱的。一切都宏伟，英雄一般。在匹兹堡，似乎一切都是庞大的——人，历史。弯弯曲曲。权力。物质。意义。

《巴黎评论》：能说下你早期受到的影响吗？

吉尔伯特：几乎图书馆里任何一本书——骑士救美，牛仔杀坏蛋。我只是狼吞虎咽，每个新故事都打开一片新风景。

《巴黎评论》：你的第一本诗集《危险风景》得了耶鲁青年诗人奖，又被提名为普利策奖。你惊讶吗？

吉尔伯特：当然。偶然事件。

《巴黎评论》：据说你得奖后，他们找不到你，真的吗？

吉尔伯特：这个更偶然。我以前去意大利，陷入了爱情——第一次——和一个极其美丽的女子，但她姐姐说服了我，让我放弃。她说，你永远不可能做一份工作。你不可能养活吉安娜。她要生儿育女的。吉安娜注定要生儿育女的。确实如此。

但要我这么做太糟糕了；我当时应该跟吉安娜好好谈谈。

不管怎么说，我收拾东西准备离开意大利。吉安娜的姐夫——克利夫·莫菲特（Cleve Moffet），一个作家——正好有一个参加什么比赛的申请。他谈到这件事，但认定他不会拿这个去干任何事。他站起来去吃午饭时，捡起表格扔到我膝盖上，说：你应该参加。我忘了这事，一直到我要返回美国时才想起来。这个申请一定是跟我打包的东西混在一起了。当我到纽约扔东西时，我一定是那时候发现了它，寄了出去。我也不记得。我忘了这事。

后来，我住在纽约东村，有一天晚上一阵重重的打门声，是克利夫站在大厅里。他恼火，说：他们正到处找你。我问谁找我，他就解释说有人想给我耶鲁奖。我也不知道怎么办，怎么庆祝这件事。我拉上他，还有两个朋友，我们吃了奶昔。

第二天，我随便走走，试着感受下所发生的事情。我后来躺在布鲁克林大桥下，想感受点儿什么。整个下午躺在那里，然后给耶鲁的人打了电话。

《巴黎评论》：《西方创世》杂志，或者说它的编辑戈登·利什，将一九六二年秋季号奉献给你。西奥多·罗特克、史蒂芬·斯彭德、穆里尔·鲁凯瑟、斯坦利·库尼兹，还有其他人都给你唱赞歌。你那时只有三十七岁？这些对你和你的作品产生了影响吗？

吉尔伯特：真是慷慨，让我震惊。让我非常高兴。戈登·利什非常好心地推崇我。我也自豪和感激，但这些不会对我的作品产生多大改变。当了六个月的名人，我很享受。名声好玩，但也无趣。我喜欢被人注意和称赞，甚至喜欢宴请。但并没有我想要的东西。大概六个月以后，我就感到厌烦了。有那么多事要做，要经历。我并不想所有时间里都被称赞——我喜欢这个念头，但不想为此投入更多。

《巴黎评论》：你随后就远走海外了——拿着一笔古根海姆奖金去了希

腊。是成功影响你要离开吗？还是要逃离什么？

吉尔伯特：不是这样。我不想待在纽约赶晚宴。还有一件事让我困惑：那么多成名诗人相互不喜欢。有竞争，当然——当然，你认同那些能支持你的人。这还不糟糕；世界就这么运转的。但这不是我的方式。不能让我错，他们这么做——这些聚会上，他们彼此给奖金——我觉得这太妙了。

《巴黎评论》：真的？

吉尔伯特：是啊。出名的人已经得到了这些；他们得到这些，到了反常的地步。他们已经耗了一辈子干这个，他们很专业，他们很努力，他们养家糊口。他们很精明，他们一直待在书桌前——他们送出每样东西。他们教书，这个不容易。他们做的事很重要，但我不会耗费我的生命干这些。

《巴黎评论》：所以你生活在国外。

吉尔伯特：许多次。

《巴黎评论》：你一生的许多时间。你生活在日本、意大利、希腊、丹麦、英格兰……

吉尔伯特：还有许多。

《巴黎评论》：对美国作家，你觉得国外的生活经历重要吗？

吉尔伯特：至少在某个时候——这样你就有东西可以跟你认为正常的情况作个比较，你还会遇到你不习惯的事情。一个大危险是熟悉。

《巴黎评论》：在海外，这也是一个危险吗？去年夏天你回了希腊。

吉尔伯特：琳达想完成她一直在写的一本书；她让我和她一起去。于是我们去了帕罗斯岛。不幸的是，我们发现以前熟悉的希腊已经不存在了。我们的希腊是一派田园，非常安静、平和、缓慢、友好——农民们耕耘，一两个人坐小船，几乎没有电子产品。一个持续四百年的文明现在已经消失了。巴黎也是这样消失了，还有意大利。都消失了。我梦想的一切都消失了。趁它还在的时候，到那里真是一种幸福。我钟爱的一切，都处于消逝的边缘，而我一无所知。你再回不到巴黎了，它不在那里了。希腊和日本也不在了。我爱过的地方都已经不存在了。

《巴黎评论》：变成了什么样子？

吉尔伯特：几乎都是机械。现在欧洲富裕、忙碌、现代。

《巴黎评论》：你在国外的时候，认为自己是个流亡者吗？

吉尔伯特：没有。你要理解，我不是参观什么地方；我生活在那里。这有根本的不同。

《巴黎评论》：是孤身一人吗？

吉尔伯特：嗯，当然有时孤身一人，但我不觉得让我很困扰。我已经非常幸运。我一生中大部分时间是跟人在一起——女友，男性朋友。他们对我来说非常非常重要。我非常幸运，能认识他们，跟他们在一起。

《巴黎评论》：你的这些国外背景——那些地方——怎样进入你的诗歌？

吉尔伯特：要看那些地方怎么在我心里回响。我不是要写一首关于那些地方的诗作，那些地方只是提供了我写到的某种东西。

《巴黎评论》：从文学团体中出来，对你有益吗？

吉尔伯特：当然。

《巴黎评论》：对这件事，你最喜欢的是什么？

吉尔伯特：专心生活。这个不好理解——当我试着解释，听起来像假的。但我不知道怎么换个说法。我感激生活。我想要的，没什么我不曾拥有。美智子死了，我极度后悔，失去了琳达的爱，我同样后悔。现在没有做什么我曾想做的事情。但我还是很感激。像我一直那样快乐，几乎是不公平的。不是我挣到的，是我的运气好。但我也非常非常固执。我决心得到我想要的一生。

《巴黎评论》：你觉得你对快乐的定义，和大多数人关于快乐的定义，有区别吗？

吉尔伯特：当然。我够自负的，认为自己的一生很成功。我已经拥有了我曾经想要的一切。你不能比这更强了。

《巴黎评论》：在海外生活时，你每天都起来写作吗？

吉尔伯特：如果我是在一个非常棒的地方，我也不想拿出笔记本，记下宝塔正面的样子。在我把它写下来之前，我想先体验一番。

《巴黎评论》：你住过的最有异国情调的地方是哪里？

吉尔伯特：巴厘岛的丛林。

《巴黎评论》：为什么？

吉尔伯特：如果你不知道，我也没法告诉你。

《巴黎评论》：你什么时候停止了旅行？

吉尔伯特：我没觉得我停下了。大约一年前，旅行变得更困难了，但琳达和我又去了希腊。而且今年，我们可能会去别的地方。

一二十年前，我完成了在世界各地的旅行。在那之后，我突然意识到我已经圆了我所有的梦想。我有过许多梦想，我已经全部实现了。如今要实现作为成年人的梦了，如果我能找到的话。其他那些是从童年来的——

初恋，等等，非常美妙。有意思的是发现我们没有成年人的梦——消遣和骄傲，但不是真正的成年人的梦。

我试着解释一下。我有一首诗，《试图让某些东西留下》，诗中写到我对妻子的不忠，她知道这些，气得发疯。那是最后一晚，我去跟安娜，另一个女人，说再见。她有一个婴儿——不是和我生的——她丈夫离开了她，因为他受不了婴儿出生后的一团糟。这是我见她的最后一晚，我无法置信地感到脆弱和感激和对她的爱。我们并不在床上——之前我们有一段狂野的关系——不管怎么说，这是最后一晚，说再见。她安静而悲伤地收拾着房间，我照顾她的男孩，婴儿，把他往上扔再接住。这首诗是写这个的。悲伤而脆弱。一个真正成年人的梦。深深的脆弱。

这是我想写的诗。不是因为它悲伤，而是因为有所谓。如今人们写的那么多诗，都是不需要写的。我不理解那种对在纸上排列单词的技巧或新方式的需要。你可以这么做。你可以写各种诗，但外面有一个完整的世界。

《巴黎评论》：还有什么别的成年人的梦？

吉尔伯特：有一年半时间，我想把这个想明白。我已经活了我年轻时的梦，但我想不出许多成年人的梦。我最后认识到我们没有很多成年人的梦想，因为从历史角度看，跟现在比起来，以前的人总是死得很早。人们活到四十二岁。死的时候很年轻。我想我只找到了两个成年人梦。

《巴黎评论》：哪两个？

吉尔伯特：我不说。

《巴黎评论》：你是怎么开始写作的？

吉尔伯特：我开始写诗，是因为我最后上了大学，遇到了杰拉德·斯特恩。我们开始一起玩。我正对写长篇小说感兴趣，但他总是谈论诗——通常是诗，有时是虚构小说。我们都争强好胜。所以我决定花一个学期写诗，然后再回到长篇小说。我一直没回来。我的意思，我写散文。写了几个没人看过的长篇。嗯，有一个出版了。

《巴黎评论》：《妈妈教了我》是一部色情小说，对吧？

吉尔伯特：是关于性的。你必须理解，人们写性书，但没一个人把它们写好。我觉得色情应该是像牛仔故事那样重要的一类。但如今色情让人厌烦。幼稚。不健康。我就想，为什么不来一本性爱小说，不因为性高潮的需要而瘫痪的那种？所以我写了一本好的色情小说，表明这个可以做到。是愉悦而非片刻的兴奋。人们写了那么多色情小说，为什么它们没有效果？都是片刻的疼挛。有些人会有性高潮，如果你说脏话或说他对她的身体做了什么……但如果你把它当作真正的小说来理解，会怎么样？那时，快乐的观点激发了我的兴趣——所以我写了一个。

《巴黎评论》：写诗对你来说，容易吗？

吉尔伯特：是的。那段时间里大多是本能。对我来说，故事重要，长篇小说非常重要。

《巴黎评论》：你觉得读长篇小说教你怎么写诗吗？

吉尔伯特：我认为小说所写——我读到的书中人物的生活感——对我来说很自然。

《巴黎评论》：当初作为一个年轻写作者，学校教育对你有影响吗？

吉尔伯特：没有，我高中失学，由于别人失误而进入大学。一年级有八次英语不及格。我对学习很有兴趣，但我也想理解，这个意思是我总是跟老师争论。每个人都知道：我聪明但不遵从。我不相信他们说的话，除非他们能证明。

《巴黎评论》：你的蔑视——你的抵制——最终是一个优势吗？

吉尔伯特：是，也不是。如果你都靠自己去发现去完成，会花费很长时间。我的头脑不适合让老师或别人的风格留下印记。其他艺术对我也重要。有一段时间，我和安塞尔·亚当斯（Ansel Adams）一起做摄影。他提出来他帮助我拍照片，我帮助他写书。这很好，后来我们缺钱了，和我在一起的女人最后说她厌倦了做煎饼。

《巴黎评论》：你怎么跟安塞尔·亚当斯在一起的？

吉尔伯特：我当时教一个班，他的几个学生认识了我。我希望能继续跟他合作，但他和那个女人，我只能二选一。我选了女人。之后我去了意大利，第一次陷入了爱河，全部搭上了。我在那里画了一些画，得了个四等奖。我希望继续绘画和摄影——还有小说。但我太兴奋。

《巴黎评论》：安塞尔·亚当斯怎么样？

吉尔伯特：非常德国化。

《巴黎评论》：你有没有看别的作家来寻求灵感？

吉尔伯特：我喜欢很多作家，并从来没有发现一个老师。

《巴黎评论》：在《西方创世》的采访中，你说有两种诗，一方面有令人喜悦的诗，另一方面也有的诗做了其他的事。你说的"其他的事"指什么？

吉尔伯特：我认为严肃的诗应该让什么事发生，它不是什么正确的，娱乐的或聪明的事。我想要的是对我的内心重要的什么事，我指的不是"琳达离开了我"。我也写那样的诗，但现在谈论的不是这个。现在谈论的是我们都处于濒死之危中——我们都一样。你怎能把生命都花在游戏或娴熟的事上呢？政治？政治可以，它可以关注世界上的不公正，但这不是诗的关注所在。诗关注的是心。不是"我恋爱了"或"我的女孩欺骗了我"那种心——我指的是有意识的心，是这个事实：我们是整个宇宙中唯一知道真实意识的生命。我们是唯一的——把宗教除外——我们是世界上仅有的知道春天即将到来的生命。

《巴黎评论》： 你怎么开始写一首诗？

吉尔伯特： 不存在一种方式。有时我在街上走，发现它在那儿。有时是我正在思考的什么事。有时是个幻象。

《巴黎评论》： 你怎么知道你完成了一首诗？

吉尔伯特： 如果我写得顺手，到结束时能听到咔啪一声。我打算写诗时，要等到我知道第一行和最后一行，以及这首诗是关于什么的，什么会它让成功，到这时候我才会开始写。我是个暴君，擅长此道。但作为一个写作者，我生涯中最重要的一天，是琳达说："你想过听你的诗吗？"我的诗从此改变了。我不放弃写非创造性的诗，但你必须像骑马那样写诗——你必须知道该怎么对付它。你必须掌控马，不然它整天就是吃——你永远回不了谷仓。但如果你告诉马如何做一匹马，如果你对它用蛮力，马很可能会摔断一条腿。马和骑手必须成为一体。

《巴黎评论》： 这是你的风格不加装饰的原因吗？

吉尔伯特： 噢，我喜欢在合适的时间装饰，但我不想一首诗是用装饰做的。如果你喜欢那种诗，给你更多力量，但我不感兴趣。当我读到对我重要的诗，让我震惊的是心的在场——以其所有形式——在那里是无穷尽的。要以一种重要的方式体验我们自己，让我筋疲力尽。让这困惑的是为什么人们为了聪明而放弃这样。他们有些人很有独创性，比我强，但他们中很多人并不擅长活着。

《巴黎评论》： 你曾经把这比喻为一个诗人在没有怀孕的情况下分娩。

吉尔伯特： 是的。很多诗人无诗可写。出了第一本书之后，他们还写什么？他们不能总是写他们的心碎了。他们开始写关于童年的诗。然后再写什么？有些只是学院诗——他们学会了怎样把诗写得完美。我不认为任何人会因为口味和我不同而被批评。这些诗异常熟练。里面有很多艺术。但我不明白"肉"在哪里。我不知道该怎样看待这种诗。它不会改变我的生活，那我干吗要读它？我干吗写它？

　　一些作家——尤其是诗人——到了二十七八岁的时候，他们已经用光了他们写作中创新性的东西，与他们的心有关的东西。不是说伟大诗人，而是说对于很多诗人，这是实情。灵感开始减少。许多人已经学会了用修辞或技巧来弥补，或是回头一遍遍地写同样的童年故事。这就是为什么许多诗让人觉得做作。

　　《巴黎评论》：你觉得这跟许多诗人来自作家班、然后去教书有关吗？

　　吉尔伯特：如果我回答我会长篇大论，但我也告诉你——我认为诗歌是被金钱杀掉的。当我开始写诗的时候，除了奥格登·纳什（Ogden Nash），美国没有一个诗人能以诗歌为生。他用轻韵诗做到了。

　　《巴黎评论》：为什么？

　　吉尔伯特：因为人们对当时的诗歌不感兴趣。诗歌是一种不自然的艺术，就像我母亲有一天对我说的那样。她一直看我的诗，说：杰克，你为什么要这么做？这是什么意思？我告诉了她。她说：好吧，如果是这个意思，干吗要这么绕着说呢？是真的。这么煞费苦心，没有必要。我真的想对某个人说些他们自己心里会觉得有意义的事，如果我不这样做，那我就是在浪费时间。

　　《巴黎评论》：你的诗遵守严格的形式吗？

　　吉尔伯特：当然。我有一首诗，一首十九行诗。十九行诗有严格的形式，但不是我的版本。一首诗有时必须有不完美。但如果你只是因为知道有些东西有效果，就把它们写在一首诗里，那也没用。如果一切都平衡，通常就没有能量了。好的艺术几乎总是打破规则——巧妙地打破，有时是完全打破。但是，当然了，如果是一锅聪明的玉米粥，那也耗时间。

《巴黎评论》：你曾经写道："诗歌有点像牛，如果农民想继续得到牛奶，就必须让它们产犊泌乳。"

吉尔伯特：是的，每七年。

《巴黎评论》：你说"产犊泌乳"是什么意思？

吉尔伯特：你必须在内心有所得。那儿没东西，你不能无中生有写一首诗。除非你想有，否则那就没东西。如果你不想让那儿有东西，你就麻烦了。我就停在那儿。

《巴黎评论》：不要，继续说。

吉尔伯特：为什么这么多诗人难得满足？我不明白他们为什么不贪图他们内在的东西。心有能力体验那么多——而我们的时间不多。

《巴黎评论》：你很少在大学教书，只在你必须教的时候——只要你能旅行和写作就够了。你认为写诗是可以教的吗？

吉尔伯特：我可以教人们怎么写诗，但我不能教人们怎么有诗，那就不仅仅是技巧了。你必须感受到它——体验它，不管是模糊还是清晰。你常常不知道你有什么。我曾经为一首诗干了十二年，才找到它。

《巴黎评论》：你从教学中学到有价值的东西吗？

吉尔伯特：没有。

《巴黎评论》：你是个好老师吗？

吉尔伯特：优秀。

《巴黎评论》：问个有些傻的问题，诗是什么？

吉尔伯特：不好回答。是无聊——有时。是疯狂。是不可能。是赐福。手艺，难度，正确、充分、新鲜地制作一首诗。如果没别的，那么接近于魔法，是美妙。

《巴黎评论》：除了你自己，你的诗的主题是什么？

吉尔伯特：我爱的那些。存在。过我的生活而不被转移到人们经常被转移到的东西中。活着是如此非同寻常，我不知道为什么人们把它局限于财富、骄傲、安全——这些只是生活所赖的基础。人们错过了太多，因为他们想要钱、舒适和骄傲，一套房子和支付房钱的工作。他们还得买辆车。你在车上看不到任何东西。它跑得太快了。人们休假。这是他们的回报——假期。为什么不是生活？假期是二等的。人们就这么剥夺自己的生活——直到为时已晚。虽然我明白你常常别无选择。

《巴黎评论》：是否有一个团体——由作家或其他人组成——让你有归属感？

吉尔伯特：再没有了。没有。

《巴黎评论》：以前有过吗？你有没有感到某个地方是家？

吉尔伯特：也许六十年代的旧金山。我在那里住了七年，像一个不吸毒的嬉皮士。很不错。

《巴黎评论》：在五十年代后期，你参加了杰克·斯派瑟的"诗歌车间"——当时情况怎么样？

吉尔伯特：你必须明白杰克和我很不一样。我们彼此很了解。我们一起在外面"浪"，那时在旧金山，大家都那么"浪"。我们还经常下棋，他总是输。有一天他坐着，一个人嘀嘀咕咕，最后说，你作弊！我问他：你说什么？我作弊？下棋怎么作弊呢？你不会那么蠢让我能拿掉你的棋子吧。他说，你作弊。你在想。你死认真。

《巴黎评论》：你说六十年代属于旧金山很不错。这也是一个热气腾腾的文学场。你有没有觉得自己是在别人的阴影下？

吉尔伯特：有些人是我尊敬的，但我们不是在战斗。今天，你必须做一些事情让自己扬名。也许是因为现在诗歌中有太多钱了。我们过去常常打印我们的诗，然后四处晃，把它们钉起来。没有人会为艾伦·金斯堡《嚎叫》付钱。不是那么回事。

《巴黎评论》：你熟悉金斯堡。你们怎么遇到的？

吉尔伯特：我们争论过韵律问题。他试图向北滩的一位年轻诗人解释一个格律问题。我俯身告诉他说他错了。他刚从纽约来，当然自以为什么都懂。他被冒犯了。我们开始争论。最后他承认我是对的，拿出一片火柴纸板，在上面写了他的地址，递给我，说："来找我玩。"我挺喜欢他。

他刚到城里的时候，想写一些小的四重奏。写得很整齐，但不是很好。我们彼此都很喜欢，但我一直笑他，善意的。有一天，他坐了一辆公交车过金门大桥，到索萨利托看我。街道变成了巷子，巷子变成了沙石路，沙石路变成了小径，最后只有树林。走啊走，最后到了我住的废旧房子。我们聊天结束，他说他有东西想给我看。他从包里拿出了两页纸。我读了，然后又读了一遍。我看着他，告诉他这个非常棒。这两页最终变成了《嚎叫》。

《巴黎评论》：有些垮掉派作家靠酒和毒品来刺激写作。你怎么样？

吉尔伯特：我也抽过烟，大约一星期，那时我十三岁。让人厌烦。靠化学品来兴奋、爱或快乐，我从来没兴趣。这就像性兴奋药一样——会让我觉得像是别人在和跟我在一起的女人做爱。我想成为和她做爱的那个人，而不是让化学品。

《巴黎评论》：听起来，即使是在旧金山的时候，你也过着离其他人相当远的生活。孤独对你重要吗？

　　吉尔伯特：我不知道怎么回答这个问题，因为我一直过着安静的生活——要么一个人，要么和我爱的人在一起。

　　《巴黎评论》：你觉得是隐遁保持了你的写作生涯吗？

　　吉尔伯特：当然，一定程度上让我控制了我的虚荣，帮我抓住了真正重要的东西。

　　《巴黎评论》：你在诗中透露了自己的许多事情。你的诗是直接取自你的生活吗？

　　吉尔伯特：是。我为什么要发明它们呢？

　　《巴黎评论》：你在诗中提到和你在一起的女人的名字，会感到不舒服吗？

　　吉尔伯特：没有，我骄傲——哪怕是跟我没有结果的，比如吉安娜。

　　《巴黎评论》：你和美智子一起生活得怎么样？

　　吉尔伯特：纯净。一直是同一块布——一直温柔，一直放荡。一直爱。

　　《巴黎评论》：你和琳达在一起生活得怎么样？

　　吉尔伯特：有许多内容。她是我生命中最珍爱的人。对我来说，她是世界上最重要的人。

　　《巴黎评论》：你和琳达合作过吗？

　　吉尔伯特：我们是交织在一起的。我们读对方的诗，欣赏对方的诗，抛弃对方的诗。那种精神存在于我生命中——温柔，美丽……我都想唱起来了。

《巴黎评论》：当你回顾一生，你把它看作分配于你爱过的三个女人之间吗？

吉尔伯特：是又不是。我一生的亮点是跟我在一起的女人们，但我自己也有一个完整的生活。我说过：唯一比单独一人更好的事，是认真地恋爱。

《巴黎评论》：你不会感到孤独的。

吉尔伯特：不会。我真的不喜欢聊天。当我和喜欢的人去什么地方，他们会一直聊。这很有人情味。但如果要聊天，我希望很有趣。我不想知道什么牛奶洒了，或者她没买到她想要的衣服，有多难过。人们以为羞耻的或认为自己没成功的事，所有这些事情——我不想谈。我真的很喜欢认识人，跟人在一起，但我不想一直聊。我喜欢人们谈论事情。

《巴黎评论》：没有孩子对诗人有好处吗？

吉尔伯特：如果我有孩子，我不可能过着我这样的生活。以前有句话说，每个婴儿都是一部失败的长篇小说。我就不可能流浪，也不可能抓住那么多机会，或是过贫困的生活。不可能浪费我生命中的一大块。但我这样的生活，对别人来说会是个错误。对好人，聪明人。

《巴黎评论》：许多作家谈论写作怎么困难。写诗难吗？

吉尔伯特：他们应该试试在匹兹堡钢厂工作。这是认识世界的一种非常微妙的方式——如此脆弱，你忍受不了不写诗。有那么多人只是为谋生，就真的很麻烦了，他们的生活真的艰难。而且，你写诗，你是在为你自己写。其他人那样做是因为他们必须养孩子。但我也明白，写作很难，尤其是如果你有家庭的话。

《巴黎评论》：对写诗，什么是最重要的，描述还是挤压？

吉尔伯特：都不是。我要说的是呈现、感觉、激情——不是激情，是爱。我通常说浪漫的爱情，但我在这里不是说激动。我指的是去爱另一个人也被另一个人爱的深刻体验。但不仅仅是喜欢一个人或者想着他们让你快乐。

《巴黎评论》：在你的诗中，句法和转行的重要性如何？

吉尔伯特：我不这么想。我凭本能和智力工作。凭聪明、情感、探索。凭狡猾、固执。凭幸运。凭严肃。凭安静的激情。凭魔法一样的东西。

《巴黎评论》：你最依恋哪一首诗？

吉尔伯特：这个像在问：你爱过的女人中，哪个是你最依恋的，最好的。

《巴黎评论》：你修改得多吗？

吉尔伯特：是的。

《巴黎评论》：你扔掉许多诗吗？

吉尔伯特：比我想扔的要多。

《巴黎评论》：有没有一段时间，你不写？

吉尔伯特：没有。但有很长一段时间，我不发表。

《巴黎评论》：有没有过特别想发表更多诗？

吉尔伯特：有时。但我对出名不感兴趣。

《巴黎评论》：你写日记、信和文章吗？

吉尔伯特：是。我有一个房间堆满了纸。

《巴黎评论》：你希望或害怕有一天会出版吗？

吉尔伯特：我将把这些交给琳达。她可以随她的想法处理。我倒希望能卖掉，她能用这笔钱。

《巴黎评论》：如果你只能凭一本书被人记住，你选哪一本？

吉尔伯特：目前这本，《拒绝天堂》。

《巴黎评论》：你会把作品给你交往的什么人看吗？

吉尔伯特：不。嗯，偶尔给我爱的女人和朋友们看。

《巴黎评论》：把你的作品读给听众，对你重要吗？

吉尔伯特：要看什么时期。我以前参加读诗会很兴奋。跟任何一个表演者一样，我虚荣——非常虚荣。又骄傲，这是另一回事。我想让观众印象深刻。感觉诗在每个观众身上的影响，令人陶醉。我会感觉醉了一样。我睡不着。像爵士乐手一样——他们表演后都睡不着，所以他们聚在一起玩音乐。这不只是虚荣。似乎你生下了什么，无法放下。一部分是因为自己的能力而欣喜，但也像是一个艺术家与他所做的融为一体。所以不只是虚荣。是一种快乐——不只是快乐。

一个真正的好演员不只得到掌声，甚至到了对观众有权力的地步。他可以让第二排穿红外套的女人把头转向右边。我不知道如何解释，但你对观众有控制能力——不是以一种廉价的方式，是以一种奇妙的方式。这就是我过去的感受。给观念、情感、感知或欲望赋予存在的形式——这对我才是重要的。我不在乎观众。一个活着的机会，体验活着的意义。给某人留下印象或者让人鼓掌——我还喜欢，但如果没有，我也不怀念。

《巴黎评论》：你认为诗歌应该表演吗？

吉尔伯特：不，老天，不。但它必须被创造出来，这样你才能让什么事发生。你不只是愚弄受众——让他们爱你之类的。让受众体验你正在谈论的东西，这是一门艺术。

《巴黎评论》：你写作时，会把你的诗大声读出来吗？

吉尔伯特：有时。如果我的直觉告诉我说，诗的节奏出了问题，那我就会继续修改，但几乎总是无意识的。

对于我，难的是发现诗——一首重要的诗。发现诗所知道的特别的东西。我可能会想着写每个人都写的东西，但我真正想写的是一首没人写过的诗。我不是说它的样子。我想体验或发现新的感觉方式。当我觉察到对于人或对于快乐有了新的感受时，我就喜欢它。

艾兹拉·庞德说："使之新。"这句话的大悲剧是他漏掉了关键词。应该是让它新得有意义。太多时候人们只是瞄准新奇、惊喜。我想我已经明白了：我学到了一些重要的东西——世界应该如何，生活应该如何。

《巴黎评论》：你能描绘下近年在北安普顿的生活吗？

吉尔伯特：愉快。我在绝对的美、安静之中。许多时候单独一人。我早晨散步，然后听新闻，然后吃东西，开始工作。

《巴黎评论》：前面你说不怀念年轻时候。

吉尔伯特：噢，我当然怀念年轻时候。

《巴黎评论》：与不介意变老有什么不同？

吉尔伯特：变老是个错误。我们老死是自然的事。这是交易的一部分。你年轻了很长时间，然后开始变老。这也是一段美妙时光，但这是与年轻时不同的美妙。

我年轻的时候，非常了解死亡。我下了决心，活好了这辈子才去死。以至于我曾祈祷，并且列了清单。我经常说：我知道你必定要把我带走，你必定要杀了我，但现在还没有，我们要来个商量——我接受你将杀掉我这个安排，但在我坠入爱情之前不要让我死掉。然后是第二个祈祷，不要让我死的时候还是处男。我开始列出我死之前要做的事。当我终于在这个世界里结束了，我发现清单上的每一项都经历了。

《巴黎评论》：你现在的写作习惯和年轻时一样吗？

吉尔伯特：我更信任诗歌了。

《巴黎评论》：你现在什么时候工作状态最好？

吉尔伯特：早晨。但一生中大部分时间，我是深夜写作。当你老了，一过中午，你的头脑就不那么好用了。

《巴黎评论》：你还列工作计划吗？

吉尔伯特：没有。我有大致的节奏，但我不喜欢把创作变得机械。那会害死你的。但另一方面，如果我对一年里写了多少不满意，我就会动手在一百天内写一百首诗。尽管我不赞成，我也强迫自己写，因为这样确实让某些东西活着。所以我猜我有一点儿生活模式。比如，前几天我凌晨一点醒来，一直工作到下午四点。我经常这么做。我能这么做，因为我不需要适应别人。

《巴黎评论》：所以，自律对你很重要？

吉尔伯特：是的，因我懒。如果你心里有，你会想创作，但我不强迫自己——因为那样危险。有条理的人的危险在于从中得到一个步骤，并按序号去做。

《巴黎评论》：你经历过写作障碍吗？

吉尔伯特：这取决于你是否把懒惰当作写作障碍。我不知道。我一直能写至少还满意的诗，不是机械的诗。

《巴黎评论》：作为一个作家，你觉得自己有什么缺点？

吉尔伯特：我说不清楚。我无可救药。

《巴黎评论》：如今你和当代文坛有什么关联？

吉尔伯特：没有。

《巴黎评论》：让你困扰吗？

吉尔伯特：没有。干吗困扰我？那些人在做买卖。他们努力干活。

《巴黎评论》：你不努力吗？

吉尔伯特："努力"这个词的另外的意思。我付出许多精力，因为这对我重要。那些人中有许多教书的，会想尽办法不去教书。我没有任何责任。我没有抵押贷款。这些人努力工作，代价高昂。

《巴黎评论》：我感到震惊的是，我极少在各种诗选中看到你的诗，却经常一遍遍看到其他诗人的同样的诗。你一生大多时间生活在国外或是文坛之外，你觉得会对你不利吗？

吉尔伯特：这是致命的，但我没事儿。

《巴黎评论》：你和其他作家是否有过职业上的对立？

吉尔伯特：他们对我还是我对他们？

《巴黎评论》：你对他们？

吉尔伯特：没有。

《巴黎评论》：你觉得他们对你，有过吗？

吉尔伯特：当然。我驳斥了他们做的许多事。我不去聚会，不去吃饭。我不出去逛。

《巴黎评论》：你信过某种宗教吗？

吉尔伯特：基督教长老会。一直到七岁，我估计。我妈妈从不去教堂，但她信教。她爱上帝，相信上帝会对她好。她在星期天打扫屋子时都唱歌。

《巴黎评论》：你认为你现在笃信吗？

吉尔伯特：我很想。我觉得从气质上看，我很虔诚。我认为信教是一个很大的安慰。但你没有选择。你要么信，要么不信。这不是一件实用的事情。宗教是一个不错的想法，但我没有选择。

《巴黎评论》：你对神话和神的关注来自哪里？

吉尔伯特：无意的阅读。我从没有像上课那样读过神话或任何虚构小说。神话形成了我对世界的感觉，和对看到的事情的直觉。他们告诉我对过去的看法。

《巴黎评论》：年老让你有什么变化？生活中主要是哪些事情发生了变化？

吉尔伯特：浪漫爱情。你仍然可以玩，但是当你进入六十——甚至五十岁——浪漫似乎有点儿傻。人过三十岁后，一般来说，他们不想要兴奋。腺体可能偶尔会颤抖，但基本上我认为人们想舒服。性需要许多劳动。我觉得，一个困难是，当你照镜子时，很难认为自己是浪漫的。

《巴黎评论》：伊丽莎白·毕肖普说，在生命临近终点时，她希望自己写得更多。你会这样觉得吗？

吉尔伯特：没有，我仍然喜欢写诗，但我已经八十岁了。我想我应该写一些关于变老的诗。以前没人对它进行过合适的探索。

《巴黎评论》：想过写回忆录吗？

吉尔伯特：是的。每隔一段时间就会有人要为我做这件事。有时我感兴趣，因为过去的事我忘记了那么多，我喜欢把一生再走一遍这个想法。而且，又能跟我从前生活中的人在一起，这将是一种深刻的体验。跟回忆在一起。以为忘记了的事情，突然又栩栩如生，站在眼前了。

《巴黎评论》：像电影一样？

吉尔伯特：不一样。更像是一种从膝盖传上来的感觉。然后我开始回忆。很复杂。一个孩子很少记得四岁前的事。我只是好奇我知道多少，经历了多少，那些我已经记不清了。

《巴黎评论》：有没有哪一段时期，你特别想再生活一次？

吉尔伯特：再跟美智子生活一起。有许多原因。

《巴黎评论》：有没有什么未实现的心愿或后悔的事？

吉尔伯特：没有。

《巴黎评论》：有没有哪一个主题，你觉得你的诗没有写到？

吉尔伯特：我感兴趣的主题中没有。

《巴黎评论》：但你还在写？

吉尔伯特：是的。

《巴黎评论》：美国-北安普顿——如今你觉得像家吗？

吉尔伯特：不，我没有家。再没有了。等琳达不教书了，我们可能会离开可爱的马萨诸塞，到别的好地方。要快活。非常快活。

《巴黎评论》：你认为诗歌仍与社会有关系吗？你认为它还有位置吗？

吉尔伯特：以前有人问过甘地，他怎么看西方文明。记得他说："我想它是一个很好的观念。"我也这么想的。

《巴黎评论》：你仍然快乐地醒来但又清醒自己终有一死吗？

吉尔伯特：是的，虽然有时我必须先来一杯茶。

（原载《巴黎评论》第一百七十五期，二〇〇五年秋冬号）